Martin Broszat:
Nationalsozialistische Konzentrationslager 1933 – 1945

Hans-Adolf Jacobsen:
Kommissarbefehl und Massenexekutionen
sowjetischer Kriegsgefangener

Helmut Krausnick:
Judenverfolgung

1 9.

W0062134

Deutscher
Taschenbuch
Verlag

Stephan Breith *Mär 81*
Am Allersberg 11
6200 Wiesbaden Sonnenberg
Tel.: (06121) 54 22 59

1. Auflage Dezember 1967
2. Auflage Mai 1979: 16. bis 27. Tausend
Deutscher Taschenbuch Verlag GmbH & Co. KG,
München
© Walter-Verlag AG, Olten und Freiburg
im Breisgau, 1965
Umschlaggestaltung: Celestino Piatti
Umschlagbild: Häftlingsappell im Konzentrationslager
Sachsenhausen
Gesamtherstellung: C. H. Beck'sche Buchdruckerei,
Nördlingen
Printed in Germany · ISBN 3-423-02916-1

Das Buch

Im ersten dieser drei Gutachten für den Frankfurter Ausschwitz-
Prozeß von 1964 schreibt Broszat eine umfassende Geschichte
der nationalsozialistischen Konzentrationslager von den ersten
»wilden« Lagern (1933) über eine Periode der »Normalisierung« auf Grund einer pervertierten Erziehungsideologie (1934
bis 1939) bis zur organisierten Sklavenarbeit und dem systematischen Massenmord an Juden und Zigeunern, Polen und
Russen.
Jacobsen legt Material über Entstehung und Praktizierung
des »Kommissarbefehls« vor. Das Verhältnis zwischen Wehrmacht und SS wird hier in drei Problemkreisen aufgezeigt: in
der Frage der »Einsatzgruppen«, der Liquidierung bestimmter
Bevölkerungsgruppen im Operationsgebiet und der Massen-
exekution sowjetischer Kriegsgefangener.
Krausnick untersucht Grundlagen und Verlauf der Judenverfolgung im Dritten Reich von den Nürnberger Gesetzen
über den Pogrom vom November 1938, die Entrechtung der
deutschen Juden und die Vernichtung ihrer wirtschaftlichen
Existenz bis zum Völkermord der »Endlösung«.

Die Autoren

Prof. Dr. Martin Broszat, geboren 1926, ist seit 1955 Mitarbeiter
und seit 1972 Direktor des Instituts für Zeitgeschichte in München.
Prof. Dr. Hans-Adolf Jacobsen, geboren 1925, ist seit 1969
Ordinarius für Politische Wissenschaften an der Universität
Bonn.
Prof. Dr. Helmut Krausnick, geboren 1905, war seit 1951 Mitarbeiter des Instituts für Zeitgeschichte in München, von 1959
bis 1972 dessen Direktor.

Hans Buchheim
Martin Broszat
Hans-Adolf Jacobsen
Helmut Krausnick:

Anatomie des SS-Staates
Band 2

Gutachten des Instituts für Zeitgeschichte

Inhalt Band 1

Inhalt Band 2

Martin Broszat:
Nationalsozialistische Konzentrationslager 1933–1945

Hans-Adolf Jacobsen: Kommissarbefehl und Massenexekutionen sowjetischer Kriegsgefangener

Helmut Krausnick: Judenverfolgung

Martin Broszat:
Nationalsozialistische Konzentrationslager 1933–1945

Schriftliches Sachverständigen-Gutachten für den Auschwitz-Prozeß, vor dem Schwurgericht Frankfurt a. M. am 21. Februar 1964 mündlich vorgetragen.

Vorbemerkung

Die nationalsozialistischen Konzentrationslager sind seit Eugen Kogons meisterlicher Schrift über den ›SS-Staat‹ (1946) nicht wieder Gegenstand systematischer historischer Beschreibung gewesen. Inzwischen haben sich die Dokumentenbasis und die Ergebnisse der Einzelforschung, die dem Historiker zur Verfügung stehen, erheblich erweitert. Dennoch bleibt ein befremdlicher Widerspruch: Die nationalsozialistischen Konzentrationslager sind zwar zu einem gängigen Begriff der allgemeinen historisch-politischen Meinungsbildung geworden, es existiert aber wenig sicheres Wissen über sie.

Die folgende Darstellung, anläßlich des Frankfurter Auschwitz-Prozesses als Gutachten entstanden, ist nicht selbst schon die fällige umfassende Geschichte der nationalsozialistischen Konzentrationslager, vielleicht aber ein Gerüst dazu. Es geht ihr vor allem darum, die zeitlichen Phasen der Entwicklung, die Organisations- und Führungsstruktur der Konzentrationslager und ihre innerhalb der zwölf Jahre nationalsozialistischer Herrschaft stark veränderte und ausgeweitete Funktion, Größenordnung und Wirkung zu erfassen. Ein planvolles System der Konzentrationslager bestand nicht von Anfang an. Aus dem gewaltsam improvisierten Ausnahmezustand des Frühjahrs 1933 mit seinen Rivalitäten und inneren Unklarheiten entwickelten sich die Lager vielmehr erst allmählich und weder zwingend noch ohne Widerstände in der Übergangszeit zwischen 1933 und 1936 zu einer permanenten, nach Ausdehnung drängenden Institution des Hitler-Staates. Und selbst noch die katastrophale letzte Phase der Konzentrationslager (1942–1945) hinterläßt neben dem Bild ideologisch-bürokratischer Systematik des Terrors den Eindruck »wütender« Improvisation. Innerhalb einer »Anatomie« der nationalsozialistischen Herrschaft ist dieses Symptom einer gleichsam »unternehmerischen« Akkumulation der Gewaltanwendung nicht zu übersehen.

Verglichen mit den Dimensionen, welche die Konzentrationslager in der zweiten Kriegshälfte einnahmen, mag ihre Bedeutung vor 1939 geringfügig, ja nahezu harmlos erscheinen. Gleichwohl legt unsere Darstellung auf die Vorkriegsentwicklung besonderes Gewicht, weil in ihr wesentliche Vorentscheidungen fielen. Bildeten doch die Konzentrationslager ein bedeutsames Kriterium dafür, ob der nationalsozialistische Führerabsolutismus nach der Übernahme und Stabilisierung der

Macht bei autoritärer Staatsumgestaltung stehenbleiben oder zur kontinuierlichen Auflösung und Aufsaugung der Rechts- und Staatsordnung weitertreiben würde.

Daß die Konzentrationslager nach 1933/34 ohne objektive Notwendigkeit beibehalten wurden, bedeutete bereits willentliche Prolongierung des Ausnahmezustandes, und es war nicht von ungefähr, daß sie nach Beginn des Krieges zu einem gigantischen Apparat anwuchsen. Denn der Krieg war für die nationalsozialistische Führung auch im Innern das wesensgemäße Element: der große Ausnahmezustand zur Durchsetzung totaler Verfügungsgewalt. Aus den Schutzhaftlagern für Staatsfeinde wurden Stätten massenhafter Zwangsarbeit, biologisch-medizinischer Experimente und physischer Eliminierung jüdischen und anderen unerwünschten Lebens.

München, Sommer 1964   Martin Broszat

Die Phase der revolutionären Machtübernahme 1933/34

1. Begriff und Institution der Schutzhaft

Die Bezeichnung Schutzhaft, die zum Inbegriff der politischen Gegnerbekämpfung im Dritten Reich werden sollte, ist sogleich nach der Notverordnung vom 28. Februar 1933 auf die damals vor allem gegen kommunistische Funktionäre gerichteten Verhaftungen angewandt worden[1]. In einschlägigen preußischen Erlassen des Jahres 1933 ist gelegentlich alternativ von »politischer Schutzhaft«, von »Polizeihaft aus politischen Gründen« oder auch von »politischer Haft« die Rede[2]. Die Verbindung der »Schutzhaft« mit dem Begriff der Polizeihaft[3] verweist auf das Polizeirecht. Vor 1914 verstand man unter Schutzhaft in Preußen und anderen deutschen Ländern ausschließlich die kurzfristige polizeiliche Verwahrung, die zum Schutze und im eigenen Interesse einer Person (vor öffentlicher Gefährdung durch Angriffe einer Volksmenge o. ä.) vorgenommen wurde. Schon während des Weltkrieges wurde es aber üblich, auch die aufgrund des militärischen Belagerungszustandes über staatspolitisch verdächtige Personen verhängte Haft als Schutzhaft zu bezeichnen[4]. Zur Anordnung von präventiver militärischer Schutzhaft in diesem Sinne kam es dann ebenfalls in den Jahren 1919/20 bei der Unterdrückung kommunistischer oder separatistischer Bestrebungen im Rahmen zeitlich und lokal begrenzten Ausnahmezustandes durch Reichswehrbefehlshaber und im Einvernehmen mit dem Reichswehrminister vor allem in Berlin, Bayern (bei der Niederwerfung der Räterepublik) und

---

[1] Die Not-VO vom 28. Februar 1933 ebenso wie die im Runderlaß des kommissarischen Preußischen Ministers des Innern [Göring] vom 3. März 1933 den preußischen Polizeibehörden erteilten Richtlinien zur Durchführung der VO vom 28. Februar 1933 (MBliV. I, S. 233) enthalten den Begriff der Schutzhaft noch nicht. Die aufgrund der VO von der Polizei im gesamten Reichsgebiet vorgenommenen Verhaftungen wurden in den diesbezüglichen Berichten des preußischen Polizeipräsidenten aber schon im März 1933 als »Schutzhaft«, dagegen in den gleichzeitigen Anordnungen der bayerischen Behörden als Überführung in »Polizeihaft« bezeichnet. Im April 1933 setzte sich auch im amtlichen Gebrauch in Bayern der Begriff »Schutzhaft« durch.

[2] So in dem Runderlaß des Pr. Min. d. Innern vom 14. Oktober 1933 betr. Vollstreckung der Schutzhaft; Bundesarchiv/Koblenz (künftig zit. als BA): Slg. Schumacher/271; ferner Akten d. Pr. Min. d. Innern/Polit. Polizei, Mikrofilm Inst. f. Zeitgesch., MA 198/2.

[3] Später unterschied man von den politischen Schutzhäftlingen die im Rahmen der sogenannten »Vorbeugenden Verbrechensbekämpfung« von der Kriminalpolizei in die Konzentrationslager eingewiesenen Kriminellen und Asozialen, die als »Polizeiliche Vorbeugungshäftlinge« (PVH) klassifiziert wurden; so noch in der letzten Belegstärkeübersicht des KL Dachau vom 26. April 1945; Fotokopie im Inst. f. Zeitgesch.

[4] Vgl. Otto Geigenmüller, Die Polizeiliche Schutzhaft im nationalsozialistischen Deutschland. Jur. Diss. – Leipzig 1937, S. 7 ff.

im Ruhrgebiet[5]. Schließlich fiel unter den Begriff Schutzhaft später auch die im preußischen Polizeiverwaltungsgesetz vom 1. Juli 1931 (§ 15) vorgesehene Polizeihaft zum Schutz der öffentlichen Ordnung, dabei war jedoch vorgeschrieben, daß der Verhaftete binnen 24 Stunden dem Richter vorgeführt werden müsse[6].

Die Möglichkeit stark erweiterter Dauer polizeilicher Haft (bis zu drei Monaten) wurde nach Hitlers Ernennung zum Reichskanzler schon durch die am 4. Februar 1933 vom Reichspräsidenten erlassene Notverordnung zum Schutz des deutschen Volkes[7] geschaffen. Sie war jedoch ausdrücklich nur bei Verdacht strafbarer Handlungen (Landes- und Hochverrat, bewaffnete Störung der öffentlichen Sicherheit) zulässig und gab dem Verhafteten außerdem das Recht, den Richter anzurufen, der im Zweifelsfall über die Fortdauer der Haft zu entscheiden hatte.

Erst die nach dem Reichstagsbrand erlassene Notverordnung zum Schutz von Volk und Staat[8] hob neben anderen Grundrechten der Weimarer Verfassung auch die Unverletzlichkeit der persönlichen Freiheit (Art. 114) auf und schuf damit die Grundlage zur polizeilichen Verhaftung von politischen Gegnern (im weitesten Sinne), die sich grundsätzlich von der auf dem Wege eines Rechtsverfahrens durch ein Gerichtsurteil begründeten Strafhaft und der nur kurzfristig zulässigen Polizeihaft unterschied[9]. Offizielle Definitionen nationalsozialistischer Provenienz bestätigten ausdrücklich, daß die aufgrund der VO vom 28. Februar 1933 angeordnete Schutzhaft kein Instrument zur Ahndung strafbarer Handlungen sein sollte, sondern eine »vorbeugende« Polizeimaßnahme zur Ausschaltung der von »staatsfeindlichen Elementen drohenden Gefahren«. Hans Tesmer, Regierungsrat im Geheimen Staatspolizeiamt, charakterisierte 1936 rückblickend die durch die VO vom 28. Februar 1933 geschehene grundlegende Neuerung:

[5] Vgl. die Akte ›Schutzhaft‹ im BA: R 43 II/398.
[6] Vgl. dazu auch die Aussagen des ehem. preußischen Innenministers Severing vor dem Internat. Militärtribunal in Nürnberg, IMT, XIV, S. 302 f.
[7] RGBl. I, S. 35.
[8] RGBl. I, S. 83.
[9] In einem späteren Runderlaß des Chefs der Sicherheitspolizei vom 26. Februar 1937 wurden die nachgeordneten Stapo(leit)stellen ausdrücklich aufgefordert, »in Zukunft von der Möglichkeit der Anordnung der polizeilichen Haft nach § 22, Abs. 4 der Verordnung vom 4. Februar 1933 keinen Gebrauch zu machen, um zu vermeiden, daß eine richterliche Nachprüfung polizeilicher Maßnahmen notwendig wird«. Dies sei auch »überflüssig, da in allen diesen Fällen die Möglichkeit der Anordnung der Schutzhaft gegeben ist«; Allg. Erlaßsammlung des RSHA, 2 F IX, S. 1.

»War es für die Polizei bisher nur möglich, im Rahmen §§ 112 ff. der Strafprozeßordnung als Hilfsbeamte der Staatsanwaltschaft zur Verfolgung strafbarer Handlungen zur Festnahme zu schreiten oder unter bestimmten Voraussetzungen . . . Personen auf kurze Zeit in polizeiliche Verwahrung zu nehmen, so hatten jetzt die zuständigen Polizeibehörden das Recht erhalten, zur Bekämpfung staatsfeindlicher Bestrebungen das wirksamste Mittel im Kampf gegen den Staatsfeind, die Freiheitentziehung in Form der Schutzhaft, anzuordnen.«[10]

2. Die Verhaftungswelle vom März/April 1933 und die ersten Konzentrationslager

Wie aus dem einleitenden Absatz der Verordnung vom 28. Februar 1933 ersichtlich ist, war diese zunächst vor allem gegen die Kommunistische Partei, ihre Organisationen, Presseorgane, Versammlungen und Funktionäre gerichtet. Während der vertraulichen Sitzung des Reichskabinetts, das nach dem Reichstagsbrand am Vormittag des 28. Februar 1933 die geplante Verordnung beriet, äußerte Hitler (laut Protokoll), »daß jetzt eine rücksichtslose Auseinandersetzung mit der KPD dringend geboten sei. Der psychologisch richtige Moment für diese Auseinandersetzung sei jetzt gekommen« und dürfe »nicht von juristischen Erwägungen abhängig gemacht werden«. Hitler hatte dabei auch die für den 5. März angesetzten Reichstagswahlen im Auge und versprach sich von einer raschen Zerschlagung der Kommunistischen Partei einen um so sicheren Sieg der hinter seiner Regierung stehenden nationalen Rechten (NSDAP und Deutschnationale). In der Kabinettssitzung vom 28. Februar bemerkte er: »Nachdem die Brandstiftung im Reichstagsgebäude sich ereignet habe, zweifle er nicht mehr daran, daß die Reichsregierung nunmehr bei den Wahlen 51 Prozent erobern werde.«[11]
Es mag dahingestellt bleiben, ob Hitler nach dem Reichstagsbrand tatsächlich das Bestehen einer kommunistischen Gefahr und Verschwörung argwöhnte oder ob er nur bewußt und eilfertig den Anlaß zu einer Gewaltaktion zur Zerschlagung der

---

[10] Hans Tesmer, Die Schutzhaft und ihre rechtlichen Grundlagen. In: Zschr. ›Deutsches Recht‹, Jg. 6 (1936), S. 135 f.
[11] Protokoll der Sitzung des Reichskabinetts vom Vormittag des 28. Februar 1933 im BA: R 43 I/1459, S. 756 ff.

kommunistischen Organisationen und zur Ausschaltung ihrer Führer ergriff. Seine – letztlich ideologisch bestimmte – Entschlossenheit zur brutalen Unterdrückung der Kommunisten stand seit langem fest. Schon sieben Jahre vorher hatte Hitler in einer nichtöffentlichen Rede in Hamburg erklärt:

»Wenn eine Bewegung den Kampf gegen den Marxismus durchführen will, hat sie genauso intolerant zu sein wie es der Marxismus selbst ist. Sie darf keinen Zweifel darüber lassen . . . wenn wir siegen, wird der Marxismus vernichtet, und zwar restlos; auch wir kennen keine Toleranz. Wir haben nicht eher Ruhe, bis die letzte Zeitung vernichtet ist, die letzte Organisation erledigt ist, die letzte Bildungsstätte beseitigt ist und der letzte Marxist bekehrt oder ausgerottet ist. Es gibt kein Mittelding.«[12]

Zur Durchführung der Reichstagsbrand-Verordnung gab der Preußische Innenminister (Göring) den preußischen Polizeibehörden in einem Runderlaß vom 3. März 1933 die Weisung:

»Nach Zweck und Ziel der VO. werden sich die nach ihr zulässigen erweiterten Maßnahmen in erster Linie gegen die Kommunisten, dann aber auch gegen diejenigen zu richten haben, die mit den Kommunisten zusammenarbeiten und deren verbrecherische Ziele, wenn auch nur mittelbar, unterstützen oder fördern. Zur Vermeidung von Mißgriffen weise ich darauf hin, daß Maßnahmen, die gegen Angehörige oder Einrichtungen anderer als kommunistischer, anarchistischer oder sozialdemokratischer Parteien oder Organisationen notwendig werden, auf die VO. zum Schutz von Volk und Staat v. 28. 2. 1933 nur dann zu stützen sind, wenn sie der Abwehr solcher kommunistischen Bestrebungen in weitestem Sinne dienen.«[13]

Zugleich mit der Aufhebung der freiheitlichen Grundrechte bevollmächtigte die Reichstagsbrand-Verordnung die Reichsregierung, alle zur Bekämpfung der kommunistischen Organisationen und anderer Gegner beabsichtigten Maßnahmen unter Aufhebung der Länderhoheit direkt wahrzunehmen. Reichsinnenminister Dr. Frick konnte aufgrund dessen in der Folgezeit in denjenigen Ländern, in denen eine Leitung der Polizei in nationalsozialistischem Sinne nicht ohnehin verbürgt war, Reichskommissare mit Polizeibefugnissen einsetzen. So gelangte

---

[12] Vgl. Werner Jochmann, Im Kampf um die Macht. Hitlers Rede vor dem Hamburger Nationalklub (28. Februar 1926). Frankfurt/Main 1960, S. 114.
[13] MBliV. I, S. 233.

binnen weniger Wochen der innenpolitisch entscheidende Sektor der Polizei im Reichsgebiet fast überall in die Hände von SA- oder SS-Führern, Politischen Leitern der NSDAP und anderen »zuverlässigen« Parteigängern. Nach dem Beispiel, das Göring als geschäftsführender preußischer Innenminister schon Mitte Februar 1933 gegeben hatte, gingen auch die meisten der neuen nationalsozialistischen Chefs der Polizei in den außerpreußischen Ländern dazu über, der SA und SS hilfspolizeiliche Befugnisse einzuräumen. Der Reichsführer-SS, Heinrich Himmler, schon am 9. März 1933 in München als Kommissarischer Polizeipräsident eingesetzt (mit Reinhard Heydrich als Leiter des politischen Referats der Abteilung VI der Münchener Kriminalpolizei), erhielt am 1. April 1933 die Berufung zum Politischen Polizeikommandeur Bayerns. Damit war zugleich die Verselbständigung der politischen Polizei in Bayern, ihre Ausgliederung aus der Polizeidirektion München und ihre Umbildung zu einer ministeriellen Sonderbehörde innerhalb des bayerischen Innenministeriums verbunden[14]. Himmler suchte von Anfang an die Führungsstellen der politischen Polizei in die Hände der SS zu legen.

Unter diesen Umständen wurde die mit der Notverordnung vom 28. Februar 1933 begründete Aktion zur Zerschlagung der kommunistischen Organisationen in den meisten Gebieten des Reiches sehr radikal ausgelegt und durchgeführt. In Berlin gab Göring noch in der Nacht zum 28. Februar Anweisung zur Verhaftung sämtlicher kommunistischer Reichstags- und Landtagsabgeordneter sowie einiger Tausend sonstiger kommunistischer Funktionäre.

In Bayern hatte die noch amtierende Regierung Held am 1. März außer dem Verbot kommunistischer Versammlungen und Zeitungen sich zunächst auf die Anweisung beschränkt, »kommunistische Aufwiegler in Polizeihaft zu nehmen«[15]. Nachdem am 9. März der Gauleiter der NSDAP in Oberbayern, Adolf Wagner, zum Staatskommissar für das bayerische Innenministerium ernannt worden war, wurde der Kreis der zu Verhaftenden erheblich weiter gezogen und auch auf andere politische Gegner ausgedehnt. Ein Schreiben Wagners an den gleichfalls neuer-

---

[14] Vgl. die Anordnung des Bayer. Staatsmin. d. Innern vom 1. April 1933, Ges. u. VO-Bl. f. d. Freistaat Bayern, 1933, S. 95.
[15] Erlaß des Bayer. Staatsmin. d. Innern vom 1. März 1933 an die Regierungen [der Reg.Bezirke], die Polizeidirektionen, Staatspolizeiämter, Bezirksämter und Stadtkommissäre; BA: Slg. Schumacher/271. Vgl. auch die Bekanntmachung des Bayer. Staatsmin. d. Innern vom 4. März 1933; Ges.- u. VO-Bl. d. Freistaates Bayern, 1933, S. 85.

nannten nationalsozialistischen Staatskommissar für das bayerische Justizministerium Dr. Hans Frank vom 13. März 1933 nahm hierauf Bezug:

»Ich mache ergebenst darauf aufmerksam, daß der Vollzug der Verordnung zur Inhaftierung aller kommunistischen Funktionäre und Reichsbannerführer bis jetzt noch nicht so ausdrücklich durchgeführt wurde, wie das im Hinblick auf die Aufrechterhaltung der Sicherheit und Ruhe notwendig wäre. Aufgrund der gestrigen Besprechung mit den Herren Regierungspräsidenten ist wohl anzunehmen, daß die in Frage kommenden Dienststellen nunmehr mit größerer Gründlichkeit die Durchführung der Anordnung in Angriff nehmen.

Es ist deswegen wahrscheinlich noch mit einem größeren Andrang von in Polizeigewahrsam genommenen Leuten zu rechnen.

Falls die den Justizbehörden zur Verfügung stehenden Gefängnisse nicht ausreichend sein sollten, empfehle ich, dieselben Methoden zur Anwendung zu bringen, die man früher den Masseninhaftierten der Nationalsozialistischen Deutschen Arbeiterpartei gegenüber anwandte. Man sperrte sie bekanntlich in irgendein leer stehendes Gemäuer und kümmerte sich nicht darum, ob sie den Unbilden der Witterung ausgesetzt waren oder nicht.«[16]

Wagner empfahl gleichzeitig die Einrichtung besonderer Schutzhaft-Unterkünfte außerhalb der Polizei- und Justiz-Gefängnisse. Schon am 20. März 1933 ließ Himmler als Kommissarischer Polizeipräsident von München auf dem Gelände und in den Steinbaracken einer ehemaligen Pulverfabrik in der Nähe von Dachau bei München das erste Konzentrationslager errichten. Der Völkische Beobachter berichtete hierüber am 21. März 1933:

»... Hier werden die gesamten kommunistischen und soweit dies notwendig ist, Reichsbanner- und sozialdemokratischen Funktionäre zusammengezogen, da es auf die Dauer nicht möglich ist und den Staatsapparat zu sehr belastet, diese Funktionäre in den Gerichtsgefängnissen unterzubringen. Es hat sich gezeigt, daß es nicht angängig ist, diese Leute in die Freiheit zu entlassen, da sie weiter hetzen und Unruhe stiften...«[17]

Die Justiz selbst drängte darauf, die in ihren Strafanstalten einsitzenden Schutzhäftlinge loszuwerden. Die meisten von ihnen befanden sich noch Ende April in den örtlichen Gefängnissen

[16] Ebenda.
[17] ›Völkischer Beobachter‹ vom 21. März 1933.

des Landes. Justizminister Frank schrieb dem bayerischen Innenminister am 21. April 1933:

»Nach den mir zugehenden Berichten der Generalstaatsanwälte sind die Strafanstalten und Gerichtsgefängnisse nach wie vor infolge hoher Belegung mit Schutzhaftgefangenen überfüllt. Ich sehe mich deshalb erneut genötigt, auf die durch die Überfüllung hervorgerufenen Mißstände hinzuweisen. Die Zusammenlegung der Gefangenen auf ungenügenden Raum gefährdet ernstlich die körperliche Gesundheit und führt, zumal es an jeglicher Beschäftigungsmöglichkeit fehlt, zu schweren Haftpsychosen. Dazu kommt, daß es bei dem vorhandenen Beamtenstand nicht möglich ist, die Gefangenen in entsprechender Weise zu beaufsichtigen. Darüber hinaus hat aber die durch die Übernahme von Schutzhaftgefangenen verursachte Überbelegung noch zur Folge, daß der Strafvollzug in beträchtlichem Umfange lahmgelegt ist. Wie ich bereits in meinem Schreiben vom 11. April 1933 Nr. IV 11302a mitgeteilt habe, mußte schon in vielen Fällen die Vollstreckung von Freiheitsstrafen aufgehoben werden. Aus dem gleichen Grunde konnten und können Beschuldigte, gegen die zwecks unbehinderter Klärung der Sachlage Untersuchungshaft zu verhängen wäre, nicht in Haft genommen werden. Die gegenwärtigen Zustände verhindern also die Durchführung einer geordneten Rechtspflege und gefährden damit lebenswichtige Interessen des Staates und Volkes. Sie sind für die Justizverwaltung unerträglich und können nicht weiter verantwortet werden. Ich muß deshalb dringend ersuchen, anzuordnen, daß die Strafanstalten und Gerichtsgefängnisse umgehend von allen Schutzhaftgefangenen entlastet werden . . . Der Herr Politische Polizeikommandeur Bayerns hat Abdruck dieses Schreibens erhalten.«[18]

Über die in Preußen aufgrund der Verordnung vom 28. Februar 1933 verhängte Schutzhaft liegen eine Reihe von 14tägigen Berichten der preußischen Regierungspräsidenten beziehungsweise Polizeipräsidenten vor, die in der Polizeiabteilung des Preußischen Innenministeriums statistisch ausgewertet wurden[19]. Aus diesen Unterlagen ist ersichtlich: Der zeitliche

[18] BA: Slg. Schumacher/271.
[19] In Akten des Preuß. Min. d. Innern/Politische Polizei, Mikrofilm Inst. f. Zeitgesch., MA 198/2, insbes. Bl. 83 f., 152 f., 223 f., 281 f. – Aufgrund des Runderlaß des Preußischen Ministers des Innern vom 3. März 1933 mußten die Regierungspräsidenten 14tägige Berichte über die aufgrund der VO vom 28. Februar 1933 ergriffenen Maßnahmen einsenden.

Schwerpunkt der ersten, vornehmlich gegen kommunistische Funktionäre gerichteten Welle von Schutzhaftanordnungen durch die preußische Polizei fiel in die Monate März und April 1933. Für einen großen Teil der insgesamt 34 preußischen Regierungsbezirke liegen genaue Angaben über die in beiden Monaten (in jeweils 14tägiger Berichtszeit) in Schutzhaft genommenen Personen vor. Sie erlauben es, folgende statistische Teilbilanz für die Monate März bis April 1933 zu ziehen:

Berichts-Zeitraum (1933)	Zahl der gemeldeten preuß. Regierungsbezirke (von insgesamt 34)	Zahl der in den gemeldeten preuß. Regierungsbezirken in Schutzhaft genommenen Personen
1.–15. März	24	7 784
16.–31. März	16	2 860
1.–15. April	20	3 017
16.–30. April	19	2 693
März/April 1933	(= 60 Prozent) durchschnittlich 20 von 34	16 354

Diese Teilzahlen, die sich auf rund 60 Prozent der preußischen Regierungsbezirke beziehen, ergeben mit großer Wahrscheinlichkeit, daß die Gesamtzahl der in Preußen in den Monaten März/April 1933 von der Polizei in Schutzhaft genommenen Personen mindestens bei 25 000 (wahrscheinlich noch etwas höher) gelegen haben muß, zumal die beträchtlichen Verhaftungen in der Reichshauptstadt Berlin in den verwendeten Unterlagen nicht enthalten sind.

Es handelt sich bei diesen rund 25 000 Verhafteten in Preußen nur um die von der Polizei gemeldeten Schutzhaftfälle. Die vor allem in den Großstädten von SA und SS durchgeführten »wilden« Verhaftungen von politischen Gegnern sind darin nicht enthalten. Andererseits ist zu berücksichtigen, daß ein erheblicher Teil der festgesetzten Personen nur sehr kurzfristig in Haft blieb und schon nach einigen Tagen oder Wochen wieder entlassen wurde[20].

[20] Im Entwurf eines Schreibens des Pr. Min. d. Innern an den RMdI vom Juni 1933 heißt es: »Nach meinen bisherigen Unterlagen befanden sich in Preußen während des Monats März 1933 durchschnittlich 15 000 Personen und während des Monats April 1933 13 000 Personen in Schutzhaft.« BA: Slg. Schumacher/271. Diels erklärte später, er habe »die Zahl der Freiheitsberaubungen im preußischen Staatsgebiet im April (1933) auf rund 30 000 geschätzt«; vgl. Rudolf Diels, Lucifer ante portas. Stuttgart 1950, S. 346.

Auffällig ist im übrigen die erhebliche zahlenmäßige Differenz der polizeilichen Schutzhaftmaßnahmen in den einzelnen preußischen Regierungsbezirken. Es spiegelt sich hierbei nicht nur der Unterschied von Stadt und Land, der sozialen, konfessionellen und politischen Struktur der einzelnen Bezirke, sondern auch der jeweiligen (gemäßigteren oder schärferen) Polizeileitung. So entfielen in der ersten Märzhälfte auf ganz Ostpreußen (Regierungsbezirke Königsberg, Gumbinnen, Allenstein) nur 421, auf Schlesien (Regierungsbezirke Liegnitz, Breslau, Oppeln) 1142 Schutzhaftfälle. In der gleichen Zeit meldete der ländliche Regierungsbezirk Schleswig 382 Fälle, der ebenfalls ländliche Regierungsbezirk Hildesheim nur 77. Besonders krasse Unterschiede sind in den preußischen Gebieten des Rheinlandes und Westfalens festzustellen. Die absolut höchste Zahlenmeldung stammt aus dem Regierungsbezirk Düsseldorf, wo SS-Gruppenführer Weitzel als Polizeipräsident fungierte. Hier wurden im März/April 1933 insgesamt 3818 Personen in Schutzhaft genommen, während für den gleichen Zeitraum im Regierungsbezirk Trier lediglich 78 Schutzhaftfälle gemeldet wurden.

Der durch die VO vom 28. Februar 1933 geschaffene Ausnahmezustand und die von Hitler, Göring, Röhm, Himmler u. a. deutlich proklamierte Absicht gewaltsamer »Abrechnung« mit den Kommunisten und anderen Feinden der sogenannten nationalen Erhebung mobilisierte nunmehr auch die bisher noch leidlich in Zaum gehaltenen bewaffneten Verbände der SA und SS zu eigenmächtigem Vorgehen. Vor allem in den Großstädten kam es zu gewaltsamen und nicht selten blutigen Exzessen. Der damalige Chef der Politischen Abteilung (IA) des Berliner Polizeipräsidiums (ab 26. April 1934: Geheimes Staatspolizeiamt – Gestapa) Rudolf Diels berichtete später über diese Aktionen:

»Aus allen Teilen der Hauptstadt erreichten uns in der IA Gerüchte, polizeiliche Rapporte, Beschwerden und Siegesmeldungen über die Aktionen der SA. Sie war, im Gegensatz zur Partei, auf ihre Machtergreifung vorbereitet. Die bedurfte keiner einheitlichen Leitung; der ›Gruppenstab‹ gab das Beispiel, doch keine Befehle. Aber bei den ›Stürmen‹ gab es feste Pläne für die Aktionen in den Kommunistenvierteln. Jeder SA-Mann war in jenen Märztagen ›dem Feind auf den Fersen‹, jeder wußte, was er zu tun hatte. Die ›Stürme‹ säuberten die Bezirke. Sie kannten nicht nur die Wohnungen, sondern sie hatten auch von langer Hand die Unterschlupfe

und Treffpunkte ihrer Gegner ausgekundschaftet ... Nicht nur die Kommunisten, sondern jeder, der sich einmal gegen Hitlers Bewegung ausgesprochen hatte, war gefährdet ... SA-Männer zerstörten die Einrichtung der Wohnung des Sohnes des Reichspräsidenten Ebert. Sie drangen in die Wohnungen der Besitzer der Verlagshäuser Ullstein und Mosse ein. Von den Mitgliedern der ›Weltbühne‹ und des ›Tagebuchs‹ verschleppten sie, wessen sie habhaft werden konnten ... SA-Führer gingen nicht mehr zu Fuß. Die heiter gestimmten Sieger brausten in eleganten Autos über den Kurfürstendamm und die Linden. Fabrikanten oder Kaufleute hatten ihnen die Wagen zur Verfügung gestellt oder geschenkt, um ihre Protektion zu gewinnen. Juden und Demokraten waren die Wagen einfach weggenommen worden ... In diesen Märztagen entstanden die Konzentrationslager um Berlin. Es kamen Nachrichten über Lager bei Oranienburg, Königswusterhausen und Bornim ... In den einzelnen Stadtteilen entstanden ›Privatgefängnisse‹. Die ›Bunker‹ in der Hedemann- und Voßstraße wurden zu infernalischen Stätten der Menschenquälerei. Es entstand das Columbia-Gefängnis der SS, die allerschlimmste Marterstätte ...
Der Aufstand der Berliner SA elektrisierte die entferntesten Landesteile. In vielen Großstädten, in denen die polizeiliche Macht den örtlichen SA-Führern übertragen worden war, herrschte das revolutionäre Treiben ... In Niederschlesien betrieb der SA-Gruppenführer Heines von Breslau aus ein Gewaltregiment. Im nördlichen Rheinland war es SS-Gruppenführer Weitzel, der als Polizeipräsident von Düsseldorf zusammen mit dem SA-Führer Lobek einen wilden Radikalismus entfaltete. In den Städten des Ruhrgebietes herrschte die SA Terbovens. In Ostpreußen hatte Gauleiter Koch weder die SA noch die SS hochkommen lassen. Hier regierten die politischen Leiter. Es ging gegen die ›Reaktion‹. Das Land befand sich wie im Kriegszustand, in dem der Adel als der imaginäre Gegner Freiheitsberaubungen über sich ergehen lassen mußte. Von Stettin aus ermunterte das Beispiel des SA-Gruppenführers von Heydebreck die pommersche SA, das Land zu terrorisieren. Aus Rostock, Stargard und Greifswald wurden Fälle von Mißhandlungen gemeldet. Die Quälereien hatten einigen Opfern das Leben gekostet.«[21]

[21] Rudolf Diels, a. a. O., S. 222 ff., vgl. dazu auch Hans Bernd Gisevius, Bis zum bitteren Ende. Hamburg 1960, S. 92 ff.

3. Neue Verhaftungswelle im Sommer 1933 und das Normalisierungsbestreben der Staatsorgane

Die gewaltsame Ausschaltung der Kommunisten, die in dem am 5. März gewählten Reichstag ihre Sitze nicht mehr einnehmen konnten, befreite Hitler von diesem am meisten gehaßten Gegner und schuf die entscheidende Voraussetzung zur Durchsetzung des mit Zweidrittel-Mehrheit zu beschließenden Ermächtigungsgesetzes (23. März 1933), das Hitler ein wesentliches Stück näher an die absolute Staatsführung heranbrachte. Von der neuen Position aus konnte eine Reihe weiterer Gegner eliminiert werden: Am 2. Mai fand die Aktion zur Zerschlagung der Freien Gewerkschaften statt, am 9. Mai wurde das Vermögen des Reichsbanners und der SPD beschlagnahmt, am 22. Juni die Sozialdemokratische Partei offiziell verboten und am 7. Juli ihre Mandate im Reichstag, den Landtagen und Kommunalvertretungen kassiert.

In den darauffolgenden Wochen vollzog sich unter öffentlichem Druck die Selbstauflösung der bürgerlichen Parteien. Der gesamte Prozeß dieser Ausschaltung der nicht-kommunistischen politischen Gruppen und Organisationen war abermals mit einer Welle von Verhaftungen verbunden. In die teils von SA, teils von SS oder Polizei eingerichteten Lager Dachau, Oranienburg, Papenburg, Esterwegen, Dürrgoy bei Breslau, Kemna bei Wuppertal, Sonnenburg, Sachsenburg u. a. m. sowie in Gefängnissen und Haftstrafanstalten wurden im Sommer und Herbst 1933 in verstärktem Maße Sozialdemokraten, Demokraten, Führer des Zentrums, der Bayerischen Volkspartei, Deutschnationale, Royalisten, bürgerliche und nicht zuletzt jüdische Journalisten und Schriftsteller, Rechtsanwälte, vereinzelt auch mißliebige Unternehmer, Beamte usw. eingewiesen. Wie aus einem Erlaß der von Himmler geleiteten Bayerischen Politischen Polizei vom 26. Juni 1933 hervorgeht, bestand in Bayern z. B. die Weisung, von den ehemaligen Mitgliedern der Bayerischen Volkspartei »außer Reichs- und Landtagsabgeordneten« auch »diejenigen Personen in Schutzhaft zu nehmen, die sich in parteipolitischer Hinsicht besonders hervorgetan haben«[22].

In Preußen wuchs die Zahl der Schutzhaftgefangenen nach leichtem Absinken im Mai und Juni wieder auf 14 000 an[23]. Bis zum

---

[22] Funkspruch der Bayer. Polit. Polizei an die Polizeidirektionen Nürnberg, Regensburg, Würzburg, Hof, Augsburg, Ludwigshafen vom 26. Juni 1933; BA: Slg. Schumacher/271.
[23] Schreiben des bayer. Vertreters beim Reich, Gesandten Sperr, vom 20. Juli 1933 an Geheimrat Frhr. v. Stengel, ebenda.

Juni 1933 hatte das Preußische Innenministerium insgesamt sechs Lager offiziell als staatliche (und aus der preußischen Staatskasse finanzierte) Konzentrationslager anerkannt: das »Übungslager Quednau«, das in einem ehemaligen Zuchthaus untergebrachte Lager Sonnenburg, ferner die Lager Hammerstein, Lichtenburg, die Strafanstalt Werden und die Arbeitsanstalt Brauweiler (bei Köln). Diese Lager, so vermerkte man im Preußischen Innenministerium im Juni 1933, stellten »durchweg« nur eine »provisorische« Form der Verwahrung dar, »die demnächst zugunsten einer produktiven Beschäftigung der Häftlinge in neu einzurichtenden Konzentrationslagern in den Moorgebieten des Regierungsbezirks Osnabrück geändert werden soll«. Man plante eine Konzentration der preußischen Schutzhäftlinge in den Moorgebieten des Emslandes, wodurch zugleich ein produktiver Einsatz erreicht werden sollte. Durch Ausbau der dort schon errichteten Konzentrationslager (Esterwegen, Börgermoor) sollte eine Gesamtkapazität für 10 000 Gefangene geschaffen werden, »da für die nächsten Jahre mit einer Dauerzahl von 10 000 Häftlingen zu rechnen« sei. »Außer diesen Konzentrationslagern in den Moorgebieten des Regierungsbezirkes Osnabrück« sollten lediglich noch »das bereits als Konzentrationslager benutzte Zuchthaus Sonnenburg« (Regierungsbezirk Frankfurt/Oder) und »allenfalls das in Lichtenburg, Regierungsbezirk Merseburg, im Entstehen begriffene Lager« beibehalten werden[24].

Nach einer internen Aufstellung des Reichsministeriums des Innern befanden sich am 31. Juli 1933 im Reichsgebiet insgesamt 26 789 Personen in Schutzhaft, die sich folgendermaßen auf die einzelnen Länder verteilten[25]:

Preußen	14 906	Braunschweig	248
Bayern	4 152	Oldenburg	170
Sachsen	4 500	Anhalt	112
Württemberg	971	Bremen	229
Baden	539	Lippe-Detmold	17
Thüringen	16	Lübeck	27
Hessen	145	Mecklenburg-Strelitz	16
Hamburg	682	Schaumburg-Lippe	24
Mecklenburg-Schwerin	35		

Die Verhaftungswelle im Sommer 1933 hatte erneut das willkürliche und gewaltsame Vorgehen der SA und SS hervortreten

[24] Entwurf eines Schreibens des Pr. Min. d. Innern vom Juni 1933 (vgl. Anm. 20).
[25] Rundschreiben des RMdI vom 11. September 1933; Akten Reichskanzlei. BA: R 43 II/389.

lassen, die sich keineswegs nur als Hilfspolizei aufführte, vielmehr den Kampf gegen »Marxismus, Judentum und Reaktion«
auf ihre Weise führte und dabei je länger desto mehr auch mit
der Polizei und den staatlichen Verwaltungsorganen in Konflikt
geriet. Der preußische Ministerpräsident und Innenminister Göring, der nationalsozialistische Reichsinnenminister Dr. Frick,
der deutschnationale Reichsjustizminister Dr. Gürtner begannen über das Ausmaß der Eigenmächtigkeiten der SA beun-
ruhigt zu werden und auch Hitler selbst konnte sich ihren Argumenten nicht ganz verschließen. Der neue Reichskanzler hatte
nicht nur Rücksicht auf die konservative Reichswehr und den
Reichspräsidenten zu nehmen. Er wußte auch, daß die Autorität
seines Regimes letzten Endes mit der Behebung der wirtschaftlichen Depression und Arbeitslosigkeit stand und fiel. Diese
aber verlangte ein gewisses Maß bürgerlicher Rechtssicherheit.
Außerdem sah Hitler durchaus die Gefahr, die seiner eigenen
Stellung drohen konnte, wenn dem revolutionären Gebaren der
SA unter Stabschef Ernst Röhm nicht Einhalt geboten wurde.
Vor den Reichsstatthaltern und den SA-Führern sprach sich Hitler Anfang Juli 1933 deutlich dagegen aus, weiterhin »sinnlos
darauflos zu revolutionieren«. Insbesondere die Wirtschaft
verlange die Überleitung zur Evolution. Reichsinnenminister
Dr. Frick erklärte am 10. Juli 1933 in einem Rundschreiben an die
Reichsstatthalter und Landesregierungen, die nationale Revolution sei mit der Auflösung der letzten bürgerlichen Parteien »abgeschlossen«. Die NSDAP habe als Trägerin des Staates nunmehr die Aufgabe, den »gesetzmäßigen Aufbau« zu unterstützen. Namentlich die Stabilisierung der Wirtschaft werde aber »auf
das schwerste gefährdet, wenn weiterhin von einer Fortsetzung
der Revolution oder von einer zweiten Revolution geredet wird«.
Unbefugte Eingriffe in die Wirtschaft und Mißachtung von Anordnungen der staatlichen Behörden seien Auflehnung »gegen
den Führer selbst« und würden in Zukunft »mit den schärfsten
Mitteln geahndet«[26]. Am 2. August wurde in Preußen die SA-
Hilfspolizei aufgelöst. In der Folgezeit gelang es der Polizei allmählich, den schlimmsten Exzessen der SA und SS in Berlin und
in den Provinzen Einhalt zu gebieten, die SA-Prügelstätten sowie eine Reihe wilder SA-Lager aufzulösen.
Der preußische Justizminister verkündete am 25. Juli 1933 in
einer allgemeinen Verfügung an die Staatsanwaltschaften »aus
Anlaß der Beendigung der nationalsozialistischen Revolution«

[26] Schultheß' Geschichtskalender, Jg. 1933, 10. Juli.

eine Amnestierung der Strafen oder Niederschlagung der Strafverfolgung in den meisten zurückliegenden Fällen, in denen SS- und SA-Angehörige sich bei der Verfolgung von Gegnern straffällig gemacht hatten. Um ähnlichen Erscheinungen künftig besser begegnen zu können, wurde Anfang August unter Aufsicht des Preußischen Justizministeriums eine zentrale Staatsanwaltschaft gebildet. Man suchte vor allem die in den eigenmächtig eingerichteten Lagern noch weiterhin vorkommenden Mißhandlungen und Tötungen von Schutzhäftlingen nunmehr mit Nachdruck zu bekämpfen und die Schuldigen unter Anklage zu stellen. In den Moorlagern Papenburg-Esterwegen wurden gegen den heftigen Widerstand des Düsseldorfer Polizeipräsidenten und SS-Führers im Herbst 1933 sogar die SS-Bewachungsmannschaften vorübergehend durch Berliner Polizei abgelöst.

In einem Runderlaß an die preußischen Regierungspräsidenten vom 14. Oktober 1933 ordnete der preußische Innenminister an: Aus politischen Gründen inhaftierte Personen seien »grundsätzlich in staatlichen Konzentrationslagern« oder – sofern dies nicht möglich oder nur eine sehr kurzfristige Haft beabsichtigt sei – »in staatlichen oder kommunalen Polizeigefängnissen in Gewahrsam zu halten«. Jede »anderweitige Verwahrung« sei »künftig nicht zulässig«. Nur die Lager Papenburg, Sonnenburg, Lichtenburg, Brandenburg, die Provinziallandesanstalt Brauweiler bei Köln und das Provinzialwerkhaus Mohringen bei Hannover seien staatlich anerkannte oder bestätigte Konzentrationslager. »Sonstige Einrichtungen zur Unterbringung politischer Schutzhäftlinge« müßten »jedenfalls noch vor Ende dieses Jahres aufgelöst« werden. »Eine Neuzuführung von Schutzhäftlingen in solche Einrichtungen« sei »daher verboten«[27]. Durch einen weiteren Erlaß vom 10. November 1933 führte der preußische Innenminister bei den Ober- und Regierungspräsidenten sowie den Landespolizeiinspektionen Beschwerde, daß verschiedentlich in Dienst stehende Beamte ohne Hinzuziehung des Innenministeriums in Konzentrationslager überführt worden seien. Der Erlaß ersuchte außerdem den Regierungspräsidenten in Düsseldorf um »sofortigen Bericht« darüber, aus welchen Gründen eine Reihe von Beamten in das Lager Kemna bei Wuppertal gebracht worden sei und fuhr fort:

[27] Runderlaß des Preußischen Ministers des Innern – II 9 1600 – vom 14. Oktober 1933; BA: Slg. Schumacher/271 (gezeichnet von Staatssekr. Grauert »in Vertretung«).

»Was das Lager Kemna selbst betrifft, so hat der Polizeipräsident Veller vor einiger Zeit bei einem Besuch in meinem Ministerium dem Leiter der politischen Gruppe die Einrichtung dieses Lagers mitgeteilt, ohne daß ich bei der Ungeeignetheit der benutzten Fabrikräume, beim Fehlen von Waschgelegenheiten und bei den sonst gegebenen sanitären Mängeln bisher meine Zustimmung hierzu sowie zum Fortbestand des Lagers erteilt habe.

Ich vermag auch die Notwendigkeit der Beibehaltung des Lagers nicht anzuerkennen. Die Häftlinge müssen, soweit sie wegen etwa noch notwendiger Vernehmungen zunächst nicht in die staatlichen Konzentrationslager ins Emsland abtransportiert werden können, in Polizeigefängnissen verwahrt werden, an denen es in Wuppertal nicht fehlt ... Ich beabsichtige im übrigen, das Lager noch im Laufe des Monats ganz aufzulösen und die Häftlinge in staatliche Konzentrationslager verbringen zu lassen.«[28]

Am 15. Dezember 1933 berichtete der preußische Justizminister u.a. davon, daß es »mehrfach vorgekommen« sei, daß Rechtsanwälte ohne Hinzuziehung des Justizministeriums in Schutzhaft genommen wurden und dadurch den Prozeßparteien und Angeklagten »schwere Nachteile« erwachsen und »das Ansehen der Justiz und damit des Staates selbst gefährdet« seien[29].

Schon in den ersten preußischen Erlassen zur Durchführung der Notverordnung vom 28. Februar 1933 war bestimmt worden, daß das Recht der Schutzhaftverhängung nur den Kreispolizeibehörden zustehe und daß den Gefangenen bei Beginn der Schutzhaft schriftliche Schutzhaftbefehle auszuhändigen seien. Daran hatte man sich anscheinend während des Jahres 1933 oft nicht gehalten, so daß sich der preußische Gestapochef Diels am 16. Januar 1934 veranlaßt sah, die Ober- und Regierungspräsidenten zur genauen Beachtung dieser Bestimmungen anzuhalten:

»Konnte in der ersten Zeit der Machtübernahme darüber hinweggesehen werden, weil die Sicherung des Staates gegen Anschläge und Umtriebe seiner Feinde damals schnelle, durch formale Vorschriften nicht behinderte Maßnahmen erforderte, so müssen heute die ergangenen Bestimmungen genau

[28] Runderlaß des Preußischen Ministers des Innern – II 9 1600/10 – vom 10. November 1933; BA: P 135/3715, Bl. 228.
[29] Schreiben des Preußischen Justizministers vom 15. Dezember 1933 an den Preußischen Minister des Innern [gez. Dr. Nadler]; BA: P 135/3715, Bl. 231.

beachtet werden ... Zuwiderhandelnde setzen sich der Gefahr aus, wegen Amtsmißbrauch und Freiheitsberaubung zur Verantwortung gezogen zu werden.«[30]

In die gleiche Richtung zielte ein Runderlaß des Reichsinnenministers an die Landesregierungen vom 9. Januar 1934. Er wies auf Beschwerden hin, aus denen sich ergebe, »daß von der Schutzhaft in manchen Fällen ein mit dem Zweck nicht vereinbarlicher Gebrauch gemacht wird«. Die verantwortlichen Stellen seien verpflichtet, »in jedem Falle genau zu prüfen, ob ein begründeter Anlaß für die Verhängung von Schutzhaft vorliegt«. Insbesondere müßten (von seiten der NSDAP) erstattete Anzeigen »erst nachgeprüft werden, ehe Schutzhaft angeordnet wird«. Voraussetzung sei, daß »eine Gefährdung der öffentlichen Sicherheit und Ordnung ernstlich zu besorgen ist«, und die Schutzhaft dürfe »auch nur solange aufrechterhalten werden, als diese Besorgnis tatsächlich besteht«.

»Dagegen darf die Schutzhaft nicht als ›Strafe‹, d. h. als Ersatz für eine gerichtliche oder polizeiliche Strafe, zudem mit von vornherein begrenzter Dauer verhängt werden. Es ist daher grundsätzlich nicht angängig, daß anstelle der Einleitung eines Strafverfahrens Schutzhaft angeordnet wird. Wiederholt ist in der letzten Zeit auch gegen Rechtsanwälte Schutzhaft verhängt worden. Soweit der Rechtsanwalt lediglich die Interessen seines Klienten in angemessener Form wahrnimmt, kann eine Inschutzhaftnahme auch dann nicht als zulässig anerkannt werden, wenn sich der Anspruch oder der Antrag des Klienten gegen ein Staatsorgan richtet ...«[31]

Der Erlaß Fricks war nicht zuletzt auf Bayern gemünzt, wo SA, SS und örtliche »Hoheitsträger« der NSDAP starken Einfluß auf die Polizeiexekutive ausübten und zum Teil noch immer selbstherrlich Schutzhaftmaßnahmen anordneten. Die Verquikkung von Staats- und Parteifunktionen war bei der Leitung der Bayerischen Politischen Polizei besonders evident. Als politischer Polizeikommandeur unterstanden Himmler und sein geschäftsführender Vertreter Heydrich dem bayerischen Innenminister Adolf Wagner, der zugleich Gauleiter der oberbayerischen NSDAP war. In seiner Eigenschaft als Reichsführer-SS gebot Himmler aber über ein eigenes Machtinstrument und war von Anfang an bemüht, die Führungsposition der politischen

* Runderlaß des Preußischen Ministerpräsidenten – Geheime Staatspolizei vom 16. Januar 1934; BA: Slg. Schumacher/271.
[31] Runderlaß des RMdI an die Landesregierungen vom 9. Januar 1934; BA: Slg. Schumacher/271.

Polizei in München mit SS-Männern zu besetzen. Ernst Röhm war als Stabschef der SA zwar der Dienstvorgesetzte des Reichsführers-SS, doch dieser blieb in polizeilicher Hinsicht, d. h. in seiner Eigenschaft als Befehlshaber des staatlichen Apparates der politischen Polizei, von Röhm unabhängig und konnte im Einvernehmen mit dem Innenminister die polizeiliche Exekutive sogar gegen die SA einsetzen. Andererseits stand er aber, sobald es um Konflikte zwischen der SS und den Staatsorganen ging, oft in einer Front mit dem Stabschef der SA.

Charakteristisch hierfür war der Fall der drei Schutzhaftgefangenen Handschuch, Frantz und Dr. Katz, die im Herbst 1933 in dem unter SS-Leitung stehenden Konzentrationslager Dachau an den Folgen von Mißhandlungen ums Leben gekommen waren. Da der Staatsanwaltschaft eine Ermittlung an Ort und Stelle im Lager verweigert worden war, befaßte sich auf Antrag des bayerischen Justizministers (H. Frank) am 5. Dezember 1933 der bayerische Ministerrat mit dem Vorfall und beschloß, die »Strafverfahren wegen der Vorkommnisse im Konzentrationslager Dachau mit aller Entschiedenheit weiterzuführen« und »etwaigen Verdunklungsversuchen . . . entgegenzutreten«. Notfalls sei »zur Unterstützung die Landespolizei heranzuziehen«. Himmler, der von dem Beschluß Kenntnis erhielt, erklärte daraufhin: »die Sache gehe in hohem Maße den Stabschef der SA, Herrn Reichsminister Röhm, an. Er müsse erst mit diesem Rücksprache nehmen.« Dem vom bayerischen Justizminister abgesandten Verbindungsmann erklärte Röhm sodann im Beisein Himmlers: Die fraglichen Vorgänge seien »politischer Natur«, sie müßten »unter allen Umständen zunächst von den politischen Stellen entschieden werden« und schienen ihm (Röhm) »für eine Behandlung durch die Justizbehörden vorerst nicht geeignet«. Dies sei seine »Ansicht als Stabschef und auch als Reichsminister«, der ein Interesse daran habe, daß »das Reich nicht« durch derartige Verfahren »geschädigt« werde[32]. Das Argument, man müsse eine Schädigung des Ansehens der nationalsozialistischen Bewegung vermeiden, wurde jetzt und später von seiten der Partei in nahezu allen derartigen Fällen mit mehr oder weniger Erfolg ausgespielt. In ihrer Stellung als Befehlshaber der politischen Polizei hatten sich Himmler und Heydrich 1933/34 in Bayern jedoch, ähnlich wie die von Diels geleitete preußische Gestapo, verschiedentlich auch mit den ört-

[32] Vgl. Aufzeichnungen von StA Dr. Stepp und Min.Rat Dr. Döbig vom 6. Dezember 1933; BA: Slg. Schumacher/329 (auch Nürnbg. Dok. D-926).

lichen SA-Gewaltigen auseinanderzusetzen, die entweder selbst Jagd auf politische Gegner machten oder die lokalen Polizeibehörden auf sie hetzten. So waren an zahlreichen Orten Bayerns zum Beispiel katholische Geistliche, die als Widersacher des Nationalsozialismus galten, festgesetzt worden, obgleich (wohl vor allem mit Rücksicht auf den Vatikan) Himmler bereits am 2. Juli 1933 befohlen hatte, daß die Verhaftung von Priestern seiner besonderen Genehmigung bedürfe. In einem Runderlaß an die bayerischen Polizeiämter vom 18. März 1934 wies Heydrich, der die eigentliche Geschäftsführung des bayerischen politischen Polizeikommandeurs innehatte, erneut darauf hin, daß sich verschiedene Ordinariate »beschwerdeführend an das Kultusministerium« gewandt hätten, »weil durch die Inschutzhaftnahme von Geistlichen die Seelsorge in einigen Gemeinden empfindlich gestört worden sei«. Von einer Verhängung der Schutzhaft dürfe deshalb künftig nur in besonders »schweren Fällen« Gebrauch gemacht werden[33].

Bei dem Bestreben zur Vereinheitlichung und Zusammenfassung der politischen Polizei in den einzelnen Ländern überkreuzten sich im Frühjahr 1934 zwei Bemühungen: a) die auf eine gewisse Normalisierung und Reduzierung des Schutzhaftgebrauchs gerichtete Reichsaufsicht des Reichsinnenministers, der sich dazu der Reichsstatthalter bediente, und b) die erfolgreiche Ambition Himmlers, die politische Polizei im ganzen Reichsgebiet in seine Hand zu bekommen. Die Position des Reichsinnenministers schien zunächst insofern verstärkt, als durch das Gesetz über den Neuaufbau des Reiches vom 30. Januar 1934[34] die Souveränität der Landesregierungen erlosch und an das Reich überging. Die Landesregierungen wurden damit unmittelbar der Reichsregierung unterstellt, und im Rahmen der neuen zentralistischen Staatsverfassung erhielt der Reichsinnenminister – über die Reichsstatthalter – unmittelbares Weisungsrecht gegenüber den Landesregierungen, das sich auch auf die Polizei der Länder bezog.

Gleichzeitig hatte aber Himmler eine andere Zusammenfassung angebahnt. Da er als Reichsführer-SS und Leiter des Sicherheitsdienstes in Hitlers Augen offenbar über besonders günstige Voraussetzungen zur Neugestaltung und Vereinheitlichung der Arbeit der politischen Polizei verfügte, gelang es ihm, zwischen

---

[33] Runderlaß der bayer. polit. Polizei vom 23. Februar und 18. März 1934 betr. Inschutzhaftnahme von Geistlichen; BA: Slg. Schumacher/271.
[34] RGBl. I, S. 75.

November 1933 und Januar 1934 in allen Ländern, außer in Preußen, zum Kommandeur der politischen Polizei beziehungsweise der jeweiligen Staatspolizei ernannt zu werden. Ende Januar 1934 vereinigte Himmler in seiner Hand das Kommando über die Staatspolizei in Bayern, Württemberg, Baden, Hessen, Sachsen, Anhalt, Thüringen, Braunschweig, Oldenburg und den Hansestädten Hamburg, Bremen und Lübeck. Das war eine beträchtliche Machtposition, und der RFSS war nicht gesonnen, sie dem Reichsinnenministerium auszuliefern.

In Bayern, wo die stärkste Bastion Himmlers und Heydrichs bestand, kam es im Frühjahr zu heftigen Auseinandersetzungen mit dem Reichsstatthalter (v. Epp), der in einem an den bayerischen Innenminister gerichteten Memorandum vom 20. März 1934 auf zahlreiche »Mißbräuche in der Verhängung der Schutzhaft« in Bayern hingewiesen und der Befürchtung Ausdruck gegeben hatte, daß dadurch das »Rechtsvertrauen«, das »die Grundfeste jedes Staatswesens« bilde, »erschüttert« werden könnte. Während in Preußen durch Haftentlassungen die Zahl der Schutzhaftgefangenen seit dem Sommer 1933 stark reduziert worden war, hatte sich in Bayern wenig geändert, so daß Reichsstatthalter von Epp wegen des »unverhältnismäßig hohen Standes der Schutzhaftgefangenen« in Bayern um eine »Nachprüfung der anhängigen Schutzhaftfälle« ersuchen mußte[35].

Nachdem auch das Justizministerium in München starke Bedenken gegen die praktische Handhabung der Schutzhaft erhoben hatte, sah sich der bayerische Innenminister Ende März 1934 zu der Anordnung genötigt, daß künftig die »Verhängung der Schutzhaft eingeschränkt werden« solle[36]. Vermutlich auf Veranlassung Himmlers und Heydrichs beantwortete er aber die Beschwerde des Reichsstatthalters am 14. April 1934 mit einem Bericht, der – nach Meinung des Reichsstatthalters – »in jedem Satz angreifbar und widerlegbar« sei, zahlreiche »Unrichtigkeiten, Verdrehungen, Entstellungen und Verfälschungen« enthalte und auch durch seine Form »eine sachliche Behandlung unmöglich« mache. Die zuständigen Stellen des bayerischen Innenministeriums (politische Polizei) hätten eine Überprüfung der Schutzhaftangelegenheiten durch den Reichsstatthalter als Anmaßung zurückgewiesen, was eine »vollkommene Verken-

[35] Undatierte und unvollständige diesbezügliche Aufzeichnungen aus der Dienststelle des Reichsstatthalters in München im BA: Slg. Schumacher/271.
[36] Ersichtlich aus einem Schreiben der Regierung von Niederbayern und Oberpfalz an das Bezirksamt Amberg vom 5. April 1934; BA: Slg. Schumacher/271.

nung der Stellung des Reichsstatthalters« bedeute und indirekt auch gegen den Reichsinnenminister gerichtet sei[37].

Der Einfluß des RMdI auf die Praxis der Schutzhaftverhängungen blieb von Anfang an gering. Unbestritten war aber noch seine Kompetenz, einheitliche Richtlinien für die Handhabung der Schutzhaft im gesamten Reichsgebiet aufzustellen. Diesem Zweck diente der grundlegende Schutzhafterlaß des RMdI vom 12. April 1934[38], der am 26. April 1934 durch einige Zusätze ergänzt wurde. Der Erlaß war insofern bemerkenswert, als der Reichsminister des Innern darin einleitend feststellte, daß die Notverordnung vom 28. Februar 1933 das Recht der Freiheit der Person nur »zeitweilig aufgehoben« habe und nur vorerst die »Zeit für die völlige Beseitigung der Schutzhaft noch nicht reif« sei. Es gelte aber unbedingt eine mißbräuchliche Anwendung zu verhindern, zu der es in der Vergangenheit vielfach gekommen sei. Mit der These, daß die VO vom 28. Februar 1933 nur einen zeitlich befristeten Ausnahmezustand geschaffen habe, der irgendwann sein Ende finden müsse, schloß sich das Reichsinnenministerium den damals von verschiedenen Gerichten, einschließlich des Reichsgerichts, vorgenommenen Auslegungen der Reichstagsbrand-Verordnung an[39], die sich allerdings nicht durchzusetzen vermochten.

Der Runderlaß vom 12./26. April 1934 verfügte im übrigen, daß zur Anordnung von Schutzhaft in Preußen nur das Geheime Staatspolizeiamt, die Ober- und Regierungspräsidenten oder der Polizeipräsident von Berlin und die Staatspolizeistellen in den Regierungsbezirken und in den anderen Ländern entsprechende Behörden (also nicht mehr die Kreisbehörden) zuständig seien. Ausdrücklich war bestimmt: »Nicht befugt zur Inschutzhaftnahme sind Stellen der NSDAP und der SA (Kreisleiter, Gauleiter, SA-Führer).« Sie können zwar »die Verhängung von Schutzhaft bei den zuständigen Amtsstellen anregen«. Diesen aber »obliegt die pflichtmäßige Nachprüfung der Voraussetzungen und die ausschließliche Verantwortung für die Maßnahme«. Und es hieß weiter: »Wer ohne Befugnis einen Menschen einsperrt oder auf andere Weise des Gebrauchs der persönlichen Freiheit beraubt, macht sich der Freiheitsentziehung (§§ 239, 341, 358 des Strafgesetzbuches) schuldig. Gegebenenfalls ist die Strafverfolgung rücksichtslos durchzuführen.«

[37] Aufzeichnungen der Reichsstatthalterei in München (vgl. Anm. 35).

[38] Az.: I 3311 A. im BA: R 58/264.

[39] Vgl. Juristische Wochenschrift, Jg. 1934, S. 1747, über einen Entscheid des Sondergerichts Darmstadt; ferner Deutsche Justiz, Jg. 1934, S. 63 f. (Urteil des Reichsgerichts).

In dem Runderlaß waren sodann (Art. II–V) folgende Richtlinien bezüglich der Prozedur der Ausstellung von Schutzhaftbefehlen, der zulässigen Schutzhaftgründe sowie der Vollstrek-
kung und Dauer der Schutzhaft beziehungsweise Haftüberprüfung erteilt, die bis Anfang 1938 in Geltung blieben:

II. *Schutzhaftbefehl*

(1) Bei der Inschutzhaftnahme oder spätestens 24 Stunden
nach der Festnahme ist dem Häftling ein schriftlicher,
unterschriftlich vollzogener Schutzhaftbefehl zu behän-
digen.

(2) Der Schutzhaftbefehl muß die Gründe für die Schutzhaft enthalten.

(3) Den nächsten Angehörigen (Ehefrau, Eltern, Kindern,
Geschwistern) ist, sofern nicht besondere Bedenken bestehen, auf Anfrage mitzuteilen, aus welchen Gründen
die Schutzhaft verhängt ist und wo sich der Häftling
befindet.

(4) Bei der Inschutzhaftnahme von Mitgliedern der NSDAP
ist die zuständige Gau- oder Kreisleitung sowie die zuständige Parteigerichtsstelle (Gau- oder Kreisgericht)
unter Angabe der Gründe, aus denen die Schutzhaft verhängt worden ist, zu benachrichtigen.

III. *Zulässigkeit*

(1) Die Verhängung der Schutzhaft ist nur zulässig
a] zum eigenen Schutz des Häftlings,
b] wenn der Häftling durch sein Verhalten, insbesondere
durch staatsfeindliche Betätigung die öffentliche Sicherheit und Ordnung *unmittelbar* gefährdet.

(2) Danach ist, sofern nicht *zugleich* die Voraussetzungen
des Abs. 1 vorliegen, eine Verhängung von Schutzhaft
nicht zulässig, insbesondere
a] gegen Personen, die lediglich von einem ihnen nach
bürgerlichem oder öffentlichem Recht zustehenden
Anspruch (z.B. Anzeige, Klage, Beschwerde) Gebrauch machen,
b] gegen Rechtsanwälte wegen der Vertretung von Interessen ihrer Klienten,
c] wegen persönlicher Angelegenheiten, wie z.B. Belei-
digungen,
d] wegen irgendwelcher wirtschaftlicher Maßnahmen
(Lohnfragen, Entlassung von Arbeitnehmern u. dgl.).

(3) Die Verhängung von Schutzhaft ist ferner nicht zulässig

zur Ahndung strafbarer oder zwar nicht strafbarer, aber sonst verwerflicher Handlungen. Strafbare Handlungen sind durch die Gerichte abzuurteilen. Für die Verhaftung von Angeschuldigten gelten die Vorschriften der Strafprozeßordnung (§§ 112 ff.). Auch ohne richterlichen Haftbefehl ist eine vorläufige Festnahme nach § 127 Abs. 2 der Strafprozeßordnung zulässig (Polizeihaft). Nur in besonderen Ausnahmefällen kann danach bei strafbaren Tatbeständen die Verhängung von Schutzhaft gerechtfertigt erscheinen. In diesen Fällen ist schleunigst auf den Erlaß eines richterlichen Haftbefehls hinzuwirken.

IV. *Vollstreckung*

Die Schutzhaft ist ausschließlich in staatlichen Gefangenenanstalten oder Konzentrationslagern zu vollstrecken.

V. *Dauer*

(1) Die Schutzhaft ist nur solange aufrechtzuerhalten als ihr Zweck (Ziffer III, 1) es erfordert.

(2) Die Verhängung von Schutzhaft als Ersatzstrafe auf bestimmte Zeit ist unzulässig.

(3) Der Schutzhäftling ist unverzüglich nach seiner Festnahme über die Gründe des Schutzhaftbefehls zu hören. Falls danach die Schutzhaft aufrechterhalten werden soll, ist, sofern sie nicht von der Obersten Landesbehörde selbst angeordnet worden ist, dieser sofort zu berichten. Wenn nicht die Oberste Landesbehörde selbst die Schutzhaft angeordnet hat, ist der Häftling am achten Tage nach seiner Festnahme aus der Schutzhaft zu entlassen, sofern bis zu diesem Zeitpunkt die Oberste Landesbehörde den Schutzhaftbefehl nicht *ausdrücklich* bestätigt hat. Die Bestätigung ist dem Häftling schriftlich mitzuteilen.

(4) Ist der Schutzhaftbefehl von der Obersten Landesbehörde erlassen oder von ihr bestätigt worden, so ist *drei Monate* nach der Festnahme von der Obersten Landesbehörde von *Amts wegen* zu prüfen, ob der Häftling entlassen werden kann. Bleibt die Schutzhaft aufrechterhalten, so ist diese Nachprüfung jeweils nach drei Monaten zu wiederholen . . .[40]

[40] Akten des Preuß. Min. d. Innern betr. Schutzhaft; Inst. f. Zeitgesch. Mikrofilm MA 198/2, Bl. 15 ff.; ferner auch BA: Slg. Schumacher/271. Dort auch ein erster Entwurf des Runderlasses vom 28. Februar 1934.

Der Schutzhafterlaß des RMdI vom 12./26. April 1934 war Ausdruck des von der inneren Verwaltung ausgehenden Strebens
nach Normalisierung und möglichst gar völligem Abbau der
außerordentlichen Einrichtung der Schutzhaft und der Konzentrationslager, das damals auch vor allem von seiten der Justiz
unterstützt wurde. In Preußen waren im Frühjahr 1934 die meisten »wilden KZ's« aufgelöst worden. Von den SA- und SS-
Lagern blieben nur Oranienburg, die Emsland-Lager, Lichtenburg und das Columbia-Haus in Berlin bestehen. Im Februar
1934 war es der Geheimen Staatspolizei und der preußischen
Zentralen Staatsanwaltschaft gelungen, das in der Vulkanwerft
in Stettin eingerichtete illegale Konzentrationslager, in dem es
zu zahlreichen Mißhandlungen von Häftlingen gekommen
war, aufzulösen. Im April 1934 wurden die Hauptschuldigen
(SS-Obersturmführer Dr. Hoffmann, Pleines, Fink u. a.) zu
mehrjährigen Zuchthaus- oder Gefängnisstrafen verurteilt[41].
Der SA- und SS-Terror, der im Frühjahr und Sommer 1933
die Szene beherrscht hatte, schien gebrochen.

Von einer stabilen Normalisierung war man aber noch weit entfernt. Das beleuchtet ein Memorandum des Leiters der Polizeiabteilung im RMdI vom Frühjahr 1935. Es heißt dort[42]:

»In der letzten Zeit haben die Schutzhaftmaßnahmen bedenklich zugenommen. Ich halte es für dringend notwendig, daß
eine endgültige Klärung erfolgt, nach welchen Richtlinien
über Begründung, Dauer und Art der Vollstreckung von
Schutzhaft verfahren werden soll. Der Schutzhafterlaß des
Reichsinnenministeriums ist durch die Praxis der politischen
Polizei längst außer Kraft gesetzt worden. Es gelingt kaum
noch, einen ausreichenden Bericht über eine Schutzhaft zu
erhalten. Die an uns in diesen Dingen gemachten Eingaben
weisen immer wieder auf einen Punkt hin, der auch mir
bedeutungsvoll erscheint: Beteiligte und Angehörige finden
sich mit der Tatsache der Schutzhaft ab, nicht aber mit der
vollkommenen Unsicherheit darüber, aus welchen Gründen
nun eigentlich Schutzhaft verhängt werden kann oder nicht.
Diese fraglose *Rechtsunsicherheit* schafft Unruhe und Verbitte-
rung. Es ist auch . . . unerträglich, wenn offensichtlich in den
verschiedenen Landesteilen nach verschiedenen Gesichtspunkten gehandelt wird . . . Aus beamten-politischen Gründen muß ich auch grundsätzliche Bedenken dagegen erheben,

[41] Diels, a. a. O., S. 394 ff.
[42] Nürnbg. Dok. PS-775 (ohne Datum).

daß neuerdings wieder ohne vorherige Kenntnis vorgesetzter Dienststellen Schutzhaftmaßnahmen gegen Beamte verhängt oder, was sich manchmal noch schlimmer auswirkt, staatspolizeiliche Ermittlungen gegen sie angestellt werden. Ich führe hier nur den Fall [des] Kreisleiters in Esterwegen an, der 8 Tage in Schutzhaft saß, weil er, wie sich nachträglich herausgestellt hat, seinem Landrat einen richtigen Bericht über Mißhandlungen durch SS übergeben hatte . . .«

Die Denkschrift schließt mit der Feststellung:

»*Entweder* trägt diese Verantwortung der Reichsminister des Innern. Dann muß er in einem ganz anderen Maße in die Lage versetzt werden, in den Fragen politisch-polizeilicher Art befehlen zu dürfen,

oder diese Verantwortung übernimmt nunmehr in allen Konsequenzen der Reichsführer-SS, der ja bereits faktisch die Führung der politischen Polizei im Reich für sich in Anspruch nimmt . . .«

Tatsächlich kam es auch nicht zum völligen Abbau der Lager und des Instruments der Schutzhaft. Vielmehr bahnte sich in derselben Zeit, als die Lager und die Zahl der Schutzhaftgefangenen reduziert wurden, unter der Leitung der SS eine Systematisierung der Konzentrationslagereinrichtung an, die die Handhabung der Schutzhaft schließlich völlig der Aufsicht der Justiz und der Verwaltung entzog und sie zu einer von der Öffentlichkeit abgeschirmten ausschließlichen Domäne der gleichgeschalteten SS und Polizei machte. Als Frick im April 1934 seinen Schutzhafterlaß herausgab, war in Preußen gleichzeitig Diels als Inspekteur der Gestapo abgesetzt und durch Himmler beziehungsweise Heydrich ersetzt worden. Himmler hatte das Ziel einer Vereinigung der gesamten politischen Polizeien der Länder in seiner Hand erreicht. Göring blieb zwar weiterhin Chef der Preußischen Geheimen Staatspolizei, die durch Gesetz vom 30. November 1933[43] einen selbständigen Zweig der inneren Verwaltung (mit dem Staatspolizeiamt als oberster Landesbehörde) bildete und damit der Ministerialinstanz des Preußischen Innenministeriums entzogen und dem Preußischen Ministerpräsidenten unmittelbar unterstellt worden war.

Als sein Vertreter, mit der Dienstbezeichnung »Inspekteur der Geheimen Staatspolizei«, nahm aber fortan Himmler praktisch die Aufsicht über die Gestapo wahr, während Heydrich, der am 22. April 1934 zum Chef des preußischen Geheimen Staatspoli-

⁴³ G. S., S. 413.

zeiamtes (Gestapa) ernannt wurde, als eigentlicher Hausherr in die Prinz-Albrecht-Straße einzog. Damit war eine wesentliche Voraussetzung dafür geschaffen, daß sich im Bereich der Schutzhaft- und Konzentrationslager-Angelegenheiten die Dinge nach dem Willen Himmlers und der SS entwickelten.

Der Aufbau des SS-Systems der Konzentrationslager 1934–1937

1. Grundzüge der Entwicklung

Der Schutzhafterlaß des RMdI vom 12./26. April 1934 blieb als Richtlinie bis Januar 1938 in Kraft[44]. Bei der weiteren Entwicklung der Konzentrationslager setzte sich aber nicht die Tendenz zur Beendigung des Ausnahmezustandes, sondern das gegenteilige Bestreben, ihn zur festen und dauerhaften Einrichtung zu machen, durch.

Der von Himmler und Heydrich abgelöste Chef des Gestapa hat in seinem Erinnerungsbuch bezeugt, daß Hitler sich im Dezember 1933 bei einer Besprechung im Beisein Görings zwar den Argumenten, die für eine Reduzierung der Zahl der Schutzhäftlinge sprachen, nicht ganz verschloß, daß er aber entschieden gegen den Gedanken Stellung nahm, das mit der Schutzhaft eingeführte Instrument zur polizeilichen Ausschaltung politisch oder anderweitig unerwünschter oder als gefährlich erachteter Personen aufzugeben. Obwohl die seit März 1933 bestehenden Sondergerichte sowie zahlreiche neueingeführte gesetzliche Bestimmungen zur Bestrafung unerwünschter politischer oder sonstiger gegen die Regierung gerichteter Tätigkeit als völlig ausreichende Vorkehrungen gegen die inzwischen polizeilich und politisch ausgeschalteten Gegner oder Rivalen der NSDAP gelten konnten, war zu erkennen, daß Hitler, der der Justiz prinzipiell mißtraute, sich nicht mit der Strafverfolgung durch die Justiz begnügen wollte.

Die im Frühjahr und Frühsommer 1934 nicht ganz hoffnungs-

---

[44] Ihre Anwendung auf Bayern geschah durch eine besondere Rundverfügung des bayerischen Innenministers vom 2. Mai 1934 (Nr. 2186a 59), mit der die Bestimmungen des Sondererlasses des RMdI vom 12./26. April 1934 teils wörtlich übernommen, teils auf die besonderen bayerischen Verhältnisse angewandt und konkretisiert wurden. In ihr wurde z. B. angeordnet, daß [nur] in denjenigen Fällen, in denen »eine längere Verwahrungsdauer unbedingt geboten« erscheine, »der Häftling auf Weisung der bayerischen politischen Polizei mit dem nächsten Sammelschubtransport dem Konzentrationslager Dachau zu überstellen« sei und daß »für die Entlassung der im Konzentrationslager Dachau untergebrachten Schutzhaftgefangenen . . . ausschließlich die bayerische politische Polizei zuständig« sei; BA: Slg. Schumacher/271.

37

losen Bemühungen der Verwaltung und Justiz, gesetzliche Zustände wiederherzustellen, erlitten einen schweren Schock, als Hitler persönlich am 30. Juni die verfahrenslose Erschießung Röhms und der mit dem Stabschef der SA besonders eng vertrauten SA-Führer anordnete und gleichzeitig andere ihm lästig gewordene Personen von Rang (Gregor Strasser, Schleicher u. a.) umbringen ließ und die Aktionen nachträglich für »rechtens« erklärte. Die gewaltsame Entmachtung der SA kam dabei unmittelbar der SS und Himmler zugute, deren bisherige Unterstellung unter die SA-Führung aufgehoben wurde. Auch im Bereich der Konzentrationslager war der übermächtige Rivale der SS nunmehr ausgeschaltet. Als Konsequenz der Röhm-Affäre lösten bewaffnete SS-Mannschaften teilweise unter Gewaltandrohung (so in Oranienburg) die bisherige SA-Bewachung verschiedener Lager ab.

Hitler bemühte sich zunächst in den folgenden Wochen, einen Schlußstrich unter die Affäre zu ziehen. Als ihm nach Hindenburgs Tod (2. August 1934) auch das Amt und die Befugnis des Reichspräsidenten zufielen und seine Führungsvollmacht dadurch weiterhin abgesichert wurde, gab er am 7. August 1934 einen allgemeinen Amnestie-Erlaß heraus, aufgrund dessen auch Schutzhäftlinge, in erster Linie festgesetzte SA-Angehörige, entlassen werden sollten[45]. Im Amnestie-Erlaß vom 7. August 1934 erklärte Hitler außerdem:

> »Im übrigen wünsche ich, nachdem die Aktion des 30. Juni 1934 abgeschlossen ist, daß künftig der Erlaß des Reichsministers des Innern vom 12./26. April 1934 über die Zulässigkeit und Vollstreckung der Schutzhaft von allen Stellen genau beachtet wird.«

Diese Willensäußerung des Führers war aber kaum mehr als ein Versuch zur Beschwichtigung der Unruhe, die in höchsten Staatsstellen durch die Röhm-Affäre erzeugt worden war. Auch in der Zukunft deckte Hitler zumindest mittelbar in einer Reihe von Fällen den krassen Verstoß gegen die Schutzhaftbestimmungen und brachte durch Niederschlagungen und Begnadigungen deutlich zum Ausdruck, was er von staatsanwaltschaftlichen Ermittlungen gegen SA- und SS-Leute in Lagern hielt. Ein bezeichnendes Beispiel bildete der Fall des sächsischen Kon-

---

[45] Akten des Preuß. Min. d. Innern, Mikrofilm Inst. f. Zeitgesch. MA 198/2, Bl. 115. Dort auch (Bl. 116 ff.) ein entsprechender Durchführungserlaß Görings in seiner Eigenschaft als Chef der Gestapo vom 10. August 1934.

zentrationslagers Hohnstein. Hier waren im Jahre 1934 eine Reihe schwerer Mißhandlungen von Häftlingen festgestellt worden. Gegen 23 SA-Führer und Bewacher des Lagers, darunter den Kommandanten SA-Standartenführer Jähnichen sowie den Gestapobeamten Oberregierungsrat Erich Vogel, der für die Aufnahme und Vernehmung der Häftlinge zuständig war und sich dabei an den Mißhandlungen beteiligt hatte, wurde Anklage erhoben. Der sächsische Gauleiter Mutschmann empfahl in einem Schreiben an Reichsjustizminister Dr. Gürtner vom 19. Dezember 1934 die Niederschlagung des Verfahrens, da es eine dem Ansehen der nationalsozialistischen Bewegung abträgliche Wirkung haben würde. Gürtner antwortete jedoch am 8. Januar 1935, daß er gegen eine Niederschlagung, die allein der Führer und Reichskanzler anordnen könne, »größte Bedenken« habe:

»Die Art der Mißhandlungen [in Hohnstein] zeugt von einer Roheit und Grausamkeit der Täter, die deutschem Empfinden und Fühlen völlig fern liegt. Derartige an orientalischen Sadismus erinnernde Grausamkeiten können auch in der größten kämpferischen Erbitterung keine Erklärung und Entschuldigung finden.«[46]

Der Prozeß konnte vor dem Dresdner Landgericht durchgeführt werden, stand aber unter scharfer Kritik von Parteiseite. Mutschmann selbst griff in das schwebende Verfahren durch eine Intervention beim Direktor des Landgerichts ein. Am 15. Mai 1935 wurden dennoch die 23 angeklagten SA-Angehörigen, allerdings zu relativ milden Gefängnisstrafen, verurteilt. Die Partei suchte sich aber auf ihre Weise zu rächen. Zwei Schöffen, die der NSDAP angehörten und an dem Urteil mitgewirkt hatten, wurden aus der Partei ausgeschlossen. Dem Staatsanwalt, der die Anklage vertreten hatte und der selbst der SA angehörte, wurde von seinem SA-Vorgesetzten der Austritt nahegelegt. Reichsjustizminister Gürtner erfuhr von dem Nachspiel und ersuchte in einem Schreiben an den Stellvertreter des Führers vom 5. Juni 1935 um Abhilfe, da sonst die »als Grundlage jeder ordnungsgemäßen Strafrechtspflege anzusehende richterliche Unabhängigkeit hinfällig« würde[47]. Außerdem empfahl Gürtner in einem Schreiben an Hitler vom 18. Juni 1935, dem vorliegenden Gesuch Mutschmanns zur Niederschlagung des noch anstehenden gesonderten Verfahrens gegen ORRat Vogel nicht stattzu-

[46] Nürnbg. Dok. PS-783.
[47] Nürnbg. Dok. PS-784.

geben. Ende November 1935 wurde jedoch im Reichsjustizministerium bekannt, daß Hitler sämtliche im Hohnstein-Prozeß Verurteilten begnadigt, außerdem die Niederschlagung des Verfahrens gegen den Gestapobeamten Vogel angeordnet habe, nachdem Mutschmann persönlich bei Hitler vorgesprochen hatte[48].

Symptomatisch sind auch einige andere dokumentarisch belegte Fälle aus dem Jahre 1935, die die Konzentrationslager betrafen. Am 30. Januar 1935 brachte der Reichsinnenminister in einem Erlaß an die Bayerische Staatskanzlei erneut, wie schon mehrfach vorher, zur Sprache, daß Bayern eine »unverhältnismäßig große Zahl von Schutzhäftlingen« aufweise, »ohne daß seitens der bayerischen politischen Polizei« bisher etwas zu ihrer Herabsetzung getan oder eine »hinreichende Erklärung« gegeben wäre. »Auch nach den neuesten Aufstellungen« liege »die Zahl der bayerischen Schutzhäftlinge noch mehrere Hundert höher als die Gesamtziffer der Schutzhäftlinge in sämtlichen übrigen Ländern, einschließlich Preußens«. Er (Frick) ordne deshalb eine sofortige Nachprüfung durch den bayerischen Minister des Innern an und bitte bis zum 1. März um die Aufstellung »einer Liste sämtlicher Schutzhäftlinge, die länger als 6 Monate einsitzen und genaue Angabe der Gründe«. Himmler bekam in seiner Eigenschaft als Kommandeur der bayerischen politischen Polizei eine Abschrift dieses Schreibens in die Hände und sprach darüber mit Hitler. Ein handschriftlicher Vermerk auf dieser Abschrift zeigt auf lakonische Weise, was das Ergebnis dieser Rücksprache war. Er lautet:

»Dem Führer vorgelegt 20. 2. 1935. Die Gefangenen bleiben. H[einrich] H[immler].«[49]

Unregelmäßigkeiten und Willkür bei der Verhängung der Schutzhaft und ihrer Vollstreckung in den Konzentrationslagern veranlaßten 1935 auch den Reichsjustizminister verschiedentlich, beim Reichsführer-SS vorstellig zu werden. Er wies auf die hohe Zahl von Todesfällen in den Konzentrationslagern hin und empfahl Maßregeln zu ihrer Verhinderung. Außerdem drängte der Reichsjustizminister darauf, künftig bei der Verhängung von Schutzhaft Rechtsanwälte zuzulassen und den Gefangenen die Möglichkeit einer Rechtshilfe zu gewähren. Himmler antwortete auf die Anregung mit zwei überaus kurzgefaßten Schreiben vom 6. November 1935. Sie lauteten:

[48] Nürnbg. Dok. PS-786–788.
[49] Pers. Stab RFSS, Inst. f. Zeitgesch., Mikrofilm Rolle 70, Bl. 2587701/02.

a] »Ich habe Ihr Schreiben vom 16. 10. sowie die Aufstellung von Todesfällen in den Konzentrationslagern gelegentlich meines Vortrages am 1. November 1935 dem Führer selbst vorgelegt. Besondere Maßnahmen werden bei der ohnehin gewissenhaften Leitung der Konzentrationslager nicht als notwendig erachtet. gez. H. Himmler«

b] »Ich habe in der Angelegenheit des an uns herangetragenen Wunsches betr. Erteilung der Genehmigung, bei Schutzhaftfällen Rechtsanwälte einzuschalten, dem Führer und Reichskanzler am 1. 11. 1935 Vortrag gehalten.
Der Führer hat die Hinzuziehung von Rechtsanwälten verboten und mich beauftragt, Ihnen seine Entscheidung zur Kenntnis zu bringen. gez. H. Himmler«[50]

In das Jahr 1935 fielen auch neue Verhaftungsaktionen gegen Personen, die der »hetzerischen« marxistischen Betätigung verdächtig waren. Interne Zahlenübersichten des Geheimen Staatspolizeiamtes aus den sechs Monaten vom Oktober 1935 bis zum März 1936 lassen erkennen, daß die Zahl der »wegen Betätigung für die KPD und SPD« Festgenommenen, von denen anzunehmen ist, daß ein erheblicher Teil zumindest kurzfristig in Konzentrationslager überführt wurde, in dieser Zeit beträchtlich gewesen ist.

Zahlen der wegen Betätigung für die KPD und SPD von der Staatspolizei festgenommenen Personen (Oktober 1935 bis März 1936)[51].

Monat	im Reichsgebiet insgesamt	davon in Preußen
Oktober 1935	1510	952
November 1935	1098	564
Dezember 1935	832	594
Januar 1936	1238	758
Februar 1936	1195	879
März 1936	1393	881

Bei der überwiegenden Zahl der staatspolizeilichen Festnahmen aus politischen Gründen handelte es sich in dieser Zeit offenbar

[50] Pers. Stab RFSS, Inst. f. Zeitgesch., Rolle 40, Bl. 2550980 ff.
[51] Zusammenstellung aufgrund der Tagesmeldungen des Gestapa; BA: R 58/67. – Aus der detaillierten Übersicht geht auch hervor, welche Stapoleitstellen jeweils die Verhaftungen vornahmen. So betrug z. B. im Oktober 1935 die Zahl der Festnahmen wegen »marxistischer« Betätigung durch die Stapoleitstelle Berlin allein 305 Personen.

um Bagatellsachen. Interessanten Einblick gewähren in dieser Beziehung Meldungen der bayerischen politischen Polizei, welche den Zeitraum vom 30. März bis zum 2. November 1936 (d. h. rund 7 Monate) umfassen. Aus ihnen ist nicht nur die Zahl der in dieser Zeit in Bayern durch die politische Polizei Verhafteten ersichtlich – insgesamt 1791 Personen[52] –, auch die bestimmungsgemäß schriftlich zu vermerkenden Haftbegründungen sind im einzelnen verzeichnet. Dabei fällt die oft überaus vage Formulierung auf. In nicht weniger als 237 Fällen (= ca. 13%) wurde »staatsabträgliches« oder »staatsfeindliches Verhalten« als Haftgrund angegeben, in einigen Fällen hieß es noch unbestimmter: »wegen politischer Umtriebe« oder »wegen zersetzenden Verhaltens« u. ä. Mit einigermaßen konkreten Angaben ist die Verhaftung folgender Personengruppen begründet:

wegen Vorbereitung oder des Verdachts
der Vorbereitung zum *Hochverrat* ver-
haftet: 252 Personen (= 14   %)

wegen Betätigung oder Propaganda für
die *KPD oder SPD* verhaftet: 156 Personen (= 8   %)

wegen verbotener Betätigung für die
»*Ernsten Bibelforscher*« verhaftet: 137 Personen (= 7   %)

wegen Störung oder Gefährdung der
öffentlichen Sicherheit oder volksschä-
digenden Verhaltens verhaftet: 137 Personen (= 7   %)

wegen Vergehen oder Verdacht des Ver-
gehens gegen § 175 verhaftet: 83 Personen (= 4,2%)

Der relativ größte Anteil der Verhaftungen entfiel offenbar auf Personen, die der Polizei wegen sogenannter staatsfeindlicher Äußerungen gemeldet worden waren. In 340 Fällen (= fast 20%) sind »staatsfeindliche Äußerungen«, »Verbreitung von Greuelnachrichten«, »Beleidigung des Führers«, »Beleidigung führender Persönlichkeiten«, »Verächtlichmachung des Hakenkreuzes«, »abfällige Äußerungen über Gauleiter Streicher« u. ä. als Haftgründe angegeben. Dabei ist außerdem zu mutmaßen, daß auch hinter einem erheblichen Teil anderer allgemeingehaltener Begründungen (z. B. »staatsabträgliches Verhalten«) sich ähnliche Fälle verbargen.

[52] Im gleichen Zeitraum wurde die Schutzhaft von 1047 Personen in Bayern aufgehoben; BA: R 58/802 und 803.

Kritik an der nationalsozialistischen Führung sollte mit dem Mittel der Schutzhaft offenbar im Keime erstickt werden. Hierin lag gerade in der Übergangsphase der Jahre 1935/36 eine für das Regime wichtige Funktion der Konzentrationslager.

Schon im Laufe des Jahres 1935 wurde es immer deutlicher, daß Hitler nicht daran dachte, die Konzentrationslager oder das Instrument der Schutzhaft aufzugeben oder sie der Justizkontrolle zu unterwerfen. Von einer befristeten Geltung der Notverordnung vom 28. Februar 1933 war nicht mehr die Rede. Auch innerhalb der Justiz paßte man sich dem Führerwillen an: in der Rechtsprechung setzte sich in zunehmendem Maße die Auslegung durch, daß Zwangsmaßnahmen aufgrund dieser VO nicht nur gegen staatsgefährdende kommunistische Bedrohung im engeren Sinne, sondern zur Abwehr aller gegen den Staat und die nationalsozialistische Volksgemeinschaft verstoßenden Erscheinungen berechtigt seien. Das Preußische Kammergericht als die höchstrichterliche preußische Instanz stellte in einer Entscheidung vom 8. Dezember 1935, bei der es um die Verurteilung von Jugendlichen wegen Betätigung in einer katholischen Jugendbewegung ging, die These von der indirekten kommunistischen Gefahr auf und argumentierte: Ziel des Nationalsozialismus sei die Schaffung einer unteilbaren Volksgemeinschaft. Organisatorische Bestrebungen, welche die Besonderheit des religiösen Bekenntnisses über Gebühr betonten, stünden dem entgegen, wirkten als ein Faktor der Desintegration und leisteten damit indirekt kommunistischen Zielen der Zersetzung Vorschub[53].

Schon im Frühjahr des gleichen Jahres hatte das Preußische Oberverwaltungsgericht durch ein Urteil vom 2. Mai 1935 auch den Rechtsstandpunkt vertreten, daß gegen Zwangsmaßnahmen der Geheimen Staatspolizei als einer selbständigen Instanz der inneren Verwaltung mit politisch-polizeilichem Sonderauftrag das Rechtsmittel der Verwaltungsklage nur in begrenztem Maße zulässig sei[54]. Das preußische Gesetz über die Geheime Staatspolizei vom 10. Februar 1936[55] definierte sodann (in § 7) ausdrücklich: »Verfügungen und Angelegenheiten der Geheimen Staatspolizei unterliegen nicht der Nachprüfung

[53] Reichsverwaltungsblatt, 1936, S. 61; vgl. dazu Ernst Fraenkel, The Dual State. New York 1941, S. 17 ff.
[54] Reichs- und Preußisches Verwaltungsblatt, Bd. 56, S. 577; vgl. dazu auch den Runderlaß des stellvertr. Chefs der Pr. Geh. St. Pol. vom 9. März 1936/I G Nr. 43/36; Allg. Erlaßsammlung a. a. O., 2 F I, S. 1.
[55] G. S., S. 21.

durch die Verwaltungsgerichte.« Nach Erlaß dieser überaus wichtigen gesetzlichen Bestimmung bestand gegen Maßnahmen der Gestapo, insbesondere auch der Schutzhaftverhängung, nur noch die Möglichkeit der Dienstaufsichtsbeschwerde, ein freilich illusorisches Mittel, denn über sie entschied in letzter Instanz das Geheime Staatspolizeiamt. Die polizeiliche Inhaftierung von politischen Gegnern war damit definitiv der richterlichen Kontrolle und Anfechtung entzogen. Nach Erlaß des Gesetzes schrieb Dr. Werner Best, Heydrichs Vertreter im Geheimen Staatspolizeiamt:

»Mit der Errichtung des nationalsozialistischen Führerstaates ist zum ersten Mal in Deutschland eine Herrschaft entstanden, die aus einer lebendigen Idee ihre Legitimation schöpft, jeden Angriff auf den gegenwärtigen Zustand des Staates und auf seine gegenwärtige Führung mit allen staatlichen Machtmitteln abzuwehren. Der politische Totalitätsgrundsatz des Nationalsozialismus, der dem weltanschaulichen Grundsatz der organischen unteilbaren Volkseinheit entspricht, duldet keine politische Willensbildung in seinem Bereich, die sich nicht der Gesamtwillensbildung einfügt. Jeder Versuch, eine andere politische Auffassung durchzusetzen oder auch nur aufrechtzuerhalten, wird als Krankheitserscheinung, die die gesunde Einheit des unteilbaren Volksorganismus bedroht, ohne Rücksicht auf das subjektive Wollen seiner Träger ausgemerzt.

Aus diesen Grundsätzen heraus hat der nationalsozialistische Führerstaat zum ersten Mal in Deutschland eine politische Polizei entwickelt, wie sie von unserem Standpunkt aus als modern, d. h. den Bedürfnissen unserer Gegenwart entsprechend, aufgefaßt wird: als eine Einrichtung, die den politischen Gesundheitszustand des deutschen Volkskörpers sorgfältig überwacht, jedes Krankheitssymptom rechtzeitig erkennt und die Zerstörungskeime – mögen sie durch Selbstzersetzung entstanden oder durch vorsätzliche Vergiftung von außen hineingetragen worden sein – feststellt und mit jedem geeigneten Mittel beseitigt.

Diese Staatsfeinde aufzuspüren, sie zu überwachen und im richtigen Augenblick unschädlich zu machen, ist die präventivpolizeiliche Aufgabe einer politischen Polizei. Zur Erfüllung dieser Aufgabe muß sie in der Lage sein, unabhängig von jeder Bindung jedes zur Erreichung des notwendigen Zwekkes geeignete Mittel anzuwenden. Denn nach richtiger Auffassung haben im nationalsozialistischen Führerstaat die zum Schutz des Staates und des Volkes und zur Durchsetzung des Staatswillens berufenen Einrichtungen grundsätzlich jede zur Erfüllung ihrer Aufgabe erforderliche Befugnis, die sich allein aus der neuen Staatsauffassung ableitet, ohne daß es einer besonderen gesetzlichen Legitimation bedarf . . . Eine gesetzliche Normierung der von einer politischen Polizei anzuwendenden Mittel ist so wenig möglich, wie es unmöglich ist, jede Art von Angriffen der Staatsfeinde und jede sonst im Staate drohende Gefahr für alle Zukunft vorauszusehen . . . Aus dieser zwangsläufigen Gegebenheit entsprang der Begriff der politischen Polizei als eines Staatsschutzkorps neuer und eigener Art, dessen Angehörige sich neben ihrer beamtenmäßigen Pflichterfüllung als Mitglieder eines kämpferischen Verbandes fühlen . . .«[56]

In einem gleichzeitigen Aufsatz über ›Die Bekämpfung der Staatsfeinde‹ führte Heydrich aus, daß ein erfolgreicher Kampf gegen den Volks- und Staatsfeind in der Gestalt des Judentums, des Kommunismus, des Freimaurertums und »politisierender« Kirchenvertreter nur gewährleistet sei, »wenn der Gegner dauernd kampfunfähig wird und bleibt« und wenn er »geistig in seinen Methoden und Mitteln erkannt wird«. Voraussetzung der polizeilichen Gegnerbekämpfung sei »der weltanschauliche Ideenkampf gegen die Grundlagen des Gegners«, der »nur durch die nationalsozialistische Bewegung geführt werden« könne. Deshalb müsse die »Staatspolizei in engster Fühlung mit dem Sicherheitsdienst des Reichsführers-SS« arbeiten, dem als »Zweig der Gesamt-SS von der Reichsleitung der NSDAP die nachrichtenmäßige Erforschung und Überwachung der ideenmäßigen Gegner des Nationalsozialismus übertragen ist«.

»Die notwendige enge Zusammenarbeit zwischen Sicherheitsdienst der Bewegung und der Staatspolizei des Staates ist sichergestellt durch die Tatsache, daß der Reichsführer-SS als solcher oberster Chef des Sicherheitsdienstes und gleichzeitig der stellvertretende Chef der Geheimen Staatspolizei ist und daß der Leiter des Geheimen Staatspolizeiamtes unter ihm gleichzeitig der Chef des Sicherheitshauptamtes ist.«[57]

Die Aufsaugung der staatlich-polizeilichen Kompetenzen durch die Parteiorganisation der SS und ihre Herauslösung aus der

[56] Werner Best, Die Geheime Staatspolizei. In: Zschr. Deutsches Recht, Jg. 1936, S. 125 ff.
[57] Reinhard Heydrich, Die Bekämpfung der Staatsfeinde; ebenda, S. 121 ff.

inneren Verwaltung war im Bereich der politischen Polizei schon im April 1934 weitgehend erreicht und durch das preußische Gesetz über die Gestapo vom 10. Februar 1936 definitiv gesichert. Mit Himmlers Ernennung zum Chef der deutschen Polizei am 17. Juni 1936[58] wurde sie schließlich auf den Gesamtbereich der Polizei ausgedehnt. Die Personalunion in der Leitung von SS und Polizei bildete sodann die Grundlage dafür, daß künftig auch in institutioneller Hinsicht SS und Polizei eng miteinander verschmolzen.

Auf dem besonderen Gebiet der Konzentrationslager hatte dieser Prozeß in Dachau schon 1933 begonnen. Die Jahre 1934 bis 1937 bildeten in der Geschichte der nationalsozialistischen Konzentrationslager in zweifacher Hinsicht eine Übergangsphase: In dieser Zeit wurden die meisten der in der revolutionären Phase nationalsozialistischer Machtergreifung namentlich von der SA gegründeten Sammelstätten und mehr oder weniger »wilden« Lager für politische Gefangene geschlossen, die Zahl der Schutzhäftlinge im ganzen stark reduziert und die übelsten Mißstände und Exzesse abgestellt. Ausgehend von Dachau und anfangs vor allem gestützt auf die frühe Machtbastion Himmlers und Heydrichs in Bayern, kam es in der gleichen Zeit aber zu einer Monopolisierung und Vereinheitlichung der wenigen noch bestehen gebliebenen Lager in der Hand der SS, zur Herausbildung eines Modells der inneren Lagerordnung und allgemeiner Regeln hinsichtlich der Kompetenzen, Bewachungsmannschaften usw., ferner auch zu einer Ausdehnung der Konzentrationslagerhaft auf andere nichtpolitische Personengruppen.

2. Das Dachauer Modell:
Häftlingsstrafen, Häftlingsbehandlung und Wachvorschriften

Das im März 1933 errichtete Konzentrationslager Dachau glich in den ersten Monaten seines Bestehens den meisten der sogenannten »wilden KZ's«. Die eingelieferten Häftlinge waren in weitem Maße der Willkür und dem Terror der Bewachungsmannschaften ausgesetzt, die sich in Dachau von Anfang an vor allem aus bewaffneten Angehörigen der Allgemeinen SS zusammensetzten. Wenn überhaupt, so bestanden nur sehr allgemeine Dienstvorschriften für die Wachtruppe, so daß Willkür, Gewalt und die von der Lagerleitung nachweisbar begünstigte Tendenz, den wehrlosen politischen Gegnern oder Juden unter den Gefangenen die eigene Macht spüren zu lassen, sich ausbreiten konnte. Erster Kommandant des Lagers Dachau war der SS-Hauptsturmführer Wäckerle, unter dessen Leitung sich zahlreiche Mißhandlungen, auch eine Reihe von brutalen Morden zutrugen. Als die Staatsanwaltschaft des Landgerichts München II 1933 wegen vier in der zweiten Maihälfte 1933 in Dachau ermordeter Gefangener im Lager Ermittlungen anstellte, stellte sie u. a. fest, daß der Kommandant Wäckerle einen Kanon drakonischer »Sonderbestimmungen« für die Gefangenen schriftlich fixiert hatte. Diese enthielten keine Vorschriften für die Wachtruppe, sondern waren ein erster, offenbar von Himmler inspirierter Versuch, die Häftlingsbehandlung im Lager in ein System von Strafen und Klassifizierungen zu pressen. Wäckerle sagte gegenüber dem vernehmenden Staatsanwalt aus, »er habe diese Bestimmungen auf Befehl seiner vorgesetzten Stelle selbst verfaßt« und sie seien »vom Herrn politischen Polizeikommandeur [Himmler] genehmigt« worden[59]. In den Sonderbestimmungen hieß es, im Lager gelte »das Standrecht«, bei Fluchtversuchen würde ohne Anruf von der Waffe Gebrauch gemacht. Im übrigen enthielten sie eine lange Aufzählung strafbarer Handlungen, die insbesondere mit Arrest, gestaffelt nach gelindem, mittlerem oder strengem Arrest, bis zu drei Monate bestraft werden konnten. Strenger Arrest bedeutete Einzelhaft in einer »vollkommen dunklen Kammer« bei Wasser und Brot. Die Arreststrafen sollten vor allem jeden Ungehorsam, mangelnde Pünktlichkeit oder Unhöflichkeit bestrafen und die Häftlinge auch vor Beschwerden zurückschrecken.

Nach § 8 der »Sonderbestimmungen« wurden außerdem bestimmte Vergehen, so die tätliche Widersetzlichkeit, Anstiftung zum Ungehorsam oder der Versuch hierzu, mit dem Tode bedroht. Schließlich war eine Einteilung der Gefangenen in drei Klassen, die sich nach Unterbringung und Verpflegung unterschieden, vorgesehen. Zunächst sollten alle Gefangenen in die mittlere Klasse (II) eingestuft und dann je nach »Führung« entweder bessergestellt oder in die Strafklasse (III) überführt werden, in der die Gefangenen in den Baracken statt einer Matratze nur eine harte Schlafunterlage erhielten und ihre Verpflegung gekürzt werden sollte. Klasse III war aber auch vorgesehen für Gefangene, »deren Vorleben eine besonders scharfe Beaufsichtigung« erfordert.

[59] Vgl. Nürnbg. Dok. PS-1216; Text der Sonderbestimmungen auch abgedruckt in IMG XXXVI, D-922.

In den Bestimmungen hieß es, daß die »Gerichtsbarkeit ausnahmslos durch den Kommandeur des Lagers ausgeübt« wird.
Bei der Aburteilung der mit Todesstrafe bedrohten Fälle (§ 8)
sahen sie folgendes Verfahren vor:

> »Alle unter § 8 fallenden Fälle werden durch ein Lagergericht
> abgeurteilt, welches sich zusammensetzt aus dem Komman-
> deur des Lagers, einem oder zwei von dem Lagerkommandan-
> ten zu bestimmenden Offizieren und einem der Wachtruppe
> angehörenden SS-Mann. Die Anklagebehörde wird ebenfalls
> von einem von dem Lagerkommandeur zu bestimmenden,
> der Lagerkommandantur angehörenden SS-Mann ausgeübt.
> Bei Stimmengleichheit entscheidet die Stimme des Vor-
> sitzenden des Lagergerichts. Vorsitzender ist der jeweilige
> Kommandeur des Lagers.«

Wenngleich es fraglich ist, inwieweit die »Sonderbestimmungen« in Dachau tatsächlich Geltung erlangt und Anwendung
gefunden haben, und es nicht bekannt ist, ob insbesondere das
in dieser Strafordnung vorgesehene Verfahren lagereigener Verhängung von Todesurteilen angewandt wurde, so zeigte sich
hier doch bereits – im Gegensatz zu den meisten damaligen SA-
Lagern – die Tendenz zur Systematisierung des Terrors und der
Fixierung bestimmter Grundsätze der Häftlingsbehandlung,
etwa die Einteilung in einzelne Blocks mit je verschiedenen
Haftbedingungen, vor allem auch das Bestreben Himmlers,
die Lager als Bezirke eigenen Rechts außerhalb der Strafgesetze
und der ordentlichen Strafjustiz zu organisieren. Die Münchener Staatsanwaltschaft, die die »Sonderbestimmungen« ausgehändigt bekam, ersuchte Ende Mai 1933 den bayerischen Justizminister um Nachprüfung, ob die selbstherrliche Anordnung
des Standrechts und der Todesstrafe durch den Lagerkommandanten beziehungsweise die politische Polizei überhaupt zulässig
sei[60]. Doch Himmler und die ihm unterstellten Kommandanten
machten von ähnlichen Strafandrohungen auch später Gebrauch.
Der Dachauer Kommandant Wäckerle war allerdings unhaltbar
geworden. Die Staatsanwaltschaft erhob am 1. Juni 1933 gegen
ihn sowie den Lagerarzt Dr. Nuernbergk und den Kanzleiober-
sekretär Mutzbauer von der Lagerkommandantur wegen Mord-
begünstigung Anklage (Fall des Häftlings Sebastian Nefzger)[61],
und Himmler mußte den Kommandanten absetzen.

[60] Schreiben Oberstaatsanwalt Wintersbergers an das Bayerische Staatsministerium der Justiz vom
29. Mai 1933; ebenda.
[61] IMG, XXVI, PA-645; bezüglich der anderen drei Mordfälle (Kaufmann Schloß, Rechtsanwalt
Dr. Strauss, Hilfsarbeiter Haussmann) vgl. auch PS-641/644.

Die weitere Systematisierung der Häftlingsbehandlung und -bestrafung sowie die Regelung der Kompetenzverteilung und detaillierte Dienstvorschriften auch für die Wachtruppe bildeten sich vor allem unter Leitung des Ende Juni 1933 eingesetzten neuen Dachauer Kommandanten, SS-Oberführer Theodor Eicke, heraus. Unter Eicke wurde Dachau zum Modell für die anderen Lager, und nachdem Eicke Mitte 1934 zum Inspektor der KL ernannt worden war, übte er auch nächst Himmler den stärksten persönlichen Einfluß auf die künftige Organisation und den »Geist« der SS-Wachtruppe aus.

Theodor Eicke, geb. 1892 in Hampont (Elsaß-Lothringen), war nach dem Ausscheiden aus der aktiven Zahlmeister-Laufbahn in der kaiserlichen Armee 1919 zur Polizeiverwaltung in Thüringen übergetreten, hatte nach Ablegung der Kommissarsprüfung (1920) kurzfristige Anstellungen bei der Schutz- und Kriminalpolizei, schließlich im Polizeiverwaltungsdienst in Ludwigshafen a. Rh. erhalten, war aber wegen verschiedener gegen die Republik gerichteter politischer Tätigkeiten überall bald entlassen worden und zeitweilig erwerbslos gewesen. Zwischen 1923 und 1932 als Kaufmann und Sicherheitskommissar des Werk-Spionageabwehrdienstes der IG-Farbwerke Ludwigshafen tätig, wurde er Ende 1928 Mitglied der NSDAP und SA, trat aber bald in die SS über, wo er schnell Karriere machte. Ende 1930 wurde er zum Führer des SS-Sturms Ludwigshafen ernannt und ein Jahr später als SS-Standartenführer mit der Leitung der SS-Standarte der Rheinpfalz beauftragt. Wegen der Vorbereitung an politischen Bombenattentaten im März 1932 zu zwei Jahren Zuchthaus verurteilt, flüchtete Eicke im Sommer 1932 auf Anweisung Himmlers nach Italien und übernahm als SS-Oberführer die Leitung des SS-Flüchtlingslagers, das die italienischen faschistischen Behörden in Malcesine am Gardasee eingerichtet hatten. Mitte Februar 1933 kehrte Eicke nach Deutschland zurück. Da er aber hier versuchte, seine alte Fehde mit dem Gauleiter der pfälzischen NSDAP (Bürckel) gewaltsam auszutragen, wurde er auf Weisung Himmlers am 21. März in Schutzhaft genommen und zur Beobachtung seines Geisteszustandes in die psychiatrische Universitätsklinik nach Würzburg überwiesen[62], wo ihn der damalige Privatdozent Dr. Heyde zu begutachten hatte.

Als im Juni der Kommandant in Dachau ausgewechselt wer-

---

[62] Vgl. Eickes handschriftl. Lebenslauf in SS-Personalakte Eicke; Fotokopie im Inst. f. Zeitgesch. Fa 74.

den mußte, entsann sich Himmler Eickes, der in der Klinik in Würzburg in wortreichen Briefen an den Reichsführer-SS seine Freilassung begehrte. Ende Juni 1933 wurde Eicke zum neuen Kommandanten von Dachau ernannt. Als Himmler im April 1934 auch die Leitung der preußischen Geheimen Staatspolizei erhalten hatte, beauftragte er Eicke im Mai 1934 mit der Neuorganisation und Vereinheitlichung der gesamten Konzentrationslager[63]. Seine offizielle Ernennung zum »Inspekteur der Konzentrationslager und SS-Wachverbände [SS-Totenkopfverbände]« erfolgte am 4. Juli 1934[64]. Am 11. Juli 1934 wurde Eicke zum SS-Gruppenführer befördert und war damit auch rangmäßig den am Aufbau der SS maßgeblich beteiligten anderen Mitarbeitern Himmlers (Heydrich, Pohl) gleichgestellt.

Die unter Eickes Leitung in Dachau eingeführten Neuerungen fanden u. a. Ausdruck in der am 1. Oktober 1933 »Zur Aufrechterhaltung der Zucht und Ordnung« erlassenen ›Disziplinar- und Strafordnung für das Gefangenenlager‹[65] und besonderen ›Dienstvorschriften für die Begleitposten und die Gefangenenbewachung‹[66]. Die neue Disziplinar- und Strafordnung, die dokumentarisch nur unvollständig überliefert ist, übernahm die meisten Prinzipien der früheren »Sonderbestimmungen« Wäckerles, sie hielt insbesondere daran fest, daß der Lagerkommandant die »vollziehende Strafgewalt« in der Hand habe und bei ihrer Ausübung nur »dem Politischen Polizeikommandeur persönlich verantwortlich« sei. Auch Eickes Straf- und Disziplinarordnung sah ein abgestuftes System von Arreststrafen (8 Tage, 14 Tage, 21 Tage und 42 Tage strengen Arrest) vor. Ebenso war die Einzelhaft bei Wasser und Brot, die zahlreiche Häftlinge zur Verzweiflung und zum Selbstmord trieb, beibehalten. Als neue Strafart, die künftig in allen Konzentrationslagern eingeführt wurde, kam die Prügelstrafe hinzu. Vorgesehen waren dabei als Regel »25 Stockhiebe«, die auch zusätzlich zur Arreststrafe angeordnet werden konnten. Auf Eicke scheint auch die besondere Anordnung zurückzugehen, daß die Prügelstrafe vor der angetretenen Truppe der SS-Wachmannschaft und den Häftlingen sowie in Gegenwart des Kommandanten beziehungsweise Schutzhaftlagerführers von mehreren SS-Leuten (später auch Häftlingen) auszuführen sei[67].

[63] Ebenda.
[64] Dienstbescheinigung des SS-Personalhauptamtes vom 30. März 1943, ebenda.
[65] IMG, XXVI, PS-778 (Teilwiedergabe).
[66] In: Nürnbg. Dok. PS-1216.
[67] Vgl. Rudolf Höß, Kommandant in Auschwitz. Stuttgart 1958, S. 54.

Dadurch sollte bewußt dokumentiert und einexerziert werden, daß die Prügelstrafe der Willkür des einzelnen Bewachers entzogen und gleichsam ein ordentlicher Strafvollzug sei. Durch die Ausführung der Prügelstrafe durch jeweils mehrere SS-Männer sollte die Mißhandlung zugleich unpersönlich und anonym gemacht und jeder Angehörige der Wachtruppe von Anfang an an diesen Vorgang gewöhnt werden, zu dem er jederzeit kommandiert werden konnte.

Wie die früheren »Sonderbestimmungen« sah auch die Disziplinar- und Strafordnung Eickes die Todesstrafe für bestimmte Vergehen vor. Die Paragraphen 11 und 12 bestimmten: derjenige Häftling, der »zum Zwecke der Aufwiegelung« politisiert oder sich mit anderen zusammenfindet, gegnerische »Greuelpropaganda« weitergibt o. ä., »wird kraft revolutionären Rechts als Aufwiegler gehängt«; wer »einen Posten tätlich angreift«, »den Gehorsam ... verweigert« oder Meuterei in irgendeiner Form betreibt, »wird als Meuterer auf der Stelle erschossen oder nachträglich gehängt«. Desgleichen wurde vorsätzliche Sabotage mit der Todesstrafe bedroht (§ 13).

Als mildere Strafen waren außerdem vorgesehen besonders »harte körperliche oder besonders schmutzige Arbeit ... unter besonderer Aufsicht«, ferner als Nebenstrafen: »Strafexerzieren, Prügelstrafe, Postsperre, Kostentzug, hartes Lager, Pfahlbinden, Verweis und Verwarnungen.« Die Straf- und Disziplinarordnung schrieb ferner vor:

> »Sämtliche Strafen werden aktlich vermerkt. Arrest und Strafarbeit verlängern die Schutzhaft um mindestens 8 Wochen; eine verhängte Nebenstrafe verlängert die Schutzhaft um mindestens 4 Wochen. In Einzelhaft verwahrte Häftlinge kommen in absehbarer Zeit nicht zur Entlassung.«

Der Grundsatz, daß die Häftlinge mit äußerster, aber unpersönlicher und disziplinierter Härte zu behandeln seien und es ihnen gegenüber keine Toleranz gebe, war ausdrücklich der Strafordnung vorangestellt und wurde von Eicke auch bei der Schulung und Instruktion der SS-Wachtruppe stereotyp wiederholt. In Erinnerung an die Schulung im Lager Dachau, in das er 1934 kommandiert wurde, gab der spätere Auschwitzer Kommandant Rudolf Höß wieder, worauf Eickes Predigten hinausliefen:

> »Jede Spur von Mitleid zeige den ›Staatsfeinden‹ eine Blöße, die sie sich sofort zu Nutze machen würden. Jegliches Mitleid mit ›Staatsfeinden‹ sei eines SS-Mannes unwürdig. Weichlinge hätten in seinen Reihen keinen Platz und würden gut

tun, sich so schnell wie möglich in ein Kloster zu verziehen. Er [Eicke] könne nur harte entschlossene Männer gebrauchen, die jedem Befehl rücksichtslos gehorchten. Nicht umsonst trügen sie den Totenkopf und die stets geladene scharfe Waffe. Sie stünden als einzige Soldaten auch in Friedenszeiten Tag und Nacht am Feind, am Feind hinter dem Draht . . .

Eicke hatte den Begriff ›gefährliche Staatsfeinde‹ so eindringlich und überzeugend in seine SS-Männer hineingetrommelt, daß jeder, der es nicht besser wußte, fest davon durchdrungen war . . .

Eickes Absicht war, seine SS-Männer durch seine dauernden Belehrungen und entsprechenden Befehle . . . von Grund auf gegen die Häftlinge einzustellen, sie auf die Häftlinge scharf zu machen . . .«[68]

Das Bestreben, der Häftlingsbehandlung und -bewachung die Form eines strengen Exekutionsvollzuges zu geben, kennzeichnete auch die zusammen mit der Strafordnung am 1. Oktober 1933 von Eicke in Dachau eingeführte Dienstvorschrift für die Begleitposten und Gefangenenbewachung. Sie regelte bis ins einzelne das Verfahren des Häftlingsappells, des militärisch geordneten Abmarsches der Häftlingskolonnen zur Arbeit, die Pflichten der Torwache und Begleitposten, der Kontrolle, sogar den Wortlaut einzelner Kommandos, den Abstand, den die Posten von den Häftlingen zu halten hatten, die Form der Ehrenbezeigung, die die Häftlinge leisten mußten, das Laden und Entsichern des Gewehrs usw. Ausdrücklich hieß es in der Dienstvorschrift:

»Den Begleitposten obliegt lediglich die Bewachung der Gefangenen. Sie richten ihr Augenmerk auf das Verhalten derselben bei der Arbeit. Träge Gefangene sind zur Arbeit anzuhalten. Streng untersagt ist jedoch jede Mißhandlung und Schikane.

Ist ein Gefangener bei der Arbeit sichtlich nachlässig und faul, oder gibt er freche Antworten, dann stellt der Posten den Namen fest. Nach Dienstschluß erstattet er Meldung. Selbsthilfe bedeutet Mangel an Disziplin. Wenn die Gefangenen Achtung vor dem SS-Posten haben sollen, darf es dem SS-Mann als Posten nicht gestattet sein, in träger Haltung herumzustehen, sich anzulehnen, das Gewehr auf den Rücken zu schieben oder die Hand auf die Mündung zu legen.

Lächerlich und unsoldatisch benimmt sich ein Posten, der

[68] Rudolf Höß, a. a. O., S. 56 und S. 64 f.

dem fallenden Regen ausweicht . . . Der SS-Mann hat Stolz und Würde zu zeigen . . . Die Anrede ›Du‹ kommt einer Verbrüderung gleich. Erniedrigend ist es für einen Totenkopfträger, der sich von Bolschewiken und Bonzen zum Botengänger machen läßt . . . Dem SS-Begleitposten ist es verboten, außerdienstliche Gespräche mit den Gefangenen zu führen . . .«

Besonders rigoros waren die Vorschriften zum sofortigen Gebrauch der Schußwaffe im Falle eines Anzeichens von Flucht oder Gefangenenmeuterei:

»Wer einen Gefangenen entweichen läßt, wird festgenommen und wegen fahrlässiger Gefangenenbefreiung der bayer. politischen Polizei übergeben. Versucht ein Gefangener zu entfliehen, dann ist ohne Anruf auf ihn zu schießen. Der Posten, der in Ausübung seiner Pflicht einen Gefangenen erschossen hat, geht straffrei aus.

Wird ein Posten von einem Gefangenen tätlich angegriffen, dann ist der Angriff nicht mit körperlicher Gewalt, sondern unter Anwendung der Schußwaffe zu brechen. Ein Posten, der diese Vorschrift nicht beachtet, hat seine fristlose Entlassung zu gegenwärtigen . . .

Meutert oder revoltiert eine Gefangenenabteilung, dann wird sie von allen aufsichtsführenden Posten beschossen. Schreckschüsse sind grundsätzlich untersagt.«

Diese Postenvorschriften wurden nachweislich auch in den anderen Konzentrationslagern eingeführt, die Eicke als Inspekteur der KL ab 1934 übernahm. Als im März/April 1935 im KL Columbia-Haus in Berlin zwei Häftlinge angeblich wegen Widerstandes erschossen wurden, rechtfertigten sich die Täter gegenüber dem ermittelnden Staatsanwalt ausdrücklich mit dem Hinweis auf die Dienstvorschrift, deren Befolgung »bis in die neueste Zeit« ihnen »von den Vorgesetzten zur Pflicht gemacht« worden sei.

Gleichzeitig führte der Kommandant des Lagers (Dr. Reiner) in einem Bericht vom 8. Mai 1935 an Himmler aus, daß er bei der Behandlung der Gefangenen »die vom Inspekteur gegebenen Befehle klar weitergegeben« und jedes Berühren eines Gefangenen, Beschimpfungen, Sprechen über außerdienstliche Angelegenheiten mit den Häftlingen verboten habe. »Meldungen über renitentes Benehmen von Häftlingen oder Gehorsamsverweigerungen habe er weitergegeben und Prügelstrafe beantragt, im Falle der Genehmigung durch den Inspekteur sei die Strafe an dem Beschuldigten vor versammelten Häftlingen vollzogen worden. Dabei sei er immer persönlich zugegen gewesen.«[69] In dergleichen Fällen, in denen aus den Konzentrationslagern Erschießungen auf der Flucht oder bei Widerstand gemeldet wurden und glaubhaft gemacht werden konnten, haben die zuständigen Staatsanwaltschaften in der Regel schon damals die Ermittlungen eingestellt und keine Anklage erhoben, obwohl es sich rechtlich um klaren Mord beziehungsweise Totschlag handelte. Immerhin war man sich in weiten Kreisen der Justiz der Unrechtmäßigkeit dieses Geschehens durchaus bewußt. So erklärte in dem genannten Fall (KL Columbia-Haus) der Berliner Generalstaatsanwalt:

> »Die Dienstvorschrift könne die Beschuldigten nicht entlasten. Da sie sich nicht als gesetzliche Bestimmung darstellt, kann sie die Rechtswidrigkeit des Handelns der Beschuldigten nicht beseitigen. Es handelt sich hier um ein bedauerliches Auseinanderklaffen von Dienstanweisungen und rechtlich Zulässigem.«[70]

Die in Dachau im Oktober 1933 entwickelten allgemeinen Postenvorschriften galten dem Sinne nach bis Kriegsende. In einem späteren Runderlaß an die Lagerkommandanten vom 27. Juli 1943 übersandte der Inspekteur der KL ein siebenseitiges Merkblatt als Grundlage für den »Unterricht über Aufgaben und Pflichten der Wachposten«, das in Inhalt und Tenor weitgehend den alten Anweisungen Eickes entsprach[71].

Anders verhielt es sich mit den Strafvorschriften. Von der in der Dachauer Strafordnung von 1933 vorgesehenen Todesstrafe des Erhängens oder Erschießens scheint von Anfang an allenfalls ein verschleierter Gebrauch gemacht worden zu sein. Da bei der Vollstreckung solcher sogenannter Todesstrafen, wenn sie nicht glaubhaft als Erschießungen auf der Flucht oder infolge von Widerstand dargestellt werden konnten, in den ersten Jahren nach 1933 eine Anklageerhebung durch die Staatsanwaltschaft zu gewärtigen war, bildete dies für die SS ein zweischneidiges Schwert. Wie aus Aufzeichnungen des Reichsjustizministers hervorgeht, hat Eicke auch selbst im April 1935 erklärt, daß zu dieser Zeit eine »geheime Gegenorder« ergangen sei, »wonach diese scharfen Strafbestimmungen in Wirklichkeit nicht zur Anwendung gelangen«, sondern lediglich der »Einschüchterung«

[69] Vgl. Diensttagebuch des Reichsjustizministers Dr. Gürtner (Nürnbg. Dok. PS-3751), Eintragungen vom 18. April, 29. Mai und 24. Juni 1935.
[70] Ebenda, Eintragung vom 29. Mai 1935.
[71] BA: NS 19/1829, Bl. 115 ff.

dienen sollten[72]. Um den wegen der zahlreichen unnatürlichen Todesfälle in den Konzentrationslagern wachsenden Bedenken der Justiz den Boden zu entziehen, erließ im Oktober 1935 auch die Gestapo besondere Richtlinien für die Konzentrationslager, denen zufolge die Kommandanten verpflichtet waren, von sich aus bei nicht einwandfrei ärztlich festgestellter natürlicher Todesursache der Staatsanwaltschaft sofortige Anzeige zu erstatten[73]. Der Willkür der Kommandanten waren damit Grenzen gesetzt.

Wie aus dem zitierten Schreiben des Kommandanten des KL Columbia-Haus hervorgeht, waren schon zu dieser Zeit (1935) die Lagerleiter nicht berechtigt, die schwersten Strafen von sich aus zu verhängen. Auch die Prügelstrafe bedurfte der Genehmigung durch den Inspekteur der KL. In den Jahren relativ geordneten Schutzhaftvollzugs zwischen 1935/36 und 1939 wurden die willkürlichen Tötungen seltener. Es dominierten als Strafen in allen Konzentrationslagern die regelmäßigen Prügelszenen, die Verhängung von Arrest, die Strafarbeiten, Erschwerung der Haftbedingungen durch Schreibverbot und Postentzug, daneben das von Eicke schon in Dachau eingeführte sogenannte Baumbinden und ähnliches. Mißhandlungen und Tötungen von Häftlingen durch SS-Wachmannschaften blieben auch in dieser Zeit nicht aus, zumal man den Haß gegen die Häftlinge bewußt züchtete, sie wurden aber zwischen 1935 und 1939 auf ein verhältnismäßig geringes Maß herabgeschraubt.

3. Der Inspekteur der Konzentrationslager und Führer der Totenkopfverbände (Kompetenzen der Leitung und Verwaltung, Entwicklung der KL und Totenkopfverbände bis 1938)

Während Eickes Zeit in Dachau bildeten sich nicht nur die später maßgeblichen Prinzipien der Häftlingsbehandlung heraus, sondern auch die Grundsätze der Organisation, der Kompetenz- und Aufgabenverteilung bei der Leitung und Verwaltung der Konzentrationslager. Rückblickend schrieb Eicke am 10. August 1936 an Himmler, er habe bei seinem Amtsantritt in Dachau »eine korrupte Wachabteilung von knapp 120 Mann« vorgefunden:

»Wir galten allgemein als notwendiges Übel, das nur Geld kostet; unscheinbare Wachmänner hinter Stacheldraht. Die

[72] Gürtner-Tagebuch (vgl. Anm. 69), Eintragung vom 18. April 1935.
[73] Ebenda, Eintragung vom 21. Oktober 1935.

knappe Löhnung für meine Führer und Männer habe ich dekadenweise bei den Staatskassen förmlich erbetteln müssen. Ich selbst bezog als Oberführer in Dachau ein Monatsgehalt von 230,– RM . . . Nicht eine Patrone oder Gewehr, geschweige denn ein Maschinengewehr waren zu Beginn vorhanden. Von der ganzen Belegschaft konnten 3 Mann mit einem MG umgehen. Meine Männer hausten in zugigen Fabrikhallen. Überall herrschte Armut und Elend. Damals unterstanden diese Wachmänner dem Oberabschnitt Süd, der die Sorgen und Nöte mir überließ, im übrigen mir aber ungefragt Leute schickte, die er aus irgendeinem Grunde in München loshaben wollte; damit verseuchte man mir die Truppe und deren Stimmung. Untreue, Unterschlagung und Korruption habe ich angetroffen. Binnen 4 Wochen habe ich rund 60 Mann deshalb entlassen müssen. Es ging nicht vorwärts, weil die Truppe dem Oberabschnitt Süd befehlsmäßig unterstand und von dort beeinflußt und als Sammelbecken sogenannter Versorgungsanwärter benutzt wurde. Als ich so nicht weiter kam, hat Reichsführer-SS meinem Antrag entsprochen und die kleine Wachtruppe mir ausschließlich unterstellt. Von nun an begann der ungestörte Aufstieg . . .«[74]

Die Verselbständigung der Wachtruppe in Dachau und ihre Herauslösung aus dem Verband der Allgemeinen SS geschah im Herbst 1934, als Eicke bereits zum Inspekteur der Konzentrationslager ernannt worden war, aber eine Zeitlang noch weiterhin den Posten des Dachauer Kommandeurs bekleidete (Eickes Nachfolger als Kommandant in Dachau waren 1935: SS-Oberführer Heinrich Deubel; 1936–1939: SS-Oberführer Hans Loritz, der vorher der Kommandant des Lagers Esterwegen gewesen war).

Bis zum Herbst 1934 gehörte die Wachtruppe des Konzentrationslagers »SS-mäßig« zum Oberabschnitt Süd der Allgemeinen SS und war nur hinsichtlich ihres Einsatzes und ihrer Ausbildung als Wachtruppe dem Kommandanten unterstellt. Der für die Wachaufgaben 1933 gebildete besondere »SS-Sturmbann Dachau«[75] beziehungsweise die »Wachtruppe Oberbayern der Allgemeinen SS«[76] war in Dachau schon 1933/34 in besonderen SS-Baracken beziehungsweise -Kasernen neben dem eigent-

---

[74] Schreiben SS-Gruf. Eickes an RFSS vom 10. September 1936; Personalakte Eicke (vgl. Anm. 62).
[75] So bezeichnet in der Dienstvorschrift Eickes vom 1. Oktober 1933; Nürnbg. Dok. PS-1216. Im Januar 1937 gab Himmler an: z. Z. 8000 Häftlinge; DMT XXIX, PS – 1992 (A), S. 217.
[76] Vgl. dazu auch eidesstattl. Erklärung von Max Schobert; Nürnbg. Dok. NO-2329.

lichen Lager untergebracht. Die SS-Männer der Wachtruppe wurden wie hauptamtliche Angestellte der Allgemeinen SS entlohnt und erhielten' Waffenausbildung und -ausrüstung. Der Führer des SS-Sturmbanns Dachau unterstand nicht dem Kommandanten des Lagers. Dieser konnte vielmehr nur über den Teil der Wachtruppe verfügen, der jeweils für den Posten- und Begleitdienst ins Lager abgestellt war. Die Aufsicht über die Posten lag beim sogenannten »Kasernentagesdienst«, später als »Führer vom Dienst« bezeichnet. Ihm, der außerhalb des Lagers, in den SS-Kasernen, seinen Standort hatte, beziehungsweise dem Führer des SS-Sturmbanns Dachau, mußten laut Wachvorschrift vom 1. Oktober 1933 auch Pflichtverletzungen der Posten und Mißstände in der Ausführung der Bewachung gemeldet werden.

Von dem wechselnden Einsatz des Posten- und Begleitdienstes ist das ständige SS-Personal im Lager selbst zu unterscheiden. Schon zu Eickes Zeit war es in Dachau in verschiedene Abteilungen gegliedert. Bereits 1933 gab es neben der Kommandantur die politische Abteilung des Lagers[77] als Außenposten der politischen Polizei im Lager, außerdem die besondere Dienststelle des Lagerarztes, und wohl auch schon einen besonderen Verwaltungsführer, dem die Lagerkasse, die sogenannten Häftlingseffekten, die Lagerwerkstätten, Verpflegungs- und Bekleidungsangelegenheiten unterstanden. Im Schutzhaftlager selbst, das in Dachau 1935 aus 10 Häftlings-Kompanien beziehungsweise -Blocks mit je ca. 250 Häftlingen bestand (davon 8 Kompanien mit politischen Häftlingen)[78], hatten die Kompanie- beziehungsweise Blockführer in der Regel den Rang eines SS-Scharführers (= Feldwebel) inne, der Rapportführer den Rang eines Hauptscharführers (= Hauptfeldwebel) und der Schutzhaftlagerführer den Rang eines SS-Führers (= Offizier). Mit der Vergrößerung der Lager wurde später meist ein 1. und ein 2. Schutzhaftlagerführer eingesetzt, die abwechselnd 24stündig »diensthabend« waren. Die Blockführer und der Rapportführer verfügten über kein weiteres SS-Personal, sondern bedienten sich sogenannter Häftlingsfunktionäre (Block- und Stubenältester), die aber nicht von ihnen selbst, sondern vom Schutzhaftlagerführer berufen wurden.

Seit 1935/36 kristallisierte sich ein festes Schema der Kompe-

[77] Vgl. Schreiben der Staatsanwaltschaft beim Landgericht München II an den GenStA des OLG München vom 30. Juli 1934; IMT, XXXVI, D-926.
[78] Vgl. Rudolf Höß, a. a. O., S. 57 f.

tenzverteilung heraus, das fünf verschiedene Lagerabteilungen vorsah. Der spätere Auschwitzer Kommandant Rudolf Höß hat nach dem Krieg in der Untersuchungshaft in Krakau angegeben, daß eine als Modell für alle Lager geltende Lagerordnung von der Inspektion der KL 1936 herausgegeben worden sei. Danach waren die Abteilungen und Aufgabenbereiche folgendermaßen gegliedert[79]:

I. *Kommandantur*
(Lagerkommandant, Adjutant, Postzensurstelle)
II. *Politische Abteilung*
(Leiter der Politischen Abteilung, Erkennungsdienst)
III. *Schutzhaftlager*
(Schutzhaftlagerführer, Rapportführer, Blockführer, Arbeitsdienstführer, Kommandoführer)
IV. *Verwaltung*
(Verwaltungsführer, Gefangenen-Eigentumsverwaltung, Lager-Ingenieur)
V. *Lagerarzt*

Nicht als lagerinterne Abteilung, sondern als dem Lager nur zugeteilte, galt der jeweilige »Führer vom Dienst« der Wachtruppe.

Dieser Organisationsplan wird bestätigt durch eine aus den Akten des Inspekteurs der Konzentrationslager stammende (undatierte) Aufzeichnung über den »Zweck und die Gliederung der Konzentrationslager«, die um das Jahr 1938 herum, jedenfalls vor Kriegsbeginn entstand und gleichfalls die von Höß genannten Abteilungen aufzählt[80]. In den vorliegenden Zeugnissen ist der besonders wichtige Aufgabenbereich der Politischen Abteilung klar umschrieben. Höß kennzeichnet ihn folgendermaßen:

»Der Leiter der politischen Abteilung ist stets ein Beamter der Geheimen Staatspolizei oder der Kriminalpolizei. Er steht dem Lagerkommandanten für die Aufgaben der politischen Abteilung zur Verfügung. In Ausübung seines Dienstes als

[79] Unveröffentlichte Aufzeichnung von Rudolf Höß über die »Lagerordnung für die Konzentrationslager« (Krakau, 1. Oktober 1946), Fotokopie im Inst. f. Zeitgesch. – Das von Höß wiedergegebene Schema deckt sich mit den Angaben des ehem. Kommandanten von Buchenwald, SS-Oberführer Hermann Pister (Nürnbg. Dok. NO-254). Auch P. unterscheidet die fünf Abteilungen in dem von ihm 1941 übernommenen Lager Buchenwald: I. Kommandantur, II. Polit. Abt., III. Schutzhaftlager, IV. Verwaltung, V. Sanitätswesen. Er nennt außerdem eine besondere Abteilung III E: Arbeitseinsatz. Auch Höß gibt in seinen Erinnerungen an, daß es in Auschwitz einen besonderen Arbeitseinsatzführer gegeben habe.
[80] BA: NS 3/391.

Beamter der Gestapo bzw. Kripo untersteht er der für das betr. KL zuständigen Gestapo- bzw. Kripostelle. Als Hilfskräfte stehen ihm geeignete Angehörige des Kommandanturstabes zur Verfügung.

Der Leiter der Pol. Abt. führt Vernehmungen von Häftlingen durch im Auftrag von Polizeidienststellen, der Justiz und dem Lagerkommandanten. Er ist verantwortlich für die Häftlingskartei und ordnungsmäßige Führung der Häftlingsakten, ebenso für die Erfassung der Neuzugänge. Fehlende Schutzhaftunterlagen hat er anzufordern. Er ist verantwortlich für die termingerechte Überstellung von Häftlingen zu Polizeidienststellen und Gerichtsterminen. Zur Erstellung angeforderter Führungsberichte leitet er die betr. Akten dem Schutzhaftlagerführer zu und überwacht die Termine.

Bei angeordneten Entlassungen hat er die zuständigen Polizeidienststellen zu verständigen und die Entlassung durchzuführen. – Bei Häftlingsunfällen hat er die zuständige Staatsanwaltschaft zu verständigen und die gerichtsärztliche Leichenöffnung anzufordern. In allen Todesfällen hat er die nächsten Angehörigen zu verständigen. Er hat die Überführung der Leichen verstorbener Häftlinge nach dem nächstgelegenen Krematorium zu veranlassen und, falls dies von den Angehörigen gewünscht, die Aschen-Urne an die Friedhofsverwaltung des Heimatortes der verstorbenen Häftlinge versenden zu lassen.

Bei Häftlingsflucht hat er die Fahndung bei den zuständigen Polizei-Dienststellen zu veranlassen.

Jegliche Häftlings-Veränderung durch Entlassung, Überstellung, Tod oder Flucht hat er der betreffenden einweisenden Dienststelle mitzuteilen.

Der Politischen Abteilung angeschlossen ist der Erkennungsdienst. Durch diesen ist jeder Häftling zu erfassen. Von jedem Häftling sind Lichtbilder, Fingerabdrücke und genaue Personalbeschreibung zu erstellen und den Häftlingsakten beizufügen.«[81]

In einem besonderen Abschnitt seiner im Original bisher nicht veröffentlichten Aufzeichnungen hat Höß auch die praktische Handhabung der Aufgaben der Politischen Abteilungen geschildert, wie sie sich dann später (1940–43) in Auschwitz unter Lei-

---

[81] Höß-Aufzeichnung über die Lagerordnung der KL (vgl. Anm. 79); vgl. dazu auch die Angaben des ehem. Kdt. von Buchenwald (SS-Of. Pister) in Nürnbg. Dok. NO-254, S. 10. Danach gehörten der Pol. Abt. in Buchenwald 1941 als Leiter ein Kriminalsekretär und zwei Kriminalassistenten an.

tung des aus Wien stammenden SS-Untersturmführers und Kriminalsekretärs Maximilian Grabner entwickelte:

»Bei der Errichtung des KL Auschwitz wurde Grabner von seiner Dienststelle, Stapoleitstelle Kattowitz, als Leiter der Polit. Abt. zur Verfügung gestellt. Grabner hatte keine Ahnung vom KL, ... Standartenführer Dr. Schäfer [Stapoleitstelle Kattowitz] konnte mir aber keinen besseren zur Verfügung stellen ... Grabners größter Fehler war seine Gutmütigkeit Kameraden gegenüber. Aus falsch verstandener Kameradschaftlichkeit brachte er unzählige, oft wüste Vorfälle und Ausschreitungen von SS-Führern u. -Männern nicht zur Meldung, um die Betreffenden vor Strafe zu schützen ... [und] trug viel dazu bei, daß diese Ausschreitungen überhand nahmen. Gerade er hatte die Aufgabe, dem Lagerkommandanten alle Verfehlungen gegen die Lagerordnung rücksichtslos zur Meldung zu bringen. Das tat er nur dann, wenn er wußte, daß ich irgendeiner Schweinerei auf der Spur war. Als Kriminalbeamter war er beschlagen genug, um sich nicht fangen zu lassen ...

Grabner wußte viel und war wohl auch über alle Vorgänge im Schutzhaftlager unterrichtet, doch Kameraden zur Anzeige zu bringen, das brachte er ohne kategorisches Muß nicht fertig ... Durch sein zwiefältiges Unterstellungsverhältnis – Stapoleitstelle – Kommandantur – waren seine Befugnisse und seine Arbeitsaufgaben nicht ganz klar zu umgrenzen und daher auch nicht genau zu kontrollieren. Er konnte sich immer auf das eine oder andere Feld zurückziehen. Auch mischte ich mich grundsätzlich nicht in Stapofragen, besonders nicht in die Untersuchungen und Vernehmungen der Polit. Abt. im Auftrag der Stapo oder der Untersuchungskommissionen verschiedener Stapostellen bzw. des B. d. S. Krakau, die laufend in Auschwitz tätig waren. Wenn Grabner besondere Aufträge von seiner Stapo-Leitstelle bekam, hat er mir dies auch stets gemeldet ... Diese waren so vielfältig und zahlreich, daß Grabner eigentlich mehr für die Stapo tätig war als für das Lager ... Mit dem raschen Steigen der Häftlingszahlen wuchsen auch die Lager-Aufgaben der Polit. Abt. Grabner hatte aber nur wenige tüchtige Mitarbeiter ... Die meisten eigneten sich nicht für diese Arbeiten. Sie überließen auch die Arbeit gar zu gern den Häftlingen, die in immer größerer Zahl ... herangezogen wurden. Grabner versicherte mir zwar immer, daß diese nur untergeordnete Dinge bearbeiteten. In Wirklichkeit waren aber die führenden Häftlingskreise im Lager genau über alle wichtigen Vorgänge in der Pol. Abt. unterrichtet . . .

Für Grabner war die Polit. Abt. schon zu unübersichtlich geworden . . . Allein die Judenvernichtungsaktion hätte einen Stapobeamten benötigt. Für Auschwitz-Birkenau wären zumindest ein Kommissar und drei Sekretäre notwendig gewesen . . . Grabner war auch verantwortlich für die Krematorien und die strikte Einhaltung der für diese ergangenen Befehle . . . Auch für die Durchführung der Exekutionen der von den Standgerichten zum Tode Verurteilten war Grabner verantwortlich . . . Grabner war schon im Sommer 1943 völlig ›fertig‹, doch er wollte dies nicht eingestehen, bis Krankheit und SS-Gericht ihn niederzwangen.«[82]

Nach diesem Vorblick auf die spätere Praxis innerhalb des Tätigkeitsbereichs der Politischen Abteilung in Auschwitz, ist zunächst die allgemeine Entwicklung der Leitung der Konzentrationslager weiter zu verfolgen.

Als Eicke 1934 von Himmler mit der Übernahme der Konzentrationslager in die Hand der SS und ihrer Neuorganisation beauftragt worden war, bestand ein wesentlicher Teil seiner Aufgabe darin, die zum Teil noch in kleinen örtlichen Lagern über das Reichsgebiet verstreuten Schutzhäftlinge in einigen größeren Lagern zusammenzufassen und in diesen eine einheitliche Leitung und Bewachung durch SS-Führer und -Mannschaften durchzusetzen. Im März 1935 war dieser Prozeß so weit gediehen, daß der Aufsicht Eickes sieben Lager (Dachau, Esterwegen, Lichtenburg, Sachsenburg, Columbia-Haus, Oranienburg, Fuhlsbüttel bei Hamburg) unterstanden, in denen sich insgesamt 7000 bis 9000 Häftlinge befunden haben dürften[83]. Bei sämtlichen dieser Lager waren kasernierte SS-Wachverbände stationiert. Sie gehörten seit Ende 1934 nicht mehr zum Gesamtverband der Allgemeinen SS, sondern wurden als »SS-Wachverbände« oder – nach ihrem in Dachau schon 1933 eingeführten Totenkopfabzeichen auf dem Kragenspiegel – als »SS-Totenkopfverbände« bezeichnet und bildeten als solche neben den SS-Verfügungstruppen einen besonderen Zweig der

[82] Aufzeichnung Höß' über Maximilian Grabner (Krakau, November 1946), Fotokopie im Inst. f. Zeitgesch.
[83] Dachau war mit rund 2500 Häftlingen (wohl noch vor Esterwegen) das größte der damaligen Lager. Wie aus dem im BA/Koblenz vorhandenen Bestandbuch des KL Sachsenburg hervorgeht, hatte Sachsenburg Ende 1935 eine Ist-Stärke von rund 1180 Häftlingen. Erheblich kleiner war die Zahl der Häftlinge in Columbia-Haus und in Fuhlsbüttel.

bewaffneten SS. Aus der Dachauer »Wachtruppe Oberbayern« der Allgemeinen SS« entstand die »SS-Totenkopfstandarte Oberbayern« und ähnlich wurden die SS-Wachstürme (später Sturmbanne und Standarten) bei den anderen Konzentrationslagern mit entsprechend regionalen Bezeichnungen versehen, die auch auf dem Ärmelstreifen der Uniform angebracht waren. Nach dem Stand vom März 1935 gab es folgende unterschiedlich starken Totenkopfeinheiten[84]:

SS-Totenkopf- (beziehungsweise Wach-)Verbände:

›Oberbayern‹ (KL Dachau)
›Ostfriesland‹ (KL Esterwegen)
›Elbe‹ (KL Lichtenburg)
›Sachsen‹ (KL Sachsenburg)
›Brandenburg‹ (KL Oranienburg und Columbia-Haus)
›Hansa‹ (Hamburg-Fuhlsbüttel)

Eine Anordnung des Chefs des SS-Hauptamtes vom 9. März 1936 bestimmte, daß zum Lagerpersonal selbst gehörende SS-Angehörige (allerdings nur bis zum Range eines Obersturmbannführers) durch ein »K« auf dem Kragenspiegel der Uniform besonders zu kennzeichnen und von den Wachstürmern der außerhalb der Konzentrationslager kasernierten SS-Mannschaften und -Führer zu unterscheiden seien. Außerdem galt folgende Uniformvorschrift:

»Die Angehörigen der SS-Wachverbände tragen für den Exerzier- und Wachdienst die *erdbraune Uniform* mit Kampfbinde und Kragenspiegeln, jedoch ohne Hoheitsabzeichen am Ärmel und ohne Ärmelstreifen. Im Geländedienst kann das Tragen der Kampfbinde unterbleiben. Dem Personal bei den Kommandanturstäben ist das Tragen der erdbraunen Uniform im Dienst gestattet. Ehrenposten auf öffentlichen Straßen und Plätzen tragen jederzeit den schwarzen SS-Dienstanzug. Das Tragen der erdbraunen Uniform als Ausgehanzug ist verboten.«[85]

Seit Ende 1934 war SS-Gruppenführer Eicke sowohl »Inspekteur der Konzentrationslager« als auch »Führer der SS-Wachverbände«. In den Jahren 1938/39 wurde als amtliche Dienst-

---

[84] So laut Schreiben des Chefs des SS-Hauptamtes vom 18. März 1935 betr. Abzeichen der kasernierten Wachverbände; BA: Slg. Schumacher/329.
[85] Verfügung des Chefs des SS-Hauptamtes, SS-Gruf. Heißmeyer betr. Abzeichen der SS-Wachverbände vom 9. März 1936; BA: Slg. Schumacher/329.

bezeichnung geläufig: »Führer der SS-Totenkopfverbände und Konzentrationslager«. Die neue Institution, aus der auch ein besonderer »Stab des Führers der KL und SS-TV« entstand, etablierte sich 1935 in Berlin (NW 7, Friedrichstraße 129, Block F) und unterstand organisatorisch dem vom SS-Gruppenführer Heißmeyer geleiteten SS-Hauptamt, dem auch die SS-Verfügungstruppe und die Allgemeine SS unterstellt waren. Am 2. August 1938 zog Eickes Stab nach Oranienburg bei Berlin (in der Nähe des 1936 errichteten neuen Konzentrationslagers Sachsenhausen) um[86], wo der Führungsstab der Konzentrationslager bis 1945 blieb.

Wie aus den vorliegenden Dokumenten ersichtlich ist, gab das SS-Hauptamt die Richtlinien für die Organisation, Gliederung und Uniformierung der SS-Totenkopfverbände heraus und handhabte die Einstellung von jungen Freiwilligen[87]. Das dem SS-Hauptamt eingegliederte Verwaltungsamt der SS (SS-Brigadeführer Pohl) war außerdem für die Versorgung und Verwaltung der Totenkopfverbände und KL zuständig, die seit 1935 aus Reichsmitteln unterhalten wurden. Pohl als Verwaltungschef der SS machte die Etat-Voranschläge für die SS-TV und KL und verhandelte mit den zuständigen Referenten des Reichsfinanzministeriums über die Höhe der Mittel. Die den SS-Totenkopfverbänden und KL bewilligten Mittel wurden dabei dem Etat des Reichsinnenministeriums angeschrieben[88].

Bei den eigentlichen Führungsaufgaben und Entscheidungen, die die Entwicklung der Konzentrationslager und Totenkopfverbände betrafen, scheint Eicke als Führer der SS-TV und KL ungeachtet der formellen Unterstellung unter das SS-Hauptamt jedoch weitgehend freie Hand gehabt und sich nur Himmler persönlich verantwortlich gefühlt zu haben. Bezeichnend ist, daß er sich in wichtigen Fragen unmittelbar an Himmler wandte,

---

[86] Vgl. das Rundschreiben des Stabsführers der SS-TV/KL SS-Of. Glücks vom 18. Juli 1938 an die Führer der Totenkopfstandarten und Kommandanten der KL; BA: NS 3/391.

[87] Wie aus einem Schreiben des Hauptamtschefs SS-Gruf. Heißmeyer von Anfang März 1936 betr. Rekruteneinstellung in die SS-Wachverbände ersichtlich ist, leitete das SS-Hauptamt die Ersatzanforderungen der SS-Totenkopfverbände an die Führer der SS-Oberabschnitte weiter und beauftragte diese mit der Freiwilligen-Werbung. In dem Schreiben heißt es: »Im Interesse eines beschleunigten Aufbaues dieser Einheit werden die Führer der SS-Oberabschnitte gebeten, je 80 Freiwillige bis spätestens 25. März 1936 namentlich anher zu melden.« Das Schreiben formulierte sodann verschiedene Bedingungen: die Bewerber sollen den Jahrgängen 1914–1919 angehören, müssen eine Mindestkörpergröße von 1,70 m haben, völlig gesund und »rassisch einwandfrei« sein; BA: Slg. Schumacher/329.

[88] Unterlagen über die Anforderungen des RFSSuChdDtPol im RMdI für die SS-TV und KL im Jahre 1938 in BA: R 2/12 164; vgl. auch Enno Georg, Die wirtschaftlichen Unternehmungen der SS. Schriftenreihe der Vierteljahrshefte f. Zeitgesch., Nr. 7. Stuttgart 1963, S. 26 f.

sich auch ausdrücklich darauf berief, daß die Totenkopfverbände und KL ihm »persönlich« unterstellt seien, und daß er ferner bei Schreiben an Himmler den Chef des SS-Hauptamtes lediglich abschriftlich in Kenntnis setzte[89].

Was die Gestaltung der Lager und die Praxis der Schutzhaftbedingungen betraf, so hatte Eicke weniger auf den nicht sonderlich einflußreichen Chef des SS-Hauptamtes (Heißmeyer) Rücksicht zu nehmen als auf die von Heydrich geleitete Geheime Staatspolizei. Da diese für die Schutzhaftverhängungen und -entlassungen zuständig war und sie über die ihr unterstehenden politischen Abteilungen in den Lagern auch über die dort herrschenden inneren Verhältnisse informiert war, konnte sie mittelbar und unmittelbar auch auf die Lager einwirken. Zwischen der Gestapo und dem Inspekteur KL kam es dabei zu manchen Spannungen. Am 10. August 1936 berichtete Eicke an Himmler, daß der Leiter des Büros der Geheimen Staatspolizei im Reichsinnenministerium und Stellvertreter Heydrichs, SS-Standartenführer Dr. Best, »an gewisser Stelle erklärt« habe, »daß in den Konzentrationslagern eine Schweinerei herrsche« und es »an der Zeit sei, daß man die Lager wieder der Gestapo unterstelle«. Zur gleichen Zeit bestanden Bestrebungen, die SS-Totenkopfverbände der zentralen Leitung durch Eicke zu entziehen und den jeweiligen SS-Oberabschnittsführern der Allgemeinen SS zu unterstellen[90]. Eicke vermochte diese Tendenzen jedoch abzuwehren. Bis Kriegsbeginn blieb er Inspekteur der KL und Führer der Totenkopfverbände.

Im Winter 1936/37 war mit rund 7500 Häftlingen der wohl niedrigste Stand der Schutzhäftlinge in den KL erreicht[91]. In dieser Zeit innenpolitischer Festigung des Regimes schien das außerordentliche Instrument der Konzentrationslager weitgehend entbehrlich. Auch die Staatspolizei mußte dem Rechnung tragen. Bezeichnend ist ein Runderlaß des preußischen Gestapa vom 17. Dezember 1936 an die Stapo(leit)stellen, in dem diese ermahnt werden, nur in dringenden Fällen von der Schutzhaft Gebrauch zu machen:

»Ein übermäßiger Gebrauch der Schutzhaft muß dazu führen,

---

[89] So z. B. im Falle des Schreibens Eickes an den RFSS vom 10. August 1936 (SS-Personalakte Eicke, vgl. Anm. 62), das grundsätzliche Fragen der künftigen Befehlsführung über die SS-TV zum Gegenstand hatte und von dem im folgenden noch die Rede ist.
[90] Vgl. Anm. 89.
[91] In den Verhandlungen für den Etat der Konzentrationslager für das Jahr 1937 wurde für das 1. Halbjahr 1937 noch ein Gesamtbestand von 7500 Häftlingen, dagegen für das 2. Halbjahr 1937 ein Stand von 10000 Häftlingen veranschlagt; vgl. BA: R 2/12 163.

daß diese schärfste Waffe der Geheimen Staatspolizei in Miß-
kredit gebracht und die weitverbreiteten Bestrebungen nach
Aufhebung der Schutzhaft gefördert werden.«[92]
Die Zahl der Lager wurde weiter verringert, zugleich aber mit
dem Neubau »moderner« und großer Lager begonnen. Nachdem schon 1935 die zunächst von Eicke übernommenen Lager
Oranienburg und Fuhlsbüttel geschlossen worden waren, wurde
im August 1936 auch das Konzentrationslager Esterwegen aufgelöst und den Justizbehörden übergeben, die in den Moorgebieten des Emslandes seit Frühjahr 1934 bereits eine Reihe
von Strafgefangenenlagern (auch für politische Verurteilte) unterhielten. Zur gleichen Zeit kam es zur Auflösung des besonders berüchtigten SS-Lagers Columbia-Haus in Berlin. Die
Häftlinge von Esterwegen wurden einschließlich der Wachmannschaften in das im September 1936 neuerrichtete Lager
Sachsenhausen bei Oranienburg überführt. Ein Jahr später, im
Juli 1937, wurde auch das Lager Sachsenburg aufgelöst. An
seine Stelle trat (ab August 1937) das bei Weimar errichtete neue
große Lager Buchenwald.
Zwischen August 1937 und Juli 1938 bestanden im Reichsgebiet
insgesamt vier Konzentrationslager: Dachau, Sachsenhausen,
Buchenwald und (seit Sommer 1937 nur noch als Frauenkonzentrationslager) Lichtenburg. Die neuen Lager Sachsenhausen
und Buchenwald waren aufgrund Dachauer Erfahrungen nach
einheitlichen Gesichtspunkten errichtet worden und entsprachen auch in ihrer »Kapazität« dem Dachauer Vorbild.
Der Konzentration der Häftlinge auf die drei großen Lager entsprach auch eine ab August 1937 durchgeführte Neugliederung
der Totenkopfverbände. Bei jedem der drei Lager war im August
1937 ein Totenkopfverband mit je 1000 bis 1500 Mann stationiert. Das in den drei Lagern selbst eingesetzte SS-Personal
(ohne Wachtruppe) betrug in dieser Zeit

in Dachau	121 Personen (SS-Angehörige)
in Buchenwald	120 Personen (SS-Angehörige)
in Sachsenhausen	111 Personen (SS-Angehörige)

Der Stab des Inspekteurs der KL und SS-TV zählte damals
43 Personen.
Ende 1937 hatten die SS-Totenkopfverbände eine Gesamtstärke
von 4833 Personen, davon 216 Führer und 976 Unterführer.

[92] Allg. Erlaß-Slg. (RSHA), S F VIIIa, S. 2.

Von den 216 SS-Führern der Totenkopfverbände waren 33 als Kommandanten, Schutzhaftlager-, Rapport-, Verwaltungsführer u. ä. in den Lagern eingesetzt. Der überwiegende Teil der Mannschaften bestand aus sehr jungen SS-Angehörigen zwischen 16 und 20 Jahren. Nach dem Stand von Ende 1938 waren 93,5 % der Angehörigen der Totenkopfstandarten ledig und 69 % waren aus der Kirche ausgetreten (der Prozentsatz der sogenannten »Gottgläubigen« betrug zur gleichen Zeit bei der Allgemeinen SS 21,9 % und bei den Verfügungstruppen 53,6 %). Auch der Prozentsatz der auf eigenen Antrag oder auf Veranlassung ihrer Führer Entlassenen war bei den Totenkopfeinheiten mit 2,5 % relativ hoch (1937: 81 Angehörige der SS-TV auf eigenen Antrag, 65 aus dienstlichen, gesundheitlichen, weltanschaulichen oder sonstigen Gründen entlassen)[93].

4. Ausweitung der Konzentrationslagerhaft:
neue Häftlingskategorien

Während der Übergangszeit der Jahre 1934 bis 1937 bahnte sich auch bei den Einweisungen in die KL ein Wandel beziehungsweise eine Ausweitung der Motivation an. Nicht mehr nur politische Gegner, sondern auch andere, wie es hieß, volksschädigende Elemente, kamen in die Lager. In Dachau bestand 1937/38 die weit überwiegende Mehrzahl der Gefangenen aus politischen Häftlingen, in Sachsenhausen dagegen stand diesen bereits damals eine wohl ebenso große Zahl von sogenannten Asozialen, Homosexuellen, Bibelforschern, Gewohnheitsverbrechern gegenüber[94]. Entgegen dem in der Schutzhaft-VO des RMdI vom 12./26. April 1934 vertretenen Grundsatz, daß die Schutzhaft keine Ersatzstrafe sei, war man dazu übergegangen, sie in diesem Sinne zu verwenden, das heißt Personen in die Konzentrationslager einzuweisen, die man für schädlich hielt, obwohl sie nach bestehendem Recht nicht bestraft werden konnten. Diese Funktion einer Korrektur der ordentlichen Gerichtsbarkeit oder zusätzlicher vorbeugender Haft erhielten die KL auch auf dem Gebiet der politischen Strafverfolgung. Schon seit 1933 wurden verschiedentlich zwischen Justizverwaltung und Polizei förmliche Verabredungen getroffen, daß Personen, die des Landes- oder Hochverrats angeklagt oder deswegen verurteilt wa-

---

[93] Vorstehende Zahlen und Angaben basieren auf dem ›Statistischen Jahrbuch der Schutzstaffel der NSDAP‹, Jgg. 1937 und 1938.
[94] Vgl. Rudolf Höß, Kommandant in Auschwitz, a. a. O., insbes. S. 83.

ren, nach Verbüßung ihrer Strafe in Konzentrationslager zu überweisen seien[95]. So verfügte z. B. die bayerische politische Polizei am 5. September 1935, daß in Zukunft bei »allen Personen, die vom Volksgerichtshof abgeurteilt werden«, rechtzeitig das Datum der voraussichtlichen Entlassung aus der Strafhaft festgestellt wird, damit sofort anschließend eine Überführung in die Konzentrationslager veranlaßt werden könne[96]. In der gleichen Zeit ordnete die politische Polizei in Bayern an:

»Kommunistische Funktionäre, die nach Strafverbüßung zur Entlassung kommen sollen, sind grundsätzlich in Schutzhaft zu nehmen, sofern es sich bei ihnen um gefährliche Staatsgegner handelt oder anzunehmen ist, daß sie sich wieder der illegalen KPD zur Verfügung stellen werden.«[97]

Sehr häufig nahm die Gestapo auch Personen in Schutzhaft, bei denen die Justiz Ermittlungen wegen des Verdachts oder der Beschuldigung politischer Vergehen infolge Beweismangels einstellen mußte oder eingeleitete Prozesse mit Freispruch endeten. Die Kritik an der Justiz und die vorsätzliche Korrektur gerichtliche Urteile durch die Polizei war hier besonders offenkundig. Hitler selbst hat verschiedentlich, insbesondere nach Beginn des Krieges, auch gerade in Fällen, in denen es um nichtpolitische Verbrechen ging, die Überstellung von Justizgefangenen an die Gestapo unmittelbar angeordnet[98].

Die Tendenz zur Anwendung sogenannter »vorbeugender Haft« außerhalb der befristeten Strafhaft auch auf unpolitischem Gebiet kam schon durch das am 24. November 1933 erlassene Gesetz »gegen gefährliche Gewohnheitsverbrecher«[99] zum Ausdruck. Es schrieb vor, daß Personen, die schon zweimal wegen krimineller Delikte oder Verbrechen rechtskräftig verurteilt worden seien, als »gefährliche Gewohnheitsverbrecher« anzusehen und von den Gerichten nicht nur zu befristeter Freiheitsstrafe, sondern außerdem zu unbefristeter *Sicherungsverwahrung* zu verurteilen seien. Außerdem bestimmte das Gesetz, daß in weniger schweren Fällen sogenannter Gewohnheitsverbrechen, zusätzlich zur Strafe, bestimmte »Maßregeln der Besserung und

---

[95] Vgl. dazu das Schreiben des Preußischen Gestapa vom 24. November 1933 an den preußischen Justizminister, in dem es heißt, es sei »sicherzustellen, daß Landesverräter im Anschluß an die Verbüßung ihrer Freiheitsstrafe in Schutzhaft überführt werden können«, was sich »im Hinblick auf die Rückfälligkeit der meisten Landesverräter fast stets empfehlen« wird; BA: P 135/3715, Bl. 232.

[96] BA: Slg. Schumacher/271.

[97] Runderlaß d. bayer. polit. Polizei vom 13. August 1935; BA: Slg. Schumacher/271.

[98] Vgl. Martin Broszat: Zur Perversion der Strafjustiz im Dritten Reich. In: Vjh. f. Zeitgesch. Jg. 6 (1958), S. 390 ff.

[99] RGBl. I, S. 995.

Ordnung« wie die Unterbringung in einem Arbeitshaus, in Trinkerheilanstalten o. ä. aufzuerlegen seien. Für die Anordnung von Sicherungsverwahrung oder Überweisung in besondere Anstalten blieb aufgrund dieses Gesetzes aber die Justiz zuständig. Schon Anfang 1935 ging die Polizei jedoch dazu über, ihrerseits gegen sogenannte Gewohnheitsverbrecher vorbeugende Polizeihaft anzuordnen und die Betreffenden nach Dachau oder in andere Lager zu überstellen[100]. Ein solches Vorgehen ergab sich vor allem aus der Praxis kriminalpolizeilicher Nachüberwachung sogenannter vorbestrafter Gewohnheitsverbrecher, in deren Rahmen »vorbeugende Polizeihaft« angeordnet werden konnte, wenn andere polizeiliche Auflagen [Aufenthaltsbeschränkungen, Entzug des Führerscheins u. a.] nicht wirksam genug erschienen[101]. Es war dann nur eine weitere »Vereinfachung« des Problems, solche Leute einfach nach Dachau abzuschieben.

Größeren Umfang nahm die Einweisung sogenannter Gewohnheitsverbrecher in die Konzentrationslager erst an, als Himmler 1936 als Chef der Deutschen Polizei auch die Kriminalpolizei der Länder in die Hand bekam und nachdem durch die Errichtung des Reichskriminalpolizeiamtes (1937) die vollen organisatorischen Voraussetzungen für eine einheitliche Verschärfung der kriminalpolizeilichen Maßnahmen gegeben waren. Am 27. Januar 1937 ersuchte das von SS-Gruppenführer Nebe geleitete Preußische Kriminalpolizeiamt die Kriminalpolizei(leit)stellen um

»beschleunigte Übermittlung einer Liste aller Rechtsbrecher des dortigen Kriminalpolizeistellenbezirks, die nach Auffassung der Kriminalpolizei als Berufs- und Gewohnheitsverbrecher sowie als gewohnheitsmäßige Sittlichkeitsverbrecher anzusprechen sind und sich auf freiem Fuß befinden . . . Da beabsichtigt ist, zu einem bestimmten Zeitpunkt eine größere Anzahl Berufsverbrecher unerwartet in vorbeugende Polizeihaft zu nehmen, sind die Listen einwandfrei zu führen und die Listennummern nicht zu verändern. Im Falle der Durchführung der Maßnahme wird durch Funkspruch lediglich die

[100] Anordnung vorbeugender Polizeihaft nach der Entschließung des Bayer. Staatsmin. d. Innern vom 9. Januar 1935, Nr. 2355 a 18 »gegen Berufs-, Gewohnheits- und Sittlichkeitsverbrecher und ihre Einschaffung in das Konzentrationslager Dachau«. Der Text dieser Anordnung ist nicht bekannt, die Tatsache der Anordnung geht jedoch hervor aus der durch Runderlaß der bayer. polit. Polizei vom 1. August 1936 den zuständigen Ämtern bekanntgemachten »Zusammenstellung der in Bayern geltenden Schutzhaftbestimmungen«, S. 13; BA: Slg. Schumacher/271.
[101] Vgl. dazu den Aufsatz von ORR Dr. Albrecht Böhme, Die Vorbeugungsaufgaben der Polizei; Zschr. Deutsches Recht, Jg. 1936, S. 142 f.

Listennummer der in Frage kommenden Berufsverbrecher übermittelt werden.«[102]

Am 23. Februar 1937 ordnete Himmler selbst an, daß von der Kriminalpolizei »etwa 2000 Berufs- und Gewohnheitsverbrecher oder gemeingefährliche Sittlichkeitsverbrecher in polizeiliche Vorbeugungshaft zu nehmen« seien. Die Verfügung Himmlers und ein Ausführungserlaß des Kriminalpolizeiamtes vom 27. Februar 1937 bestimmten, daß diese rund 2000 Personen aus den Listen auszuwählen, »schlagartig« am 9. März 1937 »im gesamten Reichsgebiet festzunehmen« und »den Konzentrationslagern Sachsenhausen, Sachsenburg, Lichtenburg und Dachau zuzuführen seien«[103].

Im Gegensatz zu der durch Gesetz vom 24. November 1933 vorgesehenen Maßregel der Sicherungsverwahrung handelte es sich bei dieser Aktion nicht um erneut straffällig gewordene Personen. Auch lag ihr keine klare Definition zugrunde, wer als vorbestrafter »Gewohnheitsverbrecher« anzusehen sei. Vielmehr blieb es dem Ermessen der Kriminalpolizei überlassen, aufgrund ihrer Unterlagen diesen Personenkreis selbst zu bestimmen, wobei die angeordnete Pauschalsumme der Verhaftungen naturgemäß die Willkür der Auswahl fördern mußte. Da es einen anderen Rechtsgrund für die Verhaftungsaktion nicht gab, stützte Himmler seine Anordnung vom 23. Februar 1937 ausdrücklich auf die Notverordnung zum Schutz von Volk und Staat vom 28. Februar 1933. Diese ursprünglich nur gegen die Kommunisten gerichtete VO, die in den folgenden Jahren auf alle möglichen anderen Gruppen von politischen Gegnern angewandt worden war, erfuhr dadurch eine Auslegung, die eindeutig über den Bereich der politischen Gegnerbekämpfung und damit auch über die Zuständigkeit der politischen Polizei hinausging. Die Verhaftungsaktion vom März 1937 stellte eine uferlose Ausweitung und Strapazierung der geläufigen Grundsätze kriminalpolizeilicher Nachüberwachung und Vorbeugung dar. Sie bedeutete ferner eine klare Desavouierung der Justiz, insbesondere auch des von der nationalsozialistischen Regierung 1933 selbst eingeführten Gesetzes gegen Gewohnheitsverbrecher und der Handhabung der darin vorgesehenen Maßregeln der Sicherungsverwahrung durch die Justiz. Außerdem verwischte sie weitgehend die Grenzen zur Schutzhaft und gab der

[102] Enthalten in vertrauliche Erlaßsammlung ›Vorbeugende Verbrechensbekämpfung‹, Schriftenreihe des Reichskriminalpolizeiamtes/Berlin, Nr. 15. Dezember 1941, Bl. 27.
[103] Ebenda, Bl. 28/29.

Polizei einen weiten Spielraum für Verhaftungen und Konzentrationslagereinweisungen auch außerhalb der politischen Strafverfolgung. Die Einwände der Justiz fanden aber nur insofern Berücksichtigung, als sie den Reichsinnenminister bewogen, Ende 1937 einen grundlegenden Erlaß über die ›Vorbeugende Verbrechensbekämpfung durch die Polizei‹ herauszugeben, der das neue Instrument der »polizeilichen Vorbeugungshaft« prinzipiell anerkannte und lediglich seine Anwendung einzuschränken suchte. Nach diesem Erlaß des RMdI vom 14. Dezember 1937 sollte die Vorbeugungshaft u.a. anwendbar sein auf Personen, die mindestens dreimal mit Gefängnis oder Zuchthaus von mindestens sechs Monaten vorbestraft waren (Berufs- oder Gewohnheitsverbrecher) »und wenn damit zu rechnen ist, daß sie auch in Zukunft strafbare Handlungen begehen«, ferner auf Vorbestrafte, die wegen der Schwere der Straftat und möglicher Wiederholung »eine so große Gefahr für die Allgemeinheit« bildeten, daß es nicht geraten erscheint, sie auf freiem Fuß zu belassen, außerdem Personen mit falschem Namen, die den Verdacht erwecken, eine Straftat verdecken zu wollen; schließlich aber auch auf Personen, die, »ohne Berufs- oder Gewohnheitsverbrecher zu sein«, durch ihr »asoziales Verhalten die Allgemeinheit gefährden«.

Der Erlaß schrieb im übrigen vor, daß im Gegensatz zur Schutzhaft, die vierteljährlich zu überprüfen war, die regelmäßige Haftüberprüfung (und eventuelle Entlassung) der polizeilichen Vorbeugungshäftlinge höchstens binnen Jahresfrist und mindestens alle zwei Jahre vorzunehmen sei[104].

Die Bestimmungen des Erlasses boten die Handhabe, auch gegen sogenannte Asoziale polizeiliche Vorbeugungshaft zu verhängen, einer Praxis, der ebenfalls in den einzelnen Ländern schon in den vorangegangenen Jahren zum Teil vorgearbeitet worden war. Schon in allgemeinen Richtlinien, die die bayerische politische Polizei am 1. August 1936 über die Verhängung der Schutzhaft herausgegeben hatte, war zwischen der Festnahme politischer und unpolitischer Schädlinge unterschieden worden. Als asoziale Personen, gegen die notfalls Schutzhaft zu verhängen sei, hatten Richtlinien aufgezählt: Bettler, Landstreicher, Zigeuner, Landfahrer, Arbeitsscheue, Müßiggänger, Prostituierte, Querulanten, Gewohnheitstrinker, Raufbolde, Verkehrssünder und sogenannte Psychopathen und Geisteskranke[105]. Nach

[104] Erlaßsammlung ›Vorbeugende Verbrechensbekämpfung‹, a. a. O., Bl. 41 ff.
[105] BA: Slg. Schumacher/271.

Verfügungen, die im Einvernehmen mit der politischen Polizei vom Bayerischen Innenministerium 1935/36 herausgegeben wurden, konnten auch sogenannte Preistreiber auf dem Lebensmittelmarkt [wenn »verwerflicher Egoismus die Triebfeder für dieses asoziale Handeln bildet«] oder arbeitsvertragsbrüchige Landarbeiter in Schutzhaft genommen werden[106].

In den Jahren 1937/38 zog Himmler, dabei offenkundig unterstützt von Hitler, den Kreis der in die Konzentrationslager einzuweisenden Personen zunehmend weiter. Bezeichnend ist ein Runderlaß des RFSSuChdDtPol vom 26. Januar 1938, der einen »einmaligen, umfassenden und überraschenden Zugriff« gegen sogenannte arbeitsscheue Elemente ankündigte[107]:

»Arbeitsscheue im Sinne dieses Erlasses sind Männer im arbeitsfähigen Lebensalter, deren Einsatzfähigkeit in der letzten Zeit durch amtsärztliches Gutachten festgestellt worden ist oder noch festzustellen ist, und die nachweisbar in zwei Fällen die ihnen angebotenen Arbeitsplätze ohne berechtigten Grund abgelehnt oder die Arbeit zwar aufgenommen aber nach kurzer Zeit ohne stichhaltigen Grund wieder aufgegeben haben.

Die örtlich zuständigen Arbeitsämter sind bereits angewiesen, die ihnen bekannten Arbeitsscheuen in der Zeit vom 18. 2. bis 4. 3. 1938 zu ermitteln und den Staatspolizeileitstellen mitzuteilen.

Darüber hinaus haben die Staatspolizeileitstellen von sich aus Erhebungen über die in ihrem Bezirk wohnenden arbeitsscheuen Elemente anzustellen . . . Die Staatspolizeileitstellen haben nach Abschluß dieser Erhebungen in der Zeit vom 4. 3. bis 9. 3. 1938 die festgestellten Personen festzunehmen . . . Die anzulegenden Personalakten sind mit eingehender Stellungnahme und Entscheidungsvorschlag spätestens bis zum 15. 3. 1938 dem Geheimen Staatspolizeiamt (Ref. II D) vorzulegen, das in jedem Fall die Entscheidung über die Anordnung der Schutzhaft und Überstellung der Konzentrationslager allein trifft . . . Für die Schutzhaft wird zunächst grundsätzlich eine Mindestdauer von drei Monaten festgesetzt. Die Haftprüfung durch das Geheime Staatspolizeiamt hat alle drei Monate zu erfolgen . . .

Die Schutzhäftlinge sind ausschließlich dem Konzentrationslager Buchenwald bei Weimar zu überstellen.«

[106] Bekanntmachung des Bayer. Staatsmin. d. Innern vom 16. Februar 1935 und Entschl. des Bayer. Staatsmin. d. Innern vom 14. Juli 1936; ebenda.
[107] Erlaßsammlung ›Vorbeugende Verbrechensbekämpfung‹, a. a. O., Bl. 46 ff.

Auffälligerweise war mit der Leitung dieser Aktion gegen sogenannte Arbeitsscheue die Staatspolizei beauftragt (während die Kriminalpolizei nur bei den Ermittlungen beteiligt war). Außerdem war ausdrücklich von Schutzhaft, nicht von polizeilicher Vorbeugungshaft die Rede. Der Grund hierfür lag, wie sich aus Himmlers Anordnung deutlich ergibt, darin, daß der engere Begriff der Asozialen, wie er in dem Erlaß des RMdI über vorbeugende Verbrechensbekämpfung enthalten war, nicht recht auf diesen Personenkreis der Arbeitsscheuen paßte und Himmler deshalb Schwierigkeiten befürchtete. Schutzhaftverhängungen durch die Gestapo aber waren durch das Gestapo-Gesetz von einer Nachprüfung durch Verwaltungsgerichte abgesichert. Deshalb beauftragte Himmler die Gestapo und ließ Schutzhaft verhängen, obwohl es sich um eine Aktion handelte, die eindeutig nicht gegen politische Gegner gerichtet war. Insofern bildete die Aktion zur Festnahme der Arbeitsscheuen vom März/April 1938 ein besonders sinnfälliges Beispiel dafür, wie im Einzelfall von Himmler selbst die Richtlinien zur Verhängung von Schutzhaft mißachtet und Normen und Institutionen willkürlich ausgetauscht wurden, um nur den verfolgten Zweck zu erreichen[108].

Eine weitere Kategorie von Schutzhaftgefangenen, die seit 1935 eine nicht unerhebliche Gruppe in den Konzentrationslagern darstellte, rekrutierte sich aus Angehörigen der »Internationalen Vereinigung der Ernsten Bibelforscher« (Zeugen Jehovas). Die Organisation der Internationalen Bibelforscher war schon 1933 im Dritten Reich aufgelöst und jede Werbung und Propaganda für die Zeugen Jehovas gesetzlich verboten worden, weil man hierin vor allem eine Form der Wehrkraftzersetzung erblickte. Zahlreiche Fälle wurden auch vor Gericht abgeurteilt. Der Gestapo schien das Vorgehen der Gerichte jedoch zu mild. Sie ordnete bereits im März 1935 kurzfristige Schutzhaft und entsprechende Ermahnungen in denjenigen Fällen an, in denen die Betreffenden aus der Untersuchungshaft wieder entlassen worden waren[109]. Im Februar 1936 erging die Weisung, alle ehemaligen Führer der Internationalen Bibelforschervereinigung

---

[108] Über die mehrfache Verschiebung der Aktion, die anscheinend erst im April 1938 durchgeführt wurde, vgl. Erlaßsammlung ›Vorbeugende Verbrechensbekämpfung‹, Bl. 64. Außerdem [für den Bereich Bayerns]: Runderlaß der Stapostelle Würzburg vom 21. März 1938 und Runderlaß der Stapoleitstelle München vom 14. April 1938; BA: Slg. Schumacher/271.
[109] In Bayern durch Rundentscheid der bayer. polit. Polizei vom 26. Juni 1935; vgl. Zusammenstellung der in Bayern geltenden Schutzhaftbefehle vom 1. August 1936, Bl. 6; BA: Slg. Schumacher/271.

(IBV) »bis zu 2 Monaten« in Schutzhaft zu nehmen[110]. Mitte Mai 1937 kam es zu einer weiteren Verschärfung. Die Gestapo ordnete an:

> »Jede Person, die in irgendeiner Form die Bestrebungen der illegalen I. B. V. oder den Zusammenhalt ihrer Anhänger fördert, ist in Schutzhaft zu nehmen und unverzüglich dem Gericht zum Erlaß eines richterlichen Haftbefehls vorzuführen.
>
> Wird ein richterlicher Haftbefehl nicht erlassen, so ist die für die I.B.V. tätig gewordene Person gegebenenfalls auch über 7 Tage hinaus in Schutzhaft zu nehmen oder die Überstellung in ein Konzentrationslager anzuordnen ... Bezüglich der Dauer der Schutzhaft ist ein strenger Maßstab vor allem dann anzulegen, wenn es sich um einen Funktionär der I.B.V. oder eine bereits rückfällige Person handelt ...«[111]

Die verschiedenen Häftlingskategorien wurden in den Lagern besonders gekennzeichnet. Das schon in den Jahren vor dem Krieg eingeführte einheitliche Schema der Kennzeichnung bestand darin, daß das Stoffdreieck, das jedem Gefangenen auf die Häftlingskleidung aufgenäht wurde, je nach Häftlingskategorie in verschiedenen Farben ausgefertigt wurde:

für politische Häftlinge	Rot
für Bibelforscher	Lila
für Asoziale	Schwarz
für Kriminelle	Grün
für Homosexuelle	Rosa
für Emigranten	Blau

Jüdische Häftlinge mußten zusätzlich zu dem Farbdreieck ein gelbes Dreieck tragen, das so auf das Farbdreieck aufgenäht wurde, daß sich ein sechseckiger Zionsstern ergab. Ein zusätzliches Kennzeichen in Gestalt eines Querbalkens über dem Dreieck wurde für sogenannte rückfällige Häftlinge eingeführt, die

---

[110] Rundentscheid der bayer. polit. Polizei vom 1. Februar 1936, ebenda.

[111] Runderlaß der Gestapo/Stapoleitstelle München vom 19. Mai 1937 betr. Schutzhaft gegen Ernste Bibelforscher, BA: Slg. Schumacher/271. Vgl. dort auch Runderlaß der Stapoleitstelle München vom 20. August 1937 betr. Schutzhaftverhängung gegen Bibelforscher, die aus der Strafverbüßung entlassen sind. Es heißt dort u. a.: »Der Herr Reichsminister der Justiz hat dem Geheimen Staatspolizeiamt Berlin mitgeteilt, daß er die verschiedentlich von den ihm nachgeordneten Behörden geäußerte Meinung, die Inschutzhaftnahme der Bibelforscher nach Strafverbüßung gefährde die Autorität der Gerichte, nicht teile. Die Notwendigkeit staatspolizeilicher Maßnahmen auch nach Strafverbüßung sei ihm durchaus verständlich. Er bitte jedoch, die Verbringung von Bibelforschern in Schutzhaft nicht unter Begleitumständen vorzunehmen, die dem Ansehen der Gerichte abträglich sein könnten ...«

nach ihrer Entlassung ein zweites Mal oder öfter in das KL eingewiesen worden waren. Ihre Situation war dadurch besonders verschärft, daß sie laut Weisung Himmlers vom 3. März 1936 besonderen Abteilungen (Schwerarbeit) zugewiesen wurden, eine Haftüberprüfung erst nach drei Jahren erfolgte und sie außerdem erschwerten Haftbedingungen (reduzierter Briefempfang, kein Paketempfang, Rauchverbot) unterworfen wurden[112]. Weitere Kennzeichen wurden für Häftlinge der Strafkompanien und fluchtverdächtige Häftlinge eingeführt. Nach Kriegsbeginn, als die weit überwiegende Zahl der Häftlinge sich aus Nichtdeutschen zusammensetzte, wurde auch die Nationalität der Häftlinge (P = Pole, F = Franzose u. ä.) auf der Kleidung kenntlich gemacht (großer Buchstabe auf dem Dreieck).

Neue Entwicklungen in den Jahren 1938/39

1. Der Schutzhafterlaß vom 25. Januar 1938

Bis Januar 1938 war für die Verhängung und Vollstreckung der Schutzhaft im wesentlichen der Erlaß des RMdI vom 12./26. April 1934 maßgeblich gewesen.

Am 25. Januar 1938 wurden die bisher geltenden Richtlinien in einem neuen grundlegenden Erlaß des RMdI zum Teil zusammengefaßt, zum Teil abgeändert[113]. Als wesentliche Neuerungen enthielt der Erlaß:

a] Eine erweiterte Zweckbestimmung der Schutzhaft (nicht nur gegen politische Gegner im engeren Sinne).

§ 1, Abs. 1 lautete:

»Die Schutzhaft kann als Zwangsmaßnahme der Geheimen Staatspolizei zur Abwehr aller volks- und staatsfeindlichen Bestrebungen gegen Personen angeordnet werden, die durch ihr Verhalten den Bestand und die Sicherheit des Volkes und Staates gefährden.«

b] Die Beschränkung der Befugnis der Schutzhaftverhängung auf das Gestapa/Berlin (bisher konnten auch die Landesregierungen beziehungsweise Stapoleitstellen und die Regierungspräsidenten beziehungsweise Stapostellen Schutzhaft anordnen).

[112] Allg. Erlaßsammlung des RSHA, a. a. O., 2 F VIIIa, S. 1.
[113] Ebenda, 2 F VIIIa, S. 3.

§ 2 schrieb u. a. vor:

»(1) Zur Anordnung der Schutzhaft ist ausschließlich das Geheime Staatspolizeiamt zuständig.

(2) Anträge auf Anordnung der Schutzhaft sind durch die Staatspolizeileit- bzw. Staatspolizeistellen an das Geheime Staatspolizeiamt zu richten . . .«

c] Der Begriff der Schutzhaft wurde nur noch auf die langfristige, in Konzentrationslagern zu vollstreckende Haft angewendet:

§ 6: »Die Schutzhaft ist grundsätzlich in staatlichen Konzentrationslagern zu vollstrecken.«

Dagegen galt die kurzfristige, in der Regel in Polizeigefängnissen vollstreckte Schutzhaft künftig als »Vorläufige Festnahme«, neu geregelt insbesondere durch die Bestimmung, daß sie binnen 10 Tagen aufzuheben sei[114], wenn nicht inzwischen Schutzhaft und Überführung in ein KL angeordnet würde (§ 3).

Der neue Erlaß übernahm im übrigen die alten Bestimmungen über die schriftliche Ausfertigung des Schutzhaftbefehls (jetzt in jedem Fall durch das Gestapa anzufertigen), der dem Schutzhäftling gegen Empfangsbestätigung ausgehändigt werden, die Gründe der Haft angeben und den Angehörigen bekanntgemacht werden mußte. Auch die Vorschrift der vierteljährlichen Haftüberprüfung blieb bestehen. Diese und die Anordnung der Entlassung ging jetzt ebenfalls ausschließlich an das Gestapa über[115].

Der Schutzhafterlaß des RMdI vom 25. Januar 1938 war noch Ausdruck der Bestrebungen, die Schutzhaftverhängung an einheitliche Regeln zu binden, sie von einer zentralen Stelle aus zu leiten, zu kontrollieren und damit einen ordnungsgemäßen Vollzug zu gewährleisten. Er überkreuzte sich indessen bereits mit Tendenzen, die eine gegenteilige Wirkung herbeiführten. Schon 1937 hatte sich das Bestreben Himmlers abgezeichnet, den Kreis der in die Konzentrationslager einzuweisenden Personen beträchtlich zu erweitern. Nach der vorangegangenen Reduzierung der Zahl der Lager und Häftlinge war mit den Aktionen gegen sogenannte Gewohnheitsverbrecher und Aso-

---

[114] Durch Runderlaß des RMdI vom 4. Oktober 1939 im Hinblick auf die »ungleich höhere Festnahmetätigkeit der Staatspolizei(leit)stellen« seit Kriegsbeginn auf drei Wochen erweitert; Allg. Erlaßsammlung, a. a. O., 2 F VIIIa, S. 7.

[115] Der neue Erlaß trat am 1. Februar 1938 in Kraft, für die außerpreußischen Länder wurde eine Abwicklung der laufenden Schutzhaftangelegenheiten in eigener Regie der Stapo(leit)stelle bis 30. August 1938 zugestanden; ebenda, S. 5 f.

ziale ein neuer Anstieg der Häftlingsziffern eingeleitet und eine Funktionserweiterung der Lager angebahnt worden, die 1938 noch weit stärker zum Ausdruck kommen sollte. In den Richtlinien, die das Reichskriminalpolizeiamt am 4. April 1938 zu dem Grundlegenden Erlaß des RMdI über die vorbeugende Verbrechensbekämpfung (14. Dezember 1937) herausgab, wurde den Konzentrationslagern, in denen auch die polizeilichen Vorbeugungshäftlinge (Kriminelle und Asoziale) untergebracht werden sollten (zusätzlich zu ihrer bisherigen Funktion der Ausschaltung politischer Gegner), ausdrücklich auch der Charakter von »staatlichen Besserungs- und Arbeitslagern« zugesprochen[116].

2. Inhaftierung von »Asozialen«:
Die Lager als »Erziehungs- und Produktionsstätten« der SS

Die Fortführung der 1937 begonnenen Aktionen gegen sogenannte Kriminelle und Asoziale, die zentral geleitet und im ganzen Reich »schlagartig« durchgeführt wurden, beschränkte sich nicht auf die bereits genannte Festnahme von »Arbeitsscheuen« im März/April 1938. Wenig später, nach der Angliederung Österreichs, wurde dort ebenfalls ein durch Erlaß des RKrPA vom 31. März 1938 vorbereiteter »schlagartiger Zugriff« der Kriminalpolizei zur vorbeugenden Verbrechensbekämpfung inszeniert[117]. Und am 1. Juni 1938 ordnete Heydrich eine neue umfassende Aktion gegen Asoziale im ganzen Reichsgebiet an: Zwischen dem 13. und dem 18. Juni sollten dabei aus jedem Kriminalpolizeileitstellenbezirk »unter schärfster Anwendung des Erlasses vom 14. Dezember 1937 mindestens 200 männliche arbeitsfähige Personen (asoziale), außerdem alle mit Gefängnisstrafe vorbestraften männlichen Juden in polizeiliche Vorbeugungshaft« genommen und »sofort dem Konzentrationslager Buchenwald« zugeführt werden[118].

Der Personenkreis der Asozialen, die festgenommen werden sollten, war in dem Erlaß folgendermaßen beschrieben:

a] Landstreicher, die zur Zeit ohne Arbeit von Ort zu Ort ziehen;

[116] Runderlaß des RKrPA vom 4. April 1938, B II, Abs. 1; in: Erlaßsammlg. ›Vorbeugende Verbrechensbekämpfung‹, a. a. O., Bl. 71.
[117] Erlaßsammlg. ›Vorbeugende Verbrechensbekämpfung‹, a. a. O., Bl. 63.
[118] Ebenda, Bl. 81. Ferner auch in BA: Slg. Schumacher/271; dort auch ersichtlich, daß dieser Erlaß des RKrPA an die Kripoleitstellen vom 1. Juni 1938 [Az. 6001/235.38] von Heydrich (als Chef des Sicherheitshauptamtes) gezeichnet wurde.

b] Bettler, auch wenn diese einen festen Wohnsitz haben;
c] Zigeuner und nach Zigeunerart umherziehende Personen, wenn sie keinen Willen zur geregelten Arbeit gezeigt haben oder straffällig geworden sind;
d] Zuhälter, die in ein einschlägiges Strafverfahren verwickelt waren – selbst wenn eine Überführung nicht möglich war – und heute noch in Zuhälter- und Dirnenkreisen verkehren, oder Personen, die in dringendem Verdacht stehen, sich zuhälterisch zu betätigen;
e] solche Personen, die zahlreiche Vorstrafen wegen Widerstandes, Körperverletzung, Raufhandels, Hausfriedensbruchs u. dgl. erhalten und dadurch gezeigt haben, daß sie sich in die Ordnung der Volksgemeinschaft nicht einfügen wollen.

Die einleitende Begründung des Erlasses nennt als Zweck der Aktion einerseits die Ausschaltung von Personen, die »der Gemeinschaft zur Last fallen und sie dadurch schädigen«, andererseits den Bedarf an Arbeitskräften:

»Die straffe Durchführung des Vierjahresplanes erfordert den Einsatz aller arbeitsfähigen Kräfte und läßt es nicht zu, daß asoziale Menschen sich der Arbeit entziehen und somit den Vierjahresplan sabotieren.«

Hier war zum erstenmal klar ausgesprochen, daß Zwangsarbeitseinsatz ein wesentlicher Zweck der KL sei. Es liegt aufgrund dessen die Vermutung nahe, daß es bei den polizeilichen Aktionen gegen sogenannte Kriminelle und Asoziale, die in den Jahren 1937/38 so auffällig forciert wurden, nicht allein um den vorbeugenden Schutz der Volksgemeinschaft ging, wie das Regime ihn verstand, sondern auch um die Zwangsrekrutierung von Arbeitskräften für bestimmte Projekte, an denen die nationalsozialistische Führung und die SS besonders interessiert waren. Diese Vermutung wird schon dadurch bestätigt, daß in den behandelten Erlassen verschiedentlich ausdrücklich angeordnet wurde, es seien männliche und arbeitsfähige Personen festzunehmen. Vor allem aber drängt sich ein anderer Zusammenhang auf: In die Zeit der forcierten neuen Verhaftungsaktionen fiel die Errichtung SS-eigener Baustoffproduktionsstätten in und bei den Konzentrationslagern. Zu ihrer Inbetriebnahme brauchte man größere Häftlingskontingente.

Im Frühjahr 1938 war die SS-Firma der »Deutschen Erd- und Steinwerke GmbH« (DEST) gegründet worden, deren Zweck vor allem in der Anlage von Ziegelwerken und der Ausbeutung von Steinbrüchen bestand[119]. Sie betrieb als erste Vorhaben die Errichtung je eines Großziegelwerkes in Sachsenhausen und bei Buchenwald (Berlstedt). Hinzu kamen im Sommer der Erwerb und die Inbetriebnahme von Granitsteinbrüchen bei Flossenbürg (Oberpfalz) und bei Mauthausen in der Nähe von Linz. Diese Erwerbungen waren ausschlaggebend für die gleichzeitige Anlage je eines neuen Konzentrationslagers bei Flossenbürg und Mauthausen.

Der Plan, die Konzentrationslager als Arbeitskraft-Potential für die Gewinnung von Natur- und Ziegelsteinen unter Regie der SS zu benutzen, stand in engem Zusammenhang mit den damals unter Leitung von Albert Speer in Angriff genommenen nationalsozialistischen Bauprogrammen zur »Neugestaltung der Reichshauptstadt« und anderer Großstädte (München, Nürnberg, Weimar, Hamburg). Hitler, der am Projekt dieser »Führerbauten« besonders hing, kam dabei gemeinsam mit Speer und Himmler auf den Gedanken, die Arbeitskraft der Häftlinge für diese Pläne nutzbar zu machen und den Konzentrationslagern dadurch zugleich eine Produktionsaufgabe zuzuweisen. Der RFSS und sein Verwaltungschef Pohl konzentrierten sich mit Eifer auf die neue Aufgabe, die zugleich der SS eine neue Funktion einräumte. Es ging nicht nur darum, die Häftlinge produktiver einzusetzen, sondern das mit den SS-Produktionsstätten entstehende unternehmerische Interesse der SS löste nun auch ein zusätzliches Bedürfnis aus, die Zahl der Lager und Häftlinge zu erhöhen.

Auch für die Ortswahl der 1940 neu eingerichteten Konzentrationslager Groß-Rosen in Niederschlesien und Natzweiler im Elsaß war das Vorkommen von abbaufähigem Granit ausschlaggebend. Bei beiden Lagern entstanden ebenfalls SS-eigene DEST-Werke, die sich der Arbeitskraft der Häftlinge bedienten. Von Natzweiler waren Speer und der SS-Verwaltungschef Pohl durch einen besonders seltenen roten Granit angelockt worden.

3. Weitere Verhaftungsaktionen (Österreich, Sudetenland, Judenaktion) und zahlenmäßige Entwicklung der Lager

Das Anwachsen der Zahl der Häftlinge und Lager im Jahre 1938 hatte noch andere Gründe, denn in dieses Jahr fielen die ersten

[119] Hierzu und zum folgenden Enno Georg, Die wirtschaftlichen Unternehmungen der SS. Schriftenreihe der Vierteljahrshefte f. Zeitgesch. Nr. 7. Stuttgart 1963, S. 42 ff.

territorialen Expansionen des Dritten Reiches, seine Erweiterung zum Großdeutschen Reich. Die Gleichschaltung der neuen Gebiete (Österreichs und des Sudetenlandes) bedeutete, daß hier die Ausschaltung von politischen Gegnern, die im Altreich schon 1933/34 weitgehend durchgeführt war, bei der Besetzung und Eingliederung nachgeholt werden mußte. Spezialkommandos der Sicherheitspolizei fahndeten im März/April 1938 in Österreich und im Oktober/November im Sudetenland nach sogenannten Staatsfeinden. In Dachau, Buchenwald und Sachsenhausen wurden einige Tausend neuer politischer Häftlinge eingeliefert. Bei einer Besprechung über die produktive Ausgestaltung der Lager im Juni 1938 wies der SS-Verwaltungschef, SS-Gruppenführer Pohl, darauf hin, daß »durch den Anschluß Österreichs« die »Zahl der Häftlinge in den Konzentrationslagern sehr erheblich angestiegen« sei[120].

Nach der Einverleibung des Sudetenlandes erschien selbst dem Geheimen Staatspolizeiamt der Personenkreis, der dort von den örtlichen Organen der Sicherheitspolizei zum Teil aufgrund von bloßen Denunziationen festgenommen worden war, zu umfangreich. Heydrich sah sich am 24. Dezember 1938 zu einem Erlaß an die zuständigen Stapo[leit]stellen veranlaßt, in dem er um Überprüfung der Gründe der Festnahme ersuchte:

»Aus den hier vorliegenden Festnahmemeldungen geht hervor, daß eine Reihe der im sudetendeutschen Gebiet s.Zt. festgenommenen Häftlinge nur deswegen festgenommen sind, weil ihnen vorgeworfen wird, einer marxistischen Partei mit oder ohne Funktion angehört bzw. sich früher deutschfeindlich betätigt zu haben. In einzelnen Meldungen war der Grund noch unzulänglicher, z.B. »Tscheche«, in verschiedenen Fällen auch überhaupt nicht angegeben. Vielfach sind auch Festnahmen auf Grund von Beschuldigungen erfolgt, die sich bei Nachprüfung als haltlos oder stark übertrieben herausstellten . . .«[121]

Den Anlaß für diese Ermahnung Heydrichs vom 24. Dezember 1938 bildete vor allem die damalige katastrophale Überbelegung der Konzentrationslager. Denn außer den neuinhaftierten Gruppen von Vorbeugungshäftlingen und politischen Schutzhäftlingen waren nach der sogenannten Reichskristallnacht vom

---

[120] Aktenvermerk Stabsleiter Sauperts (Deutsche Arbeitsfront) über eine Besprechung mit SS-Gruf. Pohl am 15. Juni 1938; BA: Slg. Schumacher/329.
[121] Runderlaß der Gestapo (gez. Heydrich) vom 24. Dezember 1938 (II D/Allg. Nr. 38 300); BA: R 58/1027.

9. November 1938 im Reichsgebiet ca. 35 000 Juden zusammen-
getrieben und auf besonderen Befehl Hitlers vorübergehend in
die Konzentrationslager eingewiesen worden. Durch die Aktion
sollte ebenso wie durch die Zertrümmerung der jüdischen Geschäfte und die Zerstörung der Synagogen den Juden in
Deutschland der offene Kampf angesagt und unmißverständlich
demonstriert werden, daß sie unerwünscht seien. Die Einweisung in die Lager war ein bewußtes Druckmittel zur Forcierung
der jüdischen Auswanderung.

In die Lager Buchenwald, Dachau und Sachsenhausen wurden
im November 1938 je ca. 10 000 Juden eingeliefert, die nur
äußerst notdürftig untergebracht werden konnten. Bei der Anforderung neuer Mittel für den Ausbau der KL wies der Vertreter des Reichsführers-SS (Dr. Best) am 26. November 1938
darauf hin, daß »die Ereignisse in den letzten Tagen eine Steigerung der Häftlingszahl von 24 000 auf rund 60 000 gebracht«
hätten[122].

Die für das Lager Buchenwald erhalten gebliebenen statistischen
Unterlagen verdeutlichen das allgemeine Ansteigen der Häftlingszahlen seit dem Frühjahr 1938. Zwischen September 1937
und Mai 1938 war die Zahl der Häftlinge in Buchenwald nur
sehr allmählich von 2300 auf 3000 gestiegen. Infolge der öster-
reichischen politischen Häftlinge und der Asozialen-Aktion
wuchs sie zwischen Juni und August 1938 um mehr als das
Doppelte an und erreichte 7800. Durch die Häftlinge aus dem
Sudetenland und vor allem die Judenaktion kletterte die Häftlingszahl im Dezember 1938 auf 17 000. Eine Aktenaufzeich-
nung des Reichsfinanzministeriums besagt, der Leiter des Sa-
nitätswesens der SS, Dr. Grawitz, habe am 30. November 1938
vorgesprochen, um Mittel für die Besserung der hygienischen
Verhältnisse in den Lagern zugewiesen zu erhalten und dabei
erklärt, daß infolge der »auf Befehl des Führers bekanntlich un-
längst erfolgten zahlreichen Inhaftierungen die Konzentrationslager derart überbelegt seien, daß es ans Unerträgliche grenze.
Es bestehe bereits Seuchengefahr . . .«[123]

Die nach der »Kristallnacht« festgenommenen Juden, meist
wohlhabende Bürger, blieben nur einige Wochen in den Lagern
und wurden entlassen, nachdem sie sich verpflichtet hatten, aus
Deutschland auszuwandern. Am 31. Januar 1939 teilte Heydrich
den Stapoleitstellen und dem Führer der Totenkopfverbände

[122] BA: R 2/12 164.
[123] Vermerk (gez. Wever) vom 15. Dezember 1938; BA: R 2/12 163.

und Konzentrationslager mit, Himmler habe »entschieden, jüdische Schutzhäftlinge können grundsätzlich, wenn sie im Besitze von Auswanderungspapieren ... sind, entlassen werden«. Dabei sei den Betreffenden aber die »mündliche Androhung« zu machen, daß sie lebenslänglich in ein Konzentrationslager kämen, wenn sie, nachdem sie »zum Zwecke der Auswanderung entlassen« seien, später wieder zurückkehren würden[124].

Im Frühjahr und Sommer 1939 gingen die Häftlingszahlen in den drei großen Lagern Dachau, Sachsenhausen und Buchenwald auf je 5000 bis 6000 zurück. In Mauthausen und Flossenbürg befanden sich zu dieser Zeit mindestens je 3000 Häftlinge[125]. Die Gesamtzahl der Häftlinge betrug bei Kriegsbeginn rund 25 000. Neben den fünf Männerlagern war – anstelle des aufgelösten Lagers Lichtenburg – im Mai 1939 ein neues größeres Frauenkonzentrationslager in Ravensbrück (bei Fürstenberg/Mecklenburg) errichtet worden[126].

Seit 1937 hatten auch die Totenkopfverbände eine starke Vermehrung erfahren. Nach der Angliederung Österreichs und der Errichtung des KL Mauthausen war (mit dem Standort in Mauthausen) eine neue SS-Totenkopfstandarte »Ostmark« neben den bereits bestehenden drei Standarten (»Oberbayern«, »Brandenburg«, »Thüringen«) aufgestellt worden. Der Etat der Totenkopfstandarten war 1938 etwa doppelt so hoch wie der der Konzentrationslager (einschließlich des SS-Personals). Als im September 1938 anläßlich der tschechischen Krise eine kriegerische Auseinandersetzung ernstlich bevorzustehen schien, hatte Hitler am 17. August 1938 angeordnet, daß im Mobilmachungsfalle die aktiven Totenkopfstandarten als Polizeiverstärkung im Rahmen der Wehrmacht eingesetzt und die Aufgabe der Lagerbewachung von älteren Angehörigen der Allgemeinen SS übernommen werden sollten. Daraufhin wurden im Herbst rund 4000 über 45 Jahre alte Angehörige der Allgemeinen SS zur militärischen Ausbildung zu den Totenkopfeinheiten, außerdem rund 10000 jüngere Führer und Mannschaften der Allgemeinen SS als Polizeiverstärkung einberufen[127].

[124] Erlaß der Gestapo vom 31. Januar 1939; BA: R 58/1027.
[125] Laut Vermerk des für den Etat der KL zuständigen Referenten im Reichsfinanzministerium vom 10. August 1938 befanden sich schon zu dieser Zeit in Flossenbürg und Mauthausen je 3000 Häftlinge; BA: R 2/12 163.
[126] Runderlaß des Gestapa vom 2. Mai 1939 mit der Mitteilung: »Am 15. 5. 1939 erfolgt die Verlegung des Frauenkonzentrationslagers Lichtenburg nach Ravensbrück«; BA: R 58/1027.
[127] Schreiben des RFSSuChdDtPol (gez. Best) an d. R.Min. d. Finanzen vom 8. Oktober 1938; BA: R 2/12 164.

Es zeichnete sich damit ab, daß neben den SS-Verfügungstruppen auch die Totenkopfverbände in Zukunft die Funktion einer militärischen und polizeilichen Streitmacht der SS haben sollten. Aus der Bewachung der Lager, die ursprünglich die ausschließliche Aufgabe der Totenkopfverbände (SS-Wachverbände) gewesen war, hatten sich neue, selbständige Zwecke ergeben. Mit Umsicht nutzte Himmler die Domäne der Konzentrationslager auch weiterhin, um seine Kompetenzen und seine Machtposition auszubauen.

Die Konzentrationslager in den ersten Kriegsjahren 1939–1941/42

Der Beginn des Krieges stellt die eigentliche Zäsur in der Entwicklung der Konzentrationslager dar. Das gilt sowohl in quantitativer wie qualitativer Hinsicht. Höß schrieb in seinen Erinnerungen: »Es kam der Krieg und mit ihm die große Wende im Leben der KL.«[128]. Erst in den Kriegsjahren schwoll die Zahl der Lager und Häftlinge ins Riesenhafte an. Jetzt veränderte sich aber auch der Personenkreis der Häftlinge wesentlich. Bei Kriegsende befand sich in den Lagern im Durchschnitt nur noch eine Minderheit von 5–10 Prozent deutscher Häftlinge. Die übergroße Mehrheit bestand aus Angehörigen fremder Nationalität: Russen, Polen, Franzosen, Holländer, Belgier, Tschechen, Griechen, Serben, Kroaten usw. Und unter ihnen war wiederum die Zahl der jüdischen Häftlinge besonders umfangreich.

In den Kriegsjahren wurde außerdem die Funktion der Konzentrationslager in mancherlei Hinsicht verändert, es trat ein Wechsel der Kompetenz und Leitung ein, das Verfahren der Schutzhaftverhängung, die Praxis der Vollstreckung wurden auf die Massenverhältnisse umgestellt und pauschaliert.

Innerhalb der Gesamtzeit der Kriegsjahre ist dabei zu unterscheiden zwischen der Phase der Jahre 1939–1941/42, als die Ausdehnung des Konzentrationslagerwesens noch relativ langsam vonstatten ging, und der überstürzten Massierung in der Spätphase ab 1942. Die Unterstellung der Konzentrationslager unter das Wirtschaftsverwaltungshauptamt im März 1942 kann dabei als Wendepunkt gelten.

---

[128] Rudolf Höß, a. a. O., S. 69.

1. Organisatorische Veränderungen nach Kriegsbeginn

Wie in Hitlers Weisung vom August 1938 vorgesehen, wurden schon im Zuge der militärischen Mobilmachung vor dem Polenfeldzug die aktiven Totenkopfstandarten (Wachtruppen) bei den KL durch Ersatzformationen (ältere Jahrgänge) abgelöst, die seit Herbst 1938 aus der Allgemeinen SS zum Dienst in den Totenkopfverbänden (aufgrund der Notdienst-Verordnung) einberufen und auf ihre Aufgabe vorbereitet worden waren[129].

Eicke schied bald nach Kriegsbeginn aus der Inspektion der KL aus, leitete die Aufstellung und den Einsatz der in Polen eingesetzten SS-Totenkopfstandarten sowie die nach Ende des Feldzuges in Dachau aufgenommene Aufstellung der ersten SS-Totenkopfdivision. Am 14. November 1939 wurde er zum Kommandeur der SS-Totenkopfdivision ernannt. Als General der Waffen-SS ist er am 16. Februar 1943 in Rußland gefallen, ohne daß er in der Kriegszeit mit den Konzentrationslagern noch etwas zu tun gehabt hätte[130].

Nachfolger Eickes als Inspekteur der Konzentrationslager (nicht als Führer der SS-Totenkopfverbände) wurde nach vorübergehender Beauftragung des Hauptamtschefs Heißmeyer SS-Brigadeführer Richard Glücks, der schon bisher den Stab Eickes in Oranienburg geleitet hatte. Seine Dienststellenbezeichnung lautete bis zum März 1942:

Der Reichsführer-SS – Inspekteur der Konzentrationslager –

Innerhalb des Gesamtbereichs der SS-Hauptämter, die dem Reichsführer-SS unterstanden, ressortierte der Inspekteur zunächst weiterhin beim SS-Hauptamt. Als im August 1940 aus den zwei Kommando-Ressorts des SS-Hauptamtes (Kommando der Allgemeinen SS und Kommando der Waffen-SS) das neue SS-Führungshauptamt unter SS-Obergruppenführer Jüttner entstand, wurde diesem auch die Inspektion KL eingegliedert (bis März 1942). Offenbar ist aber, ähnlich wie schon unter Eicke, in allen wichtigen Fragen, die die KL betrafen, unmittelbar zwischen dem Inspekteur KL und dem Reichsführer-SS verhandelt worden, wobei das Führungshauptamt im wesentlichen wohl

---

[129] Höß schrieb hierüber aufgrund seiner Erinnerungen als Adjutant in Sachsenhausen (1939): »Am ersten Kriegstage hielt Eicke eine Ansprache an die Führer der Ersatzformationen ... Darin betonte er, daß nun die harten Gesetze des Krieges ihr Recht verlangten. Jeder SS-Mann habe ... sich voll und ganz einzusetzen. Jeder Befehl müsse ihm heilig sein und auch den schwersten und härtesten hätte er ohne Zögern auszuführen.« Rudolf Höß, a. a. O., S. 69.

[130] Vgl. Dienstzeitbescheinigung des SS-Personalhauptamtes vom 30. März 1943; SS-Personalakte Eicke (vgl. Anm. 62).

nur unterrichtet wurde, oder, z. B. bei den Einsetzungen neuer Lagerkommandanten, nur die Berufungen vollzog, die der Reichsführer-SS im Benehmen mit dem Inspekteur KL angeordnet hatte[131].

Mehr als das SS-Führungshauptamt unter Jüttner scheint schon in den ersten Kriegsjahren das von SS-Gruppenführer Pohl geleitete Hauptamt Haushalt und Bauten in die Lager hineinregiert zu haben. Hier bestand im Amt I (Haushalt), das von SS-Oberführer Georg Lörner geleitet wurde, eine besondere Hauptabteilung für den Arbeitseinsatz der KL-Häftlinge (Hauptabt. I/5) unter SS-Hauptsturmführer Burböck[132]. Ihre Einrichtung geht wahrscheinlich auf die stärkere Heranziehung von Häftlingen für die von Pohl (in seiner gleichzeitigen Eigenschaft als Chef des SS-Hauptamtes Verwaltung und Wirtschaft) geleiteten Produktionsbetriebe der SS seit den Jahren 1938/39 zurück (zu den DEST-Unternehmen trat das im Frühjahr 1939 gegründete SS-Unternehmen der Deutschen Ausrüstungswerke, abgekürzt: DAW). Seit 1940 war zunächst in kleinem Maßstab auch mit der Abstellung von Häftlingen für kriegswichtige Betriebe begonnen worden.

In seiner Eigenschaft als Leiter des Arbeitseinsatzes der Häftlinge konnte Burböck den seit Kriegsbeginn in den Lagern ernannten Arbeitseinsatzführern unmittelbare Weisungen erteilen. Um Diskrepanzen mit der Inspektion KL zu vermeiden, wurde die bisherige Hauptabteilung I/5 im Hauptamt Haushalt und Bauten mit Wirkung vom 30. September 1941 aufgelöst und der Inspektion KL eingegliedert. Burböck erhielt dort die Dienststellung eines »Beauftragten für den Häftlingseinsatz«[133].

Dagegen verblieb beim Hauptamt Haushalt und Bauten die Inspektion des gesamten Bauwesens der Konzentrationslager [zu-

---

[131] So berichtete z. B. der Ende 1941 anstelle von SS-Standartenführer Karl Koch als Kommandant in Buchenwald eingesetzte damalige SS-Obersturmbannführer Hermann Pister, er habe am 18. Dezember 1941 von Glücks die Mitteilung erhalten: »Der Reichsführer-SS hat Sie zum Kommandanten des KL Buchenwald ernannt ...«. Er (Pister) habe sich daraufhin befehlsgemäß am 20. Dezember in Oranienburg gemeldet, sich dann zusammen mit Glücks am 21. Dezember zum Chef des SS-Führungsamtes, SS-Obergruppenführer Jüttner, »den damaligen Chef von ... Glücks« begeben, und dort sei ihm die durch Himmler angeordnete Einsetzung als Lagerkommandant »offiziell bekanntgegeben« worden; Affidavit H. Pister; Nürnbg. Dok. NO-254, S. 1/2.
[132] Vgl. Organisationsplan des Hauptamtes Haushalt und Bauten (nach dem Stand von 1941); Nürnbg. Dok. NO-620 und NO-2572.
[133] Vgl. Organisationsplan des Hauptamtes Haushalt und Bauten (nach dem Stand von 1941); Nürnbg. Dok. NO-620 und NO-2582.
[133] Anordnung des Chefs des Hauptamtes Haushalt und Bauten vom 5. September 1941 (I/Ch S 8/41); BA: Slg. Schumacher/329.

sammengefaßt in der Hauptabteilung II/C: Bauwesen der Konzentrationslager und der Polizei, unter SS-Hauptsturmführer List]. Im Herbst 1941 beauftragte Himmler den von der Luftwaffe zur SS übernommenen SS-Standartenführer Dr.-Ing. Kammler mit der gesamten Leitung des SS-Bauwesens. Kammler wurde in dieser Eigenschaft Leiter der Amtsgruppe C (Bauwesen) des im Februar 1942 errichteten SS-Wirtschaftsverwaltungshauptamtes (WVHA). Unter seiner Leitung dehnte sich das Bauwesen der SS enorm aus. In seiner Untersuchung über »die wirtschaftlichen Unternehmungen der SS« hat Enno Georg die weitere Entwicklung der von Kammler geleiteten Bautätigkeit beschrieben. Es heißt dort[134]:

> »Der Amtsgruppe C des WVHA unterstanden zahlreiche SS-Baudienststellen (Bauinspektionen, Zentralbauleitungen und örtliche Bauleitungen), die mit der Ausführung der einzelnen Bauvorhaben beauftragt waren. Die generelle Planung, Berechnung und Überwachung oblag der Amtsgruppe C mit ihren sechs Ämtern.
>
> Als Arbeitskräfte wurden auf den Baustellen der SS vorwiegend KL-Häftlinge verwendet, ferner Kriegsgefangene, Juden und ausländische Arbeiter. Der Arbeitseinsatz von Häftlingen für Bauarbeiten der SS nahm seit 1942 einen immer größeren Umfang an. Gegen Ende des Krieges beschäftigte die Amtsgruppe C auf ihren Baustellen etwa 50 000 KZ-Insassen als Arbeitskräfte.
>
> Seit 1943 wurde Obergruppenführer Dr. Kammler in steigendem Maße mit Sonderaufgaben der Rüstungswirtschaft beauftragt, so daß sein Tätigkeitsgebiet den Rahmen der SS weit überschritt. Zu diesen Aufgaben gehörten vor allem:
>
> 1. Beteiligung am sogenannten Jägerprogramm (Fertigung und Einsatz der Düsenjäger Me 262 und He 162).
> 2. Bau von unterirdischen Anlagen zur Verlagerung der Rüstungsindustrie (vor allem der V-Waffen und Flugzeugfertigung) unter die Erde (wegen der ständigen Bombengefahr).
> 3. Fertigung und Einsatz der V-Waffen (V 1 und V 2).
>
> Die Durchführung dieser Aufgaben wurde vom ›Sonderstab Kammler‹ geleistet, dem außer Angehörigen der Amtsgruppe C Fachleute aus allen Wehrmachtsteilen angehörten.

134 Enno Georg, a. a. O., S. 37 f.

Als Chef des Sonderstabes war Kammler nicht dem WVHA, sondern dem Reichsführer-SS persönlich und unmittelbar unterstellt. Der ›Sonderstab Kammler‹ verfügte über eine eigene, vom WVHA unabhängige Organisation von sogenannten S-Inspektionen (Sonder-Inspektionen) und Führungsstäben, die über das ganze Reich verteilt waren. Seine Aufträge erhielt er vom Rüstungsministerium und – bezüglich der V-Waffen – vom OKW.

Bei den Bauvorhaben des Sonderstabes Kammler sind zu unterscheiden:

1. A-Projekte (unterirdische Anlagen: Stollenbau, Ausbau von Tunnels, Einrichtungen von unterirdischen Hallen für die Fertigung von V-Waffen und Flugzeugen); eines der größten dieser Unternehmen war ›Dora‹ (Mittelbau) bei Nordhausen, wo V-Waffen hergestellt wurden.
2. B-Projekte (oberirdische Anlagen, die ebenfalls der Verlagerung von wichtigen Rüstungsbetrieben dienten).
3. S-Projekte (Sonder-Bauvorhaben, z.B. S III, das große unterirdische Führerhauptquartier, das beim Truppenübungsplatz Ohrdruf in Thüringen errichtet wurde).

Bei diesen gewaltigen Unternehmungen, die in den letzten Kriegsjahren unter der energischen Leitung von Dr. Kammler in großer Eile vorangetrieben wurden, waren Zehntausende von KZ-Häftlingen als Arbeitskräfte eingesetzt.

Durch seine neuen Aufgaben hat sich Dr. Kammler mit seiner Amtsgruppe C immer mehr aus dem WVHA herausgelöst. Es ist anzunehmen, daß aus der Amtsgruppe C bei längerer Fortdauer des Krieges ein selbständiges Hauptamt ›Bauten‹ unter Führung von Dr. Kammler geworden wäre.«

*2. Neue Verhaftungswelle und erste Exekutionen
in den KL nach Kriegsbeginn*

Schon Ende August 1939 waren offenbar Vorkehrungen getroffen worden, um bei Beginn des Krieges eine größere Zahl präsumtiver Gegner des Regimes in Schutzhaft zu nehmen. Auch die Leitung der Justiz beziehungsweise der Staatsanwaltschaften hatte davon Kenntnis erhalten. Ein Beleg hierfür ist ein Runderlaß des Generalstaatsanwalts beim OLG Stuttgart vom 28. August 1939 an die Leiter der Strafvollzugsanstalten:

»Die derzeitige gespannte Lage wird es voraussichtlich mit sich bringen, daß die Geheime Staatspolizei zahlreiche Personen in Schutzhaft nimmt.

Ich ersuche, Gesuchen um vorübergehende Aufnahme solcher Häftlinge bis zur Höchstbelegungsfähigkeit Ihrer Anstalt zu entsprechen ...«[135]

In den Tagen und Wochen nach Kriegsbeginn kam es sowohl *materiellrechtlich* (durch eine Reihe neuer Kriegsstrafverordnungen: VO über außerordentliche Rundfunkmaßnahmen vom 1. September, Kriegswirtschafts-VO vom 4. September, Volksschädlings-VO vom 5. September, VO gegen Gewaltverbrechen vom 5. Dezember 1939) als auch *verfahrensrechtlich* (Vereinfachungs-VO vom 1. September mit Ausdehnung der Sondergerichte auch auf kriminelle Vergehen, Einführung des Schnellverfahrens und Einschränkung der Verteidigung; Gesetz zur Änderung des Strafverfahrens vom 16. September 1939, das der Justizverwaltung das Mittel des »außerordentlichen Einspruchs« gegen zu milde Urteile in die Hand gab) zu einer außerordentlichen Verschärfung des Strafrechts, dabei auch zu einer Vervielfachung der Todesstrafandrohungen.

Diese Verschärfung des Strafrechtes schien Hitler indessen keineswegs zu genügen. Bei Beginn des Krieges erhielt Himmler vielmehr gleichzeitig die Anweisung, mit polizeilichen Mitteln gegen alle Feinde des Staates und der Volksgemeinschaft vorzugehen und dabei nicht nur von der Schutzhaft Gebrauch zu machen, sondern in schweren Fällen die betreffenden Personen ohne Hinzuziehung der Justiz zu liquidieren.

Aufgrund der von Hitler und Himmler erteilten Weisungen gab der Chef der Sicherheitspolizei am 3. September 1939 (Tag des englisch-französischen Kriegseintritts) einen an die Höheren SS- und Polizeiführer, Inspekteure der Sicherheitspolizei und Dienststellen der Gestapo gerichteten Runderlaß über die »Grundsätze der inneren Staatssicherung während des Krieges« heraus. Darin hieß es:

»Jeder Versuch, die Geschlossenheit und den Kampfeswillen des deutschen Volkes zu zersetzen, ist rücksichtslos zu unterdrücken. Insbesondere ist gegen jede Person sofort durch Festnahme einzuschreiten, die in ihren Äußerungen am Sieg des deutschen Volkes zweifelt oder das Recht des Krieges in Frage stellt ...

[135] BA: Slg. Schumacher/271.

Besondere Aufmerksamkeit ist auf alle Versuche zu richten, ... andere Personen in volks- und reichsfeindlichem Sinne zu beeinflussen ... Wenn die Voraussetzungen der Öffentlichkeit oder der Zirkelbildung vorliegen, sind die Personen in jedem Falle festzunehmen. Nach der Festnahme einer verdächtigen Person sind unverzüglich alle zur möglichst vollständigen Klärung des Falles erforderlichen Ermittlungen durchzuführen ... Alsdann ist unverzüglich dem Chef der Sicherheitspolizei Bericht zu erstatten und um Entscheidung über die weitere Behandlung des Falles zu bitten, *da gegebenenfalls auf höhere Weisung brutale Liquidierung solcher Elemente erfolgen wird ...«*[136]

Ein am 20. September 1939 an die Stapo(leit)stellen gerichteter Durchführungserlaß Heydrichs erläuterte noch genauer, daß Personen, deren Handlungen wegen ihrer Verwerflichkeit, ihrer Gefährlichkeit oder ihrer »propagandistischen Auswirkung« besonders schwerwiegend seien, »ohne Ansehen der Person durch rücksichtslosestes Vorgehen (nämlich durch Exekution) ausgemerzt« werden müßten. Solche Fälle seien z. B.

»Sabotageversuche, Aufwiegelung oder Zersetzung von Heeresangehörigen [sic] oder eines größeren Personenkreises, Hamsterei in großen Mengen, aktive kommunistische oder marxistische Betätigung usw.«

In allen Fällen, wo nach Dafürhalten der Stapo(leit)stellen eine »Sonderbehandlung« (Exekution) angezeigt erscheine, sei »sofort Schutzhaft zu verhängen« und mit »Blitz-Fernschreiben« dem Chef der Sicherheitspolizei zu berichten. Ausdrücklich wurden die Stapoleitstellen auch angewiesen, dafür zu sorgen, daß die Kreis- und Ortspolizeibehörden in diesen besonders schweren Fällen sofort die Gestapo verständigten, damit diese durch Schutzhaftverhängung einer Überstellung der festgenommenen Personen an den Ermittlungsrichter zuvorkommen könnten und eine Einschaltung der Justiz vor der End-Entscheidung des Chefs der Sicherheitspolizei »vermieden wird«[137]. Besondere Richtlinien, die am 26. September zur Ausführung dieses Erlasses an die zuständigen Abteilungen des Geheimen Staatspolizeiamtes erteilt wurden[138], lassen erkennen, daß die zur Exekution vorgeschlagenen Fälle Himmler selbst unterbreitet werden sollten.

[136] BA: Slg. Schumacher/271.
[137] Nürnbg. Dok. NO-2263.
[138] Nürnbg. Dok. NO-905.

Aufgrund des Erlasses, in einigen Fällen auch aufgrund persönlicher Weisungen Hitlers, wurden schon in den Septembertagen im Reichsgebiet eine Reihe von Personen, die der Kriegssabotage oder besonders schwerer krimineller Verbrechen verdächtig oder schuldig waren, ohne gerichtliches Verfahren erschossen. Zum Teil handelte es sich dabei auch um Strafgefangene in Haftanstalten der Justiz, deren sich die Sicherheitspolizei bemächtigte. In diesen Fällen stellte die sicherheitspolizeiliche Exekution eine besonders drastische Desavouierung der Justiz und einen gewaltsamen Eingriff in deren Zuständigkeit dar.

Als Ort der Hinrichtung bediente sich die Sicherheitspolizei der Konzentrationslager. Damit waren die Lager schon in den ersten Septembertagen in eine neue Funktion eingesetzt: neben anderen Zwecken dienten sie fortan auch als Stätten der physischen Vernichtung, der entweder gar kein oder ein der Justiz entzogenes Schnellverfahren der »Verurteilung« voranging. Höß berichtet, daß er als Adjutant von Sachsenhausen kurz nach Kriegsbeginn die erste derartige Exekution habe leiten müssen. Er schreibt darüber:

»Am selben Abend wurde die erste Exekution des Krieges in Sachsenhausen durchgeführt. Ein Kommunist, der in den Junkers-Werken in Dessau sich geweigert hatte, Luftschutzarbeiten durchzuführen, wurde auf die Anzeige des Werkschutzes hin von der dortigen Stapo verhaftet und nach Berlin zur Gestapo gebracht und verhört, der Bericht dem RFSS vorgelegt, der die sofortige Erschießung befahl. Laut einem geheimen Mobilmachungsbefehl waren sämtliche vom RFSS bzw. vom Gestapa angeordneten Exekutionen im nächstgelegenen KL durchzuführen.

Um 22 Uhr rief Müller vom Gestapa an, daß ein Kurier mit einem Befehl unterwegs sei. Dieser Befehl sei sofort durchzuführen. Kurz danach traf ein PKW mit zwei Stapo-Beamten und einem gefesselten Zivilisten ein. Der Kommandant erbrach das angekündigte Schreiben, in dem nur kurz stand:

›Der N. N. ist auf Befehl des RFSS zu erschießen. Es ist ihm dies im Arrest zu eröffnen und eine Stunde danach zu vollziehen.‹

Der Kommandant eröffnete nun dem Verurteilten den erhaltenen Befehl. Dieser war völlig gefaßt, obwohl er nicht mit dem Erschießen gerechnet hatte... Als Adjutant war ich Führer des Kommandanturstabes. Als solcher hatte ich – lt. geh. Mob. Befehl – die Exekutionen durchzuführen.«[139]

Höß' Darstellung läßt deutlich den Instanzenzug bei den auf Weisung der Sicherheitspolizei in den KL durchgeführten ersten Exekutionen während des Krieges erkennen, der dann später, vor allem auch in Auschwitz, regelmäßige Übung wurde. Sonst nicht belegbar ist der geheime Mobilmachungsbefehl, von dem Höß in diesem Zusammenhang spricht. Es darf aber unterstellt werden, daß es einen solchen, wohl im Einvernehmen mit dem Inspekteur der KL erlassenen Befehl, der die Vollstreckung der Exekutionen in den KL betraf, gegeben hat.

Bezeichnend für die künftige Verfassungsentwicklung des Hitler-Staates war auch das Nachspiel, das sich für die Justiz aus diesen ersten Exekutionen ergab. Es war schon in den Jahren zuvor zur Regel geworden, daß die örtlichen Staatsanwaltschaften, wenn sie von eigenmächtigen Gewaltsamkeiten der SS wie überhaupt von Strafsachen erfuhren, in die Parteifunktionäre verwickelt waren und die deshalb politisch delikat erschienen, zunächst nur ihren Justizverwaltungsvorgesetzten berichteten und nicht ohne deren ausdrückliche Weisung ermittelten oder etwa gar Anklage erhoben. Das hatte den Effekt, daß in diesen Fällen die normale Ermittlungstätigkeit der Strafverfolgungsbehörden ruhte, sofern nicht das Justizministerium selbst anders entschied. Im Falle der sicherheitspolizeilichen Exekutionen, die in den Wochen nach Kriegsbeginn stattfanden, läßt sich die Reaktion des Reichsjustizministers dokumentarisch recht genau belegen.

Reichsjustizminister Dr. Gürtner hatte in der zweiten Septemberhälfte zum Teil durch Presseverlautbarungen über drei namentlich genannte Fälle von Erschießungen auf Befehl der Sicherheitspolizei erfahren. Außerdem war ihm durch eine Mitteilung von SS-Brigadeführer Dr. Best, der im RMdI als Dienststellenleiter des RFSSuChdDtPol fungierte, bekannt geworden, daß der Führer »diese Hinrichtungen angeordnet oder genehmigt« und »weiter den Auftrag erteilt« habe, der Reichsführer-SS solle »mit allen Mitteln«, auch mit »sofortiger Exekution«, für die Wahrung der Staatssicherheit sorgen. Auf das Ersuchen des Justizministeriums, »über die Anordnung des Führers ge-

---

[139] Höß, a. a. O., S. 69 f.

nauer unterrichtet zu werden«, hatte Heydrich geantwortet, »der Justizminister möge sich wegen der Erschießungen unmittelbar an den Führer wenden«.

Aufgrund dieser Vorgänge fertigte Gürtner am 28. September 1939 eine Aufzeichnung an, in der er unter Hinweis auf die drei Fälle und die erhaltenen Mitteilungen darlegte, daß demnach im Gebiet des Reiches »eine konkurrierende Zuständigkeit zwischen dem Volksgerichtshof, den Kriegsgerichten und Sondergerichten einerseits und der Polizei andererseits« bestehe. Es erhebe sich die Frage, »nach welchen Gesichtspunkten diese Konkurrenz im einzelnen Falle entschieden werden« solle. Gegen eine selbsttätige polizeiliche Strafverfolgung von Handlungen, die gegen die Kriegsgesetze verstoßen, spreche der Umstand, daß die Kriegsgesetze ohnehin schon ein Verfahren vorsähen, »das praktisch dem der Standgerichte völlig gleichkommt«. Die Sondergerichte seien nur nicht als Standgerichte »bezeichnet« worden. Gürtner schloß die Aufzeichnungen mit dem Satz:

»Eine allgemeine Klärung der Frage, ob Verbrechen im nichtbesetzten Gebiet (Reichsgebiet) nach den Kriegsgesetzen oder von der Polizei ohne Verfahren und Urteil zu ahnden sind, halte ich für dringend geboten.«[140]

Gürtner übersandte seine Aufzeichnung dem Chef der Reichskanzlei Heinrich Lammers, und bat um Vortrag bei Hitler. Lammers sprach am 13. Oktober mit Hitler, suchte am darauffolgenden Tage den Reichsjustizminister »im Auftrage des Führers« persönlich auf und teilte diesem das Ergebnis der Rücksprache mit, das Gürtner in folgender handschriftlicher Notiz vom 14. Oktober 1939 festgehalten hat:

»Eine allgemeine Anweisung [betr. Erschießungen durch die Sicherheitspolizei] habe er [Hitler] nicht gegeben. Die drei [von ihm – Gürtner – aufgeführten] Erschießungen habe er angeordnet. Er könne auch im Einzelfall darauf nicht verzichten, weil die Gerichte (Militär u. Civil) den besonderen Verhältnissen des Krieges sich nicht gewachsen zeigten. – So habe er [neuerdings] die Erschießung der Teltower Bankräuber befohlen. Himmler werde sich noch heute deshalb an mich wenden.«[141]

Das war eine klare Willenskundgebung des Führers. Gürtner nahm sie und die darin ausgesprochene Brüskierung der Justiz

[140] Nürnbg. Dok. NG-190.
[141] Ebenda.

hin, ohne zurückzutreten. Im Reichsjustizministerium registrierte man eine Weile lang zwar weiterhin die bekanntgewordenen Fälle verfahrensloser Erschießungen durch die Sicherheitspolizei beziehungsweise die SS in den Konzentrationslagern[142]. Gegen das offensichtlich von Hitler gedeckte Vorgehen, obwohl es auch nach damals bestehendem Recht Mord darstellte, wurden aber keine Ermittlungen eingeleitet. Infolge der am 27. Oktober 1939 ins Leben gerufenen besonderen SS- und Polizeigerichtsbarkeit war den ordentlichen Strafverfolgungsbehörden schließlich auch die Zuständigkeit hierfür genommen.

Die wesentlichste Auswirkung der verschärften polizeilichen Maßnahmen zur sogenannten »Staatssicherung« während des Krieges bestand zunächst darin, daß in den Wochen nach Kriegsbeginn ein erheblicher Teil der als politisch verdächtig angesehenen ehemaligen Kommunisten und Sozialdemokraten, die zum Teil schon in den Jahren vor 1939 in einem KL gesessen hatten, abermals in Schutzhaft genommen wurden. Hinzu kamen einige andere Gruppen, so zum Beispiel rund 1000 bis 2000 deutsche Staatsangehörige polnischen Volkstums, die als verdächtige Funktionäre der polnischen Minderheit galten, daneben auch polnische Staatsangehörige, die zum Teil schon seit Jahren im Reich ansässig waren (sogenannte Altpolen). Des weiteren wies ein Erlaß des Gestapa vom 9. September 1939 die Stapo(leit)stellen an, in Zukunft gegen alle diejenigen polnischen Staatsangehörigen im Reichsgebiet, »die sich in irgendeiner Form ungebührlich verhalten, aus sicherheitspolizeilichen Gründen rücksichtslos einzuschreiten und sie in Schutzhaft zu nehmen. Ihre Unterbringung erfolgt im Lager Dachau in einer gesonderten Abteilung«[143].

In den gleichen Tagen wurde seitens der Kriminalpolizei auch die Anordnung polizeilicher Vorbeugungshaft (die ebenfalls in den Konzentrationslagern zu vollstrecken war) gegen diejenigen Juden angeordnet, die bei der Aktion von 1938 verhaftet gewesen, dann zwecks Auswanderung entlassen worden waren, aber bisher nicht ernstlich versucht hatten auszuwandern[144], ferner gegen den Personenkreis sogenannter Psychopathen, »die aufgrund geistiger Störungen verdächtig erscheinen, in die

---

[142] Eine solche Liste mit 18 Fällen aus der Zeit vom 6. September bis 20. Januar 1940 ebenda.
[143] BA: R 58/1027.
[144] Runderlaß des RKrPA vom 7. September 1939; in: Erlaßsammlung ›Vorbeugende Verbrechensbekämpfung‹, a. a. O., Bl. 147.

Bevölkerung Unruhe zu tragen«[145]. Im Oktober 1939 ordnete Himmler ferner an, daß künftig alle bei Polizeirazzien wegen Arbeitsbummelei aufgegriffenen Personen, »sofern sie vorbestraft sind, einem Konzentrationslager zugeführt werden«[146]. In die gleiche Zeit fallen auch die ersten Anordnungen Himmlers über die Vorbereitung des Abtransportes der Zigeunerfamilien aus dem Reichsgebiet nach dem Generalgouvernement[147], mit dem dann im Mai 1940 begonnen wurde[148].

Bei alledem waren nur zum Teil Erwägungen der sogenannten Staatssicherheit maßgeblich. Ähnlich wie bei Hitlers sogenanntem Euthanasie-Befehl, war eine Reihe der neuen Zwangsmaßnahmen offenbar von dem Gedanken geleitet, hinter dem Schirm des durch den Krieg eingetretenen Ausnahmezustandes bestimmte gewaltsame Eingriffe zur »Reinigung des Volkskörpers« zu vollziehen, die nach nationalsozialistischer Weltanschauung grundsätzlich geboten schienen, die man aber in den Friedenszeiten mit Rücksicht auf die Öffentlichkeit des In- und Auslandes nicht hatte verwirklichen können.

Der Krieg wurde gleichsam benutzt, um eine neue Etappe nationalsozialistischer Revolution und totalitärer Umgestaltung der Gesellschaft in die Wege zu leiten, um die vorangegangene Ausmerzung politischer Gegner zu ergänzen durch sogenannte volkspolitisch-biologische Reinigungsaktionen. Bezeichnend war auch, daß unmittelbar nach Kriegsbeginn das polizeiliche Vorgehen gegen die Kirchen und ihre Vertreter außerordentlich verschärft wurde. Heydrich und vor allem auch der Stabsleiter des Stellvertreters des Führers, Reichsleiter Martin Bormann (ab 1941: Chef der Parteikanzlei), sahen jetzt die Gelegenheit gekommen, den Kirchenkampf in radikalerer Form wiederaufzunehmen. In einer für Hitler bestimmten Denkschrift »über die gegenwärtige politische Haltung der Kirchen und Sekten«, die Heydrich am 20. Oktober 1939 dem Chef der Reichskanzlei übersandte[149], führte er aus, daß insbesondere der katholische Klerus der »geschworene Feind des Staates« sei, und er empfahl: rücksichtsloses Zugreifen der Gestapo in allen Fällen, wo Sabotageabsicht, Aufwiegelung des Volkes u. ä. ersichtlich seien, ohne Rücksicht auf Stellung und kirchlichen

[145] Runderlaß des RKrPA vom 12. September 1939, ebenda, S. 147.
[146] Runderlaß des RSHA/AmtV [RKrPA] vom 18. Oktober 1939; ebenda, S. 157.
[147] Runderlaß des RSHA vom 17. Oktober 1939; ebenda, S. 156.
[148] Anordnung Himmlers zur »Zigeuner-Umsiedlung« vom 27. April 1940; ebenda, S. 180.
[149] Nürnbg. Dok. NG-4968.

Rang des Betreffenden. In den Jahren 1940/41 erreichte die Zahl der Verhaftungen von katholischen und protestantischen Geistlichen und Bischöfen in Deutschland einen neuen Höhepunkt.

Der zahlenmäßig bedeutendste Teil unter den in den ersten Kriegsjahren neu eingewiesenen Schutzhäftlingen entstammte jedoch den Angehörigen der besetzten Länder, vor allem der Polen, in geringem Maße auch der Tschechen, Norweger, Franzosen, Belgier, Holländer und Serben, die als wirkliche oder potentielle Gegner der deutschen Besatzungsmacht festgenommen und in die KL überführt wurden, sofern sie nicht in besonderen Polizeilagern und Polizeigefängnissen untergebracht wurden.

Nach Beginn des Krieges gegen die Sowjetunion nahmen die präventivpolizeilichen Verhaftungen in den besetzten Ländern noch weit größeren Umfang an. In einem Runderlaß an die Stapo(leit)stellen beziehungsweise die Kommandeure und Befehlshaber der Sicherheitspolizei (so ihr Titel in den besetzten Gebieten) gab der Chef der Sicherheitspolizei und des SD am 27. August 1941 bekannt:

> »Der Reichsführer-SS und Chef der Deutschen Polizei hat nunmehr angesichts der Häufung staatsfeindlicher Betätigungen und Äußerungen nach Beginn des Feldzuges gegen die Sowjetunion die grundsätzliche Entscheidung getroffen, daß sämtliche hetzerische Pfaffen, deutschfeindliche Tschechen und Polen sowie Kommunisten und ähnliches Gesindel grundsätzlich auf längere Zeit einem Konzentrationslager zugeführt werden sollen.«[150]

Auch im Reichsgebiet vermehrte sich die Festnahmetätigkeit der Gestapo erheblich. Ihren Umfang veranschaulicht eine nach den Tagesrapporten der Staatspolizei(leit)stellen vorgenommene Zusammenstellung aller im Monat Oktober 1941 gemeldeten Festnahmen[151]. Aus ihr ergibt sich, daß die Gestapo in diesem Monat insgesamt 15 160 Personen im gesamten damaligen Reichsgebiet festnahm (davon entfielen 4384 auf das Protektorat und die eingegliederten Ostgebiete). Das war das Zehnfache der durchschnittlichen Schutzhaftquoten in den Jahren 1935/36 (s. oben S. 41). Über die Verhaftungsgründe gibt folgende Tabelle Auskunft:

---

[150] Enthalten in: Allg. Erlaßsammlung (RSHA), a. a. O., 2 F VIIIa, S. 15.
[151] BA: R 58/198.

	Altreich und Ostmark	Protektorat und Ostgebiete	Insgesamt
Kommunismus und Marxismus	544	530	1074
Opposition	1518	2278	3796
Kath. Kirchenbewegung	80	336	416
Ev. Kirchenbewegung	12	./.	12
Juden	162	314	476
Wirtschaft	200	34	234
Arbeitsniederlegungen	7729	827	8556
Verbotener Umgang mit Polen oder Kriegsgefangenen	531	65	596
Gesamtzahl:	10776	4384	15160

In dieser Zeit erging auch, nachdem es im Sommer und Herbst 1941 zu einigen Attentaten auf Angehörige der deutschen Wehrmacht im besetzten Frankreich gekommen war, die auf kommunistische Partisanen zurückgeführt wurden, der berüchtigte Nacht-und-Nebel-Erlaß. Um nicht durch eine Vielzahl kriegsgerichtlicher Verfahren in den besetzten Gebieten (namentlich in Frankreich, Belgien und den Niederlanden) Märtyrer zu schaffen, erteilte Hitler Ende September 1941 den Befehl, die der Widerstandstätigkeit Verdächtigen festzunehmen, die Mehrzahl von ihnen aber nicht im Lande selbst anzuklagen und abzuurteilen, sondern sie »bei Nacht und Nebel« über die Grenze nach Deutschland zu schaffen, hier völlig abzuschließen und keine Nachricht über ihren Verbleib herauskommen zu lassen, um auf diese Weise die Bevölkerung der besetzten Gebiete einzuschüchtern[152]. Am 7. Dezember 1941 wurde Hitlers Nacht-und-Nebel-Befehl in Form eines von Keitel unterzeichneten OKW-Erlasses verabschiedet[153]. Durchführungsverordnungen vom 12. Dezember 1941 und 16. April 1942 regelten die näheren Einzelheiten und Geheimhaltungsbestimmungen[154]. Der Erlaß sah nur in bestimmten Fällen, wo es um militärische Belange ging, Aburteilung durch Kriegsgerichte im Reich und Überstellung der Betreffenden in Wehrmachts-Haftanstalten (als Wehrmachtsgefangene) vor, alle anderen festgenommenen Personen sollten von den Sondergerichten oder vom Volks-

[152] Nürnberger OKW-Prozeß, dt. Protokoll, S. 7842, Lehmann-Dok. 467.
[153] Nürnbg. Dok. PS-1733.
[154] Nürnbg. Dok. PS-669 und PS-836.

gerichtshof abgeurteilt werden. Durch einen weiteren OKW-Erlaß vom 22. Juni 1942 wurde verfügt, daß diejenigen Festgenommenen, gegen die wegen mangelnden Tatverdachts die kriegsgerichtlichen Ermittlungen eingestellt werden mußten oder die freigesprochen wurden, der Gestapo zu überstellen seien[155]. Eine analoge Bestimmung erging am 28. Oktober 1942 über die Nacht-und-Nebel-Häftlinge, die aus den Untersuchungsgefängnissen der Sondergerichte beziehungsweise des Volksgerichtshofs zur Entlassung kamen[156]. Es entstand daraus ab 1942 in den Konzentrationslagern die besondere Kategorie der Nacht-und-Nebel-Häftlinge (N.N.-Häftlinge), von denen der größte Teil in den Lagern Groß-Rosen und Natzweiler untergebracht wurde. Im Jahre 1944 wurden schließlich auch alle übrigen in Wehrmachts- oder Justizgefängnissen einsitzenden N.N.-Häftlinge, die nicht zum Tode verurteilt waren, den KL übergeben. Die Gesamtzahl der nach Deutschland verbrachten N.N.-Häftlinge lag etwa bei 7000, davon allein rund 5000 aus dem Bereich des Militärbefehlshabers Frankreich[157].

Seit dem Herbst 1941 wurden den meisten Konzentrationslagern auch besondere Abteilungen für sowjetische Kriegsgefangene eingegliedert. Es handelte sich dabei um Lager, die durch eine eigene Drahtumzäunung von den KL getrennt waren und einem eigenen Schutzhaftlagerführer unterstanden. Die von der Wehrmacht den KL zu Zwecken des Arbeitseinsatzes überlassenen sowjetischen Kriegsgefangenen galten nicht eigentlich als Konzentrationslagerhäftlinge. In einem Runderlaß des Inspekteurs der KL an die Lagerkommandanten vom 23. Oktober 1941 ist ausdrücklich von den im Entstehen begriffenen »SS-Kriegsgefangenen-Arbeitslagern« die Rede[158]. Bei Todesfällen der sowjetischen Kriegsgefangenen mußten die Lagerführer die Wehrmachtsauskunftsstelle (WAST) im OKW benachrichtigen[159]. Ein großer Teil der sowjetischen Kriegsgefangenen, die schon

[155] Angeführt in Nürnbg. Dok. NOKW-2579.

[156] Nürnbg. Dok. NG-226.

[157] Am 24. September 1943 ordnete das RSHA an, »daß alle N. N.-Häftlinge germanischer Abstammung in das Konzentrationslager Natzweiler zu überstellen« seien. Der Befehl wurde am 20. Mai 1944 vom Amtsgruppenchef D des WVHA wiederholt und darauf hingewiesen, »daß auf Anfragen über den Verbleib von N. N.-Häftlingen keinesfalls geantwortet werden darf ... Derartige Anfragen sind grundsätzlich und ohne Abgabenachricht hier vorzulegen ...«. BA: NS 19/1829.

[158] BA: NS 19/1829.

[159] Ein Runderlaß des RFSS vom 19. Oktober 1941 schrieb dabei eine bezeichnende Einschränkung vor. Es hieß dort: Bei unnatürlichen Todesursachen, »Erschießungen auf der Flucht, Selbstmord pp.« von sowjetischen Kriegsgefangenen sei ein kurzer Bericht des SS-Gerichtsoffiziers im Lager an die Inspektion KL zu richten. »Der WAST ist derselbe vorläufig nicht zu übersenden. Die zuständigen SS- und Polizeigerichte sind ... ebenfalls zu verständigen«; BA: Slg. Schumacher/329.

1941 oder im Winter 1942 den Konzentrationslagern überstellt wurden, befanden sich in äußerst schlechter körperlicher Verfassung. Das ist vor allem für Auschwitz durch Höß und andere Quellen eindringlich bezeugt[160]. Über das im KL Flossenbürg errichtete Lager für sowjetische Kriegsgefangene berichtete der Lagerarzt am 15. Februar 1942, daß der Gesundheitszustand der 1666 Gefangenen nach wie vor schlecht sei. Als Krankheitsfälle nannte er vor allem: »Erkältungskrankheiten, infektiöse Wunden, allgemeine Körper- und Herzschwächen.«[161]

3. Neue Lager, Begriff der KL, neue Bestimmungen über Verhängung und Vollzug der Schutzhaft

In den zweieinhalb Jahren zwischen Kriegsbeginn und der Übernahme der KL durch das WVHA (März 1942) stieg die Zahl der Konzentrationslagerhäftlinge von ungefähr 25 000 auf knapp 100 000 an. Einzelne Lager, so zum Beispiel Buchenwald und Sachsenhausen, waren schon im Winter 1939/40 überbelegt, und es kam zu einem ersten starken Anstieg der Sterblichkeit. In Buchenwald, wo im November 1939 die Häftlingszahl auf fast 13 000 angewachsen war, starben in den folgenden 5 Monaten 2119 Häftlinge, das heißt fast 20 Prozent.

Im Winter 1939/40 beauftragte Himmler den Inspekteur KL und die Höheren SS- und Polizeiführer, die Möglichkeit der Errichtung neuer Lager zu prüfen und über etwa schon bestehende Lager oder provisorische Polizeihaftanstalten und ihre Ausbaufähigkeit zu berichten. Aufgrund der eingegangenen Meldungen sind im Frühjahr und Sommer 1940 eine Reihe neuer KL angelegt worden: im Juni 1940 das Lager Auschwitz (das spätere Stammlager Auschwitz), bestehend aus alten Kasernengebäuden, die noch aus der k. u. k. Zeit stammten, als Auschwitz zu österreichisch Galizien gehört hatte. Die Gründung des Lagers und die Wahl des Ortes Auschwitz in dem vorgeschobenen, an den Regierungsbezirk Kattowitz angegliederten Teil der neuen Ostgebiete (etwa 30 km östlich von Kattowitz) am Schnittpunkt Ostoberschlesiens, des Generalgouvernements und des Warthegaues, geschah offensichtlich zunächst vor allem, wenn nicht ausschließlich, im Hinblick auf die große Zahl polnischer Häftlinge, die in diesen Gebieten von der Sicherheitspolizei

[160] Jerzy Brandhuber, Die sowjetischen Kriegsgefangenen im Konzentrationslager Auschwitz, in: Hefte von Auschwitz, hrsg. vom Staatlichen Museum in Auschwitz, H. 4, 1961, S. 5 ff.
[161] BA: NS 4 Fl/vorl. 11.

festgenommen worden waren und dort die Polizeigefängnisse überfüllten, aber nicht an die Justiz überstellt werden sollten.

In einem an Himmler adressierten Bericht des Inspekteurs der KL vom 21. Februar 1940 heißt es:

»Auschwitz, eine ehemalige polnische Artilleriekaserne (Stein- und Holzgebäude) ist nach Abstellung einiger sanitärer und baulicher Mängel als Quarantänelager geeignet.«[162]

Aus der Meldung geht hervor, daß man nach der ersten Inspektion die Eignung der Baulichkeit und des Ortes für ein großes KL zunächst nicht so ohne weiteres als gegeben ansah. Der in dem Bericht enthaltene Vorschlag, Auschwitz als Quarantänelager zu benutzen, deckt sich mit den Angaben von Höß, der erklärte, er habe bei seiner Ernennung zum Kommandanten von Auschwitz (4. Mai 1940) den Auftrag erhalten, »in kürzester Frist aus dem bestehenden, zwar gebäudemäßig gut erhaltenen, aber vollständig verwahrlosten und von Ungeziefer wimmelnden Komplex ein Durchgangslager für 10000 Häftlinge« zu schaffen[163]. Tatsächlich hat Auschwitz in der ersten Zeit seines Bestehens, als noch fast ausschließlich polnische Häftlinge eingewiesen wurden, zum Teil die Funktion eines solchen Durchgangslagers gehabt. Ein großer Teil der polnischen Häftlinge, die 1940/41 in die Lager im Altreichsgebiet (Sachsenhausen, Groß-Rosen, Dachau, Flossenbürg u. a.) eingewiesen wurden, kamen über Auschwitz. Höß hat auch berichtet, daß er kaum das erst instand zu setzende Lager übernommen hatte, als schon die ersten Transporte eintrafen.

Einer der Gründe dafür, daß Himmler Ende 1940 und dann vor allem bei seinem ersten Besuch in Auschwitz im März 1941 die Erweiterung des Gesamtlagerbereiches (sogenanntes »Interessengebiet KL Auschwitz«) zu einem Riesenkomplex von insgesamt 40 qkm und zu einer Aufnahmefähigkeit für über 100000 Häftlinge, die Anlage besonderer landwirtschaftlicher Versuchsstationen und Produktionsstätten der SS usw. befahl, lag darin, daß der Reichsführer-SS hier in den eingegliederten Ostgebieten, zu denen Auschwitz gehörte, besonders unabhängig zu schalten und walten vermochte. Im Gegensatz zum Altreich konnte er in Auschwitz in seiner Eigenschaft als Reichskommissar für die Festigung deutschen Volkstums über das ihm unterstehende Bodenamt Kattowitz die Beschlagnahme von Grund und Boden zugunsten des Lagers mehr oder weniger

[162] BA: Slg. Schumacher/329; auch Nürnbg. Dok. NO-034.
[163] Rudolf Höß, a. a. O., S. 88.

frei verfügen, zumal es dabei »nur« um polnische Dörfer und Einwohner ging, die man aussiedeln mußte, um das Lager auszudehnen. Bestimmend für den Ausbau von Auschwitz war aber nicht zuletzt der Standort der nahe gelegenen ostoberschlesischen Industrie, in der ein großer Teil der Häftlinge eingesetzt wurde, zumal später das Bestreben hinzutrat, möglichst viele Werke nach dem weniger durch Luftangriffe gefährdeten Osten zu verlegen. Schließlich trug zu dieser Entwicklung wohl auch die Person des ersten Kommandanten Rudolf Höß bei, der sich als ein überaus beflissenes und energisches Ausführungsorgan der weitgesteckten Pläne des Reichsführers-SS erwies. Den entscheidenden Faktor bei der Ausweitung des Lagers und die enorme Massierung von Häftlingen mit ihren katastrophalen Begleiterscheinungen bildete aber vor allem der Entschluß, Auschwitz zur Hauptstätte der Juden-Vernichtung zu machen. Erst dadurch kam es zu der permanenten Ausdehnung des Lagers, die weit über die Dimensionen sämtlicher anderer KL hinausging.

Aufgrund der von Himmler bei seiner Besichtigung in Auschwitz am 1. März 1941 gegebenen Anweisungen wurde im Oktober 1941 bei dem Ort Birkenau (poln. Brzezinka), zirka 3 km vom Stammlager entfernt, mit der Errichtung des Lagers Birkenau begonnen, welches zum umfangreichsten aller je errichteten nationalsozialistischen Konzentrationslager werden sollte. Die ursprünglich von Himmler ins Auge gefaßte Kapazität von 100000 Häftlingen wurde in den Plänen, die im Herbst 1941 dem Bau zugrunde gelegt wurden und von der Amtsgruppe C (Bauwesen) des Wirtschaftsverwaltungshauptamtes (WVHA) der SS entworfen worden waren, schließlich noch verdoppelt. Danach sollte das Lager Birkenau im Endzustand rund 600 Baracken für insgesamt 200000 Häftlinge umfassen. Dieser Plan ist jedoch nur zum Teil verwirklicht worden. Fertiggestellt wurden bis Kriegsende der Abschnitt B I [das spätere Frauenkonzentrationslager Auschwitz = FKL Auschwitz], das für 20000 Häftlinge berechnet war, ferner der Abschnitt B II (das spätere Männerlager) für 60000 Häftlinge und der kleinere Teil des ebenfalls für 60000 Häftlinge berechneten Abschnitts B III. Der Abschnitt B IV blieb lediglich auf dem Papier. Auch unvollendet stellte der Lagerkomplex Birkenau (aufgeteilt in Frauenlager, Männerlager, Familienlager, Zigeunerlager usw.) mit seinen über 250 primitiven Stein- und Holzbaracken (sogenannten Pferdestallbaracken), die je für 300 bis 400 Häftlinge vorgesehen, aber oft mit der doppelten Zahl belegt waren, eine riesige KL-Stadt dar, die eine Fläche von 175 ha einnahm. Doppelte, elektrisch geladene Drahthindernisse in einer Gesamtlänge von 16 km und sogenannte Ringgräben von 13 km Gesamtlänge trennten die einzelnen Abteilungen und Unterabteilungen des Lagers Birkenau voneinander. Während das im Jahre 1941 ebenfalls erweiterte Stammlager Auschwitz durchschnittlich eine Belegstärke von 18000 Häftlingen hatte, waren im Lager Birkenau zur Zeit der Höchstbelegstärke (1943) rund 100000 Häftlinge untergebracht. In der unmittelbaren Nähe von Birkenau wurden dann auch die Vergasungsanstalten und Krematorien errichtet.

Schon vor der Errichtung des Auschwitzer Nebenlagers Birkenau begann seit dem Frühjahr 1941 die Abstellung von Auschwitzer Häftlingen für den Bau eines Buna-Werkes der IG-Farben AG, das 7 km vom Auschwitzer Stammlager entfernt war. Bei der Wahl der Umgebung von Auschwitz für diese Fabrik spielte der Gesichtspunkt, billige Bauarbeiter aus dem KL zu erhalten, für die Leitung der IG-Farben AG eine maßgebliche Rolle[164]. Um den Arbeitseinsatz der Häftlinge zu vereinfachen, errichtete die IG-Farben AG im Jahre 1942 für die Häftlingsarbeiter in unmittelbarer Nähe des Buna-Werkes das Arbeitslager Monowitz, welches das größte der insgesamt 39 Außenkommandos des KL Auschwitz darstellte, die hauptsächlich im oberschlesischen Industrierevier, aber auch weiter entfernt (z. B. in Brünn) errichtet wurden.

Zur selben Zeit wie Auschwitz wurde im Juni 1940 das KL Neuengamme bei Hamburg errichtet, wo schon seit 1938 ein Außenkommando des Lagers Sachsenhausen mit Gewinnung von Ziegelsteinen für das SS-Unternehmen der DEST beschäftigt war. Für die Umwandlung des Lagers Neuengamme zum selbständigen KL war damals anscheinend vor allem der Umstand maßgeblich, daß man nach den Feldzügen in Norwegen und gegen Holland, Belgien und Frankreich im Westen des Reiches eine neue große Sammelstätte zur Unterbringung von politischen Häftlingen aus diesen Ländern brauchte. In Neuengamme bildeten dann auch in Zukunft französische, belgische, holländische und norwegische Häftlinge einen besonders hohen Anteil der Gefangenen.

Im August 1940 entstand schließlich ein weiteres Lager im Osten, das KL Groß-Rosen in Niederschlesien. Die bereits erwähnte Arbeitsmöglichkeit im Granitsteinbruch und das Be-

---

[164] Vgl. hierzu das Urteil des amerikanischen Militärgerichts VI im IG-Farben-Prozeß vom 29. Juli 1948.

dürfnis der Unterbringung weiterer polnischer Häftlinge, vor allem aus dem Gebiet des benachbarten Warthegaues, bildeten bei seiner Anlage wohl das wichtigste Motiv.

Für den nördlichen Bezirk der eingegliederten Ostgebiete hatte das schon im September 1939 eingerichtete Lager Stutthof bei Danzig eine ähnliche Funktion. In den Baracken von Stutthof befanden sich bereits im Winter 1939/40 rund 4500 Häftlinge. Der Inspekteur der KL, der Chef des Hauptamtes Haushalt und Bauten (Pohl) und der Chef der Sicherheitspolizei befürworteten schon im Januar/Februar 1940 die Übernahme dieses dem Höheren SS- und Polizeiführer in Danzig unterstehenden Lagers als staatliches Konzentrationslager[165]. Tatsächlich kam es aber erst im Februar 1942 zur Unterstellung des Lagers unter den Inspekteur der KL. Inzwischen war, als weitere Neugründung des Jahres 1940, auch im Westen bei Natzweiler im Elsaß ein neues KL gegründet worden.

Das Beispiel Stutthof zeigt indessen, daß unter den Begriff der Konzentrationslager im engeren Sinne längst nicht mehr alle Lager fielen, die im Reich und vor allem in den neu eingegliederten und in den besetzten Gebieten seit Kriegsbeginn errichtet wurden und unter der Aufsicht der SS und Polizei standen. So führten die Aussiedlungen der Polen im Osten, später auch die der Slowenen in der Untersteiermark oder der Elsaß-Lothringer im Westen zur Anlage einer Reihe teils kurzfristiger, teils die ganze Kriegszeit über bestehender Umsiedler- und Durchgangslager, so z. B. die Polenlager Soldau (Südostpreußen), Lodz, Potulice (b. Bromberg) oder die Slowenenlager in der Steiermark. 1941 ließ Himmler überdies als besondere Kategorie sogenannte *Arbeitserziehungslager* einrichten, in die die Stapo- und Kripostellen als Arbeitserziehungshäftlinge vor allem französische, tschechische, belgische u. a. im Reich eingesetzte ausländische zivile Arbeitskräfte wegen Arbeitsverweigerung und aus ähnlichen Gründen einlieferte[166].

[165] Bericht des Insp. der KL über Stutthof vom 30. Januar 1940 und Bericht des Insp. der KL über verschiedene Lager vom 21. Februar 1940; BA: Slg. Schumacher/329.
[166] Nach Himmlers grundlegendem Erlaß über die Errichtung von Arbeitserziehungslagern vom 28. Mai 1941 waren ausschließlich die Inspekteure beziehungsweise Befehlshaber der Sicherheitspolizei und des SD für die Errichtung von Arbeitserziehungslagern zuständig. Die Lager sollten als staatliche Anstalten (auf Reichskosten) errichtet werden und den »Charakter eines Polizeigewahrsams« haben, von Beamten oder Angestellten der Gestapo geleitet und ihre Bewachung durch angeworbenes Personal versehen werden. Als Dauer der Haft war ein Höchstmaß von 56 Tagen vorgesehen, in denen »strenge Arbeit« bis zu 12 Stunden täglich geleistet werden sollte. BA: R 58/1027. Vgl. ferner den Runderlaß des RFSSuChdDtPol im RMdI vom 15. Dezember 1942 betr. »Bekämpfung des Arbeitsvertragsbruchs ausländischer Arbeitskräfte« in: Allg. Erlaßsammlung (RSHA), a. a. O., 2 A III f., S. 93 ff.

Ferner entstanden in einer Reihe von besetzten Gebieten auf Initiative der örtlichen SS- und Polizeiführer beziehungsweise der Kommandeure der Sicherheitspolizei Lager, die der Einweisung widerstandsverdächtiger Personen oder als Arbeitslager dienten und sich von Konzentrationslagern oft kaum ihrer Funktion nach, sondern in erster Linie nur dadurch unterschieden, daß sie nicht staatliche, auf dem Reichsetat verbuchte und dem Inspekteur der KL unterstehende Einrichtungen darstellten.

Schon Anfang Mai 1940 wies der Chef der Sicherheitspolizei und des SD in einem Runderlaß an die Inspekteure der Sicherheitspolizei darauf hin:

»Das Bestehen der verschiedenen Lager wie Kriegsgefangenen-, Internierungs-, Durchgangs- und Arbeitslager usw. hat zuweilen in der Öffentlichkeit den Eindruck erweckt, als handele es sich um Konzentrationslager. Diese Bezeichnung dürfen nach ausdrücklicher Weisung des Reichsführers-SS nur die dem Inspekteur der Konzentrationslager unterstehenden Lager wie Dachau, Sachsenhausen, Buchenwald, Flossenbürg, Mauthausen und das Frauen-Konzentrationslager Ravensbrück führen.

Um die Verantwortlichkeit und Zuständigkeit für die bestehenden und evtl. noch einzurichtenden Lager klarzustellen, bitte ich dafür zu sorgen, daß kein anderes Lager außer den vorgenannten und die vom Inspekteur der Konzentrationslager z. Zt. im Aufbau begriffenen Lager die Bezeichnung ›Konzentrationslager‹ führen. Auch die Bezeichnung ›Anhaltelager‹ ist nicht zulässig.«[167]

Bis einschließlich 1942 waren als staatliche Konzentrationslager im Sinne dieser Weisung nur Lager anerkannt, die im damaligen Reichsgebiet lagen. Himmler legte bei der Frage, ob bestimmte Gefangenen- und Arbeitslager, wie zum Beispiel Stutthof, als KL anerkannt werden sollten, außerdem anscheinend besonderen Wert darauf, ob in der Umgebung des Lagers sich kriegswichtige Arbeitseinsatzmöglichkeiten und nicht zuletzt auch Arbeitsstätten befanden, die als SS-eigene Unternehmen in Betrieb genommen werden konnten. Hierin lag zum Beispiel der Grund dafür, daß das relativ kleine in der Nachbarschaft der Wewelsburg bestehende Arbeitslager Niederhagen (bei Paderborn) im November 1941 zum selbständigen KL erhoben

[167] Allg. Erlaßsammlung (RSHA), a. a. O., 2 F VIIIa, S. 10; vgl. auch das gleichzeitige Schreiben des Chefs des SD an den RFSS vom 3. Mai 1940; BA: Slg. Schumacher/329.

wurde (1943 wieder aufgelöst). Denn die SS-eigenen Bauvorhaben an der Wewelsburg (der projektierte Umbau zu einer SS-Kultstätte und SS-Schule) stellten ein besonderes Lieblingsprojekt Himmlers dar, und er sah hier die Voraussetzungen für einen langfristigen Arbeitseinsatz von Häftlingen als gegeben an.

Dies zeigte sich auch 1943, als es darum ging, das Lager Salaspils bei Riga als KL anzuerkennen. Himmler schrieb damals (11. Mai 1943):

»In Salaspils im Ostland befindet sich von uns ein Arbeitserziehungslager. Dieses Lager ist praktisch ein Konzentrationslager, untersteht aber dem Kommando der Sicherheitspolizei. In diesem Lager wird der Strafvollzug für die lettischen, estnischen und litauischen Schutzmannschaften und Freiwilligen, die im Rahmen der SS und Polizei dienen, durchgeführt. Die Beschäftigung im Lager ist Torfstechen, Bergbau, Steinbruch, Zementfabrikation usw. Ich wünsche unter keinen Umständen, daß hier ein KL irgendeines Oberabschnittes entsteht. Ich genehmige dieses Konzentrationslager Salaspils nur unter zwei Bedingungen:

1. Wenn es ein KL wird, das dem Chef des Hauptamtes Verwaltung und Wirtschaft untersteht,

2. wenn dieses Lager einen echten und wirklich wichtigen Rüstungsbetrieb enthält. Die Beschäftigung im Zementwerk, Torfstich usw. ist zwar sehr schön, sie wird aber nur angefangen, um die dort vorhandenen Häftlinge zu beschäftigen. Das können wir uns während des Krieges nicht leisten.«[168]

Der Faktor des Arbeitseinsatzes der Häftlinge für SS-eigene Zwecke und SS-Wirtschaftsunternehmen gab dann 1943/44 auch den Ausschlag dafür, die außerhalb des Reichsgebiets liegenden Juden-Arbeitslager Lublin und Plaszow (bei Krakau) der Inspektion der KL zu unterstellen. Die genannten Lager setzten sich aus Juden zusammen, die als unabkömmliche Arbeitskräfte von der Vernichtung ausgenommen waren und ab Ende 1942 als Arbeitshäftlinge den jeweiligen SS- und Polizeiführern überstellt worden waren. Um die in den Rest-Ghettos noch vorhandenen Produktionsmittel und die im Dienste lokaler SS- und Polizeiführer stehende Produktivität der Judenlager in Lublin und Plaszow dem Gesamtkonzern der SS-Betriebe (Deutsche Wirtschaftsbetriebe) und deren zentraler Lei-

[168] BA: Slg. Schumacher/329.

tung durch das WVHA einzugliedern, wurden diese beiden Lager im Generalgouvernement 1943/44 zu KL ernannt, obwohl es sich bei den Insassen weder um Schutzhäftlinge noch um polizeiliche Vorbeugungshäftlinge handelte. Dasselbe gilt für diejenigen Juden, die ab 1942 im Zuge der RSHA-Transporte nach Auschwitz gelangten und dort bei der Selektion nicht zur Vernichtung bestimmt, sondern als arbeitseinsatzfähig in das Lager überstellt wurden. Alle diese aus ehemaligen Ghettos und Judenarbeitslagern im Osten stammenden oder im Zusammenhang mit RSHA-Transporten [im Rahmen des Programmes der »Endlösung«] nach Auschwitz gekommenen und von dort zum Teil in andere KL überstellten Juden stellten eine besondere Gefangenenkategorie dar. Von dem Endlösungs-Programm vorläufig als »Arbeitsjuden« ausgenommen und zu diesem Zweck in die KL verbracht, waren sie weder Schutzhäftlinge noch polizeiliche Vorbeugungshäftlinge und wurden in den Lagern besonders registriert.

Als einziges Lager westlich der Reichsgrenze wurde im Januar 1943 das bisherige Polizeihaftlager s'Hertogenbosch in Holland der Inspektion der KL unterstellt.

Aus dem Vorstehenden wird deutlich, daß sich schon äußerlich der Gesamtbereich der Konzentrationslager und die in ihnen vereinten verschiedenen Häftlingsgruppen während der Kriegsjahre zunehmend ausweiteten und auch der begriffliche Unterschied zwischen Konzentrationslagern, Ghettos, Polizeihaftlagern, Arbeitslagern verschwamm. Dazu kam eine Vielfalt verschiedener Funktionen und zum Teil fast gegensätzlicher Zwecke, die in die Lager hineinverlegt oder mit ihnen in Zusammenhang gebracht wurden.

In den meisten Konzentrationslagern ließ Himmler – vor allem in der zweiten Kriegshälfte – medizinische, nahrungsmittelchemische u. a. Versuche mit Häftlingen durch SS-Ärzte durchführen. Die Aufopferung Tausender von Häftlingen, die bei den Reihenversuchen umkamen oder dauernde körperliche Schäden davontrugen, schien dem Reichsführer-SS ein billiger Preis für den Fortschritt der Medizin und Biologie. In denselben Lagern wurden von speziellen SS-Ärzte-Kommissionen unter dem geheimen Kennzeichen 14 f 13 zwischen Ende 1941 und 1943 Selektionen von Geisteskranken, Invaliden und anderen unerwünschten Häftlingen (Juden) durchgeführt, die entweder in den Lagern durch Injektionen getötet oder zur Vernichtung in bestimmte Anstalten gebracht wurden, die schon vorher zur

Tötung von unheilbar Geisteskranken aus den Heilanstalten gedient hatten (Bernburg a. d. Saale, Hartheim bei Linz u. a.)[169]. Auch bei dieser Aktion, die in den Lagern erst begann, als die außerhalb der Lager durchgeführten sogenannten Euthanasie-Maßnahmen wegen zahlreicher öffentlicher Proteste, namentlich von kirchlicher Seite, gestoppt werden mußten, dienten die Konzentrationslager als abgeschirmter Ort für Gewaltakte volksbiologischer »Reinigung«, die man der Öffentlichkeit nicht zumuten konnte. Ähnliches gilt für die Massenerschießungen von sowjetischen Kommissaren und Kommunisten, die 1941/42 durch Spezialkommandos der Sicherheitspolizei (mit Genehmigung des für die Kriegsgefangenen zuständigen OKW) aus den Kriegsgefangenenlagern ausgesucht und zur Exekution in die nächstgelegenen KL überstellt wurden. In fast allen damals bestehenden Konzentrationslagern (Dachau, Buchenwald, Sachsenhausen, Auschwitz u. a. m.) sind 1941/42 Tausende von sowjetischen Kriegsgefangenen, die als Kommunisten galten, umgebracht worden. Die KL dienten hier von vornherein nur als Erschießungsort. Die Hinzurichtenden wurden nicht als Häftlinge registriert, und ihr Tod ist in den Lagerkarteien nicht verbucht worden.

Während diese Vernichtungsaktionen stattfanden, kam es gleichzeitig zu einer immer enger werdenden Verknüpfung der Konzentrationslager mit dem wachsenden Konzern SS-eigener-Wirtschaftsunternehmungen und anderen kriegswichtigen Industrien, in denen man wohl oder übel die Häftlinge als positives Arbeitspotential behandeln mußte. Aber auch beim Arbeitseinsatz der Häftlinge zeigte sich die äußerste Gegensätzlichkeit von Wirkungen, Absichten und Begleiterscheinungen.

Der Umstand, daß die Konzentrationslagerhäftlinge seit 1941/42 in zunehmendem Maße zu wichtigen Arbeiten der Kriegswirtschaftsproduktion herangezogen wurden, trug im ganzen dazu bei, die auf Terror, Niederhaltung und Diskriminierung abgestellten früheren Regeln des inneren Lagerbetriebes aufzulockern. Die oft stundenlang ausgedehnten quälenden Appelle, Exerzierübungen, sinnlosen Schikanen und Strafarbeiten wurden eingeschränkt oder kamen ganz in Wegfall. Am 2. Dezember 1942 ließ Himmler durch einen Runderlaß an die Lagerkommandanten anordnen, die Prügelstrafe »in Zukunft nur als

[169] Vgl. dazu im einzelnen das Protokoll des Nürnbg. Ärzteprozesses (Fall I), dt. Prot. S. 1885; ferner die Nürnbg. Dok. NO-860, NO-907, NO-1007, NO-2366, NO-2799, PS-1151.

letztes Mittel« anzuwenden, wenn alle anderen Strafen (Arrest, Essensentzug, Strafarbeit) ergebnislos gewesen seien oder wenn besondere Abschreckung (bei Flucht o. ä.) beabsichtigt sei:

> »Der RFSS hat darauf hingewiesen, daß die Prügelstrafe kein Instrument für ... Kommandeure, Aufsichtshabende und Aufseherinnen ist, die zu faul und unfähig sind, zu erziehen... Die bisher hier zur Genehmigung vorgelegten Strafverfügungen haben eindeutig gezeigt, daß der Sinn und Zweck der härtesten Lagerstrafen [Prügelstrafe] in den meisten Fällen nicht erkannt worden ist.«[170]

Da der Beauftragte für den Arbeitseinsatz der Häftlinge ebenso wie die Firmen, die Häftlinge beschäftigten, an der Erhaltung der Arbeitskraft der Häftlinge interessiert waren, wurden seit 1942/43 auch Arbeitsprämien und die Ausgabe von Prämienscheinen eingeführt, die den Häftlingen bei guter Arbeitsleistung den Bezug von Rauchwaren und zusätzlichen Lebensmitteln ermöglichten. Am 15. Mai 1943 erließ der Chef des WVHA SS-Obergruppenführer Pohl in einer Dienstvorschrift eine besondere »Prämien-Ordnung« für Häftlinge. Darin heißt es:

> »Häftlinge, die sich durch Fleiß, Umsicht, gute Führung und besondere Arbeitsleistung auszeichnen, erhalten künftig Vergünstigungen. Diese bestehen in Gewährung: 1. Hafterleichterung, 2. Verpflegungszulagen, 3. Geldprämien, 4. Tabakwarenbezug, 5. Bordellbesuch.«[171]

Wie aus der Prämien-Ordnung ersichtlich ist, wurden auch Lagerbordelle eingerichtet, wozu Prostituierte aus Frauenlagern Verwendung fanden, die vorher wegen ihres Dirnengewerbes in Haft genommen worden waren. Aus Gründen möglichst produktiver Gestaltung des Arbeitseinsatzes entwickelten die SS-Betriebe für die bei ihnen beschäftigten Häftlinge sogar ein Programm zur Schulung und Ausbildung von Häftlingsfacharbeitern (insbesondere Bauarbeitern), von dem sich Himmler auch für die Nachkriegszeit große Bedeutung versprach. Der Gesichtspunkt einer Heranbildung von Arbeitskräften für die SS-Unternehmen überwog hier so sehr den ursprünglichen Zweck der Haft, daß sogar die Freilassung ausgebildeter Häftlingsfacharbeiter vorgesehen war, wenn sich diese verpflichteten, weiterhin als Beschäftigte in den SS-Betrieben ihre Arbeit zu verrich-

---

[170] Runderlaß des Chefs der Amtsgruppe D vom 2. Dezember 1942; BA: NS 19/1829.
[171] Nürnbg. Dok. NO-400. Ergänzende Vorschriften zu dieser Prämienordnung ergingen durch den Chef des WVHA am 14. Februar 1944. Durch sie wurde als »weitere Vergünstigung« der Besuch von Kinovorstellungen durch Häftlinge innerhalb des Lagers, zusätzliche Geldprämien für betriebliche Verbesserungsvorschläge durch Häftlinge u. a. in Aussicht gestellt; BA: NS 3/391.

ten[172]. Unter den vielfältigen Formen des Arbeitseinsatzes in den Lagern gab es außerdem Kommandos, die relativ leichte Arbeit zu leisten hatten, so zum Beispiel im Dachauer Gewürzkräutergarten oder in den Pflanzenzuchtanstalten von Auschwitz[173]. Nichtsdestoweniger lief im ganzen gesehen der Masseneinsatz von Zwangsarbeitern aus den KL je länger desto mehr auf einen rücksichtslosen Verschleiß der Häftlinge hinaus, da die deprimierenden psychischen und physischen Bedingungen, unter denen der Einsatz in der Regel stattfand, jeder wirklichen Hebung der Arbeitsleistung und Produktivität entgegenstanden.

In bestimmten Fällen verband sich mit dem Arbeitseinsatz auch das Ziel der mehr oder weniger vorsätzlichen Vernichtung. Das galt etwa von der Steinbrucharbeit in den Lagern von Mauthausen-Gusen.

Um eine Differenzierung der Haft- und Arbeitsbedingungen durchzuführen, hatte Himmler Anfang 1941 eine Einteilung der bestehenden KL in verschiedene Lagerstufen angeordnet. Lagerstufe Ia war bestimmt für besonders schonungsbedürftige, ältere und kaum arbeitsfähige Häftlinge, auf die man Rücksicht nehmen wollte (insbesondere prominente politische Schutzhäftlinge, Geistliche u. ä.). Sie sollen sämtlich im Heilkräutergarten in Dachau Verwendung finden. – »Für alle wenig belasteten und unbedingt besserungsfähigen Schutzhäftlinge, außerdem für Sonderfälle und Einzelhaft« (Stufe I) waren die Lager Dachau, Sachsenhausen und das Stammlager Auschwitz vorgesehen; für »schwerer belastete, jedoch noch erziehungs- und besserungsfähige Schutzhäftlinge« (Stufe II) die Lager Buchenwald, Flossenbürg, Neuengamme und das damals im Aufbau befindliche Baracken-Lager Auschwitz II (Birkenau). Alle »schwer belasteten, insbesondere gleichzeitig auch kriminell vorbestraften und asozialen, d. h. kaum noch erziehbaren Schutzhäftlinge« (Stufe III) sollten in das Lager Mauthausen überstellt werden[174].

[172] Einzelheiten hierüber bei Enno Georg, Die wirtschaftlichen Unternehmungen der SS. Stuttgart 1963, S. 110; vgl. ferner das Schreiben des Beauftragten für den Arbeitseinsatz beim Inspekteur der KL an das KL Natzweiler vom 21. Januar 1942, dem auch die grundlegende Verfügung vom 7. September 1940 über die Ausbildung von Häftlingsfachkräften, insbesondere Steinmetzen, unter der Parole ›Ein Weg zur Freiheit‹ beigefügt ist; BA: NS 3/vorsl. 18.

[173] Wie aus einem Schreiben des RSHA vom 30. Dezember 1941 an den Inspekteur der KL ersichtlich ist, galten schon damals bestimmte Erleichterungen in besonderen Einzelfällen. Es heißt dort: »Zu diesen Erleichterungen zählen vor allem die Übertragung einer leichteren Arbeit, insbesondere Bürodienst, Rauch-, Lese- und erweiterte Besuchs-Erlaubnis, Wegfall des Haarschnittes usw., so daß die Schutzhaft als eine Ehrenhaft gestaltet wird.«

[174] Runderlaß des Chefs der Sicherheitspolizei und des SD vom 2. Januar 1941; in: Allg. Erlaßsammlung (RSHA), 2 F VIIIa, S. 13.

Der Erlaß bestimmte, daß bei den Schutzhaftverhängungen in Zukunft die jeweilige Lagerstufe zu vermerken sei und der Betreffende in ein entsprechendes Lager eingewiesen werden sollte. Tatsächlich ist danach aber keineswegs immer verfahren worden. Die zunehmende Massierung der Konzentrationslager und des Häftlingseinsatzes ließ für solche individuelle Einweisungen nur noch wenig Raum[175].

Die Entwicklung in der zweiten Kriegshälfte

1. Die Kommandobehörde des WVHA und der Arbeitseinsatz der Häftlinge

Die Tendenz, die Konzentrationslager zu einem SS-eigenen Arsenal von Zwangsarbeitern umzugestalten, kam schon vor dem Winter 1941/42 zum Ausdruck, und sie überkreuzte sich in paradoxer Weise mit gleichzeitigen, ebenfalls erst seit Kriegsbeginn forcierten Bestrebungen zur Ausmerzung und Beseitigung bestimmter unerwünschter Gruppen. Das gilt vor allem für das Schicksal der Juden. Spätestens im Sommer 1941 waren die grundsätzlichen Entscheidungen Hitlers und Himmlers zur »Endlösung« der Judenfrage gefallen, und seitdem wurde der Abtransport des deutschen und unter deutscher Oberhoheit stehenden europäischen Judentums nach dem Osten und die physische Beseitigung der deportierten Juden in bestimmten dafür ausersehenen Lagern und Vernichtungsstellen (vor allem in Auschwitz, Chelmno, Treblinka, Belzec, Majdanek und Sobibor) systematisch in Angriff genommen. Da Himmler zur gleichen Zeit aber das Ziel verfolgte, den Arbeitseinsatz von Konzentrationslagerhäftlingen für die Kriegsindustrie zu intensivieren, wurde ein Teil der deportierten Juden dem Zwangsarbeitsprogramm der KL eingegliedert und, wenigstens vorläufig, von der Vernichtung ausgenommen. In einem Fernschreiben vom 26. Januar 1942 teilte Himmler dem Inspekteur der KL mit:

> »Nachdem russische Kriegsgefangene in der nächsten Zeit nicht zu erwarten sind, werde ich von den Juden und Jüdinnen, die aus Deutschland ausgewandert werden [sic!], eine große Anzahl in die Lager schicken. Richten Sie sich darauf

---

[175] Vg . dazu auch Runderlaß des Chefs der Sicherheitspolizei und des SD vom 30. Juli 1942; ebenda, 2 F VIIIb, S. 5.

ein, in den nächsten 4 Wochen 100 000 männliche Juden und bis zu 50 000 Jüdinnen in die KL aufzunehmen. Große wirtschaftliche Aufträge werden in den nächsten Wochen an die Konzentrationslager herantreten. SS-Gruppenführer Pohl wird Sie im einzelnen unterrichten.«[176]

Das Neben- und Gegeneinander der beiden Zwecke und der damit verbundenen jeweiligen Zuständigkeiten: einerseits die Judenvernichtung (unter der Transport-Zuständigkeit des RSHA), andererseits der Arbeitseinsatz der Häftlinge (unter der Zuständigkeit der Inspektion KL beziehungsweise des WVHA), charakterisierte in den Jahren 1942–1944 vor allem das Geschehen im Lager Auschwitz. Alle anderen Judenvernichtungslager im Osten (einzige Ausnahme: das Lager Lublin-Majdanek) waren eigens und ausschließlich als Endstationen zur fabrikmäßigen Liquidierung eingerichtet. In Treblinka, Belzec, Solibor, Chelmno wurden die mit Bahn- und Lastwagentransporten eintreffenden Juden regelmäßig kurz nach der Ankunft so gut wie ausnahmslos vernichtet. Es handelte sich hier mithin gar nicht um Lager im eigentlichen Sinne, da eine langfristige Unterbringung der Gefangenen von vornherein nicht beabsichtigt war. Dagegen stellte Auschwitz mit seinen drei großen Lagerkomplexen (Stammlager, Birkenau, Monowitz) einerseits das größte aller KL dar und wurde als solches ein Riesenarsenal von Häftlingsarbeitern für die Rüstungsindustrie, andererseits entwickelte es sich mit den außerhalb des Lagerzaunes von Birkenau errichteten großen Vergasungsbunkern und Krematorien zur größten Judenvernichtungsanlage.

Das bedeutete: Nur in Auschwitz, wo die beiden Zwecke (Vernichtung und Arbeitseinsatz der Juden) an einem Ort konkurrierten, entstand jenes Ausleseverfahren der sogenannten Selektion, dem jeder ankommende Judentransport unterworfen wurde: aus der Masse der deportierten jüdischen Männer, Frauen und Kinder sonderten SS-Ärzte und SS-Führer auf der sogenannten »Rampe« von Birkenau – wohl je nach Bedarf und dem Gesundheitszustand der Transporte – eine größere oder kleinere Zahl von Arbeitsfähigen (bevorzugt Jugendliche, Männer mittleren Alters und arbeitsfähige Frauen ohne Kinder) aus, die von der Vernichtung ausgenommen, als Häftlinge registriert und in das angrenzende Lager überwiesen wurden, wo sie eine Chance des Überlebens hatten, solange sie arbeitsfähig blieben. Selektion bedeutete: Überführung in einen anderen Zuständig-

[176] BA: Slg. Schumacher/329.

keitsbereich und Funktionszusammenhang, wo nicht mehr die Vernichtung, sondern – wenigstens der Theorie nach – die Nutzung und, bis zu einem gewissen Grade, auch die Erhaltung der Arbeitskraft der Häftlinge maßgeblich war.

Schon im Jahre 1938 hatte sich insofern eine veränderte Funktion der KL ergeben, als diese nicht mehr nur der Ausschaltung und Zwangserziehung von sogenannten Staats- und Volksfeinden dienten. Zu dem politisch-polizeilichen Motiv der Gegnerbekämpfung war das wirtschaftsunternehmerische Interesse der SS getreten, das sich mit den Lagern verband. Aber erst seit dem Winter 1941/42 wurde der Arbeitseinsatz-Gesichtspunkt zum dominierenden Faktor, der die weitere zahlenmäßige und innere Entwicklung der KL bestimmte. Die KL hörten zwar nicht auf, Stätten der politischen Verfolgung zu sein, sie wurden aber in weit höherem Maße eine (besonders diskriminierende und drakonische) Form der Zwangsarbeit. Himmlers Entschluß, die Konzentrationslager und immer größere Kontingente von neu eingewiesenen Häftlingen für die Kriegsindustrie des Reiches nutzbar zu machen, stand in engstem Zusammenhang mit den verstärkten Anstrengungen zur Mobilisierung neuer Arbeitskräfte und namentlich der Zwangsverpflichtung ausländischer Zivilarbeiter, die zu Beginn des Jahres 1942 einsetzten, um die Einberufungen zur Wehrmacht wettzumachen und dem verstärkten Rüstungsbedarf zu entsprechen.

Der Funktionswechsel der KL drückte sich sichtbar darin aus, daß die Dienststelle des Inspekteurs der KL auf Anordnung Himmlers am 16. März 1942 aus dem SS-Führungshauptamt ausschied[177] und dem SS-Wirtschaftsverwaltungshauptamt (WVHA) unter SS-Obergruppenführer Oswald Pohl eingegliedert wurde, das kurz vorher durch Zusammenlegung der beiden Hauptämter »Haushalt und Bauten« und »Verwaltung und Wirtschaft« gebildet worden war und nunmehr die zentrale Kommandobehörde der SS in allen Wirtschafts- und Verwaltungsangelegenheiten bildete.

Wenige Tage nach dieser Umorganisation der Konzentrationslager-Leitung ernannte Hitler auf dem »zivilen Sektor« den thüringischen Gauleiter Sauckel zum Generalbevollmächtigten für den Arbeitseinsatz (21. März 1942), der Vollmachten vor allem zur stärkeren Heranziehung von ausländischen Zivilarbeitern für die Kriegswirtschaft des Reiches erhielt. Beide organisato-

---

[177] Vgl. Verfügung des Chefs des SS-Führungshauptamtes vom 16. März 1942; BA: Slg. Schumacher/329.

rischen Neuerungen (wie auch die gleichzeitige Bildung eines zentralen Rüstungsministeriums unter Albert Speer) standen in engem Zusammenhang. Himmler war offenbar überzeugt davon, mit seinen Machtmitteln einen eigenen sehr bedeutenden Beitrag zur Zwangsmobilisierung der Arbeitskräfte leisten zu können. Das Instrument der KL schien ihm offenbar für große Gruppen der unterworfenen Bevölkerung, namentlich im Osten, zur Arbeitskräftemobilisierung geeigneter als die »umständlicheren« Aushebungen von Fremdarbeitern durch die Arbeitsämter. Tatsächlich lief die polizeiliche Praxis in den letzten Kriegsjahren darauf hinaus, immer größere Gruppen von Fremdarbeitern (insbesondere Polen und »Ostarbeiter«) in die KL einzuweisen. In der von völkisch-weltanschaulichen Gesichtspunkten bestimmten Skala zwischen relativer Freiheit und absolutem Zwang in der Behandlung und Stellung der rekrutierten sogenannten Fremdarbeiter rangierten die KL am äußersten Ende. Sie stellten jene Form der Zwangsarbeit dar, die für die als minderwertig, unerwünscht oder politisch gefährlich geltenden Bevölkerungsgruppen angemessen schien.

Innerhalb des WVHA bildete die Inspektion der KL (SS-Gruppenführer Glücks) als Amtsgruppe D einen der fünf großen Sektoren (neben der Amtsgruppe A: Truppenverwaltung, der Amtsgruppe B: Truppenwirtschaft, der Amtsgruppe C: Bauwesen und der Amtsgruppe W: SS-Wirtschaftsbetriebe). Der Sitz der Inspektion KL blieb weiterhin Oranienburg. Ihre Dienststellenbezeichnung lautete aber nunmehr:

Wirtschafts-Verwaltungshauptamt
Amtsgruppenchef D
– Konzentrationslager –

Die neue Amtsgruppe D des WVHA hatte vier Ämter, die mit ihren Referaten folgende Zuständigkeitsbereiche umfaßten (Stand vom März 1942):

Amtsgruppe D: Konzentrationslager
(Chef: Brif. Glücks)
Amt D I: Zentralamt
(Ostubaf. Liebehenschel)
D I/1: Häftlingsangelegenheiten
D I/2: Nachrichtenwesen, Lagerschutz und Wachhunde
D I/3: Kraftfahrwesen
D I/4: Waffen und Geräte
D I/5: Schulung der Truppe
Amt D II: Arbeitseinsatz der Häftlinge

(Staf. Maurer)
D II/1: Häftlingseinsatz
D II/2: Häftlingsausbildung
D II/3: Statistik und Verrechnung
Amt D III: Sanitätswesen und Lagerhygiene
(Staf. Dr. Lolling)
D III/1: Ärztliche und zahnärztliche Versorgung der SS
D III/2: Ärztliche und zahnärztliche Versorgung der Häftlinge
D III/3: Hygienische und sanitäre Maßnahmen in den KL
Amt D IV: KL-Verwaltung
(Stubaf. Burger)
D IV/1: Haushalt, Kassen und Besoldungswesen
D IV/2: Verpflegung
D IV/3: Bekleidung
D IV/4: Unterkunft
D IV/5: Rechts-, Steuer- und Vertragsangelegenheiten.

Den Zuständigkeitsbereichen der Ämter I–IV der Amtsgruppe D (Zentralamt, Arbeitseinsatz, Sanitätswesen, KL-Verwaltung) entsprachen selbständige Zuständigkeitsbereiche innerhalb der einzelnen Lager: Kommandantur, Arbeitseinsatzführer, Standort- beziehungsweise Lagerarzt, Verwaltungsführer. Mit Ausnahme des Amtschefs D I, der in Vertretung des Amtsgruppenchefs die grundsätzlichen Fragen der Häftlingsbehandlung und Konzentrationslager (auch im Benehmen mit dem RSHA) zu bearbeiten hatte und den Lagerkommandanten nicht von sich aus (sondern nur über den Amtsgruppenchef) Befehle erteilen konnte, hatten die anderen Amtschefs auf ihrem Sachgebiet unmittelbare Weisungsbefugnis. Das bedeutete (von den Lagern her gesehen), daß der Arbeitseinsatzführer des Lagers in ständigem direkten Kontakt mit dem Amt D II stand und von ihm Weisungen erhielt, daß der Lagerarzt seine Befehle vom Leitenden Arzt der KL (= Chef des Amtes D III) und der Verwaltungsführer eines KL seine Weisungen vom Amtschef D IV bezog. Die Lagerkommandanten sollten dabei allerdings in allen wichtigen Fragen auf dem laufenden gehalten werden.

Die Verantwortung für Versorgung und bauliche Ausstattung der KL lag außerhalb der Amtsgruppe D. Für alle Bauangelegenheiten war, wie bereits erwähnt, die Amtsgruppe C (unter SS-Ogruf. Dr. Kammler) zuständig, für die Versorgung der Wachmannschaften und Häftlinge mit Bekleidung das Amt B II, während die Belieferung der Lager mit Nahrungsmitteln für die

Häftlinge Sache der örtlichen zivilen Ernährungsämter war, wobei das Amt D IV nur koordinierend mitwirkte.

Von den drei Fachämtern (Amt II–IV) der Amtsgruppe D kam dem Amt II (Arbeitseinsatz) unter SS-Standartenführer Maurer bei weitem die größte Bedeutung zu. Höß, der nach seinem Ausscheiden in Auschwitz (November 1943) Chef des Amtes D I wurde, bezeichnete in seinen Erinnerungen SS-Standartenführer Maurer als den »eigentlichen Inspekteur« der KL.

Dem Wirtschaftsverwaltungshauptamt blieb insbesondere die Genehmigung vorbehalten, Häftlinge an kriegswirtschaftlich wichtige Betriebe zu vergeben, dafür besondere Bedingungen auszuhandeln oder die Genehmigung zu versagen. Der ehemalige Kommandant des Lagers Buchenwald, SS-Oberführer Pister, hat über das Verfahren der Vergabe von Häftlingen an die Rüstungsindustrie die folgenden Angaben gemacht:

»Firmen der Rüstungsindustrie beantragten die Häftlinge beim Inspekteur des Rüstungswesens in Berlin, welcher die Anforderung der Amtsgruppe D des Wirtschaftsverwaltungshauptamts (Oranienburg) weiterleitete. Letztere gab mir den Auftrag, den Firmen die Bedingungen für Gestellung von Häftlingen bekannt zu geben.

Als Bedingungen wurden, unter Zugrundelegung, daß der Häftling für die Firma als Arbeitskraft anzusehen ist, folgendes verlangt:

Gute, gesunde Unterbringung der Häftlinge, Betten mit Einlagen, wollene Decken, gute Wasch- und Badegelegenheiten, Gestellung von Küchenanlagen, getrennt für Häftlinge und Wachmannschaften. Wenn irgend möglich, von Zivilarbeitern getrennte Arbeitsstätten. Von den Firmen wurde vielfach betont, daß die Unterbringungsbedingungen höher seien als bei den ausländischen Arbeitern.

Von unserer Seite wurde zugesagt: Kostenlose Gestellung des Kommandoführers, Wachmannschaften, Verwaltungsunterführer, Koch und Schreiber, Schneider, Schuhmacher, Sanitätspersonal getrennt für SS und Häftlinge.

Berechnung der Häftlinge: Facharbeiter pro Tag, bei 11stündiger Arbeit gleichviel ob bei Tag oder Nacht: RM 6,00
Hilfsarbeiter: RM 4,00

SS-Personal wurde nicht berechnet, dagegen mußte freie Unterkunft gestellt werden . . .

Die Kosten für die Verpflegung wurden durch die freie Unterkunft des KL Bu[chenwald] bezahlt.

Die Unterkunft der Häftlinge mußte, um großen Anmarsch zu verhindern, in der Nähe des Arbeitsplatzes sein, da die meisten Häftlinge mit Holzschuhen bekleidet waren. In jedem Außenkommando wurden Kammern eingerichtet, in welchen Ersatzbekleidungsstücke gelagert waren. Das Lager mußte mit Stacheldraht umgeben sein. Wachtürme mußten erstellt werden. Die Unterbringung der SS-Wachmannschaften mußte immer außerhalb der Umzäunung sein.

Erst wenn alle diese Bedingungen erfüllt waren, wurde dies der Amtsgruppe D, Oranienburg, gemeldet, welche dann die Abstellung der Häftlinge und Wachmannschaften anordnete ...

Bei Außenlagern mit Fraueneinsatz, z.B. Munitions- und Patronenfabriken, mußte das Werk, welches die weiblichen Häftlinge erhielt, aus ihrer Belegschaft weibliche Angestellte oder Arbeiterinnen zur Ausbildung als Aufseherinnen abstellen. Diese wurden im Frauenkonzentrationslager Ravensbrück im Aufseherdienst durch mehrwöchentlichen Lehrgang ausgebildet, vom Staat übernommen, bezahlt und bekleidet. Eingesetzt wurden diese Aufseherinnen in den Frauenlagern als Blockführerinnen, da kein SS-Angehöriger Frauenlager betreten durfte. Außerdem hatten sie die Häftlinge auf der Arbeitsstelle zu bewachen, während die SS-Wachmannschaften die Sicherung des Werkes und der Unterkunftsräume von außen zu übernehmen hatte.«[178]

Über das Verfahren der Abstellung von Häftlingen an Rüstungsfirmen sowie über die Praxis des Häftlingsarbeitseinsatzes, wie sie sich während des Krieges in Auschwitz entwickelte, hat sich auch der Kommandant von Auschwitz, Rudolf Höß, in seinen hinterlassenen Aufzeichnungen geäußert. Er hat dabei insbesondere die Vernachlässigung der Bewachungsdienstvorschriften durch die Posten sowie den starken tatsächlichen Einfluß der Häftlings-Kapos auf die Arbeitskommandos aus seiner Perspektive geschildert:

»Der gesamte Arbeitseinsatz der Häftlinge an einem K.L. unterstand dem Arbeits-Einsatz-Führer. Dieser war wiederum dem Amt D II des WVHA verantwortlich für den richtigen Einsatz aller Häftlinge nach berufsmäßigem Können und Leistungsfähigkeit. Alle Häftlinge eines Lagers waren in einer sogen. Berufskartei vom Arbeits-Einsatzführer erfaßt. Der Stand der einzelnen Berufe war zahlenmäßig monatlich

[178] Nürnbg. Dok. NO-254, S. 7 ff.

D II zu melden. Häftlinge wichtiger, aber nur vereinzelt vorkommender Berufe mußten namentlich genannt werden, wie Diamantenschleifer, Schleifer optischer Geräte, Feinmechaniker, Uhrmacher, Werkzeugmacher u. ä. Diese Häftlinge standen unter ›Denkmalsschutz‹. Ihr Einsatz wurde ausschließlich durch D II verfügt. – Jedes Arbeitsvorhaben – also jeglicher Häftlings-Arbeits-Einsatz – bedurfte der schriftlichen Genehmigung durch D II. Außenstehende Unternehmen wie Rüstungs-Firmen, Bergbau o. a. kriegswichtige Betriebe, die an das K.L. herantraten, um Häftlinge als Arbeitskräfte zu erhalten, mußten über das zuständige Rüstungskommando an D II verwiesen werden. D II stellte durch das Rüstungs-Ministerium die Dringlichkeit des vorliegenden Arbeitsvorhabens fest. Der Lagerkommandant und der Arbeitseinsatzführer hatten inzwischen an Ort und Stelle die Art des Arbeitseinsatzes der Häftlinge, die Unterbringung und Verpflegung und die Bewachungsnotwendigkeiten zu überprüfen und an D II zu berichten. Bei größeren Vorhaben überprüfte dies der Amtschef D II persönlich. Nach Vortrag von D II entschied der Hauptamtschef Pohl nach der Dringlichkeit, nach Maßgabe der zur Verfügung stehenden Häftlinge und nach dem Überprüfungsergebnis bei dem antragstellenden Betrieb durch den Lagerkommandanten und Arbeitseinsatzführer bzw. durch D II über die Genehmigung oder Ablehnung. – Es ist aber zu wiederholten Malen vorgekommen, daß der RFSS den Einsatz von Häftlingen aus kriegswichtigen oder siegentscheidenden Gründen befahl, obwohl Lagerkommandant, Arbeitseinsatzführer und D II abgelehnt hatten, weil entweder die Unterbringung oder die Verpflegungsmöglichkeit nicht annähernd dem Geforderten entsprach . . .

Dem Arbeitseinsatzführer standen zur Durchführung seiner Aufgaben einige Unterführer zur Verfügung. Der größte Teil der Arbeit wurde aber durch Häftlinge erstellt, und die Unterführer hatten genug zu tun, um diese einigermaßen zu überwachen. Der Arbeitsdienstführer z. B. hatte täglich die bestehenden Arbeitskommandos zu ergänzen oder umzustellen. Da es ihm unmöglich war, unter den Tausenden von Häftlingen die für das betr. Kommando gerade Geeigneten zu kennen, mußte er sich auf Häftlinge des Arbeitskommandos verlassen, die die Geeigneten vorschlugen oder meist selbständig die Kommandos ergänzten bzw. umstellten. Ebenso wurde bei der Neuerrichtung von Arbeitskommandos verfahren. Daß es dabei zu den übelsten Schiebungen und Verschiebungen kam, war nur zu natürlich. Fluchtbegünstigungen bei Zuteilung zu abgelegenen Außenkommandos kamen unzählige Male vor. Auch war es den Häftlingen bei entsprechender Freundschaft bei dem Arbeitsdienst leicht möglich, den Beruf zu wechseln und so zu einem gerade passenden oder bevorzugten Arbeitskommando zu kommen. Ebenso spielten sich die Capos durch den Arbeitsdienst die ihnen genehmen Häftlinge zu oder schoben ihnen schwierig gewordene Häftlinge zur unauffälligen Durchführung der über sie verhängten ›Strafe‹ passenden Arbeitskommandos zu . . .

Ursprünglich sollte jedes Arbeitskommando durch einen SS-Mann – Kommandoführer – beaufsichtigt werden, der ständig bis zur Beendigung des Arbeitsvorhabens dabei bleiben sollte. Aber schon lange vor dem Krieg zwang die Vergrößerung der Lager, die Steigerung der Arbeitsvorhaben dazu, daß allmählich fast alle Arbeitskommandos völlig den Capos und den Vorarbeitern überlassen werden mußten. War bei Arbeitskommandos mit eigener Bewachung die Überwachung der Capos und der Häftlinge durch den Postenführer bzw. die Posten je nach Größe und Übersichtlichkeit der Arbeit einigermaßen möglich, so waren die Arbeitskommandos innerhalb der Postenketten völlig dem Capo und seinen Vorarbeitern überlassen. Zur Kontrolle dieser Kommandos standen nur wenige und zumeist für diese Aufgabe völlig ungeeignete SS-Männer zur Verfügung. Auf das von den Firmen oder Bauleitungen gestellte Aufsichtspersonal war kaum Verlaß. Diese Kräfte überließen ihre Arbeit auch gerne den immer bereitwilligen Capos und Vorarbeitern. Dadurch gerieten sie auch bald in ein völliges Abhängigkeitsverhältnis zu den gerisseneren, ihnen meist auch geistig überlegenen Capos. Es kam dann zum gegenseitigen Abdecken aller Vernachlässigungen und Verfehlungen auf Kosten der ihnen überlassenen Häftlinge und zum Nachteil des Lagers bzw. des Werkes oder der Firma. – Die Capos und Vorarbeiter wurden laufend durch die Schutzhaftlagerführer belehrt, daß sie keinen Häftling mißhandeln dürften. Alle Verfehlungen sollten sie beim Einrücken zur Meldung bringen. Dies taten aber nur die wenigsten Capos, sie bestraften selbst, nach ihrem Dafürhalten und Gutdünken . . . Es ist mir auch erinnerlich, daß einige SS-Männer der Truppe wegen Häftlings-Mißhandlung vom SS-Gericht schwer bestraft worden waren. Die die Arbeitskommandos beaufsichtigenden oder bewachenden SS-Männer hatten wohl die Häftlinge zur Arbeit anzuhalten aber keinesfalls das Recht, sie wegen irgendwelcher Verfehlungen zu bestrafen. Hatte sich ein Häftling vergangen, durch offensichtliche Faulenzerei, Nachlässigkeit oder gar Böswilligkeit in der Arbeit o.ä., so war dies beim Einrücken beim Schutzhaftlagerführer oder Arbeitsdienstführer zu melden. – Ebenso war das gesamte Aufsichtspersonal bei den Rüstungswerken, Firmen, Unternehmen usw. mündlich durch den Arbeitseinsatzführer und schriftlich durch Vordruck über den Umgang mit Häftlingen belehrt und besonders darauf hingewiesen, daß niemand das Recht habe, einen Häftling zu bestrafen oder gar zu mißhandeln.«[179]

Schon ehe die Inspektion der KL dem WVHA unterstellt war, drängte sich der Arbeitseinsatz-Gesichtspunkt in den grundlegenden Befehlen, welche die Lager betrafen, in den Vordergrund. Neben den bereits angeführten Gründen wirkte dabei wohl das Bestreben Himmlers mit, der SS ein eigenes starkes Wirtschaftspotential auch für die Zeit nach dem Kriege zu schaffen und auf dem Wege über die Häftlingsmobilisierung für die Rüstungsindustrie indirekten Einfluß auf die Kriegswirtschaft zu erlangen. In einem Runderlaß Himmlers vom 5. Dezember 1941, der an den Chef des RSHA, den Inspekteur der KL, alle Lagerkommandanten und an den SS-Verwaltungschef Pohl gerichtet war, heißt es:

»Die Vorhaben der Schutzstaffel, insbesondere nach dem Kriege, erfordern, daß schon jetzt weitgehende vorbereitende Maßnahmen getroffen werden. Hierzu gehört in erster Linie die Bereitstellung der erforderlichen Bauarbeiterkräfte. Die Schutzstaffel ist in der selten günstigen Lage, diese Arbeitskräfte aus den Häftlingen der Konzentrationslager heranzubilden und heranzuziehen . . .

Jeder Lagerkommandant muß deshalb auf folgendes besonders achten:

1. Durch vernünftige, notfalls zusätzliche Verpflegung und Bekleidung die Arbeits- und Leistungsfähigkeit der zur Ausbildung ausgewählten Häftlinge zu steigern.

2. Das Interesse der Häftlinge für den wirtschaftlichen Einsatz zu heben, also nur solche Erziehungsmaßnahmen zu

[179] Handschriftliche Aufzeichnung von Rudolf Höß über den Arbeitseinsatz der Häftlinge (Krakau 1946); Fotokopie im Inst. f. Zeitgesch.

treffen, welche die planmäßige Schulung erfordert. Willige Häftlinge müssen deshalb dem Gros der Gleichgültigen gegenüber herausgehoben werden, damit sie als Beispiel wirken.

3. Ein Wechsel von in der Ausbildung befindlichen Häftlingen muß nach Möglichkeit vermieden werden.

4. . . . Die Lagerkommandanten tragen deshalb mit die Verantwortung für das Gelingen des jetzt vielleicht für manche noch unmöglich Erscheinenden: Denn vor Jahren haben maßgebliche Fachleute der SS prophezeit, aus Häftlingen könne man keine Facharbeiter machen. Diese Herren haben sich inzwischen vom Gegenteil überzeugen müssen. Es muß also gelingen, auch das obengesetzte Endziel zu erreichen.«[180]

In der zweiten Kriegshälfte wurde für die Masse der Häftlingsarbeiter die Arbeitszeit beträchtlich heraufgesetzt. Sie betrug schon in den ersten Kriegsjahren durchschnittlich neun bis zehn Stunden. 1943 wurde als Regel der Elf-Stunden-Arbeitstag durchgesetzt. In einem Runderlaß an die Lagerkommandanten schrieb Pohl am 22. November 1943[181]:

»Ich weise darauf hin, daß die für die Häftlinge befohlene Arbeitszeit von täglich 11 Stunden auch während der Wintermonate eingehalten werden muß. Ausnahmen hiervon bilden die Außenkommandos (z. B. der Bauarbeiten), welche in Anbetracht der Kürze der Tage und der damit früher eintretenden Dunkelheit rechtzeitig in das Lager zurückkehren müssen. Dagegen müssen diejenigen Häftlinge, die in Fabrikräumen oder Arbeitshallen eingesetzt sind, von Montag bis Sonnabend einschließlich zu 11-stündiger Arbeitszeit herangezogen werden. Bei außerordentlicher Dringlichkeit sind die Häftlinge außerdem auch am Sonntag, jedoch nur vormittags, einzusetzen. Die heute in bedeutendem Umfange mit Häftlingen zur Durchführung kommenden kriegswichtigen und siegentscheidenden Arbeiten lassen es keinesfalls zu, daß die tägliche *reine* Arbeitszeit unter 11 Stunden liegt.«

Zur gleichen Zeit schärfte der Inspekteur der KL den Kommandanten und Unterführern in den Lagern ein, daß sie die Häftlinge stärker als bisher zur Arbeit anzuhalten hätten. Am 8. Dezember schrieb SS-Gruppenführer Glücks[182]:

[180] Nürnbg. Dok. NO-385.
[181] Nürnbg. Dok. NO-1290.
[182] Nürnbg. Dok. NO-1544.

»Es ist mir aufgefallen, daß vor allem von den kleinen Häftlingskommandos wenig oder gar nicht gearbeitet wird.
Der Unterführer und die Posten stehen an der Arbeitsstelle umher und bekümmern sich kaum um die Häftlinge. Ein Unterführer, hierüber zur Rede gestellt, behauptete, daß es verboten sei, die Häftlinge zur Arbeit anzutreiben.
Das ist natürlich Unsinn. Jeder Unterführer und Wachmann hat umherstehende Häftlinge zur Arbeit anzuhalten. Daß es dabei verboten ist, den Häftling zu schlagen, zu stoßen oder nur zu berühren, ist selbstverständlich. Das Antreiben hat nur mit Worten zu geschehen. Ob der Wachmann das in deutscher oder fremder Sprache tut, ist gleichgültig. Der Häftling weiß schon, was er soll. Ich bitte in jeder Woche am Montag die Kommandoführer über diese selbstverständliche Pflicht der Wachmänner zu belehren.«
Die Erhöhung der Arbeitszeit für die Häftlinge, ihr Einsatz bei meist körperlich sehr schweren Bauarbeiten, den ein großer Teil der Häftlinge nicht gewohnt war, führte zu einer fortgesetzten Auszehrung der Kräfte der Gefangenen. Hinzu kamen als erschwerende Umstände die psychischen und physischen Bedingungen der Haft, die auch durch Prämien und gewisse Erleichterungen kaum wettzumachen waren, die Marschwege zwischen Lager und Arbeitsstätte, das Warten und Anstehen bei der Essensausgabe, unzureichende Verpflegung, Bekleidung und Ruhezeit. Entkräftung und Häftlingssterblichkeit nahmen deshalb seit 1942 in den Lagern überhand, und die Arbeitsleistung der Häftlinge blieb hinter den hochgeschraubten Erwartungen Himmlers und Pohls erheblich zurück.
Eine Folge der durchschnittlich sehr niedrigen Arbeitsleistung der Häftlinge war, daß diejenigen Betriebe, die mit Häftlingen arbeiteten, bei gleicher Produktionsleistung wesentlich mehr Arbeitskräfte (Häftlinge) einsetzen mußten als vergleichbare Betriebe mit freien Arbeitern[183]. Da 1942/43 die von den Firmen zu zahlenden täglichen Häftlingsentgelte auf fünf oder sechs RM für Facharbeiter und drei oder vier RM für Hilfsarbeiter hinaufgesetzt wurden, außerdem Prämien zu zahlen waren, bedeutete der Häftlingseinsatz kaum noch einen finanziellen Vorteil[184].

[183] Vgl. dazu Schreiben Dr. Hohbergs an Pohl vom 6. August 1942; Nürnbg. Dok. NO-1914.
[184] Übersicht über die Häftlingssätze in den Nürnbg. Dok. NO-516, NO-576 und NO-653. – Gelegentlich wiesen Industriefirmen die ihnen von den Konzentrationslagern in Rechnung gestellten Häftlingsentgelte als ungerechtfertigt zurück. So erklärte z. B. das Werk Balingen (Württemberg) der Deutschen Bergwerks- und Hüttenbaugesellschaft in einem Schreiben an das KL Natzweiler

In den amerikanischen Militärgerichtsprozessen, die sich 1947/48 in Nürnberg auch mit der Frage der schuldhaften Beteiligung bedeutender Industriekonzerne an der Versklavung und Ausnutzung der Konzentrationslagerhäftlinge befaßten, kam die Mehrheit der Richter zu der Überzeugung, daß diese Firmen an sich »keine Vorliebe für die Verwendung von Konzentrationslagerhäftlingen« gehabt[185] und sich meist in einer gewissen Zwangslage befunden hätten, da sie schwerlich die ihnen durch Vermittlung der Arbeitsämter und Rüstungskommandos als Ersatz für deutsche Arbeiter zugewiesenen Häftlinge hätten ablehnen können, zumal sie ohne diese nicht in der Lage gewesen seien, das ihnen auferlegte Produktions-Soll zu erfüllen. Die amerikanischen Richter sahen aber ein schuldhaftes Verhalten dann als gegeben an, wenn ihnen der Nachweis geliefert schien, daß Werksdirektoren oder Vorstandsmitglieder von sich aus mit der SS Fühlung nahmen, um Häftlinge als Arbeitskräfte überstellt zu bekommen; so z.B. im Falle einzelner Direktoren der IG-Farben AG. Wesentlich nach diesem Kriterium erkannten sie im Einzelfall für schuldig oder unschuldig. So problematisch dieser Maßstab sein mag, die Beteiligung einer großen Anzahl von Industrie-Unternehmen an dem System der Häftlingszwangsarbeit wie überhaupt der Zwangsarbeit von ausländischen Arbeitern, zu der es in den letzten Kriegsjahren kam, bleibt ein besonders deprimierendes Kapitel in der Geschichte weltberühmter deutscher Industriefirmen.

2. »Vereinfachung« des Schutzhaftverfahrens und Sonderbestimmungen für einzelne Häftlingsgruppen

Die bei Kriegsbeginn erteilten Weisungen zum verschärften Vorgehen gegen alle politisch verdächtigen Personen oder sogenannte Asoziale und die spätere Masseneinlieferung von »Fremdvölkischen« in die KL hatten zur Folge, daß auch die Bestimmungen über das Schutzhaftverfahren verschiedentlich abgeändert und pauschaliert wurden.

Schon am 24. Oktober 1939 teilte der Chef der Sicherheitspolizei und des SD in einem Runderlaß mit:

vom 12. Oktober 1944: Die Firma könne »grundsätzlich nur bezahlen, was wirklich für unsere Aufgaben eingesetzt ist; äußerstenfalls noch diejenigen, die für den Lageraufbau in Frage kommen. Häftlinge . . ., die krank gemeldet sind, können Sie uns keinesfalls in Rechnung stellen«; Mikrofilm Inst. f. Zeitgesch. MA 414, Bl. 2755 869.

[185] Vgl. z. B. das Urteil des Amerikanischen Militärgerichts im Nürnberger IG-Farben-Prozeß (Fall VI).

»Entlassungen von Häftlingen aus der Schutzhaft finden während des Krieges im allgemeinen nicht statt. Insbesondere muß vor der Entlassung von Funktionären und sonstiger besonders aktiv in Erscheinung getretener Häftlinge, von kriminell erheblich vorbestraften Staatsfeinden und betont asozialen Elementen abgesehen werden. Sofern im Einzelfall aus besonderem Anlaß eine Entlassung unbedingt erforderlich erscheint, ist über die dafür ausschlaggebenden Tatsachen eingehend zu berichten.«[186]

Der gleiche Erlaß schrieb ein vereinfachtes Verfahren der künftigen Schutzhaftüberprüfung vor. Danach sollte in allen Fällen, wo kein besonderer Anlaß zur Stellung eines Entlassungsantrages gegeben schien, bei den vierteljährlichen Haftprüfungsterminen durch die einweisenden Stapostellen und das Geheime Staatspolizeiamt (RSHA, Amt IV) die Schutzhaft automatisch um jeweils drei Monate verlängert werden. Die bisher zu den Haftprüfungsterminen von den Lagern eingesandten Führungsberichte sowie die zu diesen Terminen regelmäßig gestellten Entlassungs- beziehungsweise Verlängerungsanträge entfielen in Zukunft. Nur auf besondere Weisungen des Gestapa brauchten die KL noch Häftlingsführungsberichte einzureichen. Der wesentliche Unterschied der neuen Regelung bestand darin: Bisher mußte in jedem Fall die Absicht der Verlängerung der Haft begründet werden, jetzt wurde sie automatisch verlängert und nur in besonderen Ausnahmefällen fand eine Haftüberprüfung und eventuelle Entlassung statt.

Auch die Praxis der Schutzhaftverhängung ist schon bald nach Kriegsbeginn »vereinfacht« worden. Ein Runderlaß des Chefs der Sicherheitspolizei und des SD vom 16. Mai 1940[187] benachrichtigte die Dienststellen der Sicherheitspolizei, daß in eiligen Fällen Schutzhaft-Anträge auch per Fernschreiber an das Schutzhaft-Referat des Gestapa (Ref. IV C 2) gerichtet werden könnten, wobei die Anordnung der Schutzhaft durch das Gestapa ebenfalls durch Fernschreiber erfolgen würde und die schriftlichen Unterlagen nachgereicht werden sollten. Diese Fernschreibpraxis bedeutete, daß sich die Ausstellung von Schutzhaftbefehlen durch das RSHA zu einem Schnell- und Routineverfahren entwickelte. Eine sachliche Prüfung der Berechtigung von Schutzhaftanträgen war unter diesen Umständen kaum noch möglich. Praktisch fiel die Entscheidung noch mehr als bisher

[186] Allgemeine Erlaßsammlung (RSHA), a. a. O., 2 F VIIIa, S. 8.
[187] Ebenda, S. 11.

in die Hände der örtlichen Stapostellen. Die Kommandeure der Sicherheitspolizei im Generalgouvernement erhielten durch den Erlaß überdies die Vollmacht, Schutzhaftbefehle in eigener Zuständigkeit aufzuheben. Dadurch fielen für das RSHA (beziehungsweise die Gestapo) Schutzhaft-Prüfungstermine bei polnischen Häftlingen aus diesem Gebiet überhaupt weg. Eine weitere sehr bedeutsame Sonderregelung für polnische Schutzhäftlinge erging durch den späteren Runderlaß des Chefs der Sicherheitspolizei und des SD vom 4. Mai 1943[188]. Dieser übertrug den Stapo(leit)stellen sowie den Kommandeuren und Befehlshabern der Sicherheitspolizei »die Anordnung der Schutzhaft und Einweisung in die Konzentrationslager für sämtliche polnische Häftlinge . . . in eigener Zuständigkeit«. Ausgenommen waren lediglich Angehörige des polnischen Hochadels, politische und geistige Führer, ehemalige höhere Offiziere und der höhere Klerus (»vom Bischof an aufwärts«).

»Um irgendwelchen Mißbräuchen durch Häftlinge . . . vorzubeugen«, ordnete das RSHA am 22. August 1941 an, daß künftig allen KL-Häftlingen ausländischer Staatsangehörigkeit sowie deutschen Juden und deutschen Staatsangehörigen polnischen und tschechischen Volkstums die Schutzhaftbefehle nicht auf Dauer zu überlassen, sondern ihnen lediglich kurz »zuzuhändigen, jedoch am gleichen Tage wieder abzunehmen und zu den Akten zu verfügen« seien[189].

Völlig außerhalb des normalen Schutzhaftverfahrens lief die Einweisung sowjetischer Zivilarbeiter (sogenannter Ostarbeiter) in die KL, die seit 1941/42 einen zahlenmäßig außerordentlich starken Umfang annahm. Wie aus Erlassen über die Meldung von Todesfällen bei diesen Häftlingen ersichtlich ist, erfolgte die Einweisung hier durch besondere Verabredungen zwischen den Stapostellen und den Arbeitsämtern. Aufgrund einer Verfügung des RSHA vom 18. Juni 1942 gab der Inspekteur der KL am 1. August 1942 den Lagerkommandanten bekannt, daß »die überstellten sowjetrussischen Zivilarbeiter . . . von den Sachreferaten des RSHA lediglich zahlenmäßig erfaßt« würden. »Aus Gründen der Papier- und Arbeitsersparnis« sei deshalb künftig »weder das Eintreffen eines derartigen Häftlings oder dessen Verlegung in ein anderes Lager im einzelnen anzuzeigen«. Die sonst vorgeschriebene Anfertigung von Lagerkarteien für das RSHA könne wegfallen, auch Meldungen an

[188] Ebenda, S. 20.
[189] Runderlaß des Chefs der Sicherheitspolizei und des SD vom 22. August 1941; BA: NS 19/1829.

die Inspektion KL (Amtsgr. D des WVHA) seien unnötig. Da die sowjetischen Zivilarbeiter nur von den Stapo(leit)stellen eingewiesen würden, habe »der gesamte Schriftverkehr über diese Häftlinge ausschließlich mit den einweisenden Staatspolizei(leit)stellen zu erfolgen«. Auch bei Todesmeldungen seien nur diese zu benachrichtigen, dagegen seien Mitteilungen an das RSHA und die Inspektion KL über Todesfälle »bei den sowjetrussischen Zivilarbeitern nicht erforderlich«[190]. Auch eine erkennungsdienstliche Behandlung durch die politischen Abteilungen in den KL kam in Wegfall, »da die Einweisung der sowjetischen Zivilarbeiter nicht im üblichen Schutzhaftrahmen erfolgte«[191].

Anfangs handelte es sich bei der Einweisung dieser sogenannten »Ostarbeiter« in die KL nur um eine befristete Maßnahme der Zwangserziehung in Fällen von Arbeitsunwilligkeit o. ä. Am 26. Februar 1943 teilte der Chef der Amtsgruppe D den Lagerkommandanten jedoch mit:

»Das RSHA hat auf hiesigen Antrag angeordnet, daß sowjetrussische Zivilarbeiter (Ostarbeiter) von ganz besonderen Ausnahmefällen abgesehen – aus den Konzentrationslagern nicht mehr zu entlassen sind.

Auf die bisherige Regelung, Ostarbeiter nach einer bestimmten Zeit aus den Konzentrationslagern zu entlassen und an ihre alten Arbeitsplätze zurückzubringen, die ursprünglich wegen der erzieherischen Wirkung dieser Maßnahme geschaffen war, wird mit Rücksicht auf die Sicherung der in den Konzentrationslagern laufenden Rüstungsprogramme verzichtet. Die Stapo(leit)stellen sind vom RSHA entsprechend angewiesen worden.«[192]

Im Frühjahr 1944 ging man im Verlauf des Rückzuges der deutschen Truppen aus dem Osten schließlich sogar dazu über, zahlreiche russische Zivilarbeiter zwangsweise zu evakuieren und sie als Arbeitskräfte pauschal den KL zu überweisen. Auch die Registrierung wurde bei diesen Masseneinweisungen noch weiter vereinfacht. Der Chef der Sicherheitspolizei und des SD ordnete am 26. April 1944 an, daß:

»1. Ostvolksangehörige, die mit Sammeltransport aus dem Osten ins KL überstellt werden, in formaler Hinsicht nicht nach den für das Reichsgebiet erlassenen Richtlinien zu behandeln sind,

[190] BA: NS 19/1829.
[191] Runderlaß des Amtsgruppenchefs D vom 20. Juli 1942; BA: NS 4 Na/vorl. 1.
[192] Mikrofilm Inst. f. Zeitgesch. MA 414, Bl. 2756230.

2. insbesondere alle sonst üblichen Veränderungsanzeigen über den einzelnen Häftling ab sofort in Fortfall kommen und

3. eine Registrierung dieser Häftlinge *nur* im KL selbst erfolgt. Meldungen über Verlegung, Todesfälle oder sonstige Veränderungen dieser Häftlinge kommen dadurch in Wegfall.«

Der Inspekteur der Konzentrationslager wies am 9. Mai 1944 unter Bezug auf diesen Erlaß die Kommandanten der Lager an, entsprechend zu verfahren. Lediglich bei denjenigen Ostarbeitern, die von den Staatspolizei(leit)stellen im Reich eingeliefert würden, seien »die bisher üblichen Veränderungsanzeigen zu erstellen«.[193]

3. Zahlenmäßige Entwicklung des Häftlingsstandes und der Sterblichkeit bis Kriegsende

Das Reichssicherheitshauptamt blieb zwar weiterhin für die Schutzhaftverhängungen sowie für die seit Kriegsbeginn auf ein Mindestmaß herabgesetzten Entlassungen zuständig. Es übte auch über die Stapoleitstellen und die politischen Abteilungen in den Lagern weiterhin starken Einfluß auf die KL aus. Da sich aber neben dem Gesichtspunkt der Gegnerbekämpfung der Zweck des Häftlingsarbeitseinsatzes in der zweiten Kriegshälfte zum dominierenden Faktor entwickelte, wirkte das WVHA als neue Kommandobehörde der KL indirekt auch auf verstärkte Einweisungen in die KL hin. Schon bald nach der Übernahme der KL schrieb der Chef des WVHA am 30. April 1942 an Himmler:

»Die Mobilisierung aller Häftlingsarbeitskräfte zunächst für Kriegsaufgaben (Rüstungssteigerung) und später für Friedensbauarbeiten schiebt sich immer mehr in den Vordergrund. Aus dieser Erkenntnis ergeben sich notwendige Maßnahmen, welche eine allmähliche Überführung der Konzentrationslager aus ihrer früheren einseitigen politischen Form in eine der wirtschaftlichen Aufgaben entsprechende Organisation erfordern.«

Himmler selbst ließ unfreiwillig erkennen, daß ein solches Zwangssystem, das primär wirtschaftlichen Zielen diente, eine völlige Verschiebung der Grundlagen der KL bedeutete. Er antwortete Pohl am 29. Mai 1942, daß er mit allen Neuerungen ein-

[193] BA: NS 19/1829.

verstanden sei, aber glaube, daß die KL doch auch weiterhin eine Erziehungsfunktion haben und die Möglichkeit der Entlassung bieten müßten. »Es könnte sonst der Gedanke aufkommen, daß wir Menschen verhaften, oder wenn sie verhaftet sind, drinnen behalten, um Arbeiter zu haben.«[194] Pohl hatte in seinem Schreiben vor allem auch darauf angespielt, daß eine große Zahl der Kommandanten und der in den Lagern eingesetzten Schutzhaftlager-, Rapport- und Blockführer noch immer die Häftlinge als zu terrorisierende Staatsfeinde behandelten, an einem rationellen Arbeitseinsatz zu wenig interessiert seien und ihm eher entgegenwirkten. Es ging ihm dabei vor allem auch um eine Herabdrückung der Häftlingssterblichkeit, die infolge unzureichender Unterbringung, mangelnder Lagerhygiene usw. im Jahre 1942 einen Höhepunkt erreichte.

Aus einer späteren Statistik des Amtes D III (Sanitätswesen) geht hervor, daß allein im zweiten Halbjahr 1942 bei einer durchschnittlichen Gesamthäftlingszahl von rund 95 000 nicht weniger als 57 503 Häftlinge starben, d. h. rund 60 Prozent in sechs Monaten[195].

Als Pohl im Dezember 1942 (über Himmler) das RSHA drängte, stärkere Häftlingseinweisungen anzuordnen, um die Arbeitskontingente zu erhöhen, teilte der Chef der Sicherheitspolizei am 31. Dezember 1942 mit, es seien inzwischen Maßnahmen getroffen, um die Häftlingszahl in den KL zu erhöhen:

> »1. Die von der Justiz abzugebenden asozialen Häftlinge werden umgehend in die KL überführt[196]. Bisher sind etwa 12 000 solcher Häftlinge vom Reichsminister der Justiz namhaft gemacht worden, die zum Teil bereits in KL überführt sind bzw. deren Überführung im Gang ist.
>
> 2. Die nachgeordneten Stellen sind – wie bereits bekannt – angewiesen, etwa 35 000 Häftlinge nach erfolgter Festnahme in vereinfachtem Verfahren sofort in die KL zu überstellen.
>
> 3. Es ist Vorsorge getroffen, daß alle polnischen Häftlinge, die in den Gefängnissen des Generalgouvernements einsitzen und deren Verwahrung für längere Zeit notwendig ist, ebenfalls umgehend in die KL überführt werden.

---

[194] Nürnbg. Dok. NO-717.

[195] Nürnbg. Dok. NO-1010.

[196] Im Einvernehmen zwischen dem RFSS und dem Reichsjustizministerium war im Herbst 1942 vereinbart worden, daß »sicherungsverwahrte Zuchthausgefangene mit anschließender Sicherungsverwahrung und langjährig Vorbestrafte« aus den Justizanstalten an die KL zu überstellen seien; vgl. Runderlaß des Chefs der Sicherheitspolizei und des SD vom 12. Juli 1943; Allg. Erlaßsammlung (RSHA), a. a. O., 2 F VIIIa, S. 23.

Sobald diese Aktionen beendet sind, werde ich weitere Mitteilungen geben. Ich möchte aber in diesem Zusammenhang noch darauf hinweisen, daß infolge der zahlreichen Todesfälle in den KL trotz der in letzter Zeit in verstärktem Maße verfügten Einweisungen eine Erhöhung des Häftlingsgesamtbestandes nicht zu erreichen war und daß bei anhaltender bzw. sogar ansteigender Sterblichkeit eine Besserung selbst bei erhöhten Einweisungen voraussichtlich nicht zu erreichen ist.«[197]

Der Inspekteur der KL, SS-Gruppenführer Glücks, wies seinerseits am 20. Januar 1943 die Kommandanten an, »mit allen Mitteln zu versuchen, die Sterblichkeitsziffer im Lager herunterzudrücken«:

»Ich mache den Lagerkommandanten und den Leiter der Verwaltung des Konzentrationslagers für die Erschöpfung jeder Möglichkeit zur Erhaltung der Arbeitskraft der Häftlinge persönlich verantwortlich.«[198]

In den 8 Monaten von Januar bis August 1943 starben in den Konzentrationslagern abermals über 60000 Häftlinge[199]. Die relative Sterblichkeit hatte aber sichtlich abgenommen.

Besonders hoch war die Sterblichkeitsquote aber noch immer zum Beispiel in der Gruppe der Sicherungsverwahrten, die im Winter 1942/43 aus den Haftanstalten der Justiz den KL überstellt worden waren. Im Entwurf eines Schreibens des Chefs des WVHA an den Reichsjustizminister vom April 1943 heißt es, daß von insgesamt 12658 Sicherungsverwahrten, die in die KL übernommen worden seien, bis zum 1. April 1943 nicht weniger als 5935 gestorben seien[200]. Die weit überwiegende Zahl dieser Sterbefälle entfiel auf das Lager Mauthausen-Gusen, in das auch der größte Teil der Sicherungsverwahrten eingewiesen worden war[201]. Zur Verschleierung der Todesfälle wies der Reichsführer-SS am 26. Mai 1943 den Inspekteur der KL an, künftig in den lagereigenen Standesämtern der Konzentrationslager keine fortlaufende Numerierung der Todesfälle und Sterbeurkunden mehr vorzunehmen und statt dessen durch ein Chiffre-System zu verbergen, wie hoch die jeweilige Gesamtzahl der in einem Jahr eingetretenen Todesfälle in den Lagern sei:

»Zukünftige Sterbefälle werden unter laufenden römischen

[197] Nürnbg. Dok. NO-1523.
[198] Ebenda.
[199] Nürnbg. Dok. NO-1010.
[200] BA: Slg. Schumacher/329.
[201] Schreiben des Chefs des WVHA an den RFSS vom 18. März 1943; ebenda.

Ziffern und laufenden arabischen Unterziffern erfaßt und zwar derart, daß der erste Sterbefall die Ziffer I/1, der zweite I/2 usw. bis Ziffer I/185 erhält. Ist die arabische Unterziffer 185 verbraucht, so werden die weiteren Sterbefälle unter der Ziffer II erfaßt und zwar erhalten sie die Ziffer II/1 bis 185. Nach Erreichung der Ziffer II/185 werden die weiteren Sterbefälle des laufenden Jahres III/1 bis 185, IV/1 bis 185 usw. erfaßt. Zum Jahresbeginn wird jeweils wieder mit Ziffer I/1 begonnen.«[202]

Die Häufung der Sterblichkeit in den KL seit Kriegsbeginn führte auch zu verschiedenen Änderungen der Bestimmungen über die Meldung von Todesfällen und über die Benachrichtigung der Angehörigen. Schon mindestens seit 1941/42 wurden die Todesfälle in den KL nicht mehr von den ortszuständigen Standesämtern, sondern von lagereigenen Standesämtern erfaßt. Seit dieser Zeit existierten auch in allen Lagern eigene Krematorien zur Einäscherung der verstorbenen Häftlinge.

Unter Bezug darauf, daß die bisherige telegraphische Benachrichtigung der Angehörigen von verstorbenen Häftlingen zu Härten und Beunruhigungen geführt habe, die im Interesse der Volksgemeinschaft und »des Ansehens der Sicherheitspolizei« vermieden werden müßten, ordnete der Reichsführer-SS am 21. Mai 1942 an, daß die Lager künftig nicht direkt die Angehörigen, sondern nur die für den verstorbenen Häftling zuständige einweisende Stapo-Stelle zu benachrichtigen hätten, die dann ihrerseits eine zweckentsprechende Mitteilung an die Angehörigen ergehen lassen sollte. Da seit Kriegsanfang eine Überführung der Leichen an die Angehörigen generell untersagt war[203], sei den Angehörigen mitzuteilen, daß der Verstorbene eingeäschert wird. »Den Wünschen der Angehörigen, den Verstorbenen noch einmal zu sehen, ist mit Ausnahme von Polen und sämtlichen Juden zu entsprechen«, wenn dagegen keine ärztlichen Bedenken bestünden. Gleichzeitig verfügte Himmler jedoch eine bezeichnende Sonderregelung für die Häftlingsstufe III (Mauthausen):

»Soweit es sich um Häftlinge der Stufe III des KL Mauthausen handelt, hat die Benachrichtigung ... derart zu erfolgen, daß den Angehörigen von dem Ableben des Häftlings

[202] BA: NS 19/1829.
[203] Runderlaß des RKrPA vom 3. Oktober 1939; Erlaßsammlg. ›Vorbeugende Verbrechensbekämpfung‹, a. a. O., Bl. 155.

und der *bereits erfolgten* Einäscherung der Leiche Mitteilung gemacht wird.«[204]

Bezüglich der sowjetischen Zivilarbeiter gab der Reichsführer-SS am 8. Mai 1943 die Sonderanweisung, daß die Benachrichtigung bei Todesfällen ausschließlich über die Arbeitsämter zu erfolgen habe, denen die einweisende Stelle (Gestapo) Todesdatum, -ursache usw. mitzuteilen habe. Dabei war ausdrücklich befohlen:

»Angaben darüber, daß der Betreffende in einem Konzentrationslager verstorben ist, haben unter allen Umständen zu unterbleiben.«[205]

Auch das Meldeverfahren gegenüber den Dienststellen des RSHA beziehungsweise des Inspekteurs der KL wurde bei Todesfällen bestimmter Gruppen von Häftlingen in den KL verschiedentlich »vereinfacht«. Ein Runderlaß des Inspekteurs der KL vom 21. November 1942 an die Lagerkommandanten schrieb als neue Richtlinie vor:

»1.] Todesfälle von Juden und Jüdinnen sind nur noch in einer Sammelliste (einfache Ausfertigung) zu erfassen, die folgende Angaben zu enthalten hat:

Lfd. Nr.,
Name, Vorname, bei Frauen auch der Geburtsname,
Geburtstag und -ort,
Staatsangehörigkeit,
Letzter Wohnort,
Todestag,
Todesursache,
Einweisungsstelle.

Soweit für Juden oder Jüdinnen Schutz- bzw. Vorbeugungshaft durch das Amt IV C 2 oder Amt V des Reichssicherheitshauptamtes angeordnet ist, sind in diesen Listen die Namen der Betreffenden mit Rotstift zu unterzeichnen und dabei die Haftnummer des Amtes IV bzw. V anzugeben. Die Listen sind nach dem Todestag geordnet zu erstellen und nach Monatsschluß bis zum 3. des folgenden Monats hier vorzulegen.

Schnellbriefe und Abschlußberichte über Todesfälle jüdischer Häftlinge fallen somit weg.

2.] Todesmeldungen über alle anderen Häftlinge sind lediglich mit dem bisher verwandten Formblatt (Schnell-

[204] Allg. Erlaßsammlg. (RSHA) 2 F VIII f, S. 1 (Hervorhebg. im Zitat v. Vf.).
[205] Vgl. Anm. 191.

brief) dem Reichssicherheitshauptamt – Amt IV C 2 bzw. Amt V – und dem SS-Wirtschafts-Verwaltungshauptamt – Amtsgruppe D – in einfacher Form einzureichen. Diese Formblätter sind mit der regelmäßigen Post laufend an das Reichssicherheitshauptamt bzw. an die hiesige Dienststelle abzusenden.

In den Fällen zu Ziffer 1 und 2 ist es gleich, ob es sich um natürliche oder unnatürliche Todesfälle handelt.

Die unmittelbare fernschriftliche Benachrichtigung der Einweisungsstellen zwecks Verständigung der Angehörigen, soweit vorgeschrieben, bleibt hierdurch unberührt.«[206]

In der gleichen Zeit, in der Himmler, Pohl und Glücks den Lagerkommandanten Anweisungen erteilten, die Sterblichkeit in den Lagern herabzudrücken, erhielten die SS-Ärzte in den KL die mehr oder weniger deutliche Weisung, diejenigen Kranken oder völlig entkräfteten Häftlinge, mit deren Arbeitseinsatz nicht mehr zu rechnen sei, auf möglichst unauffällige Weise durch Phenol-Spritzen oder mit anderen Mitteln zu töten. Hygiene und Tötung wurden als auswechselbare Mittel gebraucht, um die Lager »einsatzfähig« zu machen und von allem Ballast zu befreien.

In seinen hinterlassenen Krakauer Aufzeichnungen schrieb Höß über die Tätigkeit der SS-Ärzte in Auschwitz: diese hätten »laufend in Auschwitz und Birkenau sowie in den Arbeitslagern die arbeitsunfähig gewordenen Juden, die voraussichtlich innerhalb von 4 Wochen nicht wieder arbeitsfähig werden konnten«, auszumustern und »der Vernichtung zuzuführen« gehabt.

»Auch seuchenverdächtige Juden waren zu vernichten, Bettlägerige sollten durch Injektionen getötet, die anderen in den Krematorien bzw. im Bunker durch Gas vernichtet werden. In den Injektionen wurde m. W. Phenol, Evipan und Blausäure verwendet.«

Höß schreibt weiter, daß außer den Juden auch andere kranke Häftlinge, die sich im Krankenbau befanden »ebenfalls durch Injektionen unauffällig getötet« wurden. Der betreffende Arzt habe in diesen Fällen auf der Todesbescheinigung »eine rasch zum Tode führende Krankheit« angegeben.

Es scheint sich hierbei um eine mehr oder weniger stillschweigend geduldete und gutgeheißene Übung gehandelt zu haben, die im Gegensatz zur Vernichtung der Juden nicht durch Füh-

[206] BA: NS 19/1829.

rerbefehl förmlich gedeckt war und insofern auch in der bürokratischen Handhabung eine Tarnung nötig machte. Bezeichnend hierfür ist eine Aktennotiz des SS-Untersturmführers Heinrich Kinna vom 16. Dezember 1942, der im Kreis Zamosc (Distrikt Lublin) mit der Abwicklung von Polentransporten nach Auschwitz zu tun hatte und in diesem Zusammenhang vermerkte, der Auschwitzer Schutzhaftlagerführer Aumeier habe nach der Übernahme eines Transportes erklärt:

> »daß nur arbeitsfähige Polen angeliefert werden sollen, um somit möglichst jede unnütze Belastung des Lagers sowie des Zubringerverkehrs zu vermeiden. Beschränkte, Idioten, Krüppel und kranke Menschen müssen in kürzester Zeit durch Liquidation zur Entlastung des Lagers aus demselben entfernt werden. Diese Maßnahme findet aber insofern eine Erschwerung, da nach Anweisung des RSHA, entgegen der bei den Juden angewendeten Maßnahme, Polen eines natürlichen Todes sterben müssen.«[207]

Gedankenloser Zynismus bei der bürokratischen Verschleierung der Liquidierungen hat hier auch sprachlich Ausdruck gefunden.

Wie aus den Ermittlungen des SS-Richters Hauptsturmführer Dr. Morgen hervorgeht[208], ist 1943/44 die Tötung kranker und nicht mehr arbeitsfähiger Häftlinge auch in anderen Lagern, so in Buchenwald, von den Lagerärzten durchgeführt worden. Morgen bestätigt ausdrücklich, daß diese Tötungen nicht als strafbare Handlungen im Sinne der SS-Gerichtsbarkeit angesehen wurden.

Die Vernichtung arbeitsunfähig gewordener Häftlinge hat aber wohl nur in Auschwitz sehr große Dimensionen angenommen. Das lag offensichtlich vor allem daran, daß die Übung der Liquidierung und ihr technischer Apparat hier besonders wohlfeil waren und deshalb in erheblichem Umfang auch auf nichtjüdische Häftlinge angewandt wurden, die sich in Krankenrevieren aufhielten oder nicht mehr arbeitsfähig waren. Höß berichtet im übrigen, daß das Verfahren der Tötung durch ärztliche Injektion in Auschwitz als eine Form der »verschleierten Exekution« auch auf solche polnische Häftlinge angewandt worden sei, »deren Exekution vom RSHA beziehungsweise vom BdS des Generalgouvernements angeordnet war«, aber

---

[207] Faksimile des Originals abgedruckt in dem von der Warschauer Hauptkommission zur Untersuchung der NS-Verbrechen in Polen hrsg. Biuletyn, Bd. XIII (Warschau 1960), S. 19 F.
[208] Nürnbg. Dok. NO-2366.

»aus politischen beziehungsweise sicherheitspolizeilichen Gründen nicht bekannt werden« sollte, so daß »als Todesursache eine im Lager übliche angegeben« wurde[209].

Seit dem Jahre 1943 nahm die zahlenmäßige Entwicklung der KL aufgrund immer neuer Verhaftungsaktionen und Überstellungen von Polen, zwangsevakuierten russischen Zivilarbeitern[210], Juden und anderer Gruppen die Form einer steil ansteigenden Kurve an.

Im August 1943 wiesen die KL bereits eine Gesamtbelegstärke von 224000 Personen (gegenüber 88000 im Dezember 1942) auf. Etwa ein Drittel dieser Gesamtzahl (74000) entfiel davon auf die drei Lagereinheiten von Auschwitz (Stammlager, Birkenau, Monowitz), das mit Abstand das größte aller KL darstellte (als nächste folgten damals: Sachsenhausen mit 26000 und Dachau und Buchenwald mit je 17000 Häftlingen). In Auschwitz war auch die Sterblichkeit am höchsten, sie belief sich hier im August 1943 noch immer auf 2370 Todesfälle[211].

Am 5. April 1944 meldete der Leiter des Wirtschaftsverwaltungshauptamtes Himmler stolz die Existenz von insgesamt 20 Konzentrationslagern mit zusätzlich 165 angeschlossenen Arbeitslagern[212].

In den Wochen danach wurden weitere zusätzliche Arbeitseinsätze von Häftlingen, namentlich für die großen Bauvorhaben zur Verlagerung bestimmter Zweige der Rüstungsfertigung unter die Erde, in Gang gesetzt. Für diese außerordentlich schwere und unter besonders primitiven Lebens- und Aufenthaltsbedingungen zu leistende Arbeit schien Hitler und Himmler das Zwangsinstrument der KL anscheinend besonders passend. Im Mai 1944 erteilte Hitler die Anweisung, dabei auch eine große Zahl der Juden zu verwenden, die man vor allem von der damals anlaufenden Deportation des ungarischen Judentums erwartete. Gleichzeitig wurde die Abstellung einer größeren Zahl nicht mehr felddiensttauglicher Heeresangehöriger zur Verstärkung der Bewachungsmannschaften vereinbart. Himmler teilte den Chefs des RSHA und des WVHA am 11. Mai 1944 mit:

[209] Hierzu und zum Vorstehenden die handschriftliche Aufzeichnung von Rudolf Höß über ›Die nichtärztliche Tätigkeit der SS-Ärzte im KL Auschwitz‹ (Krakau, Januar 1947); Fotokopie im Inst. f. Zeitgesch.
[210] In Buchenwald befanden sich laut Schutzhaftlager-Rapport von Anfang Dezember 1943 12626 russische Zivilarbeiter von insges. 35671 Häftlingen (ferner 11407 polit. Schutzhäftlinge und 7262 Polen als nächstgrößte Gruppe); Nürnbg. Dok. NO-1583.
[211] Nürnbg. Dok. NO-1010.
[212] Nürnbg. Dok. NO-020.

»Der Führer hat befohlen, daß zur Bewachung der 200 000 Juden, die der Reichsführer-SS in die Konzentrationslager des Reiches überführt, um sie bei den großen Bauten der OT und sonstigen kriegswichtigen Aufgaben einzusetzen, 10 000 Mann mit Offizieren und Unteroffizieren zur Waffen-SS überstellt werden. Die Übernahme erfolgt aus dem Ersatzheer ...«[213]

Anscheinend sind diese Zahlen nicht »erfüllt« worden. Es darf aber angenommen werden, daß von den deportierten Juden, die zur Vernichtung bestimmt waren, im Sommer 1944 rund 100 000 in die KL »abgezweigt« und als Arbeitshäftlinge eingesetzt worden sind.

Eine Stärkemeldung des WVHA vom 15. August 1944 beziffert die damalige Gesamtzahl der KL-Häftlinge mit 524 286 Personen, davon 379 167 Männer und 145 119 Frauen[214]. Aber das war noch immer nicht der höchste Stand. Gerade in den letzten Kriegsmonaten wurden vor allem beim Rückzug der Truppen aus dem Osten nochmals Zehntausende von Juden und anderen Zwangsarbeitskräften aus den besetzten Ländern in die KL im Reiche überstellt und in die Häftlingsarbeitskommandos gepreßt. Allein in das 1944 zum selbständigen KL erklärte Lager Dora (Mittelbau) mit seinen Kommandos für die unterirdische Flugzeugproduktion in Thüringen und im Harz wurden in den letzten Kriegsmonaten 60 000 neue Häftlingsarbeiter verschickt. Laut Aufstellung vom 15. Januar 1945 gab es damals im Reichsgebiet 714 211 Konzentrationslager-Häftlinge (511 537 Männer und 202 674 Frauen). Zur gleichen Zeit betrug die Stärke der SS-Wachmannschaften rund 40 000 Mann[215].

Da Himmler den verhängnisvollen Befehl gab, die Lager bei Feindannäherung zu räumen und die Häftlinge in noch bestehende rückwärtige KL zu überführen, ergab sich im Frühjahr 1945, als sowjetische Truppen vom Osten und englisch-amerikanische Truppen vom Westen her in das Reich eindrangen, ein chaotisches Finale für die Konzentrationslager-Häftlinge. Wohl mindestens ein Drittel der über 700 000 im Januar 1945 registrierten Häftlinge kam auf den strapaziösen Evakuierungsmärschen, in den wochenlang umherirrenden Transportzügen und (vor allem) in den völlig überfüllten Auffang-

---

[213] BA: Slg. Schumacher/347; auch Nürnbg. Dok. NO-5689.
[214] Nürnbg. Dok. NO-399.
[215] BA: Slg. Schumacher/329.

lagern in den Monaten und Wochen unmittelbar vor Kriegsende ums Leben. Nach den vorliegenden Teilzahlen ist die Gesamtzahl der Häftlinge, die während des Krieges in den Konzentrationslagern an Entkräftung und Krankheiten starben,
mindestens auf eine halbe Million zu schätzen.

Hans-Adolf Jacobsen:
Kommissarbefehl und Massenexekutionen
sowjetischer Kriegsgefangener

Schriftliches Sachverständigen-Gutachten für den Auschwitz-Prozeß, vor dem Schwurgericht in Frankfurt a. M. am 14. August 1964 mündlich vorgetragen.

Der politische Rahmen:
Nationalsozialistische Kriegsziele im Zweiten Weltkrieg

Am 5. April 1940 legte Reichsminister Dr. Goebbels vor geladenen Vertretern der deutschen Presse einen bemerkenswerten Rechenschaftsbericht über die »bisher geleistete Arbeit« der Nationalsozialisten ab. Dabei wies er vor allem auch auf die Konsequenzen hin, die »im Hinblick auf die wahrscheinlich ... eintretende Änderung unserer politischen, diplomatischen und militärischen Maßnahmen« zu ziehen seien. Goebbels ließ keinen Zweifel daran, daß der begonnene Krieg, »Zug um Zug« nur eine Wiederholung eines Vorganges sei, den Deutschland schon einmal erlebt habe. Wörtlich erklärte er dann:

> »Wir führen heute in Europa die gleiche Revolution durch, die wir in kleinerem Maßstab in Deutschland durchgeführt haben. Sie hat sich nur in den Dimensionen geändert. Die Grundsätze, Erfahrungen und Methoden von damals sind auch heute geltend. Sie haben auch zwischen Völkern Gültigkeit ... Wenn uns einer fragte, wie wir uns denn die Lösung dieser oder jener Frage dächten, so haben wir geantwortet, das wüßten wir noch nicht. Wir hatten schon unsere Pläne, aber wir unterbreiteten sie nicht der öffentlichen Kritik. Wenn heute einer fragt, wie denkt ihr euch das neue Europa, so müssen wir sagen, wir wissen es nicht. Gewiß haben wir eine Vorstellung. Aber wenn wir sie in Worte kleiden, bringt uns das sofort Feinde und vermehrt die Widerstände. Haben wir erst die Macht, so wird man schon sehen, und auch wir werden schon sehen, was wir daraus machen können ... Heute sagen wir ›Lebensraum‹. Jeder kann sich vorstellen, was er will. Was wir wollen, werden wir schon zur rechten Zeit wissen ... Bis jetzt ist es uns gelungen, den Gegner über die eigentlichen Ziele Deutschlands (d. h. des Nationalsozialismus) im unklaren zu lassen, genauso wie unsere innenpolitischen Gegner bis 1932 gar nicht gemerkt haben, wohin wir steuerten, daß der Schwur auf die Legalität nur ein Kunstgriff war ...«[1]

Mit diesen Worten umriß Goebbels die Taktik, mit der die nationalsozialistische Führung seit der Machtübernahme an die Verwirklichung ihres innen- und außenpolitischen Programms

---

[1] Reichsminister Dr. Goebbels am 5. April 1940 vor geladenen Vertretern der deutschen Presse. Jetzt erstmals veröffentlicht in: H.-A. Jacobsen, Der Zweite Weltkrieg. Fischer-Bücherei Nr. 645/646, Frankfurt 1965, S. 180 f.

gegangen war. Seit dem Kriegsausbruch (1. September 1939) zeichneten sich indessen die nationalsozialistischen Ziele Schritt für Schritt deutlicher ab: nach dem Aufbau »Großdeutschlands« ging es zunächst um die Liquidierung Polens, begleitet von den ersten völkischen Ausrottungsmaßnahmen[2]; sodann setzte der Kampf um die Vormachtstellung des Reiches in Mitteleuropa ein, der mit den militärischen Erfolgen von April bis Juni 1940 (Norwegen- und Westfeldzug) siegreich beendet zu sein schien. Aber als Hitler sich außerstande sah, England zur Anerkennung seiner politischen und militärischen Eroberungen zu zwingen und eine Kontinentalkoalition gegen Großbritannien im Sinne seiner Zielsetzung aufzubauen, faßte er den Entschluß, die »Konsolidierung« Europas, das heißt die von ihm und seinen engsten politischen Mitarbeitern geplante Neuordnung des Kontinents im Geiste der nationalsozialistischen Ideologie mittels Gewalt zu »vollenden«. Mit dem im Spätherbst anlaufenden Aufmarsch »Barbarossa« (Feldzug gegen die Sowjetunion) vollzog sich der qualitative Umschlag des Krieges zur unverhohlenen Radikalisierung und Ideologisierung. Von diesem Zeitpunkt ab konzentrierte Hitler die politischen, wirtschaftlichen und militärischen Anstrengungen Deutschlands auf dieses eine große Ziel, das zu erreichen ihm – wie das Zerschlagen des gordischen Knotens – die Lösung der noch schwebenden und der wichtigsten zukünftigen Probleme seiner Zeit verheißen mochte: die indirekte Bekämpfung Englands, die Vernichtung des Bolschewismus – damit zugleich die Ausschaltung des ideologischen Gegners und erpresserischen Konkurrenten –, die Gewinnung von »Lebensraum« im Osten mit den notwendigen Rohstoffvorkommen und die Beendigung des Krieges (allgemein rechnete die deutsche Wehrmachtführung mit einem Feldzug von drei bis fünf Monaten), bevor die USA in den Konflikt in Europa eingreifen konnten. Nach allen bis heute vorliegenden Zeugnissen ist aber festzuhalten: der seit Juli 1940 geplante und im Juni 1941 ausgelöste deutsche Angriff gegen die Sowjetunion war kein Präventivkrieg; Hitlers Entschluß zur Offensive entsprang nicht der tiefen Sorge vor einem drohenden, bevorstehenden sowjetischen Angriff, sondern war letzten Endes Ausdruck seiner Aggressionspolitik, wie sie seit 1938 immer deutlicher zum Ausdruck gekommen war[3].

[2] Vgl. M. Broszat, Nationalsozialistische Polenpolitik 1939–1945. Stuttgart 1961; H. Krausnick, Hitler und die Morde in Polen, in: Vierteljahrshefte für Zeitgeschichte, Jg. 11 (1963), S. 196 ff.

[3] Vgl. H.-A. Jacobsen, 1939–1945, Der Zweite Weltkrieg in Chronik und Dokumenten. Darmstadt 1961 (5. Aufl.), S. 669ff., 679 ff.

Bereits im Juli 1940 hatte Hitler in seinen Besprechungen mit den Spitzen des Heeres seine weitgesteckten Kriegsziele im Osten angedeutet: Ein gewisser Raumgewinn allein genüge nicht, so hatte er ausgeführt, der russische Staat müsse »schwer zerschlagen« und mehrere Teilreiche (wie Ukraine, Baltischer Staatenbund und Weißrußland) gebildet werden[4]. Unter dem Hinweis, daß die »Entscheidung über die europäische Hegemonie« im Kampfe »gegen Rußland falle« (5. Dezember 1940) und daß dazu der günstigste Zeitpunkt ausgenützt werden müsse, ließ Hitler Ende 1940 alle Vorbereitungen zu einem Kampf mit einem Gegner treffen, dessen »Menschen« er für »minderwertig« hielt und dessen Schicksal nach den Ausführungen Himmlers über die Behandlung von Fremdvölkischen im Osten (1940) das eines »führerlosen Arbeitsvolkes« sein sollte[5].

Diese Absichten gab Hitler wahrscheinlich zum erstenmal im März 1941 der Partei und den Spitzen der Wehrmacht (vor allem OKW und OKH) bekannt. Er erklärte bei verschiedenen Gelegenheiten, daß der kommende Feldzug im Osten »mehr als nur ein Kampf der Waffen« sei. Es handele sich um eine Auseinandersetzung zweier Weltanschauungen. Um diesen »Krieg zu beenden«, genüge es nicht, die feindliche Wehrmacht zu schlagen, sondern das »ganze Gebiet« müsse in »Staaten aufgelöst werden mit eigenen Regierungen«, mit denen Deutschland Frieden schließen könne. Dies erfordere viel »politisches Geschick und allgemein wohlüberlegte Grundsätze«. Jede »Revolution großen Ausmaßes« schaffe eben Tatsachen, »die man nicht mehr wegwischen« könne. Die sozialistische Idee sei aus dem heutigen Rußland nicht mehr wegzudenken. Sie könne allein die innerpolitische Grundlage für die Bildung der neuen Staaten und Regierungen sein. »Die jüdisch-bolschewistische Intelligenz als bisheriger ›Unterdrücker‹ des Volkes« müsse »beseitigt« und die »Führermaschinerie des russischen Reiches« zerschlagen werden. Die ehemalige, bürgerlich-aristokratische Intelligenz scheide als Führungsgruppe ebenfalls aus; sie werde vom russischen Volk abgelehnt und sei letzten Endes deutschfeindlich. Im übrigen müsse »unter allen Umständen vermieden« werden, an Stelle des »bolschewistischen« nunmehr ein »nationales Rußland« treten zu lassen, da dieses, wie die Ge-

---

[4] Vgl. Generaloberst Halder, Kriegstagebuch, Bd. II, bearb. v. H.-A. Jacobsen. Stuttgart 1963, S. 32 f., 49 f.
[5] Vgl. Vierteljahrshefte für Zeitgeschichte, Jg. 5 (1957), S. 194 ff.

schichte beweise, immer wieder deutschfeindlich eingestellt sein werde. Es sei daher Aufgabe des Reiches, so schnell wie möglich »mit einem Minimum an militärischen Kräften sozialistische Staatsgebilde aufzubauen«, die »von Deutschland abhängig« seien.

Im »großrussischen Bereich« müsse dazu »brutalste Gewalt« angewandt werden. Da »weltanschauliche Bande« das russische Volk noch nicht fest genug zusammenhalten, werde der bisherige »Zusammenhalt mit dem Beseitigen der Funktionäre« zerreißen. Diese »Aufgaben« seien so schwierig, daß »man sie nicht dem Heer zumuten« könne. Hitler wünschte daher nicht »das übliche Verfahren« mit der Ernennung von Militärbefehlshabern in den besetzten Gebieten, sondern er forderte, so schnell wie möglich politische Verwaltungen einzurichten, um »gleichzeitig« mit dem Kampf der Waffen den »Kampf der Weltanschauungen« durchfechten zu können[6].

In einer fast zweieinhalbstündigen Ansprache vor den Generalen aller Wehrmachtteile faßte Hitler am 30. März 1941 seine zukünftige ideologische Konzeption gegenüber Rußland noch einmal scharf zusammen. Ausgehend von einem »vernichtenden Urteil über [den] Bolschewismus«, den er als asoziales Verbrechertum kennzeichnete, bedeutete er, daß der Kommunismus eine ungeheure Gefahr für die Zukunft darstelle. »Wir müssen von dem Standpunkt des soldatischen Kameradentums abrücken«, denn der Kommunist sei »vorher kein Kamerad und nachher kein Kamerad«. Es handele sich um einen Vernichtungskampf. Würde Deutschland diesen Krieg nicht so auffassen, dann würde der Feind zwar geschlagen, aber in 30 Jahren werde der kommunistische Feind Deutschland erneut gegenüberstehen. »Wir führen nicht Krieg, um den Feind zu konservieren«, erklärte Hitler. Dieser Kampf werde sich wesentlich von dem Kampf im Westen unterscheiden; im Osten sei »Härte mild für die Zukunft«[7]. Ähnlich äußerte er sich noch einmal wenige Tage vor Beginn des Unternehmens »Barbarossa« am 14. Juni 1941[8].

Aber im Grunde wollten Hitler und seine engsten politischen Berater im Osten keineswegs »stalinfreie Republiken« unter deutschem Mandat schaffen; auch dachten sie gar nicht daran,

[6] Vgl. Kriegstagebuch des Oberkommandos der Wehrmacht, Bd. I, zusammengest. und erl. von H.-A. Jacobsen. Frankfurt 1964, S. 340 ff., 346, 349.
[7] Halder, Bd. II, a. a. O. (s. Anm. 4), S. 337.
[8] Aussage Keitels vor dem IMT am 4. April 1946.

die besetzten Gebiete bis zum Ural wieder abzutreten. Vielmehr wollten sie diese als »Lebensraum« rücksichtslos »beherrschen, verwalten und ausbeuten«[9]. Das haben Theorie und Praxis der nationalsozialistischen Besatzungs- und Bevölkerungspolitik in Rußland seit Juli 1941 langsam, aber sicher verdeutlicht. Jede Rücksichtnahme auf die Gefühle und Lebensweise der Russen lehnten die Himmlers als sentimentale Gefühlsduselei ab. Der Reichsführer-SS faßte dies in dem Satz zusammen: ». . . Wie es Russen, Tschechen . . . geht, ist mir total gleichgültig, ob sie im Wohlstand leben oder vor Hunger verrecken, interessiert mich nur soweit, als wir sie als Sklaven für unsere Kultur brauchen, anders interessiert mich das nicht.« Nach dem sogenannten »Generalplan Ost« sollten später fast 75 Prozent der slawischen Bevölkerung nach Sibirien ausgesiedelt werden; dem zurückbleibenden Rest der »Fremdvölker« aber war ein Helotenschicksal im Stile extremer imperialistischer Kolonialpolitik bestimmt. Gleichzeitig sollte in den Ostgebieten eine großzügige »Siedlungspolitik« eingeleitet, deutsche Volksgruppen und als Folge einer planmäßigen Rassenpolitik »Norweger, Schweden, Dänen, Niederländer« angesiedelt werden. Darin sahen Hitler und seinesgleichen das letzte, große, erstrebenswerte Ziel ihrer Politik: Europa unter der Führung der deutschen Herrenrasse (mit dem Namen »Großgermanisches Reich«) rassisch völlig neu zu gestalten. Hierzu mußte als erstes das Judentum »endgültig« ausgerottet und die »jüdisch-bolschewistische Verschwörung« vernichtet werden[10].
Das und nichts anderes hatte Goebbels mit seinen Andeutungen vom 5. April 1940 gemeint. Daß diese Gedanken und Pläne nicht neu waren, oder erst im Zuge der militärischen Erfolge aufgekommen sind, läßt sich leicht nachweisen. Bereits in den zwanziger Jahren war Hitler davon überzeugt, daß der »Zusammenschluß der europäischen Völker« aus der zwingenden Einsicht »in eine drohende Not« heraus eine »phantastische, geschichtlich unmögliche Kinderei sei«. In seinem zweiten Buch aus dem Jahre 1928 polemisierte er mit Nachdruck gegen die »paneuropäische Bewegung«, der er mangelnde Realität vorwarf. Besonders wandte er sich gegen den fundamentalen

---

[9] Vgl. Aktenvermerk vom 16. Juli 1941, Nürnb. Dok. L-221.
[10] Vgl. allgemein: L. Gruchmann, Nationalsozialistische Großraumordnung. Stuttgart 1962; H. Picker, Hitlers Tischgespräche im Führerhauptquartier 1941–1942. Neu hrsg. v. P. E. Schramm in Zusammenarbeit mit A. Hillgruber und M. Vogt. Stuttgart 1963; R. Hilberg, The Destruction of the European Jews. Chicago 1961; A. Dallin, Deutsche Herrschaft in Rußland 1941–1945. Düsseldorf 1958.

Grundirrtum, »Menschenwerte« (in Form der rassischen Auf-
züchtung) könnten durch »Menschenzahl« ersetzt werden. Im
Gegensatz zu den Europaplänen seiner Zeit, in deren Mittelpunkt die Gedanken der Souveränität der Staaten, der Gleichheit ihrer Rechte und des freiwilligen föderativen Zusammen-
schlusses standen, war Hitler von der Idee beherrscht, daß
»dauerhafte Volkszusammenschlüsse nur stattfinden« könnten,
wenn »rassische an sich gleichwertige und verwandte Völker
in Frage kommen und wenn zweitens ihr Zusammenschluß in
der Gestalt des langsamen Prozesses eines Hegemoniekampfes
stattfindet«. An anderer Stelle behauptete Hitler, daß der »Erfolg des Lebenskampfes der kraftvollsten Nation in Europa,
und was dann übrig bleibt, so wenig ein Paneuropa sein werde«,
wie die Einigung der »ladinischen Staaten einst etwa ein Pan-
Ladinien war. Die Macht, die damals diesen Einigungsprozeß
in jahrhundertelangen Kämpfen durchgeführt hat, hat dem
ganzen Gebilde für immer auch den Namen gegeben.« »Und
die Macht«, so fuhr Hitler fort, »die heute auf so natürlichem
Wege ein Paneuropa schüfe, würde ihm damit zugleich auch
die Bezeichnung Paneuropa rauben.«[11] Hitler meinte, daß Europa nach diesem Einigungsprozeß in der Lage sein würde, als
Weltmacht aufzutreten und damit »Nordamerika die Stirne« zu
bieten. Daß derartige Ideen keineswegs leere Phrasen oder weit-
schweifige Spekulationen waren, sondern Teile festumrissener
Planungen, hat der Verlauf des Zweiten Weltkrieges zur Genüge bewiesen.

Unter Europa verstand Hitler allerdings weniger »einen geo-
graphischen« als einen »blutsmäßig bedingten Begriff«. Groß-
deutschland und damit die Revision des Vertrages von Ver-
sailles (1933–1938) waren für ihn im Grunde Durchgangsstatio-
nen beziehungsweise Voraussetzungen für die große »Europa-
konzeption«. Am 8. Mai 1943 erklärte Hitler den Reichs- und
Gauleitern unmißverständlich, das »Kleinstaatengerümpel«,
das in Europa existiere, müsse so schnell wie möglich liquidiert
werden. Das Ziel des Kampfes sei ein einheitliches Europa, das
nur durch die Deutschen eine »klare Organisation« erfahren
könne. Eine »andere Führungsmacht« gebe es nicht[12].

---

[11] Hitlers Zweites Buch, Ein Dokument aus dem Jahre 1928. Stuttgart 1961, S. 129 f.
[12] Goebbels' Tagebücher, hrsg. v. L. P. Lochner. Zürich 1948, S. 325.

1. Entstehungsgeschichte des sogenannten »Kommissarbefehls« vom 6. Juni 1941

Nur vor dem hier skizzierten politischen Hintergrund können Entstehungsgeschichte des sogenannten »Kommissarbefehls« vom 6. Juni 1941 und die verschiedenen Anordnungen zur Exekution russischer Kriegsgefangener seit 1941 historisch zutreffend beurteilt werden. Jede isolierte Betrachtungsweise, etwa allein unter dem Gesichtspunkt der militärischen Kampfhandlungen im Osten, verkennt den unlösbaren und zugleich wechselseitigen Zusammenhang zwischen den politischen Intentionen der nationalsozialistischen Führung und den daraus resultierenden Weisungen, Befehle und Anordnungen auf politischem, wirtschaftlichem und militärischem Gebiet, im besonderen dem Vernichtungsprogramm gegen bestimmte Personengruppen der russischen Bevölkerung.

Am 3. März 1941 hatte General Jodl, der Chef des Wehrmachtführungsstabes des OKW, an die Abteilung Landesverteidigung einen Entwurf zu den »Richtlinien auf Sondergebieten zur Weisung Nr. 21« (»Barbarossa«) mit der Bemerkung zurückgesandt, daß Hitler folgende Anordnungen für die endgültige Fassung dieser Weisung gegeben habe: Das Heer brauche ein Operationsgebiet; man müsse dieses aber der Tiefe nach so weit wie möglich beschränken. Dahinter sei keine militärische Verwaltung einzurichten. An ihrer Stelle hätten vielmehr für bestimmte »volkstumsmäßig abzugrenzende Großräume« Reichskommissariate mit der Aufgabe zu treten, die neuen geplanten Staatsgebilde politisch schnell aufzubauen. An ihrer Seite sollten Wehrmachtsbefehlshaber eingesetzt werden, die nur in rein militärischen Fragen, die mit der Fortführung der Operationen zusammenhingen, dem Oberbefehlshaber des Heeres, im übrigen aber dem Oberkommando der Wehrmacht (OKW) unterstehen würden ... Die Masse der Polizeikräfte werde zu den Reichskommissaren treten. Die Grenzsperre könne sich nur auf das Operationsgebiet erstrecken. Ob es notwendig sei, auch dort schon Organe des Reichsführers-SS neben der Geheimen Feldpolizei einzusetzen, müsse mit Himmler geprüft werden. Die »Notwendigkeit, alle Bolschewistenhäuptlinge und Kommissare sofort unschädlich zu machen, spreche dafür«. Militärgerichte müßten bei allen diesen Fragen ausgeschaltet werden; sie hätten sich nur mit den »Gerichtssachen innerhalb der Truppe zu befassen«[13]. Damit haben wir quellenmäßig den ersten Beleg für die Absicht der nationalsozialistischen Führung, in der kommenden Auseinandersetzung mit der UdSSR alle sowjetischen Kommissare zu liquidieren.

Am 5. März 1941 unterrichtete der Generalquartiermeister des Heeres, General Eduard Wagner, den Chef des Generalstabes des Heeres, Generaloberst Halder, über den Inhalt der vorgesehenen OKW-Weisung. Wagner wies auch auf den »Sonderauftrag des Reichsführers-SS« Himmler hin[14].

Am 13. März 1941 unterzeichnete der Chef OKW, Generalfeldmarschall Keitel, einen nach den oben gegebenen Richtlinien abgeänderten Entwurf der Abt. L des WFSt. Dieser entsprach im wesentlichen den Änderungswünschen Hitlers (Dokument 1); allerdings mit zwei bemerkenswerten Ausnahmen. Die Frage, ob Organe des Reichsführers-SS neben der Geheimen Feldpolizei im Operationsgebiet eingesetzt werden sollten, war im Sinne Himmlers entschieden worden (s. oben). Unter I, 2 b hieß es: »Im Operationsgebiet des Heeres erhält der Reichsführer-SS zur Vorbereitung der politischen Verwaltung Sonderaufgaben im Auftrage des Führers, die sich aus dem endgültig auszutragenden Kampf zweier entgegengesetzter politischer Systeme ergeben. Im Rahmen dieser Aufgaben handelt der Reichsführer-SS selbständig und in eigener Verantwortung . . . Der Reichsführer sorgt dafür, daß bei Durchführung seiner Aufgaben die Operationen nicht gestört werden.« Außerdem fand sich in dieser Weisung noch kein direkter Hinweis über die Behandlung der sowjetischen Kommissare. Jedoch äußerte sich Hitler am 17. März 1941 gegenüber Generaloberst Halder, General Wagner und Oberst Heusinger (Chef d. Operations-Abt.) erneut in dem oben angedeuteten Sinne, daß die von »Stalin eingesetzte Intelligenz« in dem kommenden Feldzug im Osten vernichtet werden müsse[15].

Mit der Formulierung in der genannten OKW-Weisung: »Näheres regelt das OKH mit dem Reichsführer-SS unmittelbar« war offensichtlich gemeint, daß die beiden Dienststellen (OKH und Chef der Sicherheitspolizei) die notwendigen Vereinbarungen treffen sollten, damit die Organe des Reichsführ-

[13] KTB-OKW, a. a. O. (s. Anm. 6), S. 340 f.
[14] Halder, a. a. O. (s. Anm. 4), S. 303.
[15] Ebenda, S. 320.

rers-SS im Operationsgebiet zugelassen, die Grenzen ihrer Bewegungsfreiheit und die Versorgungsprobleme geregelt werden konnten. Über diese Frage verhandelte der Generalquartiermeister, General Wagner, der sich mit allem Nachdruck für die »absolute Befehlshoheit« des Oberbefehlshabers des Heeres im Operationsgebiet einsetzte, mit dem Chef der Sicherheitspolizei, SS-Obergruppenführer Reinhard Heydrich, am 25. März 1941[16]. Das Ergebnis dieser Besprechung wurde in einem Entwurf des Oberkommandos des Heeres (Generalstab des Heeres, Generalquartiermeister) am 26. März 1941 schriftlich fixiert (Dokument 2). Zweifellos hatte der Generalquartiermeister dabei der Sicherheitspolizei und dem SD weitgehende Zugeständnisse für das rückwärtige Armee- und Heeresgebiet gemacht. Vielleicht war er überzeugt, daß die politische Führung durch nichts von der beabsichtigten »Liquidation« bestimmter bolschewistischer Führungsgruppen abzuhalten sei, wie dies die Erfahrungen in Polen gelehrt hatten[17]; deshalb gab er den SS-Einsatzgruppen »freie Hand«, um das OKH mit derartigen Terrormaßnahmen nicht selbst zu belasten. Möglicherweise glaubte er auch, die Tätigkeit der Sonderkommandos ließe sich zumindest im Operationsgebiet unter Kontrolle halten.

Auf jeden Fall wurde der Einsatz der Sonderorgane im Operationsgebiet so vereinbart, daß die Sicherheitspolizei und der SD vor Beginn von Operationen festgelegte Objekte und besonders wichtige Einzelpersonen sicherstellen, im rückwärtigen Heeresgebiet staats- und reichsfeindliche Bestrebungen, soweit sie nicht innerhalb der feindlichen Wehrmacht auftreten, erforschen und bekämpfen konnten. Die Sonderkommandos, die in eigener Verantwortung handeln und ihre »fachlichen Weisungen« vom Chef der SP und SD erhalten sollten, waren berechtigt, »im Rahmen ihres Auftrages« gegenüber der Zivilbevölkerung »Exekutivmaßnahmen« durchzuführen.

Vier Tage später hielt Hitler, wie schon ausgeführt, seine Ansprache vor der Generalität (30. März 1941)[18]. Dabei betonte er vor allem, daß die bolschewistischen Kommissare und die kommunistische Intelligenz als Träger der bolschewistischen Idee vernichtet werden müßten. Der Kampf sei »gegen das Gift der

[16] Ebenda, S. 328.
[17] So nach einer Ausarbeitung v. H. Uhlig, Zur Geschichte des »Kommissarbefehls« (ungedr.), eine erweiterte und verbesserte Fassung von: Der verbrecherische Befehl. In: Aus Politik und Zeitgeschichte, Beilage zur Wochenzeitung ›Das Parlament‹ vom 17. Juli 1957; Briefwechsel Halder-Uhlig vom 6. September 1963.
[18] Halder, a. a. O. (s. Anm. 4), S. 335 ff.

[kommunistischen] Zersetzung« zu führen; das aber sei keine
Frage der Kriegsgerichte. Die Führer der Truppen müßten
eben wissen, worum es gehe; sie hätten sich mit den Mitteln zu
verteidigen, mit denen sie angegriffen würden. Kommissare und
GPU-Leute seien »Verbrecher« und als solche zu behandeln.
Deshalb brauche die Truppe noch lange nicht »aus der Hand«
ihrer Führer zu geraten; der Vorgesetzte sollte seine Anordnungen im Einklang mit dem Empfinden der Truppe treffen.
Vor allem müßten die Führer »das Opfer« auf sich nehmen,
»ihre Bedenken zu überwinden«.

Wie es scheint, hat Hitler diese Ideologisierung der Kriegführung vor allem mit dem Hinweis begründet, daß die Sowjetunion nicht der Genfer Konvention (von 1929)[19] beigetreten
sei; sie werde daher die deutschen Kriegsgefangenen sicherlich
nicht nach deren Bestimmungen behandeln. Das Verhalten
der Rotarmisten und Kommissare in Polen, im finnischen
Winterkrieg, im Baltikum und in Rumänien lasse darauf
schließen[20].

Über die Reaktion der deutschen Generalität auf diese Ansprache Hitlers liegt wohl eine Reihe von Zeugnissen vor, auch
geht aus dem Tagebuch des Chefs d. Generalstabes des Heeres
hervor, daß Halder, der sich selbst von Anfang an von den Verhandlungen mit Himmler und Heydrich distanziert hatte, einen
Befehl des Oberbefehlshabers des Heeres veranlassen wollte,
in dem zur Wahrung der soldatischen Disziplin ermahnt wurde[21]
(vgl. Dokument 10); aber insgesamt sind die beabsichtigten
oder eingeleiteten Protestschritte der Oberbefehlshaber der
Heeresgruppen, anderer Truppenführer oder Generalstabs-
offiziere bisher noch nicht hinreichend geklärt worden. Auch
ist nicht mit Sicherheit festzustellen, ob zum Beispiel die Einsprüche des Generalfeldmarschalls v. Bock sich nicht doch in
erster Linie gegen den zur gleichen Zeit herausgegebenen Erlaß zur Einschränkung der Kriegsgerichtsbarkeit für den »Fall
Barbarossa« (vgl. Dokument 8) gerichtet haben, wie dies
H. Uhlig mit einer gewissen Berechtigung behauptet hat[22]. Daß

[19] Damit war die Genfer Konvention vom 27. Juli 1929 betr. Kriegsgefangenenbehandlung gemeint, der die UdSSR im Gegensatz zu der am gleichen Tage geschlossenen Konvention über Ver-
wundetenbehandlung nicht beigetreten ist.
[20] Vgl. H. Greiner, Die Oberste Wehrmachtführung 1939–1943. Wiesbaden 1951, S. 371. Vgl.
aber auch: J. Erickson, The Soviet High Command, A military-political History 1918–1941.
London 1962, S. 510 ff.
[21] Halder, a. a. O. (s. Anm. 4), S. 337 und Anm. 12.
[22] Uhlig, a. a. O. (s. Anm. 17).

die Truppenführer auf die vorgesehene Einschränkung der Kriegsgerichtsbarkeit im Operationsgebiet schärfer reagiert haben dürften, kann als sicher gelten. Generaloberst a. D. Halder schrieb hierzu: »Die Verantwortung für die Disziplin der Truppe empfindet der hohe Truppenführer als das Primäre. Wenn diese Disziplin gefährdet wird oder wankt, dann ist es mit militärischer Führung im Sinne strategischer Führungskunst vorbei. Die Verantwortung für die Verletzung der völkerrechtlichen Vereinbarungen und Gepflogenheiten wirkt nicht so unmittelbar drückend, zumal die hier mitspielenden Rechtsbegriffe teilweise recht dehnbar sind und in der Praxis in jedem Krieg dauernd strapaziert werden.« Die Auffassung, »daß der empörte und erbitterte Widerstand der obersten Befehlshaber sich in erster Linie gegen die von Hitler dargelegten Gedanken über die Handhabung der Militärgerichtsbarkeit gerichtet hat in klarer Erkenntnis der daraus für die Disziplin der Armee entstehenden ernsten Gefahren«, erscheint mir durchaus richtig und schlagkräftig[23]. Nach wie vor ist die Frage offen, wer dem Oberkommando des Heeres den definitiven Auftrag erteilt hat, entsprechend den von Hitler am 30. März 1941 geäußerten Absichten, Richtlinien betreffend »Behandlung politischer Hoheitsträger für die einheitliche Durchführung« auszuarbeiten und wann das geschehen ist. Generaloberst Halder vermutet, daß Keitel aus dem unergründlichen und immer übergeschäftigen Betrieb heraus den Anstoß dazu gegeben hat. »Wenn man Dutzende von Malen miterlebt hat, wie eine ganz beiläufige Äußerung Hitlers den übereifrigen Feldmarschall ans Telefon rief, wo er Gott und die Welt in Bewegung setzte, der kann sich vorstellen, daß irgendein zufälliges Wort des Diktators bei Keitel ein schlechtes Gewissen in Bewegung setzte, daß hier dem Willen des Führers noch vor Beginn der Feindseligkeiten Nachdruck versetzt werden müsse. Dann hat er oder einer seiner Exponenten beim OKH angerufen und nach dem Stand der Dinge gefragt. Ist eine solche Anfrage wirklich beim OKH gelandet, so wurde sie dort natürlich als Sporenstich gewertet und löste Bewegung aus.«[24]

Wie dem auch sei, auf jeden Fall übersandte der General z. b. V. beim Oberbefehlshaber des Heeres, Eugen Müller, am 6. Mai 1941 zwei Entwürfe an das OKW, einen betr. Behandlung feindlicher Landeseinwohner und Einschränkung der militärischen

[23] Ebenda.
[24] Ebenda; Briefwechsel Halder-Uhlig.

Gerichtsbarkeit im Krieg mit der UdSSR (Dokument 5) und den anderen betr. Richtlinien zur einheitlichen Durchführung des bereits erteilten Auftrages (vom 31. März 1941) zur Behandlung politischer Hoheitsträger (Dokument 6). Im letzteren war zum erstenmal entsprechend der politischen Konzeption Hitlers (s. 30. März 1941) die Tötung der politischen Hoheitsträger, der leitenden Persönlichkeiten des Sowjetkommunismus und der Truppenkommissare schriftlich fixiert worden.

General Müller unterschied zwischen den Handlungen im Armeegebiet und im rückwärtigen Heeresgebiet. Im Armeegebiet sollten die politischen Hoheitsträger und Truppenkommissare, die nicht als Gefangene anerkannt würden, nachdem ihre Dienststellung festgestellt worden war, sofort erschossen werden, diejenigen, die erst in den Sammelstellen für Gefangene herausgefunden wurden, »spätestens in den Durchgangslagern«. Ausdrücklich wurde untersagt, ergriffene politische Hoheitsträger und Kommissare nach rückwärts abzuschieben. Über die einzelnen Vorfälle sollte die Truppenführung Meldungen an ihre vorgesetzte Kommandobehörde machen. Im rückwärtigen Heeresgebiet sollten Hoheitsträger und Kommissare, soweit sie nicht Angehörige der Roten Armee waren, an die Einsatzkommandos der Sicherheitspolizei übergeben werden.

Als der Inhalt dieses ersten Entwurfes zum sogenannten »Kommissarbefehl« zu einigen Kommandostellen des Heeres durchsickerte, stieß er dort verschiedentlich sofort auf Ablehnung. So führte zum Beispiel der Heeresadjutant Hitlers, Major Engel, am 10. Mai 1941 in Posen mit einigen Offizieren der Heeresgruppe B darüber ein sehr ernstes Gespräch. Wie Engel in seinem Tagebuch aufzeichnete, sahen General v. Salmuth (Chef Genst.) und Oberstleutnant i. G. v. Tresckow (Ia) den Befehl »als ein Unglück an«; beide »befürchteten schwere Rückwirkungen auf die Truppe« und erklärten vertraulich, daß sie Mittel und Wege suchten, »um durch mündliche Beeinflussung vor allem der Divisionskommandeure, diesen Befehl zu umgehen«. Tresckow machte die typische Bemerkung: »Wenn Völkerrecht gebrochen wird, sollen es zuerst die Russen tun und nicht wir.«[25] Über die Völkerrechtswidrigkeit des Befehls bestand also von Anfang an kein Zweifel bei den deutschen Kommandobehörden; dafür spricht auch die ungewöhnliche Beschränkung des schriftlichen Verteilers des »Kommissarbefehls« (vgl. Dokument 12).

[25] Aufzeichnung von Generalleutnant a. D. Engel (Abschrift) im Besitz des Autors (ungedr.).

Soweit bis heute festzustellen ist, nahmen zu diesem ersten Entwurf des OKH Reichsleiter Rosenberg und die Abt. Landesverteidigung im WFSt d. OKW Stellung (Dokument 7). Rosenberg schien eingewandt zu haben, daß die zukünftigen deutschen Reichskommissare viele der gefangengenommenen Funktionäre für die Verwaltung der besetzten Ostgebiete benötigten. Er empfahl daher, nur »hohe und höchste« Funktionäre zu »erledigen«. Die Abt. Landesverteidigung, die von Anfang an Bedenken geäußert hatte, ob »ein schriftlicher Erlaß dieser Art« überhaupt erforderlich sei (vgl. Dokument 5, Blatt 1, Randbemerkung), versuchte, die Vorschläge Rosenbergs zu modifizieren, indem sie anregte, nur diejenigen politischen Funktionäre, die sich gegen die Truppe wenden würden, was von dem radikalen Teil zu erwarten sei, entsprechend den entworfenen Richtlinien zu behandeln; Funktionäre, »die sich aber keiner feindlichen Haltung schuldig machten«, zunächst unbehelligt zu lassen; man werde es der Truppe kaum zumuten können, »die verschiedenen Dienstgrade der einzelnen Sektoren aussondern zu können«.

Gegen den Vorschlag des OKH, die Kommissare in der Truppe zu beseitigen, äußerte sie indessen keine Bedenken. Dabei mochte die mündliche Zusicherung des Generalquartiermeisters, General Wagner, an die Abt. L eine Rolle mitgespielt haben, daß »wenn ein schriftlicher Befehl Hitlers das Heer und nicht den SD mit der Durchführung der Gefangenenbehandlung im Hitlerschen Sinne beauftrage, werde OKH ohne Schwierigkeiten Mittel und Wege finden, um die Durchführung der verbrecherischen Anordnungen in der Praxis zu vereiteln«[26]. General Jodl, der Chef des WFSt im OKW, schlug vor, die »ganze Aktion am besten als Vergeltung« aufzuziehen, da man wohl mit der »Vergeltung gegen deutsche Flieger rechnen müsse« (vgl. Dokument 7).

Am 13. Mai 1941 erließ Adolf Hitler den »Erlaß über die Ausübung der Kriegsgerichtsbarkeit im Gebiet ›Barbarossa‹ und über besondere Maßnahmen der Truppen« (Dokument 8). Auch dieser stand im unmittelbaren Zusammenhang mit den politischen Intentionen der nationalsozialistischen Führung, zudem im mittelbaren zu dem wenige Wochen später erlassenen »Kommissarbefehl«. Er war gleichsam ein weiterer Ausdruck für die Radikalisierung der deutschen Kriegführung. Danach sollten Straftaten der feindlichen Zivilbevölkerung der »Zuständigkeit

[26] Nach einer Mitteilung von Halder (s. Anm. 17).

149

der Kriegsgerichte und der Standgerichte bis auf weiteres entzogen«, Freischärler durch die Truppe im Kampf oder auf der Flucht »schonungslos« erledigt und alle anderen Angriffe feindlicher Zivilpersonen gegen die Wehrmacht »auf der Stelle mit den äußersten Mitteln bis zur Vernichtung des Angreifers niedergekämpft« werden. Gegen »Ortschaften, aus denen die Wehrmacht hinterlistig oder heimtückisch angegriffen wurde«, sollten »kollektive Maßnahmen« durchgeführt werden, »wenn die Umstände eine rasche Feststellung einzelner Täter nicht« gestatteten.

Im Absatz II wurde bestimmt, daß »für Handlungen, die Angehörige der Wehrmacht und des Gefolges gegen feindliche Zivilpersonen begehen, kein Verfolgungszwang bestehe«, auch dann nicht, wenn die »Tat zugleich ein militärisches Verbrechen oder Vergehen« sei. Kriegsgerichtliche Verfahren seien nur dann anzuordnen, »wenn es die Aufrechterhaltung der Manneszucht oder die Sicherung der Truppe« unbedingt erfordere.

Insgesamt hatte das OKW den Anfang Mai 1941 vom OKH ausgearbeiteten Entwurf zur Einschränkung der Gerichtsbarkeit noch etwas verschärft. General Müller hatte nämlich unter Absatz II die Formulierung vorgeschlagen (vgl. Dokument 5): »Es bleibt unter allen Umständen Aufgabe aller Vorgesetzten, willkürliche Ausschreitungen einzelner [Wehrmachts-] Heeresangehöriger zu verhindern und einer Verwilderung der Truppe vorzubeugen.« Der einzelne Soldat dürfe nicht dahin kommen, daß er gegenüber Landeseinwohnern tut und läßt was ihm dünkt, sondern er ist in jedem Falle »an die Befehle seiner Vorgesetzten« gebunden. Diesen Passus hatte das OKW jedoch nicht übernommen. Daher hielt es der Oberbefehlshaber des Heeres, Generalfeldmarschall von Brauchitsch, – auch auf Drängen mehrerer Oberbefehlshaber und höchster Truppenführer – für geboten, einen Zusatzbefehl (den sogenannten »Disziplinar-Erlaß«) vom 24. Mai 1941 (Dokument Nr. 10) zu erlassen, in dem er mit allem Nachdruck an die Manneszucht appellierte und auf die eigentlichen Aufgaben der kämpfenden Truppe hinwies. Vor allem fügte er als Zusatz zu dem Absatz II der Führerweisung jene Richtlinie hinzu, die General Müller Anfang Mai vorgeschlagen, die aber das OKW nicht berücksichtigt hatte (siehe oben). Brauchitsch schloß mit dem Hinweis: »Ich lege besonderen Wert darauf, daß hierüber bis in die letzte Einheit Klarheit besteht. Rechtzeitiges Eingreifen jedes Offiziers, insbeson-

dere jedes Kompanie-Chefs usw. muß mithelfen, die Manneszucht, die Grundlage unserer Erfolge, zu erhalten.«[27]
Schließlich erließ das OKW am 6. Juni 1941 die ›Richtlinien für
die Behandlung politischer Kommissare‹ (den sogenannten
»Kommissarbefehl«), die nur bis zu den Oberbefehlshabern der
Armeen beziehungsweise Luftflottenchefs schriftlich weitergeleitet werden durften, den übrigen Kommandeuren aber mündlich mitgeteilt werden sollten (Dokument 12). Darin hieß es
unter anderem: »Im Kampf gegen den Bolschewismus ist mit
einem Verhalten des Feindes nach den Grundsätzen der Menschlichkeit oder des Völkerrechts nicht zu rechnen. Insbesondere
ist von den politischen Kommissaren aller Art als den eigentlichen Trägern des Widerstandes eine haßerfüllte, grausame und
unmenschliche Behandlung unserer Gefangenen zu erwarten ...
Die Urheber barbarischer asiatischer Kampfmethoden sind die
politischen Kommissare. Gegen diese muß daher sofort und
ohne weiteres mit aller Schärfe vorgegangen werden. Sie sind
daher, wenn im Kampf oder Widerstand ergriffen, grundsätzlich
sofort mit der Waffe zu erledigen.«
Während die Truppenkommissare, die nicht als Kriegsgefangene im Sinne des Völkerrechts Schutz beanspruchen könnten,
»noch auf dem Gefechtsfeld« ohne Ausnahme sofort ausgesondert und »erledigt« werden sollten, unterschied das OKW bei
allen anderen politischen Kommissaren und Funktionären zwischen solchen, die sich gegen die Truppe wenden würden – diese
sollten beseitigt werden – und denen, die sich keiner feindlichen
Handlung schuldig gemacht hätten. Letztere sollten zunächst
unbehelligt bleiben. Über die Liquidierungsmaßnahmen hatten
die Verbände auf einem kurzen Meldezettel zu berichten.
Im rückwärtigen Heeresgebiet waren Kommissare im Falle
zweifelhaften Verhaltens den Einsatzgruppen der Sicherheitspolizei zu übergeben.
Generalfeldmarschall v. Brauchitsch erläuterte den OKW-Erlaß
am 8. Juni 1941 hinsichtlich der politischen Kommissare noch
dahingehend (Dokument 13), daß ein Vorgehen gegen diese

[27] GFM v. Bock notierte dazu in seinem Tagebuch (Fotokopie im Bundesarchiv Koblenz) am
4. Juni 1941: »... Eine Verfügung des OKW ... ist so gehalten, daß sie praktisch jedem Soldaten
das Recht gibt, auf jeden Russen, den er für einen Freischärler hält, von vorne oder von hinten zu
schießen ... Brauchitsch hat eine Ergänzung zu dieser Verfügung gegeben, die sie wohl abschwä-
chen soll, was aber nur unvollkommen gelingt ... Greiffenberg [Chef Genst.] gebe ich den Auftrag ... festzustellen, ob die angekündigten Bestimmungen wesentliche Änderungen bringen.
Ist dies nicht der Fall, so soll G. dem ObdH melden, daß nach meiner Auffassung die Verfügung in dieser Form untragbar und mit der Manneszucht nicht vereinbar ist.« Vgl. auch
7. Juni 1941.

»zur Voraussetzung habe, daß der Betreffende eine besondere erkennbare Handlung oder Haltung gegen die deutsche Wehrmacht gezeigt habe«.

Schärfer interpretierte allerdings General Müller, der General z. b. V. beim Oberbefehlshaber des Heeres, die Richtlinien des OKW am 11. Juni 1941 in Warschau. Vor einer Reihe von Generalstabsoffizieren erklärte er (Dokument 14): in dem kommenden Einsatz müsse »Rechtsempfinden unter Umständen hinter Kriegsnotwendigkeit« treten. Daher sei es erforderlich, »zum alten Kriegsbrauch« zurückzukehren. Einer von beiden Feinden müsse »auf der Strecke bleiben«; die »Träger der feindlichen Einstellung« dürften nicht konserviert, sondern müßten erledigt werden. Was die Bestrafung von »Freischärlern« anbetreffe, so erfordere die Härte des Krieges auch harte Strafen, wie »kollektive Gewaltmaßnahmen durch Niederbrennen, Erschießen einer Gruppe von Leuten usw.«. Die Truppe dürfe sich aber nicht von ihren eigentlichen Aufgaben ablenken lassen oder »im Blutrausch« handeln. Alles müsse zur Sicherung der Truppe und für eine rasche Befriedung des Landes geschehen.

Zur »Rechtfertigung« dieses völkerrechtswidrigen Exekutionsbefehls hat die nationalsozialistische Führung vor allem zwei Argumente angeführt: 1. Der Truppenkommissar beziehungsweise Politruk sei kein richtiger Soldat im Kombattantensinne der Haager Landkriegsordnung (1907). 2. Die von diesen Kommissaren diktierte Kampfweise der Roten Armee würde alle Regeln humaner Kriegführung außer acht lassen. Dazu ist zu bemerken, daß »präventive« Repressalien gegen vermutete völkerrechtswidrige Handlungen des Feindes nicht statthaft sind. Dies haben auch die Kritiker des »Kommissarbefehls« richtig erkannt (vgl. Seite 148), ohne jedoch mit ihren Bedenken bei den maßgebenden Stellen durchzudringen.

Im übrigen war der Truppenkommissar der Roten Armee ein vollwertiges Glied der kämpfenden Truppe; er war bewaffneter Uniformträger und an besonderen Abzeichen erkennbar. Allerdings wurden die Abzeichen während des Ostfeldzuges vorübergehend abgeschafft, nachdem die Führung der sowjetischen Streitkräfte Kenntnis von dem Tötungsbefehl erhalten hatte[28].

[28] Vgl. R. Garthoff, Die Sowjetarmee – Wesen und Lehre. Köln 1955, S. 66 ff., 256 f., 280 (Aufgaben), 322; auch Erickson, a. a. O. (s. Anm. 20), S. 42 f., 376, 460, 471, 603.

Mag es auch äußerst schwierig sein, einen der historischen Situation gerecht werdenden Überblick über die de-facto-Handhabung des »Kommissarbefehls« in der Truppe zu gewinnen, so deuten immerhin gewisse Zeugnisse darauf hin, daß bestimmte kämpfende Truppenteile den Befehl weisungsgemäß ausgeführt haben, einige ihn zu umgehen suchten und andere ihn wiederum gar nicht befolgt haben, wie die nachträglichen Aussonderungen von Kommissaren in den Gefangenenlagern bewiesen haben[29].

Am 18. Juni 1941 unterrichtete der Chef des Generalstabes der Heeresgruppe Süd, General von Sodenstern, die Kommandierenden Generale der Heeresgruppe mündlich über den »Kommissarbefehl«. Der Chef des Generalstabes der Heeresgruppe Nord wies am 2. Juli 1941 den Chef des Generalstabes der Panzergruppe 4 darauf hin, daß der »Kommissarbefehl« vernichtet werden müsse, »damit er nicht in Feindeshand« falle und propagandistisch ausgenutzt werden könne (Dokument 16). Und am 10. Juli 1941 meldete die Panzergruppe 4 an die Heeresgruppe Nord, daß sie bis zum 8. Juli einschließlich 101 Kommissare »erledigt« hätte (Dokument 15)[30]. Am 16. August 1941 erkundigte sich der General z.b.V., General Müller, aufgrund der Anfrage einer Heeresgruppe beim OKW, »ob politische Gehilfen bei Kompanien (Politruk) als politische Kommissare im Sinne der Richtlinien anzusehen und entsprechend zu behandeln seien«; das OKW bejahte dies in seinem Antwortschreiben vom 18. August 1941 (vgl. auch Dokument 18).

Seit Mitte August 1941 mehrten sich jedoch gewisse »Bedenken gegen die Zweckmäßigkeit des Kommissarbefehls«. Bis zu diesem Zeitpunkt hatte sich gezeigt, wie verbissen und hartnäckig der Gegner im Osten zu kämpfen verstand. Auch war das Oberkommando des Heeres zu der Erkenntnis gekommen, daß Deutschland die Stärke und Schlagkraft der Roten Armee völlig unterschätzt hatte[31]; die Einsicht nahm zu, daß dieser Feldzug nicht in wenigen Monaten beendet werden konnte. Die Panzer-

---

[29] Vgl. Dok. 36–39. Gen. d. Pz. Tr. Schmidt verbot z. B. seinen Truppenkdr. die Ausführung des K.Befehls. Mitteilung Schmidt an Uhlig vom 15. März 1957. Vgl. auch Dok. 21. Vgl. auch Halder, a. a. O. (s. Anm. 4), Bd. III. Stuttgart 1964, S. 139 (1. August 1941): »Behandlung gefangener Kommissare (werden zum größten Teil erst in den Gefangenenlagern festgestellt).«
[30] Weitere Zeugnisse über die Durchführung des K.Befehls: vgl. IMT, VII, S. 434; Urteil des Amerikan. Militärgerichtshofes im Fall XII, S. 196, 198, 251; S. 177 ff., 248, 258, S. 158.
[31] Jacobsen, a. a. O. (s. Anm. 3), S. 684 ff.

gruppe 3 (Ic), die bis Anfang August 170 »politische Kommissare« (innerhalb der Truppe) »gesondert abgeschoben« hatte, meldete in ihrem Tätigkeitsbericht vom 14. August 1941, daß die »Sonderbehandlung« der politischen Kommissare durch die Truppe zu einem »baldigen Bekanntwerden auf der russischen Seite« und zur »Verschärfung des [feindlichen] Widerstandswillens« geführt hätte (Dokument 19).

Nach einem Bericht des Armeeoberkommandos 2 vom 9. September 1941 (Dokument 20) hatte ein Politruk, der in Zivil gefangengenommen worden war, ausgesagt: Nach seiner »Ansicht würden die politischen Leiter, Kommissare und Offiziere der Roten Armee nicht solchen Widerstand leisten, wenn sie die Gewißheit hätten, bei Gefangennahme oder Überlaufen nicht erschossen zu werden«.

Das Armeeoberkommando 2 folgerte daher, daß die »Auswirkung der scharfen Befehle über die Behandlung der Kommissare und Politruks als Mitursache des zähen feindlichen Widerstandes« anzusehen seien. Noch einen Schritt weiter ging der Kommandierende General des XXXIX. Armeekorps, General der Panzertruppen Schmidt. In einer Denkschrift vom 17. September 1941 forderte er, »als Sofortmaßnahme« den »Schießerlaß für politische Kommissare« aufzuheben (Dokument 21), denn nur, wenn der »einzelne Kommissar« wisse, daß er als Überläufer sein Leben retten könne, werde die bisher festgestellte »innere Geschlossenheit des politischen Führerkorps aufhören«. Schmidt wies aber darauf hin, daß es »auf weite Sicht« noch viel wichtiger sei, »dem russischen Volk eine positive Zukunft zu zeigen«. Wie General v. Thoma dem Chef des Generalstabs des Heeres am 21. September 1941 berichtete, hatte zum Beispiel die 17. Panzerdivision die gefangenen Kommissare nicht erschossen[32].

Als das OKH aber am 23. September 1941 auf Drängen der Fronttruppen das OKW um Lockerung des Kommissarbefehls bat, lehnte Hitler »jede Änderung der bisher erlassenen Befehle zur Behandlung der politischen Kommissare ab« (Dokument 22).

Erst die Erfahrungen des Winterfeldzuges 1941/42, verbunden mit den schweren Erschütterungen der deutschen militärischen Führung und die Tatsache, daß der geplante »Blitzfeldzug« gegen die Sowjetunion gescheitert war, führten zu einer schrittweisen Änderung der oben angedeuteten Einstellung. Nach

[32] Halder, a. a. O. (s. Anm. 29), Bd. III, S. 243.

einer Aufzeichnung im Kriegstagebuch des OKW (Oberst Scherff) hatte Hitler am 6. Mai 1942 befohlen, den sowjetischen Kommissaren und Politruks »zunächst versuchsweise« die »Erhaltung ihres Lebens« zuzusichern, »um die Neigung zum Überlaufen und zur Kapitulation eingeschlossener sowjetischer Truppen zu steigern«.

Daß im ganzen gesehen diese Art der revolutionären, traditionswidrigen Kriegführung (vgl. Dokument 41) keineswegs Beifall im Heer gefunden hat, ist mehrfach überliefert[33]. Im übrigen hat Hitler dies auch mit Erbitterung einsehen müssen. Als er am 18. Oktober 1942 den sogenannten »Kommandobefehl« (Liquidierung der Angehörigen alliierter Kommando-Unternehmen) erließ, mag er erneut gespürt haben, auf welch innere Ablehnung ein solcher bei der Truppe stoßen würde. Gegenüber seinem Adjutanten äußerte er: er wisse ja, daß man im Heer die gegebenen Befehle, wie zum Beispiel den »Kommissarbefehl« (Juni 1941), gar nicht oder nur zögernd befolgt habe. Schuld daran trage das Oberkommando des Heeres, das aus »dem Soldatenberuf möglichst einen Pastorenstand« machen wolle. Wenn er seine »SS nicht hätte, was wäre dann noch alles unterblieben«[34].

Massenexekutionen sowjetischer Kriegsgefangener

1. Weisungen und Befehle

Zweifellos ist ein Teil der russischen Verlustbilanz im zweiten Weltkrieg als *Opfer allgemeiner Kriegsumstände* (Hunger, Seuchen, Entkräftung usw.) zu betrachten (vgl. Dokument 42), aber ein großer Teil ist auf die systematische nationalsozialistische Rassen- und Vernichtungspolitik zurückzuführen, wie sie oben (Seite 139 ff.) angedeutet worden ist. *Grundlage* für die Behandlung sowjetrussischer Kriegsgefangener waren neben dem schon genannten »Kommissarbefehl« und in Verbindung damit die Weisung zur Einschränkung der Kriegsgerichtsbarkeit (vgl. Dokumente 8 und 12), verschiedene *Richtlinien* des OKW und Einsatzbefehle des Chefs der Sicherheitspolizei und des SD, die

[33] Vgl. Anm. 25, 29. Vgl. Dok. 28. Vgl. auch die Eintragung U. v. Hassells in sein Tagebuch vom 13. Juli 1941: Vom anderen Deutschland. Zürich 1946, S. 212; Aussage Lahousens vom 17. April 1947, Dok. NO-2894 u. a.

[34] Aufzeichnungen Engel, a. a. O. (s. Anm. 25). Abschrift im Besitz des Verf.

stets im Einvernehmen beider Dienststellen ausgearbeitet worden sind. Wenige Tage vor Beginn des Ostfeldzuges gab das OKW eine Weisung heraus, in der es die folgende Behandlung der Kriegsgefangenen anordnete: »Der Bolschewismus ist der Todfeind des nationalsozialistischen Deutschland. Gegenüber den Kriegsgefangenen der Roten Armee ist daher äußerste Zurückhaltung und schärfste Wachsamkeit geboten. Mit heimtückischem Verhalten insbesondere der Kriegsgefangenen asiatischer Herkunft ist zu rechnen.« OKW fordere daher ein »rücksichtsloses und energisches Durchgreifen bei den geringsten Anzeichen von Widersetzlichkeit, insbesondere gegenüber bolschewistischen Hetzern«. Jeder aktive und passive Widerstand müsse »restlos beseitigt« werden (Dokument 23). Im übrigen entzog dieser Befehl den sowjetischen Kriegsgefangenen generell und kollektiv einen Teil jener Rechte, die aufgrund der Haager Landkriegsordnung von 1907 und des Genfer Abkommens über die Behandlung von Kriegsgefangenen vom 27. Juli 1929 in den europäischen Kriegen Geltung erhalten hatten[35]. Noch schärfer gefaßt waren die »Anordnungen für die Behandlung sowjetischer Kriegsgefangener«, die das OKW am *8. September 1941* erließ (Dokument 31). Ausgehend von der These, daß der augenblickliche Kampf im Osten ein Weltanschauungskrieg sei, stellte das OKW fest: »Der Bolschewismus ist der Todfeind des nationalsozialistischen Deutschland. Zum erstenmal steht dem deutschen Soldaten ein nicht nur soldatisch, sondern auch politisch im Sinne des völkerzerstörenden Bolschewismus geschulter Gegner gegenüber. Der Kampf gegen den Nationalsozialismus ist ihm in Fleisch und Blut übergegangen. Er führt ihn mit jedem ihm zu Gebote stehenden Mittel: Sabotage, Zersetzungspropaganda, Brandstiftung, Mord. Dadurch hat der bolschewistische Soldat jeden Anspruch auf Behandlung als ehrenhafter Soldat und nach dem Genfer Abkommen verloren . . .« Außer dem schon genannten rücksichtslosen energischen Durchgreifen bei den geringsten Zeichen von Widersetzlichkeit befahl das OKW in striktem Gegensatz zu den Bestimmungen der Haager Landkriegsordnung: »Auf flüchtige Kriegsgefangene ist sofort ohne vorherigen Haltruf zu schießen . . . Waffengebrauch gegenüber sowjetischen Kriegsgefan-

[35] Stellungnahme Uhlig vom 15. April 1963 an den Oberstaatsanwalt beim Landgericht Frankfurt. Dazu zählten u. a.: Überwachung, caritative Betreuung und Rechtshilfe durch die Schutzmacht des kriegführenden Staates (Schweden) und durch internat. Hilfsgesellschaften (Rotes Kreuz), Strafvollzug, Melde- und Auskunftssystem, Kriegsgefangenenpost, Regeln für die Verpflegung.

genen gilt in der Regel als rechtmäßig« (vgl. Einschränkung der Kriegsgerichtsbarkeit: Dokument 8). Aufgrund einer Vereinbarung mit dem Chef des Allgemeinen Wehrmachtsamts im OKW (AWA), General Reinecke, erließ Heydrich in seinem *Einsatzbefehl Nr. 8* vom 17. Juli 1941 allgemeine Richtlinien für die in die Stammlager und Durchgangslager abzustellenden Kommandos des Chefs der Sicherheitspolizei und des SD und für die Aussonderung von Zivilpersonen und verdächtigen Kriegsgefangenen des Ostfeldzuges in den Kriegsgefangenenlagern im besetzten Gebiet, im Operationsgebiet im Generalgouvernement und in den Lagern des Reiches (Dokument 24).

Als »Absicht« stellte Heydrich heraus: Die Wehrmacht müsse sich »umgehend von allen denjenigen Elementen unter den Kriegsgefangenen befreien«, die als »bolschewistische Triebkräfte« anzusehen seien. Die »besondere Lage des Ostfeldzuges« verlange »besondere Maßnahmen, die frei von bürokratischen und verwaltungsmäßigen Einflüssen verantwortungsfreudig durchgeführt werden müßten. Politisch handele es sich darum, »das deutsche Volk vor [den] bolschewistischen Hetzern zu schützen und das besetzte Gebiet alsbald fest in die Hand zu nehmen«.

Um das »gesteckte« Ziel zu erreichen, befahl Heydrich ein ganz bestimmtes Aussonderungsverfahren. Als erstes sollten die russischen Kriegsgefangenen nach bestimmten Kategorien voneinander getrennt werden (so zum Beispiel nach Zivilpersonen, Soldaten, politisch untragbaren Elementen, besonders vertrauenswürdigen Personen, Volkstumsgruppen). Die Aussonderung »politisch untragbarer Elemente« unter den Soldaten und Zivilpersonen sollten die Einsatzkommandos der SP und des SD vornehmen, die auch im einzelnen über das Los der »Verdächtigen« nach den Weisungen vom Chef SiPo und des SD zu entscheiden hatten. Diese Sonderkommandos, in Stärke von einem »SS-Führer und vier bis sechs Mann«, hatten in erster Linie ausfindig zu machen: 1. Alle bedeutenden Funktionäre des Staates und der Partei, insbesondere Berufsrevolutionäre. 2. Funktionäre des Komintern. 3. Alle maßgebenden Parteifunktionäre der KPdSU und ihrer Nebenorganisationen in den Zentralkomitees, den Gau- und Gebietskomitees. 4. Alle Volkskommissare und ihre Stellvertreter. 5. Alle ehemaligen politischen Kommissare der Roten Armee. 6. Die leitenden Persönlichkeiten der Zentral- und Mittelinstanzen bei den staatlichen Behörden. 7. Die führenden Persönlichkeiten des Wirtschaftslebens. 8. Die sowjetischen Intelligenzler und Juden, »soweit es sich um Berufsrevolutionäre oder Politiker, Schriftsteller, Redakteure, Komintern-Angestellte usw. handelt« und 9. Alle Personen, die als Aufwiegler oder fanatische Kommunisten festgestellt werden.

Da den Sonderkommandos keine Hilfsmittel für die Durchführung ihrer Aufgaben zur Verfügung gestellt werden konnten, sollten sie mit Hilfe der Lager-Kommandanten, bestimmter V-Personen unter den Kriegsgefangenen und durch Verhöre der Lagerinsassen »alle auszuscheidenden Elemente Zug um Zug« ermitteln. Durch kurze »Vernehmung der Festgestellten und eventuelle Befragung anderer Kriegsgefangener« hatten sich die Kommandos »in jedem Fall endgültig Klarheit über die zu treffenden Maßnahmen zu verschaffen«. (Zur Prozedur der Aussonderung, Liquidierung usw. vgl. Dokumente 33, 34, 36, 37, 38, 39 und 40.)

Die Angabe eines V-Mannes (so nach dem Einsatzbefehl Nr. 14 vom 29. Oktober 1941[36] wahrscheinlich aufgrund gemachter Erfahrungen) genügte später jedoch nicht mehr ohne weiteres, einen Lagerinsassen als verdächtig zu bezeichnen.

Vor »Durchführung der Exekutionen« – entsprechend der gegebenen Richtlinien – hatten sich die Führer der Einsatzkommandos wegen des Vollzuges jeweils mit den Leitern der in Frage kommenden Staatspolizeistellen beziehungsweise mit den Kommandeuren des für ihr Lager zuständigen Gebietes in Verbindung zu setzen. Jedoch sollten die Exekutionen weder im Lager selbst noch in unmittelbarer Nähe erfolgen; auch sollten sie nicht öffentlich, sondern unauffällig durchgeführt werden.

Entsprechend dem Einsatzbefehl Nr. 14 vom 29. Oktober 1941 (Dokument 32) konnten die Chefs der Einsatzgruppen in »eigener Verantwortlichkeit« über die Exekutionsvorgänge entscheiden und den Sonderkommandos die notwendigen Weisungen erteilen.

Im Geiste derartiger Weisungen sind auch vereinzelt Befehle höherer Truppenbefehlshaber abgefaßt worden. So befahl zum Beispiel der Oberbefehlshaber der 6. Armee, Generalfeldmarschall v. Reichenau, am 10. Oktober 1941, daß der deutsche Soldat »als Träger einer unerbittlichen völkischen Idee« vor allem zwei Aufgaben zu erfüllen habe: »die völlige Vernichtung der bolschewistischen Irrlehren, des Sowjetstaates und seiner Wehrmacht; und die erbarmungslose Ausrottung artfremder Heim-

[36] Nürnbg. Dok. NO-3422 (Fotokopien im Institut für Zeitgeschichte München).

tücke und Grausamkeit und damit die Sicherung des Lebens der deutschen Wehrmacht in Rußland.«[37]

Allerdings hat es auch nicht an Eingaben und Stimmen gefehlt, in denen gegen derartige Anordnungen zur Behandlung sowjetischer Kriegsgefangener energisch Stellung genommen wurde[38]. Am schärfsten kritisierte solche der Chef des Amtes Ausland/ Abwehr im OKW, Admiral Canaris. Sowohl vom »grundsätzlichen Standpunkt« (die Behandlung russischer Kriegsgefangener widerspreche den kriegsrechtlichen Normen) aus als auch »wegen der sicherlich eintretenden nachteiligen Folgen in politischer und militärischer Hinsicht« äußerte Canaris am 15. September 1941 »schwere Bedenken« gegen den Erlaß vom 8. September 1941 (Dokumente 28, 29). Jedoch vermerkte der Chef des Oberkommandos der Wehrmacht auf der Eingabe handschriftlich: »Die Bedenken entsprechen den soldatischen Auffassungen vom ritterlichen Krieg. Hier handelt es sich um die Vernichtung einer Weltanschauung. Deshalb billige ich die Maßnahmen und decke sie.« Nach einem OKH-Befehl (Generalquartiermeister) vom 7. Oktober 1941 wurde in Abänderung der früheren Weisungen in den Durchgangslagern der Einsatz von Sonderkommandos der Sicherheitspolizei und des SD zur Aussonderung untragbarer Elemente »in eigener Verantwortlichkeit« wie folgt geregelt[39]:

»a) Die für diese Aufgabe vorgesehenen Sonderkommandos werden den Beauftragten des Chefs der SP und des SD bei den Befehlshabern des rückwärtigen Heeresgebiets auf der Grundlage der mit Bezugsverfügung a) übersandten Vereinbarung vom 28. 4. 41 unterstellt [Dokument 3].

b) Der Einsatz der Sonderkommandos ist im Einvernehmen mit den Befehlshabern des rückwärtigen Heeresgebiets (Kriegsgefangenenbezirks-Kommandanten) so zu regeln, daß die Aussonderung möglichst unauffällig vorgenommen und die Liquidierungen ohne Verzug und soweit abseits von den Dulag und von Ortschaften durchgeführt werden, daß sie den sonstigen Kriegsgefangenen und der Bevölkerung nicht bekannt werden.

c) Die Oberbefehlshaber der Heeresgruppen und die Befehlshaber des rückwärtigen Heeresgebiets können ent-

[37] Vgl. Jacobsen, a. a. O. (s. Anm. 3), S. 578 f.; vgl. auch L. Poliakov und J. Wulf, Das Dritte Reich und seine Diener. Berlin 1956, 2. Aufl., S. 451 ff. (Befehl des AOK 11 vom 20. 11. 1941).
[38] Vgl. Dallin, a. a. O. (s. Anm. 10), S. 42ff., 558 ff.
[39] Nürnbg. Dok. NO-3422, OKH, Genst. d. H., Gen. Qu., Abt. Kriegsverw. (hier: Entwurf).

sprechend der Vereinbarung vom 28. 4. den Einsatz der Sonderkommandos in Teilen des rückwärtigen Heeresgebiets mit Rücksicht auf die Operationen ausschließen.

d) In solchen Dulags des rückwärtigen Heeresgebiets, in denen eine Aussonderung durch die Sonderkommandos noch nicht erfolgen konnte, ist unter Verantwortung der Kommandanten nach den bisherigen Bestimmungen zu verfahren. Mit Eintreffen der Sonderkommandos ist die Aussonderung untragbarer Elemente ausschließlich deren Aufgabe. Gemeinsam durchgeführte Aussonderungen usw. haben zu unterbleiben.

3. Eine schriftliche – auch auszugsweise – Weitergabe dieses Befehls hat zu unterbleiben. Die Bekanntgabe an die Kgf. Bez. Kommandanten und Kommandanten der Dulag hat mündlich zu erfolgen.«

Zweifellos lieferten alle diese Befehle die Handhabe für zahllose Willkürmaßnahmen, die eben nicht nur auf spontane Übergriffe einzelner untergeordneter Stellen oder auf persönliche Brutalität zurückzuführen waren (vgl. Arbeitseinsatz von Kriegsgefangenen durch Armeebefehl zum Minenräumen hinter der Front, Mißhandlungen, völlig unzulängliche Verpflegung und sanitäre Betreuung). Er schuf jene Verhältnisse, in denen die von den Einsatzgruppen betriebene »Aussonderung« ganzer großer Gruppen von Kriegsgefangenen zur Exekution mit einer gewissen Heimlichkeit betrieben werden konnte[40].

Das OKW hat diese einseitigen Diskriminierungen völkerrechtlich damit zu begründen versucht, daß die Sowjetunion das Genfer Abkommen über die Behandlung von Kriegsgefangenen vom 27. Juli 1929 – im Gegensatz zur Konvention über die Behandlung von Verwundeten – nicht ratifiziert habe und daß sie außerdem nicht auf das finnische Anerbieten eingegangen sei, während des finnisch-russischen Winterkrieges 1939/40 die Konvention auf der Grundlage der Gegenseitigkeit als praktisch verbindlich zu betrachten. Es ist auch später (zum Beispiel von der Verteidigung im sogenannten OKW-Prozeß, Fall XII des IMT) geltend gemacht worden, daß die Sowjetunion nie eine Erklärung abgegeben habe, wonach sie kraft Sukzession oder durch einen formellen eigenen Schritt zu den Paktstaaten der Haager Landkriegsordnung von 1907 gehöre. Die Haager Landkriegsordnung (HLKO) enthält nämlich schon eine ganze Reihe von Bestimmungen zum Schutz der Kriegsgefangenen, die

[40] Uhlig, a. a. O. (s. Anm. 35), auch für das Folgende.

durch den Befehl des OKW Abt. Kriegsgefangene vom 16. Juli 1941 zu ungunsten der sowjetischen Kriegsgefangenen außer Kraft gesetzt worden sind (Text unter anderem in ›Die Genfer Rotkreuz-Abkommen vom 12. August 1949‹ mit einer Einführung von D. A. Schlögl, Mainz 1955, Seite 280 ff.).

Tatsächlich hat die Sowjetunion in einer offiziellen Note vom 17. Juli 1941 ihre Schutzmacht Schweden beauftragt, der deutschen Reichsregierung bekanntzugeben, daß die Sowjetregierung die sogenannte IV. Haager Konvention vom 18. Oktober 1907 als verbindlich für ihre Kriegführung betrachte, selbstverständlich auf der Grundlage der Gegenseitigkeit. (Der Rat der Volkskommissare der UdSSR hat am 1. Juli 1941 einen »Erlaß über Kriegsgefangene« beschlossen, der sich streng an die Bestimmungen des IV. Haager Abkommens vom 18. Oktober 1907 hält. Dieser Erlaß ist – wie seine Verwendung als Anlage zur Vortragsnotiz des Amtes Ausland/Abwehr [Canaris] vom 15. September 1941 beweist [Dokument 14] – der Reichsregierung beziehungsweise dem OKW bekannt geworden. Wieweit er praktisch befolgt wurde, ist eine zweite Frage, die überdies eng verkoppelt ist mit dem Repressalienproblem.) Das sowjetische Außenministerium hat in einem Telegramm vom 8. August 1941 das Genfer Internationale Comité vom Roten Kreuz von diesem Schritt verständigt. (Wortlaut in Anmerkung 31 zu ›Der verbrecherische Befehl‹ in Beilage Nr. 57 vom 15. Juli 1957 zu ›Das Parlament‹). Die deutsche Reichsregierung hat jedoch dieses Anerbieten ignoriert und in weiteren Befehlen beziehungsweise Erlassen für Wehrmacht, Polizei und Einsatzgruppen die Fiktion aufrechterhalten, die Sowjetunion stehe durch eigene Intransigenz außerhalb des kodifizierten Kriegsrechts. Im Gegensatz zum Deutschen Reich haben Finnland, Italien, die Slowakische Republik und Rumänien der Sowjetregierung im Juli/August 1941 via Internationales Comité vom Roten Kreuz offiziell angeboten, das Abkommen betreffs Kriegsgefangenenbehandlung vom 27. Juli 1929 gegenüber sowjetischen Kriegsgefangenen zu beachten.

2. Durchführung

Aus den zahllosen »Ereignismeldungen UdSSR Nr. ...«, die der Chef der Sicherheitspolizei und des SD, Gestapo-Abteilung (Kommunismus) mit Beginn des Ostfeldzuges in über 50–60 Ausfertigungen anfertigen und verteilen ließ, ist ein umfassendes Bild von der Tätigkeit der deutschen Vernichtungskommandos in Rußland zu gewinnen. So meldete die Einsatzgruppe A am 15. Oktober 1941, sie habe bisher 125 000 Juden und 5 000 andere »liquidiert«, die Einsatzgruppe B berichtete von 45 000 Opfern bis zum 14. November 1941, die Einsatzgruppe C von 75 000 Juden und 5000 »anderen« (meist Kommissare, Funktionäre usw.), während das Einsatzkommando D am 12. Dezember 1941 von 55 000 sprach, die es beseitigt hatte[41].

Berichte über die Erschießung von über 300 jüdischen und kommunistischen Kriegsgefangenen in einem Stalag des Wehrbereichs XX (Danzig)[42] oder über die planmäßige »Überholung der Gefangenenlager« (das heißt Säuberung) (Ereignismeldung Nr. 47 vom 9. August 1941) sind ebenso beispielhaft für die seit dem 22. Juni 1941 angelaufene Exekution aus rassischen und politischen Motiven wie die Ereignismeldung Nr. 132 vom 11. Dezember 1941, in der es unter »Vollzugstätigkeit« u. a. hieß:

»In Borispol wurden auf Anforderung des Kommandanten der dortigen Kriegsgefangenenlager durch einen Zug des Sonderkommandos 4 am 14.10.41 752 und am 16.10.41 357 jüdische Kriegsgefangene, darunter einige Kommissare und 78 vom Lagerarzt übergebene jüdische Verwundete erschossen. Gleichzeitig exekutierte derselbe Zug 24 Partisanen und Kommunisten, die vom Ortskommandanten in Borispol festgenommen worden waren . . . Ein anderer Zug des Sonderkommandos 4a wurde in Lubny tätig und exekutierte störungslos 1865 Juden, Kommunisten und Partisanen, darunter 53 Kriegsgefangene und einige jüdische Flintenweiber.«

»Die durch die teilweise sehr schlechten Witterungs- und Wegeverhältnisse beeinflußte Arbeit des Sonderkommandos 4b beschränkte sich im wesentlichen auf den Stadtbereich Poltawa. In der Woche vom 4. 10. 1941 bis 10. 10. 1941 wurden insgesamt 186 Personen exekutiert, davon 21 politische Funktionäre, 4 Saboteure und Plünderer und 161 Juden.«

»Die Zahl der durch das Einsatzkommando 5 Exekutierten betrug am 20.10.41 insgesamt 15 110. In der Zeit vom 13.10. 41 bis 19.10.41 sind davon 20 politische Funktionäre, 21 Sa-

[41] Hilberg, a. a. O. (s. Anm. 10), S. 192, Anm. 20–23.
[42] Vgl. allgemein: G. Reitlinger, Ein Haus auf Sand gebaut. Hamburg 1962, S. 114 ff. (Die Kriegsgefangenen).

boteure und Plünderer und 1047 Juden erschossen worden...
Das Einsatzkommando 5 exekutierte in der Zeit vom 28.9.
1941 bis 4.10.1941 in Kriwoj-Rog 8 politische Funktionäre
und 2 Saboteure und in der Zeit vom 28.9.1941 bis 4.10.1941
in Dnjepropetrowsk 85 politische Funktionäre, 14 Saboteure
und Plünderer und 179 Juden...«
Am 5. Dezember 1941 berichtete der Chef der Abteilung Gestapo im Reichssicherheitshauptamt, SS-Gruppenführer Müller,
bei einer Besprechung zwischen Vertretern des OKW, des Ostministeriums und des RSHA, daß »bisher nur rund 22 000 russische Kriegsgefangene ausgesondert und von diesen etwa
16 000 liquidiert worden seien«[43].
Wie die Truppenverbände über die Gefangenenlage im einzelnen an ihre vorgesetzten Dienststellen berichteten, geht aus
drei monatlichen Meldungen des AOK 11 von Anfang 1942
hervor[44].

Danach waren am:	a] gestorben erschossen	b]geflohen	c] an SD übergeben	entlassen	Gesamt- abgänge
7. 1. 1942:	135	181	140	26	507
6. 2. 1942:	1116	155	111	2293	3680
6. 3. 1942:	1115	36	66	298	1522

Neben den jüdischen Gefangenen, den sogenannten Intellek-
tuellen, den Kommissaren und den als kommunistisch über-
zeugten Verdächtigen (Ereignismeldungen vom 20. August
und 16. September 1941) fielen in den ersten Monaten des Krieges auch mohammedanische Gefangene den verschiedenen
Exekutionskommandos zum Opfer, weil sie beschnitten waren.
Zehntausende von Gefangenen nichtjüdischer Herkunft fanden
den Tod, da einzelnen Vernehmungskommandos bereits »bestimmte Gesichtszüge« genügten, um ihr Urteil zu fällen[45].
Allerdings ist die hohe Quote der Todesopfer 1941/42 auch vor
allem darauf zurückzuführen, daß die bei den Kesselschlachten
1941 in deutsche Kriegsgefangenschaft geratenen russischen
Soldaten nicht hinreichend untergebracht und versorgt werden
konnten. Außerdem hatte es Hitler aus politischen Gründen
untersagt, die Kriegsgefangenen in das Reich abzutranspor-
tieren. Die vom OKW befohlene Unterbringung in den Reichskommissariaten erwies sich bald als völlig unzureichend, so

[43] Nürnbg. Dok. NOKW-147.
[44] Nürnbg. Dok. NOKW-1284.
[45] Vgl. Dallin, a. a. O. (s. Anm. 10), S. 431.

daß Hitler Ende Oktober 1941 seinen Befehl wieder rückgängig machte[46].

Eine große Anzahl von Kriegsgefangenen wurde außerdem auf den endlosen Transporten erschossen, darunter die sogenannten Nachzügler, die aus Erschöpfung nicht weiter konnten, oder diejenigen, die sich wegstehlen wollten und dabei entdeckt wurden. Hinzu kamen die vielen Invaliden, die die Märsche nicht überstehen konnten. Nach einem Inspektionsbericht von Oberst Lahousen (OKW, Amt Ausland/Abwehr) vom 23. Oktober 1941 (Dok. NOKW-3147) hatte das Armeeoberkommando 6 befohlen, »alle schlappmachenden Kgf. zu erschießen«. Bedauerlicherweise werde »dies an der Straße, selbst in Ortschaften vorgenommen, so daß die einheimische Bevölkerung Augenzeuge dieser Vorgänge« geworden sei. Die meisten der in die Konzentrationslager »entlassenen« Kriegsgefangenen wurden entweder von Sonderkommandos liquidiert oder auch durch Phenolinjektionen (zum Beispiel in Sachsenhausen) beziehungsweise durch Genickschußapparate getötet. Sehr wahrscheinlich hat der Lagerkommandant von Auschwitz, Rudolf Höß, im September 1941 die ersten Versuche mit dem Zyangas Zyklon B an 600 invaliden russischen Kriegsgefangenen unternommen[47].

Der Tod von Hunderttausenden von russischen Kriegsgefangenen 1941/42 veranlaßte sogar den Reichsminister für die besetzten Ostgebiete, Rosenberg, einen Brief an den Chef OKW zu richten. Er forderte die Behandlung der Kriegsgefangenen nach den Gesetzen der Menschlichkeit. ». . . Man könne wohl ohne Übertreibung sagen, daß die Fehler in der Kriegsgefangenenbehandlung zu einem großen Teil die Ursachen für die sich vertiefende Widerstandskraft der Roten Armee seien und damit auch für den Tod Tausender deutscher Soldaten.«[48]

Erst die im Frühjahr 1942 einsetzende umfassende Aushebung von russischen Zwangsarbeitern für die deutsche Wehr- und Rüstungswirtschaft führte zu einer langsamen Verbesserung der Lebensbedingungen der Kriegsgefangenen und einem Nachlassen der Massenexekutionen (vgl. auch Dokument 35). Aller-

[46] Ebenda, S. 424; Halder, a. a. O. (s. Anm. 4), Bd. III, S. 289, Anm. 2 (14. 11. 1941). Der Chef Genst. d. H. notierte über einen Aufenthalt in Molodetschno: »Fleckfieber-Russenlager (20000) zum Aussterben verurteilt. Mehrere deutsche Ärzte tödlich erkrankt. In anderen Lagern in der Umgebung zwar kein Fleckfieber, aber täglich Abgang von zahlreichen Gefangenen durch Hungertod. Grauenhafte Eindrücke, gegen die aber eine Abhilfe im Augenblick nicht möglich erscheint.«
[47] Reitlinger, a. a. O. (s. Anm. 42), S. 146 f.
[48] Dallin, a. a. O. (s. Anm. 10), S. 430.

dings war dies nicht der politischen Einsicht zuzuschreiben, »sondern der plötzlichen Erkenntnis, daß dem [deutschen] Arbeitsmarkt dringende Kräfte zugeführt werden« müßten. Es entstand nun das »groteske Bild, daß nach dem gewaltigen Hungersterben der Kriegsgefangenen Hals über Kopf Millionen von Arbeitskräften . . . angeworben werden mußten«[49].

In einem Nachweis über den Verbleib sowjetischer Kriegsgefangener, den die Organisations-Abteilung des Amtes für Kriegsgefangenenwesen des AWA (OKW) am 1. Mai 1944 herausgegeben hat, ist die Gesamtzahl der in deutsche Gefangenschaft geratenen Rotarmisten mit 5 165 381 angegeben worden (Dokument 42). Die Statistik registrierte fast 2 Millionen »Abgänge« als »Todesfälle«, 280 000 Soldaten und Offiziere, die in den Durchgangslagern umgekommen oder verschwunden waren, außerdem 1 030 157 Gefangene, die entweder auf der Flucht erschossen oder an die Sicherheitsdienste übergeben, damit also liquidiert beziehungsweise in Konzentrationslager verbracht worden waren. Die Gesamtbilanz von über 3,3 Millionen Todesopfern dürfte eher zu niedrig als zu hoch veranschlagt worden sein, zumal bis 1945 vermutlich 5,7 Millionen russische Soldaten in deutsche Kriegsgefangenschaft geraten sind, von denen über 1 Million in den Lagern überlebten; hinzu kommen die sogenannten Hilfswilligen und Osttruppen (Armenier, Kaukasier, Mohammedaner, Wlassowtruppen usw.) »in einer vermutlichen Stärke zwischen 800 000 und 1 Million« Mann[50].

Ich habe dem nichts mehr hinzuzufügen.

[49] Ebenda, S. 436 (Feststellung von O. Bräutigam).
[50] Eine genaue Statistik der Ostfreiwilligen lag dem Verf. nicht vor. Vgl. aber Dallin, a. a. O. (s. Anm. 10), S. 509 ff.

Dokumenten-Anhang

Dokument Nr. 1

Oberkommando der Wehrmacht   F. H. Qu., den 13. März 1941
WFST/Abt. L (IV/Qu)
44125/41 g. K. Chefs.
Geheime Kommandosache   5 Ausfertigungen
Chefsache!   4. Ausfertigung
Nur durch Offiziere!
Bezug: WFSt/Abt. L (I) Nr. 33408/40
g. K. Chefs. v. 18. 12. 40
Richtlinien auf Sondergebieten zur Weisung Nr. 21
(Fall Barbarossa)

I. Operationsgebiet und vollziehende Gewalt

1. In Ostpreußen und im Generalgouvernement werden spätestens
   4 Wochen vor Operationsbeginn durch OKW die innerhalb der
   Wehrmacht für ein Operationsgebiet gültigen Befehlsbefugnisse
   und Bestimmungen für die Versorgung in Kraft gesetzt werden.
   Vorschlag legt OKH zeitgerecht nach Einvernehmen mit Ob.
   d. L. vor.
   Eine Erklärung Ostpreußens und der Generalgouvernements zum
   Operationsgebiet des Heeres ist nicht beabsichtigt. Dagegen ist
   der Ob. d. H. auf Grund der nichtveröffentlichten Führererlasse
   vom 19. und 21. 10. 1939 berechtigt, diejenigen Maßnahmen anzuordnen, die zur Durchführung seines militärischen Auftrages
   und zur Sicherung der Truppe notwendig sind. Diese Ermächtigung kann er auf die Oberbefehlshaber der Heeresgruppen und
   Armeen weiter übertragen. Derartige Anordnungen gehen allen
   anderen Obliegenheiten und den Weisungen ziviler Stellen
   vor.
2. Das im Zuge der Operationen zu besetzende russische Gebiet
   soll, sobald der Ablauf der Kampfhandlungen es erlaubt, nach
   besonderen Richtlinien in Staaten mit eigenen Regierungen aufgelöst werden. Hieraus folgert:
   a) Das mit dem Vorgehen des Heeres über die Grenzen des Rei-
      ches und der Nachbarstaaten gebildete Operationsgebiet des
      Heeres ist der Tiefe nach soweit als möglich zu beschränken.
      Der Ob. d. H. hat die Befugnis, in diesem Gebiet die voll-
      ziehende Gewalt auszuüben mit der Ermächtigung, sie auf die
      Oberbefehlshaber der Heeresgruppen und Armeen zu über-
      tragen.

b) Im Operationsgebiet des Heeres erhält der Reichsführer SS zur Vorbereitung der politischen Verwaltung Sonderaufgaben im Auftrage des Führers, die sich aus dem endgültig auszutragenden Kampf zweier entgegengesetzter politischer Systeme ergeben. Im Rahmen dieser Aufgaben handelt der Reichsführer SS selbständig und in eigener Verantwortung. Im übrigen wird die dem Ob. d. H. und den von ihm beauftragten Dienststellen übertragene vollziehende Gewalt hierdurch nicht berührt. Der Reichsführer SS sorgt dafür, daß bei Durchführung seiner Aufgaben die Operationen nicht gestört werden. Näheres regelt das OKH mit dem Reichsführer SS unmittelbar.

c) Sobald das Operationsgebiet eine ausreichende Tiefe erreicht hat, wird es rückwärts begrenzt. Das neubesetzte Gebiet rückwärts des Operationsgebietes erhält eine eigene politische Verwaltung. Es wird entsprechend den volkstumsmäßigen Grundlagen und in Anlehnung an die Grenzen der Heeresgruppen zunächst in Nord (Baltikum), Mitte (Weißrußland) und Süd (Ukraine) unterteilt. In diesen Gebieten geht die politische Verwaltung auf Reichskommissare über, die ihre Richtlinien vom Führer empfangen.

3. Zur Durchführung aller militärischen Aufgaben in den politischen Verwaltungsgebieten rückwärts des Operationsgebietes werden Wehrmachtsbefehlshaber eingesetzt, die dem Chef des Oberkommandos der Wehrmacht unterstehen.

Der Wehrmachtsbefehlshaber ist der oberste Vertreter der Wehrmacht in dem betreffenden Gebiet und übt die militärischen Hoheitsrechte aus. Er hat die Aufgaben eines Territorialbefehlshabers und die Befugnisse eines Armee-Oberbefehlshabers bzw. kommandierenden Generals.

In dieser Eigenschaft obliegen ihm vor allem folgende Aufgaben:

a) Enge Zusammenarbeit mit dem Reichskommissar, um ihn in seiner politischen Aufgabe zu unterstützen.

b) Ausnutzung des Landes und Sicherung seiner wirtschaftlichen Werte für die Zwecke der deutschen Wirtschaft (s. Ziff. 4).

c) Ausnutzung des Landes für die Versorgung der Truppe nach den Anforderungen des OKH.

d) Militärische Sicherung des gesamten Gebietes, vor allem der Flughäfen, Nachschubstraßen und Nachschubeinrichtungen gegen Aufruhr, Sabotage und feindliche Fallschirmtruppen.

e) Straßenverkehrsregelung.

f) Regelung der Unterkunft für Wehrmacht, Polizei und Organisationen, für Kriegsgefangene, sofern sie in den Verwaltungsgebieten bleiben.

Gegenüber den zivilen Dienststellen hat der Wehrmachtsbefehlshaber das Recht, die Maßnahmen anzuordnen, die zur Durchführung der militärischen Aufgaben erforderlich sind.

Seine Anordnungen auf diesem Gebiet gehen allen anderen, auch denen der Reichskommissare, vor.

Dienstanweisung, Aufstellungsbefehl und Anweisungen über die Zuteilung der erforderlichen Kräfte folgen gesondert.

Der Zeitpunkt der Befehlsübernahme durch die Wehrmachtsbefehlshaber wird befohlen werden, sobald die militärische Lage einen Wechsel in den Befehlsverhältnissen ohne Störung der Operationen zuläßt. Bis dahin bleiben die vom OKH eingesetzten Dienststellen nach denselben Grundsätzen, wie sie für die Wehrmachtsbefehlshaber festgelegt sind, in Tätigkeit.

4. Mit der einheitlichen Leitung der Wirtschaftsverwaltung im Operationsgebiet und in den politischen Verwaltungsgebieten hat der Führer den Reichsmarschall beauftragt, der diese Aufgaben dem Chef des WiRü Amtes übertragen hat. Besondere Richtlinien hierzu ergehen vom OKW/WiRü Amt.

5. Die Masse der Polizeikräfte wird den Reichskommissaren unterstellt. Forderungen auf Unterstellung von Polizeikräften im Operationsgebiet werden vom OKH frühzeitig an OKW/WFStab/Abt. Landesverteidigung erbeten.

6. Das Verhalten der Truppe gegenüber der Bevölkerung und die Aufgaben der Wehrmachtsgerichte werden gesondert geregelt und befohlen werden.

II. Personen-, Waren- und Nachrichtenverkehr

7. Für die vor Beginn der Operationen erforderlichen Maßnahmen zur Beschränkung des Personen-, Waren- und Nachrichtenverkehrs nach Rußland ergehen durch OKW/WFSt besondere Richtlinien.

8. Mit Beginn der Operationen ist die deutsch-sowjetische Grenze später die rückwärtige Grenze des Operationsgebietes durch den Ob. d. H. für jeden nichtmilitärischen Personen-, Waren- und Nachrichtenverkehr mit Ausnahme der vom Reichsführer SS nach Weisung des Führers einzusetzenden Polizeiorgane, zu sperren. Unterkunft und Versorgung dieser Organe regelt OKH-Gen. Qu., der hierzu beim Reichsführer SS die Abstellung von Verbindungsoffizieren anfordern kann.

Die Grenzsperre erstreckt sich auch auf leitende Persönlichkeiten und Beauftragte der Obersten Reichsbehörden und Dienststellen der Partei. OKW/WFSt wird die Obersten Reichsbehörden und Parteidienststellen dementsprechend benachrichtigen. Über Ausnahmen von dieser Grenzsperre entscheiden der Ob. d. H. und die von ihm beauftragten Dienststellen.

Von den für die Polizeiorgane des Reichsführers SS nötigen Sonderregelungen abgesehen, sind Anträge auf Einreisegenehmigungen ausschließlich an den Ob. d. H. zu leiten.

III. Richtlinien für Rumänien, Slowakei, Ungarn und Finnland

9. Die erforderlichen Vereinbarungen mit diesen Staaten werden entsprechend den Anträgen der Oberkommandos vom OKW in Verbindung mit dem Auswärtigen Amt getroffen. Soweit darüber hinaus im weiteren Verlauf der Operationen besondere Rechte sich als notwendig erweisen sollten, sind sie beim OKW zu beantragen.

10. Polizeiliche Maßnahmen zum unmittelbaren Schutz der Truppe sind, unabhängig von der Übertragung besonderer Rechte, zulässig. Weitere Anordnungen hierüber ergehen später.

11. Besondere Anordnungen für den Bereich dieser Staaten über:
Beschaffung von Verpflegung und Futtermitteln, Unterkunft und Gerät,
Ankauf und Warenversand,
Geldversorgung und Zahlungsregelung,
Besoldung,
Schadensersatzansprüche,
Post- und Telegrafenwesen,
Verkehrswesen,
Gerichtsbarkeit,
folgen später.
Wünsche der Wehrmachtteile und Dienststellen des OKW auf diesen Gebieten an die Regierungen dieser Länder sind dem OKW/WFSt/Abt. Landesverteidigung bis zum 27. März 1941 anzumelden.

IV. Richtlinien für Schweden

12. Da Schweden lediglich Durchmarschgebiet werden kann, sind für den Befehlshaber der deutschen Truppen keine besonderen Befugnisse vorgesehen. Er ist jedoch berechtigt und verpflichtet, den unmittelbaren Schutz der Eisenbahntransporte gegen Sabotageakte und Angriffe sicher zu stellen.

Der Chef des Oberkommandos der Wehrmacht
Keitel

Verteiler:

Ob. d. H.	1. Ausfertigung	R. d. L. u. Ob. d. L.	3. Ausfertigung
Ob. d. M.	2. Ausfertigung	W. F. St.	4. Ausfertigung
		Abt. L.	5. Ausfertigung

Oberkommando des Heeres   26. März 1941
Gen. St. d. H./Gen. Qu.
Geheim

Die Durchführung besonderer sicherheitspolizeilicher Aufgaben außerhalb der Truppe macht den Einsatz von Sonderkommandos der Sicherheitspolizei (SD) im Operationsgebiet erforderlich. Mit Zustimmung des Chefs der Sicherheitspolizei und des SD wird der Einsatz der Sicherheitspolizei und des SD im Operationsgebiet wie folgt geregelt:

1. Aufgaben
   a) Im rückwärtigen Armeegebiet:
      Sicherstellung vor Beginn von Operationen festgelegter Objekte (Material, Archive, Karteien von reichs- oder staatsfeindlichen Organisationen, Verbänden, Gruppen usw.) sowie besonders wichtiger Einzelpersonen (führende Emigranten, Saboteure, Terroristen usw.).
      Der Oberbefehlshaber der Armee kann den Einsatz der Sonderkommandos in Teilen des Armeegebiets ausschließen, in denen durch den Einsatz Störungen der Operationen eintreten können.
   b) Im rückwärtigen Heeresgebiet:
      Erforschung und Bekämpfung der staats- und reichsfeindlichen Bestrebungen, soweit sie nicht der feindlichen Wehrmacht eingegliedert sind, sowie allgemeine Unterrichtung der Befehlshaber der rückwärtigen Heeresgebiete über die politische Lage.
      Für die Zusammenarbeit mit den Abwehroffizieren bzw. Abwehrstellen gelten sinngemäß die mit der Abwehrabteilung des Reichskriegsministeriums am 1. Januar 1937 gemeinsam aufgestellten »Grundsätze für die Zusammenarbeit zwischen der Geheimen Staatspolizei und den Abwehrstellen der Wehrmacht«.

2. Zusammenarbeit zwischen den Sonderkommandos und den militärischen Kommandobehörden im rückwärtigen Armeegebiet (zu 1a). Die Sonderkommandos der Sicherheitspolizei (SD) führen ihre Aufgaben in eigener Verantwortlichkeit durch. Sie sind den Armeen hinsichtlich Marsch, Versorgung und Unterbringung unterstellt. Disziplinare und gerichtliche Unterstellung unter den Chef der SP und des SD werden hierdurch nicht berührt. Sie erhalten ihre fachlichen Weisungen vom Chef der SP und des SD und sind bezüglich ihrer Tätigkeit gegebenenfalls einschränkenden Anordnungen der Armee (s. Ziffer 1a) unterworfen.
   Für die zentrale Steuerung dieser Kommandos wird im Bereich jeder Armee ein Beauftragter des Chefs der SP und des SD eingesetzt. Dieser ist verpflichtet, die ihm vom Chef der SP und des SD zugegangenen Weisungen dem Oberbefehlshaber der Armee rechtzeitig zur Kenntnis zu bringen. Der militärische Befehlshaber ist berechtigt, an den Beauftragten Weisungen zu geben, die zur

Vermeidung von Störungen der Operationen erforderlich sind; sie gehen allen übrigen Weisungen vor. Die Beauftragten sind auf ständige enge Zusammenarbeit mit dem Ic angewiesen; Abstellung eines Verbindungsbeamten des Beauftragten zum Ic kann von den Kommandobehörden gefordert werden. Der Ic hat die Aufgaben der Sonderkommandos mit der militärischen Abwehr, der Tätigkeit der Geh. Feldpol. und den Notwendigkeiten der Operationen in Einklang zu bringen. Die Sonderkommandos sind berechtigt, im Rahmen ihres Auftrages in eigener Verantwortung gegenüber der Zivilbevölkerung Exekutivmaßnahmen zu treffen. Sie sind hierbei zu engster Zusammenarbeit mit der Abwehr verpflichtet. Maßnahmen, die sich auf die Operationen auswirken können, bedürfen der Genehmigung des Obfh. der Armee.

3. Zusammenarbeit zwischen den Einsatzgruppen bzw.-kommandos der Sicherheitspolizei (SD) und dem Befehlshaber im rückwärtigen Heeresgebiet (zu 1 b). [Wortlaut wie unter 2, lediglich unter Anführung der dort geltenden anderen Dienststellenbezeichnungen.]

4. Abgrenzung der Befugnisse zwischen Sonderkommandos, Einsatzkommandos und Einsatzgruppen und der Geh. Feldpol.

Die abwehrpolitischen Aufgaben innerhalb der Truppe und der unmittelbare Schutz der Truppe bleiben alleinige Aufgabe der Geh. Feldpol. Alle Angelegenheiten dieser Art sind von den Sonderkommandos bzw. Einsatzgruppen und -kommandos sofort an die Geh. Feldpol. abzugeben, wie umgekehrt diese alle Vorgänge aus dem Aufgabenbereich der Sonderkommandos ungesäumt an die Sonderkommandos bzw. Einsatzgruppen und -kommandos abzugeben hat. Im übrigen gilt auch hierfür das Abkommen vom 1. Januar 1937 (s. Ziffer 1).

i. A.
Unterschrift

Hinweis: Weitere Dokumente aus den Akten des ehemaligen Oberkommandos der Wehrmacht (heute: Bundesarchiv/Militärarchiv, Freiburg i. Br.) zur Entstehungsgeschichte des »Kommissarbefehls« und des »Gerichtsbarkeitserlasses Barbarossa« wurden inzwischen ausgewertet in dem Artikel von Helmut Krausnick, »Kommissarbefehl« und »Gerichtsbarkeitserlaß Barbarossa«, in: Vierteljahrshefte zur Zeitgeschichte, Jg. 25 (1977).

Dokument Nr. 3

Oberkommando des Heeres   H. Qu. OKH, den 28. 4. 1941
Gen. St. d. H./Gen. Qu.
Az. Abt. Kriegsverwaltung
Nr. II/2101/41 geh.
Geheim!
Betr.: Regelung des Einsatzes der Sicherheitspolizei und des SD im Verbande des Heeres

Die Durchführung besonderer sicherheitspolizeilicher Aufgaben außerhalb der Truppe macht den Einsatz von Sonderkommandos der Sicherheitspolizei (SD) im Operationsgebiet erforderlich. Mit Zustimmung des Chefs der Sicherheitspolizei und des SD wird der Einsatz der Sicherheitspolizei und des SD im Operationsgebiet wie folgt geregelt:

1. Aufgaben:
   a) im rückwärtigen Armeegebiet:
   Sicherstellung vor Beginn von Operationen festgelegter Objekte (Material, Archive, Karteien von reichs- und staatsfeindlichen Organisationen, Verbänden, Gruppen usw.), sowie besonders wichtiger Einzelpersonen (führende Emigranten, Saboteure, Terroristen usw.). Der Oberbefehlshaber der Armee kann den Einsatz der Sonderkommandos in Teilen des Operationsgebiets ausschließen, in denen durch den Einsatz Störungen der Organisationen eintreten können.
   b) Im rückwärtigen Heeresgebiet:
   Erforschung und Bekämpfung der staats- und reichsfeindlichen Bestrebungen, soweit sie nicht der feindlichen Wehrmacht eingegliedert sind, sowie allgemeine Unterrichtung der Befehlshaber der rückwärtigen Heeresgebiete über die politische Lage. Für die Zusammenarbeit mit den Abwehroffizieren bzw. Abwehrstellen gelten sinngemäß die mit der Abwehrabteilung des Reichsministeriums am 1. Januar 1937 gemeinsam aufgestellten »Grundsätze für die Zusammenarbeit zwischen der Geheimen Staatspolizei und den Abwehrstellen der Wehrmacht«.

2. Zusammenarbeit zwischen den Sonderkommandos und den militärischen Kommandobehörden im rückwärtigen Armeegebiet (zu 1a).
   Die Sonderkommandos der Sicherheitspolizei und des SD führen ihre Aufgaben in eigener Verantwortlichkeit durch. Sie sind den Armeen hinsichtlich Marsch, Versorgung und Unterbringung unterstellt. Disziplinäre und gerichtliche Unterstellung unter den Chef der Sicherheitspolizei und des SD werden hierdurch nicht berührt.
   Sie erhalten ihre fachlichen Weisungen vom Chef der Sicherheitspolizei und des SD und sind hinsichtlich ihrer Tätigkeit gegebenenfalls einschränkenden Anordnungen der Armee (s. Ziffer 1a) unterworfen.
   Für die zentrale Steuerung dieser Kommandos wird im Bereich jeder Armee ein Beauftragter des Chefs der Sicherheitspolizei und des SD eingesetzt.
   Dieser ist verpflichtet, die ihm vom Chef der Sicherheitspolizei und des SD zugegangenen Weisungen dem Oberbefehlshaber der Armee rechtzeitig zur Kenntnis zu bringen. Der militärische Befehlshaber ist berechtigt, an den Beauftragten Weisungen zu geben, die zur Vermeidung von Störungen der Operationen erforderlich

sind; sie gehen allen übrigen Weisungen vor. Die Beauftragten sind auf ständige enge Zusammenarbeit mit dem Ic angewiesen. Abstellung eines Verbindungsbeamten des Beauftragten zum Ic kann von den Kommandobehörden gefordert werden.

Der Ic hat die Aufgaben der Sonderkommandos mit der militärischen Abwehr, der Tätigkeit der Geh. Feldpolizei und den Notwendigkeiten der Operation in Einklang zu bringen.

Die Sonderkommandos sind berechtigt, im Rahmen ihres Auftrages in eigener Verantwortung gegenüber der Zivilbevölkerung Exekutivmaßnahmen zu treffen.

Sie sind hierbei zu engster Zusammenarbeit mit der Abwehr verpflichtet. Maßnahmen, die sich auf die Operationen auswirken können, bedürfen der Genehmigung des Oberbefehlshabers der Armee.

3. Zusammenarbeit zwischen den Einsatzgruppen bzw. -kommandos der Sicherheitspolizei und des SD und dem Befehlshaber im rückwärtigen Heeresgebiet (zu 1 b).

[Gleicher Wortlaut wie unter Ziffer 2. Bezeichnung der Dienststellen entsprechend geändert.]

4. Abgrenzung der Befugnisse zwischen Sonderkommandos, Einsatzkommandos und Einsatzgruppen und der Geheimen Feldpolizei.

Die abwehrpolizeilichen Aufgaben innerhalb der Truppe und der unmittelbare Schutz der Truppe bleiben alleinige Aufgabe der Geheimen Feldpolizei. Alle Angelegenheiten dieser Art sind von den Sonderkommandos bzw. Einsatzgruppen und -kommandos sofort an die Geheime Feldpolizei abzugeben, wie umgekehrt diese alle Vorgänge aus dem Aufgabenbereich der Sonderkommandos ungesäumt an die Sonderkommandos bzw. Einsatzgruppen und -kommandos abzugeben hat.

Im übrigen gilt auch hierfür das Abkommen vom 1. Januar 1937 (s. Ziffer I).

v. Brauchitsch

[Dok. NOKW 2080]

Dokument Nr. 4

Abschrift
(OKW/WFST)
Abt. Landesverteidigung   1. 5. 1941
Chefs. Nur durch Offz.   [Handschr.:] eine Ausfertigung
Geh. Kdos.
Besprechung bei Reichsleiter Rosenberg
. . . II. Auszug aus Vereinbarung zwischen OKH/Gen. Qu. und Reichsführer SS.

Im Operationsgebiet des Heeres erhält der Reichsführer SS zur Vorbereitung der politischen Verwaltung Sonderaufgaben vom Führer.

Das OKH hat vorgesehen, daß Einsatzkommandos der Sicherheitspolizei im rückwärtigen Armeegebiet vorher festgelegte Objekte und Einzelpersonen sicherstellen können, wobei der Oberbefehlshaber der Armee den Einsatz in Teilen des Armeegebietes ausschließen kann. Im rückwärtigen Heeresgebiet obliegt der Sicherheitspolizei die Erforschung und Bekämpfung der staats- und reichsfeindlichen Bestrebungen, soweit sie nicht von der feindlichen Wehrmacht ausgehen.

Die Sonderkommandos führen ihre Aufgaben in eigener Verantwortlichkeit durch und sind den Armeen hinsichtlich Versorgung usw. unterstellt.

. . .

[Dok. 866 PS]

Dokument Nr. 5

Oberkommando des Heeres   Hauptquartier, den 6. Mai 1941
Gen. z. b. V. beim Ob. d. H.
Nr. 75/41 g. Kdos. Chefs.:
An den
Herrn Chef des Oberkommandos der Wehrmacht
z. Hd. von Herrn General Warlimont
oder Vertreter im Amt

Betr.: Behandlung feindlicher Ausländer
       2 Anlagen

In der Anlage werden mit der Bitte um Kenntnisnahme und baldige Mitprüfung übersandt:
1.) Entwurf eines Erlasses des Oberbefehlshabers des Heeres[1]
2.) Entwurf zu Richtlinien zur einheitlichen Durchführung des bereits erteilten Auftrages vom 31. 3. 41[2]
Es ist beabsichtigt, den Erlaß des Oberbefehlshabers des Heeres bis zu den Gerichtsherren zu verteilen.
Die »Richtlinien« sollen unabhängig davon lediglich an die Oberbefehlshaber der Heeresgruppen und Armeen zur mündlichen Unterrichtung der unterstellten Befehlshaber und Kommandeure gegeben werden.

                                        I. A. gez. Müller

[1] betr. Einschränkungen der militärischen Gerichtsbarkeit im Krieg mit der UdSSR.
[2] »Kommissar«-Befehl.

Handschriftl. Notiz v. Gen. Warlimont:

»zu 1) WR[3] bereitet nach Fühlungnahme mit OKH und OKL neuen Entwurf vor. Dieser ist zur Mitpr. heranzuziehen. WR ist über gebotene Beschleunigung unterrichtet.
zu 2) Bleibt auch zu prüfen, ob schriftl. Erlaß dieser Art erforderlich ist. WV.[4] z. Vortrag bei Chef OKW gemeinsam mit 1).
Eigene Anordnungen?   gez. W.

[Dok. NOKW 209]

Dokument Nr. 5a

»Behandlung feindlicher Landeseinwohner«
[Anlage 1 zum Anschreiben des OKH, Gen. z. b. V., vom 6. Mai 1941]

Entwurf
Der Oberbefehlshaber des Heeres   Az. Gen. b. V. b. Ob. d. H.
                                       Nr. 75/41 gKdos. Chefs. 5. 41
Geheime Kommandosache
Chefsache!   15 Ausfertigungen
Nur durch Offizier!   Ausfertigung
An
die Oberbefehlshaber der Heeresgruppen A, B und C,
die Oberbefehlshaber der 2., 4., 6., 9., 11., 16., 17. und 18. Armee
und der Armee Norwegen

Betr.: Behandlung feindlicher Landeseinwohner und Straftaten
       Wehrmachtsangehöriger gegen feindliche Landeseinwohner
       im Operationsgebiet des Unternehmens »Barbarossa«.

Die weite Ausdehnung der östlichen Operationsräume, die Art der hierdurch bedingten Kampfführung, die Eigenart des östlichen Gegners erfordern eine besonders umfangreiche und wirksame Sicherung der kämpfenden Truppe gegenüber der feindlichen Wehrmacht und der Zivilbevölkerung, sowie schnellste Befriedung der gewonnenen Gebiete. Selbstverständlich bleiben Bewegung und Kampf mit der feindlichen Wehrmacht die Hauptaufgabe der Truppe; sie verlangt vollste Sammlung und höchsten Einsatz aller Kräfte. Die Truppe darf sich von dieser Hauptaufgabe nicht abziehen lassen.
Andererseits wird sie aber vielfach als erste und einzige rechtzeitig in der Lage sein, im Sinne ihrer Sicherung wie der Befriedung des Landes wirksame Maßnahmen zu ergreifen und durchzuführen.

---

[3] Wehrmacht-Rechtsabteilung im OKW.
[4] Wiedervorlage.

Hierbei ist festzustellen, daß außer den sonst bekämpften Widersachern der Truppe diesmal als besonders gefährliches und jede Ordnung zersetzendes Element aus der Zivilbevölkerung der *Träger* der *jüdisch-bolschewistischen Weltanschauung* entgegentritt. Es ist kein Zweifel, daß er seine *Waffe der Zersetzung* heimtückisch und aus dem Hinterhalt, wo er nur kann, gegen die im Kampf stehende und das Land befriedende deutsche Wehrmacht gebraucht.

Die Truppe hat daher das Recht und die Pflicht, sich auch gegen diese zersetzenden Kräfte umfassend und wirksam zu sichern.

Auf Grund der mir vom Führer und Obersten Befehlshaber der Wehrmacht erteilten Weisungen bestimme ich deshalb für die Durchführung des Unternehmens »Barbarossa«:

I. *Behandlung feindlicher Landeseinwohner*

Angriffe jeder Art von Landeseinwohnern gegen die Wehrmacht sind mit der *Waffe* sofort und unnachsichtlich mit den äußersten Mitteln *niederzuschlagen.*

Landeseinwohner, die als *Freischärler*[1] an den Feindseligkeiten teilnehmen, oder teilnehmen wollen, die durch ihr Auftreten eine *unmittelbare Bedrohung* der Truppe bedeuten oder die sonst *durch irgendeine Tat* sich gegen die deutsche Wehrmacht *auflehnen* (z. B. Gewalttaten gegen Wehrmachtsangehörige oder Wehrmachtseigentum, Sabotage, Widerstand) sind im *Kampf* oder *auf der Flucht zu erschießen.*

Wo derartige verbrecherische Elemente auf diese Weise nicht erledigt werden, sind sie sogleich einem Offizier vorzuführen, der zu entscheiden hat, ob sie zu erschießen sind.

Gegen Ortschaften, aus denen hinterlistige und heimtückische Angriffe irgendwelcher Art erfolgt sind, sind unverzüglich auf Anordnung wenigstens eines Btls.- usw. -Kommandeurs *kollektive Gewaltmaßnahmen* durchzuführen, falls die Umstände eine rasche Feststellung einzelner Täter nicht erwarten lassen.

Es ist ein Gebot der Selbsterhaltung und Pflicht aller Kommandeure, gegen feige Überfälle einer verblendeten Bevölkerung mit eiserner Strenge ohne jede Verzögerung vorzugehen.

Über die Behandlung politischer Hoheitsträger usw. erfolgt gesonderte Regelung.

II. *Lockerung* des *Verfolgungszwanges* bei *Straftaten Heeresangehöriger* gegen *feindliche Landeseinwohner.*

1. Strafbare Handlungen, die Heeresangehörige aus Erbitterung über Greueltaten oder die *Zersetzungsarbeit* der Träger des *jüdisch-bolschewistischen Systems* begangen haben, sind nicht zu verfolgen, soweit nicht im Einzelfalle die Aufrechterhaltung der Mannszucht ein Einschreiten erfordert.

Es bleibt unter allen Umständen Aufgabe aller Vorgesetzten,

---

[1] Vgl. auch die Ausführungen von General z. b. V. Müller über den Begriff des Freischärlers [Konferenz der Armeerichter und I c-Offiziere in Warschau am 11. Juni 1941].

willkürliche Ausschreitungen einzelner Wehrmachtsangehöriger zu verhindern und einer Verwilderung der Truppe vorzubeugen. Der einzelne Soldat darf nicht dahin kommen, daß er gegenüber Landeseinwohnern tut und läßt, was ihm gut dünkt, sondern er ist in jedem Falle *gebunden* an die *Befehle* seiner *Vorgesetzten.*

In den Fällen, in denen der Beweggrund der Erbitterung erst in der Hauptverhandlung vor einem Feldkriegsgericht hervortritt, sind die Befehlshaber und Kommandeure, denen ich das Bestätigungsrecht übertragen habe, dafür verantwortlich, daß nur solche Urteile bestätigt werden, die den vorstehend aufgeführten *militärischen* und *politischen Gesichtspunkten* in vollem Umfang gerecht werden.

2. Im übrigen bleibt es bei der Ahndung strafbarer Handlungen von Heeresangehörigen wie bisher.

III. Bei dieser Gelegenheit weise ich erneut auf die Notwendigkeit hin, daß die Strafe der Tat auf dem Fuß folgen muß. Oft kann es gerade im Verlauf von Operationen wichtiger und wirksamer sein, *überhaupt* und *sofort* zu *strafen,* als verspätet und dann besonders hart.

Die durch § 16a KStVO und meinen Erlaß vom 12. 11. 39 (HVBl 1939, Teil C, S. 416) geschaffene Möglichkeit, *Disziplinarstrafen* in allen Fällen zu verhängen, wo sie nach *Straftat* und *Persönlichkeit* des *Schuldigen vertretbar* sind, ist von allen Disziplinarvorgesetzten weitgehend auszunützen. Die Regimentsusw. -Kommandeure haben die ihnen unterstellten Offiziere nochmals über die Möglichkeit und Bedeutung der ihnen zugestandenen erweiterten Disziplinarstrafgewalt zu unterrichten.

IV. Mit der Enttarnung verliert dieser Erlaß den besonderen Geheimschutz.

Anmerkung:

Der Entwurf ist die Grundlage für den »Barbarossa-Gerichtsbarkeitserlaß« vom 14. Mai 1941.

Dokument Nr. 6

Abschrift

Der Oberbefehlshaber des Heeres	Anlage 1 z. Schr. OKW/WFST/
Gen. z. b. V. Ob. d. H. (Gr. R. Wes.)	Abt. L (IV/Qu) v. 12. 5. 1941
	gKdos./Chefs.
	»Vortragsnotiz«
An Chef OKW	Geheime Kommandosache Chef-Sache!
Abt. La z. Hd. Gen. Warlimont	Nur durch Offizier!

Richtlinien betr. Behandlung politischer Hoheitsträger usw. für die einheit-
liche Durchführung des bereits am 31. 3. 1941 erteilten Auftrages.

I. Im Armeegebiet
Politische Hoheitsträger und Leiter (Kommissare) bedeuten bei der
augenblicklichen Kampflage eine erhöhte Gefahr für die Sicherheit
der Truppe und die Befriedung des eroberten Landes, denn sie haben
durch ihre bisherige Wühl- und Zersetzungsarbeit klar und deutlich
bewiesen, daß sie jede europäische Kultur, Zivilisation, Verfassung
und Ordnung ablehnen. Sie sind daher zu beseitigen.
Soweit sie von der Truppe ergriffen oder ihr sonst zugeführt werden,
sind sie einem Offizier, der Disziplinarstrafgewalt hat, vorzuführen.
Dieser hat unter Hinzuziehung von zwei weiteren Soldaten (im
Offiziers- oder Unteroffiziersrang) festzustellen, daß der Ergriffene
oder Zugeführte politischer Hoheitsträger oder Leiter (Kommissar)
ist. Ist die politische Eigenschaft ausreichend begründet, hat der
Offizier die Erschießung sogleich anzuordnen und durchführen zu
lassen.
Zu den politischen Funktionen gehören die politischen Leiter (Kommissare) in der Truppe. Ihrem alsbaldigen Herausfinden aus den Gefangenen und ihrer Absonderung kommt besondere Bedeutung zu,
da sie in erster Linie die Propaganda in der Heimat als Gefangene fort-
zusetzen vermögen. Sie sind nach Möglichkeit in Gefangenensammel-
stellen, spätestens in den Dulags zu erledigen. Kenntlich sind sie
dadurch, daß sie auf den Ärmeln einen roten Stern mit goldenem
eingewebten Hammer und Sichel tragen. (Einzelheiten in »Die
Kriegswehrmacht der UdSSR« OKH Gen. StdH OQu IV Abt.
Fremde Heere Ost [II] Nr. 100/41 g vom 15. 1. 1941 unter Anlage
9 d.) *Sie werden nicht als Soldaten anerkannt.* Die für Kriegsgefangene
geltenden Bestimmungen finden auf sie keine Anwendung.
Ferner gehören dazu die Kommissare bei der Verwaltung und der
Partei sowie sonstige politische Persönlichkeiten von Bedeutung, mit
denen die Truppe zusammentrifft.
Fachliche Leiter wirtschaftlicher und technischer Betriebe sind nur
zu ergreifen, falls sie sich *im Einzelfall* gegen die deutsche Wehrmacht
auflehnen.
Ein Abschieben ergriffener politischer Hoheitsträger und Kommissare
nach rückwärts wird untersagt.
Eine kurze Meldung (Meldezettel) über den Vorfall ist zu richten
a) von den einer Division unterstellten Truppen an die Division
   (Ic),
b) von den Truppen, die einem Korps-, Armeeober- oder Heeresgruppenkommando oder einer Panzergruppe unmittelbar unterstellt sind, an das Korps- usw. Kommando (Ic).
Alle oben genannten Maßnahmen dürfen die Durchführung der Operationen
nicht aufhalten. Planmäßige Such- und Säuberungsaktionen durch die Truppe
haben daher zu unterbleiben.

II. Im rückwärtigen Heeresgebiet.

Hoheitsträger und Kommissare, die *im rückwärtigen Heeresgebiet* wegen ihrer bisherigen politischen Tätigkeit ergriffen werden, sind, mit Ausnahme der politischen Leiter in der Truppe, an die Einsatzgruppen bzw. Einsatzkommandos der Sicherheitspolizei (SD) abzugeben.

III. Beschränkung der Kriegs- und Standgerichte.

In den unter Ziffer I und II angeführten Fällen wird die Zuständigkeit der Kriegsgerichte und Standgerichte der Regiments- usw. Kommandeure (13 a KSTVO) aufgehoben.[1]

Chef WR
An Chef L.
Betr.: Ferngespräch zwischen General Warlimont und dem Unterzeichneten von heute ...

Vorschlag für Fassung Nr. III

»Die Kreisgerichte und die Standgerichte der Regiments- usw. Kommandeure dürfen mit der Durchführung der Maßnahmen nach I und II nicht betraut werden.«

gez. Dr. Lehmann

[Dok. PS 1471]

Dokument Nr. 7

OKW/WFST/Abt. L (IV/Qu)   F. H. Qu., den 12. 5. 41
                           Geheime Kommandosache
                           Chefsache! N. d. O.!
                           [handschriftl. Eintrag v. Jodl:
                           »muß dem Führer noch einmal
                           vorgetragen werden« gez. J. 13./5.]

Betr.: Behandlung gefangener politischer und militärischer Funktionäre.

Vortragsnotiz

I. OKH hat einen Entwurf für die »Richtlinien betreffend Behandlung politischer Hoheitsträger usw. für die einheitliche Durchführung des bereits am 31. 3. 41 erteilten Auftrages« vorgelegt, der als Anlage 1 beiliegt.

Dieser Entwurf sieht vor:

1. Politische Hoheitsträger und Leiter (Kommissare) sind zu beseitigen.

2. Soweit sie von der Truppe ergriffen werden, Entscheidung durch

[1] Im Originalschreiben an OKW Abschn. III handschriftlich gestrichen, beigefügt anschließende Notiz.

einen Offizier mit Disziplinarstrafgewalt, ob der Betreffende zu beseitigen ist. Hierzu genügt die Feststellung, daß der Betreffende politischer Hoheitsträger ist.

3. Politische Leiter in der Truppe werden nicht als Gefangene anerkannt und sind spätestens in den Dulags zu erledigen. Kein Abschieben nach rückwärts.

4. Fachliche Leiter von wirtschaftlichen und technischen Betrieben sind nur zu ergreifen, wenn sie sich gegen die deutsche Wehrmacht auflehnen.

5. Die Durchführung der Operationen darf durch diese Maßnahmen nicht gestört werden. Planmäßige Such- und Säuberungsaktionen unterbleiben.

6. Im rückwärtigen Heeresgebiet sind Hoheitsträger und Kommissare mit Ausnahme der politischen Leiter in der Truppe den Einsatzkommandos der Sicherheitspolizei abzugeben.

II. Demgegenüber sieht die Denkschrift 3 des Reichsleiters Rosenberg vor, daß nur hohe und höchste Funktionäre zu erledigen seien, da die staatlichen, kommunalen und wirtschaftlichen Funktionäre für die Verwaltung des besetzten Gebietes unentbehrlich sind.

III. Es ist deshalb eine Entscheidung des Führers erforderlich, welche Grundsätze maßgebend sein sollen.

Vorschlag L für den Fall II:

1. Funktionäre, die sich gegen die Truppe wenden, was von dem radikalen Teil zu erwarten ist, fallen unter den ›Erlaß über die Ausübung der Kriegsgerichtsbarkeit im Gebiet ‚Barbarossa'‹. Sie sind als Freischärler zu erledigen. Eine gleiche Behandlung sehen die ›Richtlinien für das Verhalten der Truppe in Rußland‹ (Anlage 2) vor.

2. Funktionäre, die sich keiner feindlichen Handlung schuldig machen, werden zunächst unbehelligt bleiben. Man wird es der Truppe kaum zumuten können, die verschiedenen Dienstgrade der einzelnen Sektoren aussondern zu können.

Erst bei der weiteren Durchdringung des Landes wird es möglich sein, zu entscheiden, ob die verbliebenen Funktionäre an Ort und Stelle belassen werden können oder an die Sonderkommandos zu übergeben sind, sofern nicht diese selbst die Überprüfung vorzunehmen in der Lage sind.

3. Funktionäre in der Truppe werden entsprechend dem Vorschlag OKH zu behandeln sein. Diese werden nicht als Gefangene anerkannt und sind spätestens in den Durchgangslagern zu erledigen und keinesfalls nach rückwärts abzuschieben.   gez. Warlimont

[Handschriftliche Notiz von Jodl:]

»mit der Vergeltung gegen deutsche Flieger müssen wir rechnen, man zieht daher die ganze Aktion am besten als Vergeltung auf«.

Verteiler: Chef WFSt./Chef L./L IV/Tgb./nachrichtl.: WR

[Dok. PS 1471]

Dokument Nr. 8

Oberkommando der Wehrmacht	F. H. Qu., den 14.5.1941
WFSt/Abt. L (IVQu.)	
Nr. 44718/41 g. Kdos. Chefs.	Geheime Kommandosache
Chefsache!	23 Ausfertigungen
Nur durch Offizier!	7. Ausfertigung

Betr.: Ausübung der Kriegsgerichtsbarkeit im Gebiet
»Barbarossa« und besondere Maßnahmen der Truppe.

Anliegend wird ein Führererlaß über die Ausübung der Kriegsgerichtsbarkeit im Gebiet »Barbarossa« und über besondere Maßnahmen der Truppe übersandt.
Eine Weitergabe hat möglichst nicht vor dem 1. 6. 41 zu erfolgen.

Der Chef des Oberkommandos
der Wehrmacht
i. A.
von Tippelskirch

Verteiler:

Ob. d. H. (Op. Abt.)	1. Ausfertigung
Ob. d. H. (Gen. Qu.)	2.–3. Ausfertigung
OKH (Chef H Rüst u. BdE)	4. Ausfertigung
Ob. d. L. (Lw. Führungsstab)	5. Ausfertigung
Ob. d. L. (Gen. Qu.)	6. Ausfertigung
Ob. d. M. (Skl)	7. Ausfertigung
OKW/WFSt	8. Ausfertigung
Abt. L–Chef	9. Ausfertigung
Abt. L I H	10. Ausfertigung
I L	11. Ausfertigung
I K	12. Ausfertigung
IV/Qu	13. Ausfertigung
II	14. Ausfertigung
Ktb.	15. Ausfertigung
WR	16. Ausfertigung
W PR	17. Ausfertigung
Ausl./Abw.	18. Ausfertigung
Abw. III	19. Ausfertigung
Reserve	20.–23. Ausfertigung

[Dok. 050–C]

Der Führer   Führerhauptquartier, den 13. Mai 1941
und oberste Befehlshaber
der Wehrmacht

Erlaß
über die Ausübung der Kriegsgerichtsbarkeit im Gebiet »Barbarossa«
und über besondere Maßnahmen der Truppe.

Die Wehrmachtsgerichtsbarkeit dient in erster Linie der *Erhaltung der Manneszucht.*
Die weite Ausdehnung der Operationsräume im Osten, die Form der dadurch gebotenen Kampfesführung und die Besonderheit des Gegners stellen die Wehrmachtsgerichte vor Aufgaben, die sie während des Verlauf der Kampfhandlungen und bis zur ersten Befriedung des eroberten Gebiets bei ihrem geringen Personalbestand nur zu lösen vermögen, wenn sich die Gerichtsbarkeit zunächst auf ihre Hauptaufgabe beschränkt.
Das ist nur möglich, wenn *die Truppe selbst* sich gegen jede Bedrohung durch die feindliche Zivilbevölkerung schonungslos zur Wehr setzt.
Demgemäß wird für den Raum »Barbarossa« (Operationsgebiet, rückwärtiges Heeresgebiet und Gebiet der politischen Verwaltung) folgendes bestimmt:

I.
Behandlung von Straftaten feindlicher Zivilpersonen.
1. *Straftaten feindlicher Zivilpersonen* sind der Zuständigkeit der Kriegsgerichte und der Standgerichte bis auf weiteres entzogen.
2. *Freischärler* sind durch die Truppe im Kampf oder auf der Flucht schonungslos zu erledigen.
3. Auch alle *anderen Angriffe feindlicher Zivilpersonen* gegen die Wehrmacht, ihre Angehörigen und das Gefolge sind von der Truppe auf der Stelle mit den äußersten Mitteln bis zur Vernichtung des Angreifers niederzumachen.
4. Wo Maßnahmen dieser Art versäumt wurden oder zunächst nicht möglich waren, werden *tatverdächtige Elemente sogleich einem Offizier vorgeführt. Dieser entscheidet, ob sie zu erschießen sind.*
   Gegen *Ortschaften,* aus denen die Wehrmacht hinterhältig oder heimtückisch angegriffen wurde, werden unverzüglich auf Anordnung eines Offiziers in der Dienststellung mindestens eines Bataillons- usw. Kommandeurs *kollektive Gewaltmaßnahmen* durchgeführt, wenn die Umstände eine rasche Feststellung einzelner Täter nicht gestattet.
5. Es wird *ausdrücklich verboten,* verdächtige Täter zu verwahren, um sie bei Wiedereinführung der Gerichtsbarkeit über Landeseinwohner an die Gerichte abzugeben.
6. Die Oberbefehlshaber der Heeresgruppen können im Einvernehmen mit den zuständigen Befehlshabern der Luftwaffe und der Kriegsmarine die Wehrmachtsgerichtsbarkeit über Zivilpersonen

dort wieder einführen, wo das Gebiet ausreichend befriedet ist. Für das Gebiet der politischen Verwaltung ergeht diese Anordnung durch den Chef des Oberkommandos der Wehrmacht.

II.

Behandlung der *Straftaten* von *Angehörigen* der *Wehrmacht* und des *Gefolges* gegen *Landeseinwohner.*

1. Für *Handlungen*, die *Angehörige* der *Wehrmacht* und des *Gefolges* gegen *feindliche Zivilpersonen* begehen, besteht *kein Verfolgungszwang,* auch dann nicht, wenn die Tat zugleich ein militärisches Verbrechen oder Vergehen ist.

2. Bei der *Beurteilung* solcher *Taten* ist in jeder Verfahrenslage zu berücksichtigen, daß der Zusammenbruch im Jahre 1918, die spätere Leidenszeit des deutschen Volkes und der Kampf gegen den Nationalsozialismus mit den zahllosen Blutopfern der Bewegung entscheidend auf bolschewistischen Einfluß zurückzuführen war und daß kein Deutscher dies vergessen hat.

3. Der Gerichtsherr prüft daher, ob in solchen Fällen eine disziplinare Ahndung angezeigt oder ob ein gerichtliches Einschreiten notwendig ist. Der Gerichtsherr ordnet die Verfolgung von Taten gegen Landeseinwohner im kriegsgerichtlichen Verfahren nur dann an, wenn es die Aufrechterhaltung der Manneszucht oder die Sicherung der Truppe erfordert.

   Das gilt z.B. für schwere Taten, die auf geschlechtlicher Hemmungslosigkeit beruhen, einer verbrecherischen Veranlagung entspringen oder ein Anzeichen dafür sind, daß die Truppe zu verwildern droht. Nicht milder sind in der Regel zu beurteilen Straftaten, durch die sinnlos Unterkünfte sowie Vorräte oder anderes Beutegut zum Nachteil der eigenen Truppe vernichtet werden. Die Anordnung des Ermittlungsverfahrens bedarf in jedem einzelnen Fall der Unterschrift des Gerichtsherrn.

4. Bei der Beurteilung der *Glaubwürdigkeit* von *Aussagen feindlicher Zivilpersonen* ist *äußerste Vorsicht* geboten.

III.

Verantwortung der *Truppenbefehlshaber.*

Die Truppenbefehlshaber sind im Rahmen ihrer Zuständigkeit *persönlich* dafür verantwortlich,

1. daß sämtliche Offiziere der ihnen unterstellten Einheiten über die Grundsätze zu I rechtzeitig in der eindringlichen Form belehrt werden,

2. daß ihre Rechtsberater von diesen Weisungen und von den *mündlichen Mitteilungen,* in *denen* den Oberbefehlshabern die *politischen Absichten* der *Führung erläutert* worden sind, rechtzeitig Kenntnis erhalten,

3. daß nur solche Urteile bestätigt werden, die den politischen Absichten der Führung entsprechen.

IV.
Geheimschutz
Mit der Enttarnung genießt dieser Erlaß nur noch Geheimschutz als
»Geheime Kommandosache«.

> Im Auftrage
> Der Chef des Oberkommandos der Wehrmacht
> gez. Keitel

Dokument Nr. 9

[Handschriftlicher Vermerk:]
> Original beim KTB in Berlin abgegeben

Der Reichsführer SS   Berlin, den 21. Mai 1941
Tgb. Nr. 114/41 g. Kdos.   40 Nebenabdrücke
                                  38. Nebenabdruck
                                  11 Ausfertigungen
                                  Pr. Nr. 10

Betr.: Sonderauftrag des Führers.

Im Einvernehmen mit dem Oberbefehlshaber des Heeres habe ich zur
Durchführung der mir vom Führer gegebenen Sonderbefehle für
das Gebiet der politischen Verwaltung Höhere SS- und Polizeiführer
vorgesehen.
Für die Dauer des Einsatzes der Höh. SS- und Polizeiführer im rückwärtigen Heeresgebiet lege ich mit Zustimmung des Oberbefehlshabers des Heeres folgendes fest:
1. *Der Höhere SS- und Polizeiführer* mit Befehlsstab wird dem Befehlshaber des jeweiligen rückwärtigen Heeresgebiets hinsichtlich
Marsch, Versorgung und Unterbringung unterstellt. Dem Höheren SS-
und Polizeiführer sind zur Durchführung der ihm von mir unmittelbar gegebenen Aufgaben *SS- und Polizeitruppen* und *Einsatz-
kräfte* der *Sicherheitspolizei unterstellt.* Der Höhere SS- und Polizeiführer unterrichtet den Befehlshaber des rückwärtigen Heeresgebiets jeweils über die ihm von mir gegebenen Aufgaben.
Der Befehlshaber des rückwärtigen Heeresgebietes ist berechtigt,
dem Höheren SS- und Polizeiführer Weisungen zu geben, die zur
Vermeidung von Störungen der Operationen und Aufgaben des
Heeres erforderlich sind. Sie gehen allen übrigen Weisungen vor.
2. *Die eingesetzten SS- und Polizeikräfte* sind dem Befehlshaber des rückwärtigen Heeresgebietes hinsichtlich Marsch, Versorgung und
Unterbringung unterstellt. Alle gerichtlichen und disziplinarischen
Angelegenheiten werden in eigener Zuständigkeit erledigt. Soweit
zur Befehls- und Nachrichtenübermittlung das eigene Funk- und

Nachrichtengerät der SS- und Polizeitruppen nicht ausreicht, stellt der Befehlshaber des rückwärtigen Heeresgebietes, soweit dienstlich möglich, die entsprechenden Nachrichtenmittel des Heeres zur Verfügung.

3. Die *Aufgaben* der *unter den Höheren SS- und Polizeiführern eingesetzten SS- und Polizeikräfte* im rückwärtigen Heeresgebiet sind

a) Bezüglich der *Sicherheitspolizei* (SD):
Die Aufgaben der Einsatzgruppen und Einsatzkommandos der Sicherheitspolizei (SD) sind durch das Schreiben des OKH vom 26. 3. 41 bereits festgelegt.

b) Bezüglich der *Ordnungspolizei:*
Die eingesetzten Truppen der Ordnungspolizei, mit Ausnahme der den Kommandeuren der Sicherheitsdivisionen taktisch unterstellten 9 motorisierten Polizei-Batle., erfüllen ihre Aufgaben nach meinen grundlegenden Weisungen.

'Soweit die Erfüllung dieser Aufgaben es zuläßt, kann der Befehlshaber des rückwärtigen Heeresgebietes die Truppen der Ordnungspolizei im Einvernehmen mit dem Höheren SS- und Polizeiführer zu militärischen Aufgaben einsetzen.

4. *Die Truppen der Waffen-SS* haben im allgemeinen ähnliche Aufgaben wie die Truppen der Ordnungspolizei und Sonderaufgaben, die sie jeweils von mir erhalten.

5. Der Befehlshaber des rückwärtigen Heeresgebietes verfügt über alle SS- und Polizeitruppen bei einem dringenden Kampfeinsatz in eigener Befehlszuständigkeit.

F. d. R.   Der Reichsführer SS
gez. Unterschrift   gez. H. Himmler
SS-Hauptsturmführer   F.d.R.d.A.
                                    gez. Unterschrift
[Dok. NOKW – 2079]   Hptm.

Dokument Nr. 10

Der Oberbefehlshaber des Heeres
Gen.z.b.V.b.Ob.d.H.   Hauptquartier OKH, den 24. Mai 1941
(Gr.R.–Wes.)   340 Ausfertigungen
Nr. 80/41 g Kdos Chefs.   133. Ausfertigung
                               Nach besonderem Verteiler

Betr.: Behandlung feindlicher Zivilpersonen und Straftaten Wehrmachtsangehöriger gegen feindliche Zivilpersonen.

Nachstehender Führererlaß wird bekanntgegeben. Er ist schriftlich bis zu den Kommandeuren mit eigener Gerichtsbarkeit zu verteilen, darüber hinaus sind seine Grundsätze mündlich bekanntzugeben.

Zusätze zu I:
Ich erwarte, daß alle Abwehrmaßnahmen der Truppe zielbewußt zur eigenen Sicherung und zur schnellen Befriedung gewonnenen Gebiets durchgeführt werden. Der vielgestaltigen volkstumsmäßigen Zusammensetzung der Bevölkerung, ihrer Gesamteinstellung und dem Maße ihrer Verhetzung wird Rechnung zu tragen sein. Bewegung und Kampf mit der feindlichen Wehrmacht sind eigentliche Aufgabe der Truppe. Sie verlangt vollste Sammlung und höchsten Einsatz aller Kräfte. Diese Aufgabe darf an keiner Stelle in Frage gestellt sein. Besondere Such- und Säuberungsaktionen scheiden daher im allgemeinen für die kämpfende Truppe aus. Die Richtlinien des Führers befassen sich mit schweren Fällen der Auflehnung, in denen schärfstes Durchgreifen geboten ist. Straftaten geringerer Art sind je nach den Kampfverhältnissen nach näherer Anordnung eines Offiziers (möglichst eines Ortskommandanten) durch Befehlsmaßnahmen zu sühnen (z.B. vorübergehendes Festsetzen bei knapper Verpflegung, Anbinden, Heranziehen zu Arbeiten).
Die Oberbefehlshaber der Heeresgruppe bitte ich vor Wiedereinführung der Wehrmachtsgerichtsbarkeit in befriedeten Gebieten meine Zustimmung einzuholen. Die Oberbefehlshaber der Armeen werden rechtzeitig Vorschläge in dieser Richtung zu machen haben.
Über die Behandlung politischer Hoheitsträger ergeht besondere Regelung.
Zusätze zu II:
Unter allen Umständen bleibt es Aufgabe aller Vorgesetzten, willkürliche Ausschreitungen einzelner Heeresangehöriger zu verhindern und einer Verwilderung der Truppe rechtzeitig vorzubeugen. Der einzelne Soldat darf nicht dahin kommen, daß er gegenüber Landeseinwohnern tut und läßt, was ihm gut dünkt, sondern er ist in jedem Falle gebunden an die Befehle seiner Offiziere. Ich lege besonderen Wert darauf, daß hierüber bis in die letzte Einheit Klarheit besteht. Rechtzeitiges Eingreifen jedes Offiziers, insbesondere jedes Kompanie-Chefs usw., muß mithelfen, die Manneszucht, die Grundlage unserer Erfolge, zu erhalten.
Vorgänge nach I und II, die von Bedeutung sind, sind von der Truppe als besondere Vorkommnisse an OKH zu melden.

gez. von Brauchitsch

[Dok. NOKW – 3357]

Dokument Nr. 11

Armeeoberkommando 17   A.H.Qu., den 4.6.41
Ia/Ic/AO 298/41 g. Kdos. Chefs.
5 Anlagen   10 Ausfertigungen
                         10. Ausfertigung KTB
herabgesetzt auf   Lt. St. Armeeoberkommando 17
»geheim« lt. F.S.   Eing.: 26.Nov.1941
H.Gr. Süd v. 29.6.41   Briefbuch Nr. 4071/41 geh.
Geheim   Anlagen: 5

Betr.: Richtlinien für das Verhalten der Truppe in Rußland.

Eine Verteilung der Richtlinien hat zunächst nur bis zu den Divisions-kommandos zu erfolgen. Einweisung der Sachbearbeiter bei den Div.Kdos., der Regts.Kdre. und der selbständigen Batls. und Abt. Kdeure ist freigegeben.
Eine Weiterverteilung hat ab 15. 6. in versiegelten Umschlägen bis zu den Bataillonen pp. zu erfolgen.
Öffnung der Umschläge und Bekanntgabe der Richtlinien an die Truppe mit Eingang des Angriffsbefehls.

                         Für das Armeeoberkommando
                         Der Chef des Generalstabes:
                         I.V.

[Dok. NOKW– 1692]

Richtlinien für das Verhalten der Truppe in Rußland.
I.
1. *Der Bolschewismus ist der Todfeind des nationalsozialistischen deutschen Volkes. Dieser zersetzenden Weltanschauung und ihren Trägern gilt Deutschlands Kampf.*
2. Dieser Kampf verlangt rücksichtsloses und energisches Durch-greifen gegen *bolschewistische Hetzer, Freischärler, Saboteure, Juden* und restlose Beseitigung jeden aktiven oder passiven Wider-standes.
II.
3. Gegenüber allen Angehörigen der *Roten Armee* – auch den Ge-fangenen – ist äußerste Zurückhaltung und schärfste Achtsamkeit geboten, da mit heimtückischer Kampfweise zu rechnen ist. Be-sonders die *asiatischen Soldaten* der Roten Armee sind undurch-sichtig, unberechenbar, hinterhältig und gefühllos.
4. Bei der Gefangennahme von Truppeneinheiten sind die *Führer sofort* von den Mannschaften *abzusondern.*
III.
5. Der deutsche Soldat sieht sich in der Union der Sozialistischen Sowjetrepubliken (U.d.SS.R.) *nicht* einer *einheitlichen Bevölkerung* gegenüber. Die U.d.SS.R. ist ein Staatsgebilde, das eine *Vielzahl*

von slawischen, kaukasischen und asiatischen Völkern in sich vereinigt und das zusammengehalten wird durch die *Gewalt der bolschewistischen Machthaber.* Das *Judentum* ist in der U.d.SS.R. stark vertreten.

6. Ein großer Teil der russischen Bevölkerung, besonders die durch das bolschewistische System *verarmte Landbevölkerung,* steht dem Bolschewismus innerlich ablehnend gegenüber. Im nichtbolschewistischen russischen Menschen ist das *Nationalbewußtsein mit tiefen religiösen Gefühlen* verbunden. Freude und Dankbarkeit über die Befreiung vom Bolschewismus werden ihren Ausdruck häufig in kirchlicher Form finden. *Dankgottesdienste und Prozessionen sind nicht zu verhindern oder zu stören.*

7. In *Gesprächen mit der Bevölkerung* und im Verhalten gegenüber Frauen ist größte Vorsicht geboten. Viele Russen *verstehen* deutsch, ohne es selber zu sprechen.

Der *feindliche Nachrichtendienst* wird gerade im besetzten Gebiet besonders am Werke sein, um Nachrichten über militärisch wichtige Einrichtungen und Maßnahmen zu erhalten. Jede Leichtfertigkeit, Wichtigtuerei und Vertrauensseligkeit kann deshalb schwerste Folgen haben.

IV.

8. *Wirtschaftsgüter aller Art und militärische Beute,* insbesondere Lebens- und Futtermittel, Betriebsstoff und Bekleidungsgegenstände sind zu schonen und sicherzustellen. Jede Vergeudung und Verschwendung schädigt die Truppe. *Plünderungen* werden nach den Militärstrafgesetzen mit den schwersten Strafen geahndet.

9. *Vorsicht beim Genuß von erbeuteten Lebensmitteln!* Wasser darf nur im gekochten Zustand genossen werden (Typhus, Cholera). Jede Berührung mit der Bevölkerung birgt gesundheitliche Gefahren. Schutz der eigenen Gesundheit ist soldatische Pflicht.

10. *Für Reichskreditkassenscheine und -münzen,* sowie für *deutsche* Scheidemünzen im Wert von 1 und 2 Pfennig sowie 1, 2, 5 und 10 Reichspfennig oder Rentenpfennig *besteht Annahmezwang. Anderes deutsches Geld darf nicht verausgabt werden.*

[NOKW – 1692]

Dokument Nr. 12

Oberkommando der Wehrmacht   F. H. Qu., den 6. 6. 1941
WFST/Abt. L. (IV/Qu)   [Stempel:] Chef-Sache!
Nr. 44822/41 g. K. Chefs.   Nur durch Offizier!

Im Nachgang zum Führererlaß vom 14. 5. über die Ausübung der Kriegsgerichtsbarkeit im Gebiet »Barbarossa« (OKW/WFSt/Abt. L

IV/Qu Nr. 44718/41 g. Kdos. Chefs.) werden anliegend ›Richtlinien für die Behandlung politischer Kommissare‹ übersandt.
Es wird gebeten, die Verteilung nur bis zu den Oberbefehlshabern der Armeen bzw. Luftflottenchefs vorzunehmen und die weitere Bekanntgabe an die Befehlshaber und Kommandeure mündlich erfolgen zu lassen.

Der Chef des Oberkommandos
der Wehrmacht
I. A.
[Dok. NOKW 1076]   gez. Warlimont

Anlage zu OKW/WFSt/Abt. L IV/Qu Nr. 44822 g. k. Chefs.

Richtlinien für die Behandlung politischer Kommissare.
Im Kampf gegen den Bolschewismus ist mit einem Verhalten des Feindes nach den Grundsätzen der Menschlichkeit oder des Völkerrechts *nicht* zu rechnen. Insbesondere ist von den *politischen Kommissaren aller Art* als den eigentlichen Trägern des Widerstandes eine haßerfüllte, grausame und unmenschliche Behandlung unserer Gefangenen zu erwarten.
Die Truppe muß sich bewußt sein:
1. In diesem Kampf ist Schonung und völkerrechtliche Rücksichtnahme diesen Elementen gegenüber falsch. Sie sind eine Gefahr für die eigene Sicherheit und die schnelle Befriedung der eroberten Gebiete.
2. Die Urheber barbarisch asiatischer Kampfmethoden sind die politischen Kommissare. Gegen diese muß daher *sofort* und ohne weiteres mit aller Schärfe vorgegangen werden.
Sie sind daher, wenn im *Kampf* oder *Widerstand* ergriffen, grundsätzlich sofort mit der Waffe zu erledigen.
Im übrigen gelten folgende Bestimmungen:

I. Operationsgebiet
1. Politische Kommissare, die sich *gegen unsere Truppe wenden,* sind entsprechend dem ›Erlaß über die Ausübung der Gerichtsbarkeit im Gebiet Barbarossa‹ zu behandeln. Dies gilt für Kommissare jeder Art und Stellung, auch wenn sie nur des Widerstandes, der Sabotage oder der Anstiftung hierzu verdächtig sind.
Auf die ›Richtlinien über das Verhalten der Truppe in Rußland‹ wird verwiesen.
2. Politische Kommissare als *Organe der feindlichen Truppe* sind kenntlich an besonderen Abzeichen – roter Stern mit golden eingewebtem Hammer und Sichel auf den Ärmeln – (Einzelheiten siehe ›Die Kriegswehrmacht der UdSSR‹. OKH/Gen. StdH. O Qu IV Abt. Fremde Heere Ost [II] Nr. 100/41 g. vom 15. 1. 1941 unter Anlage 9 d.). Sie sind aus den Kriegsgefangenen *sofort,* d. h. noch auf dem Gefechtsfelde, abzusondern. Dies ist notwendig, um ihnen

jede Einflußmöglichkeit auf die gefangenen Soldaten abzunehmen. Diese Kommissare werden nicht als Soldaten anerkannt; der für die Kriegsgefangenen völkerrechtlich geltende Schutz findet auf sie keine Anwendung. Sie sind nach durchgeführter Absonderung zu erledigen.

3. *Politische Kommissare,* die sich *keiner feindlichen Handlungen schuldig machen* oder *einer solchen verdächtig sind,* werden zunächst unbehelligt bleiben. Erst bei der weiteren Durchdringung des Landes wird es möglich sein, zu entscheiden, ob verbliebene Funktionäre an Ort und Stelle belassen werden können oder an die Sonderkommandos abzugeben sind. Es ist anzustreben, daß diese selbst die Überprüfung vornehmen.

   Bei der Beurteilung der Frage, ob »schuldig oder nicht schuldig«, hat grundsätzlich der persönliche Eindruck von der Gesinnung und Haltung des Kommissars höher zu gelten, als der vielleicht nicht zu beweisende Tatbestand.

4. In den Fällen 1. und 2. ist eine kurze Meldung (Meldezettel) über den Vorfall zu richten:

   a) von den einer Division unterstellten Truppen an die Division (I c),

   b) von den Truppen, die einem Korps-, Armeeober- oder Heeresgruppenkommando oder einer Panzertruppe unmittelbar unterstellt sind, an das Korps- usw. Kommando (I c).

5. Alle oben genannten Maßnahmen dürfen die Durchführung der Operationen nicht aufhalten. Planmäßige Such- und Säuberungsaktionen durch die Kampftruppe haben daher zu unterbleiben.

II. Im rückwärtigen Heeresgebiet

Kommissare, die im rückwärtigen Heeresgebiet wegen zweifelhaften Verhaltens ergriffen werden, sind an die Einsatzgruppe bzw. Einsatzkommandos der Sicherheitspolizei (SD) abzugeben.

III. Beschränkung der Kriegs- und Standgerichte

Die Kriegsgerichte und die Standgerichte der Regiments- usw. Kommandeure dürfen mit der Durchführung der Maßnahmen nach I und II nicht betraut werden.

OKH-Verteiler:

Abschnittsstab Schlesien	1. Ausfertigung
Heeresgruppe B	2. Ausfertigung
Abschnittsstab Ostpreußen	3. Ausfertigung
AOK 18	4. Ausfertigung
Unterabschnitt Ostpreußen I	5. Ausfertigung
Festungsstab Blaurock	6. Ausfertigung
AOK 4	7. Ausfertigung
Abschnittsstab Staufen	8. Ausfertigung
Arbeitsstab Gotzmann	9. Ausfertigung
AOK 11	10. Ausfertigung

AOK 2	11. Ausfertigung
Oberbaugruppe Süd	12. Ausfertigung
Festungsstab 49	13. Ausfertigung
Festungsstab Wagener	14. Ausfertigung
Panzergruppe 4	15. Ausfertigung
AOK Norwegen	16. Ausfertigung
OKH/Adj. Ob. d. H.	17. Ausfertigung
OKH/Adj. GenSt. d. H.	18. Ausfertigung
OKH/Abt. Fremde Heere Ost	19. Ausfertigung
OKH/Dp. Abt. (ohne OKW.-Erlaß)	20. Ausfertigung
OKH/Gen. Qu. (ohne OKW.-Erlaß)	21. Ausfertigung
Vorrat	22.–30. Ausfertigung

Dokument Nr. 13

Der Oberbefehlshaber des Heeres

Hauptquartier OKH, den 8. 6. 1941

Gen. z. b. V. b. Ob. d. H. (Gr. R. Wes.)	(2047/138)
Nr. 91/41 g. Kdos. Chefs.	[Init. K. 9/6]
[Stempel:] Chefsache	(– –Stempel!]
Nur durch Offizier!	30 Ausfertigungen.
Nach anliegendem Verteiler	19. Ausfertigung.
Betr. Behandlung politischer Kommissare.	[Stempel:]
	Gen. St. d. H.
	Abt. Fremde Heere Ost
	9. Juni 1941
	Nr. 69/41 g. Kdos. Anl.
	[2 unles. Init.]

Nachstehender Erlaß des OKW vom 6. 6. 41 – WFSt. Abt. L (IV/Qu)
Nr. 44822/41 g. Kdos. Chefs. – wird bekanntgegeben.

Zu I Ziffer 1:
Das Vorgehen gegen einen politischen Kommissar muß zur Voraus-
setzung haben, daß der Betreffende durch eine *besondere erkennbare
Handlung oder Haltung* sich gegen die deutsche Wehrmacht stellt oder
stellen will.
Zu I. Ziffer 2:
Die Erledigung der politischen Kommissare bei der Truppe hat nach
ihrer Absonderung *außerhalb der eigentlichen Kampfzone* unauffällig auf
Befehl eines Offiziers zu erfolgen.

[Stempel:]	gez. von Brauchitsch
Oberkommando des Heeres	Für die Richtigkeit:
Gruppe Rechtswesen	gez. Bechler [handschrf.]
	Hauptmann

[Dok. NOKW 1076]

Dokument Nr. 14

Pz. Gru. 3 – Abt. Ic
Tätigkeitsbericht Jan.–Juli 1941
Bl. 29:

Rechtsfragen

A. Behandlung von Freischärlern usw.
Am 11. 6. wurden der Ic und der Heeresrichter der Gruppe nach Warschau zu einer Besprechung des Generals z. b. V. beim Ob. d. H. kommandiert. General z. b. V. Generalleutnant Müller, führte nach Verlesen des Führererlasses aus, daß im kommenden Einsatz Rechtsempfinden u. U. hinter Kriegsnotwendigkeit zu treten hat. Erforderlich ist daher:
Rückkehr zum alten Kriegsbrauch, unser bisheriges Kriegsrecht ist erst nach dem Weltkrieg festgelegt. Einer von beiden Feinden muß auf der Strecke bleiben. Träger der feindlichen Einstellung nicht konservieren, sondern erledigen. Unter den Begriff »Freischärler« fällt auch der, der als Zivilist die deutsche Wehrmacht behindert oder zur Behinderung auffordert (z. B. Hetzer, Flugblattverteiler, nicht befolgen deutscher Anordnungen, Brandstifter, zerstören von Wegweisern, Verräter usw.). Das Recht des freiwilligen Waffengreifens der Bevölkerung wird nicht anerkannt. Auch wehrsportliche Vereinigung (Komsomol, Ossoaviachim) hat dieses Recht nicht.
Bestrafung: Grundsatz: sofort, jedenfalls kein Aufschieben der Verfahren. Bei Einzelfällen kann in leichten Fällen u. U. auch die Prügelstrafe genügen. Die Härte des Krieges erfordert harte Strafen . . . In Zweifelsfällen über die Täterschaft wird häufig Verdacht genügen müssen. Klare Beweise lassen sich oft nicht erbringen.
Kollektive Gewaltmaßnahmen durch Niederbrennen, Erschießen einer Gruppe von Leuten usw. Truppe soll sich aber nicht ablenken lassen oder im Blutrausch handeln. Kein unnötiges Scharfmachen, also nur so weit, als zur Sicherung der Truppe und raschen Befriedung des Landes notwendig.

[Dok. NOKW 2672]

Dokument Nr. 15

Meldungen über Kommissar-Erschießungen durch die kämpfende Truppe und Anweisung zu regelmäßiger Meldung durch unterstellte Einheiten

Funk-*Spruch* Nr. 559
Absendende Stelle: Abgegangen 10. 7., 10.30
Panzergruppe 4   An Heeresgruppe Nord

Zu Ob. d. H. Gen. z. b. V. Ob. d. H. (Gruppe Rechtswesen)
Nr. 91/41 g. Kdos. vom 8. 6. 41 werden bis zum 8. 7. einschl. ge-
meldet 101 erledigt.   Panzergruppe 4 Ic
F. d. R.
gez. Bothe
Leutnant

Fernschreiben: von Panzergruppe 4
Abgangstag: 22.7.
Abgangszeit: 08.31   An XXXXI. A. K.

Betr.: Politische Kommissare
Meldung über Verlauf der Aktion vom 22. 6. 41 bis 19. 7. einschl. mit
Zahlenangaben sofort erbeten. Nächste Meldung zum 3. 8. mit
Stand vom 2. 8.
F. d. R.   Panzergruppe 4 Ic
gez. Bothe
Leutnant

[Dok. NOKW 1674]

Dokument Nr. 16

Der Chef des Generalstabes
der Heeresgruppe Nord   H. Qu. 2. 7. 1941
An den Herrn Chef des Generalstabes
Panzergruppe 4

1. Ich halte es für notwendig, den Erlaß des OKH betr. Behandlung
   politischer Kommissare zu vernichten, damit er nicht in Feindeshand fällt und propagandistisch ausgenutzt werden kann.
2. Ich bitte darauf hinzuweisen, daß nicht dort, wo Gefangene bereits
   zu Arbeitsabteilungen (für Flugplätze usw.) zusammengestellt
   sind, die Truppe nachträglich durch Erschießen eingreift.
Verteiler: gez. Brennecke
Chef d. Gen. St. AOK 16
Chef d. Gen. St. AOK 18
Pz. Gru. 4
Bef. rückw. H.G. 101

[Dok. NOKW 3136]

Dokument Nr. 17

AOK 18 Ic
Nr. 2034/41   Qu. 2   H. Qu., 14. 7. 1941

Generalleutnant Müller, Gen. z. b. V. ObdH., machte am 10. 7.
anläßlich einer Besprechung mit Major i. G. Jessel im Auftrage des
Herrn Oberbefehlshabers des Heeres auf die Beachtung folgender
Punkte aufmerksam:
  Bei dem raschen Fortschreiten der Op. ist anzunehmen, daß eine
  Reihe von polit. Kommissaren der Roten Armee nach Entfernung
  ihrer Abzeichen unerkannt in die Gefangenenlager geraten sind.
  . . . Die Ic's werden gebeten, auf die Notwendigkeit einer ständigen
  Überprüfung der Anwesenheit von politischen Kommissaren
  immer wieder hinzuweisen.

gez. Unterschrift
Maj. i. G.

Dokument Nr. 18

Pz. Gr. 3
Feindnachr. Blatt Nr. 10   Juli 1941
3. Politische Kommissare haben Dienstgradabzeichen häufig abge-
   legt und befinden sich in Mannschaftsuniform unter der Truppe.
   Meist erkenntlich an nicht verblichenen Stellen am Kragen und am
   Ärmel . . . .

Feindnachr. Blatt Nr. 18   8. 8. 1941
Betreffend politische Kommissare. Gemäß den neuen sowjetischen
Bestimmungen haben alle Regimenter und Divisionen sowie höhere
Stäbe Kriegskommissare (früher politische Kommissare), Kompa-
nien, Batterien und Schwadronen politische Leiter (Politruk), die
ebenfalls unter den Begriff der Kriegskommissare fallen. Einzelnach-
fragen seitens der Truppe machen den Hinweis erforderlich, daß sich
in der Behandlung dieser Leute nichts geändert hat.
Im Gegensatz hierzu sind Angehörige der bereits öfter angetroffenen
GPU jetzt SiPo genannt, und solche Grenztruppen . . . in gleicher
Form zu behandeln wie die Soldaten der Roten Armee.

[Dok. NOKW 2239]

Dokument Nr. 19

Pz. Gr. 3: Bedenken gegen die Zweckmäßigkeit des »Kommissar«-Befehls
(14. August 1941)

Tätigkeitsbericht
d. Pz. Gru. 3/Ic
Jan.–Juli 1941

»Die Sonderbehandlung der politischen Kommissare durch die
Gruppe führte zu einem baldigen Bekanntwerden auf der russischen
Seite und Verschärfung des Widerstandswillens. Die Sonderbehandlung hätte zur Vermeidung des Bekanntwerdens erst in weit rückwärts gelegenen Lagern durchgeführt werden dürfen. Auch die meisten gefangenen Rotarmisten und Offiziere glaubten an eine solche
Sonderbehandlung, die ihnen in Dienstbefehlen und auch von ent-
flohenen Kommissaren berichtet wurde . . .«
»Bei rückschauender Betrachtung am 14. 8. ist festzustellen, daß entgegen den Erwartungen Freischärlerei nur in geringem Umfange
vorgekommen ist und infolgedessen die strengen Strafen nur vereinzelt zur Anwendung zu kommen brauchten. Dagegen hat sich
erwiesen, daß die politischen Kommissare Willensträger der bolschewistischen Idee waren. Die geistige Beeinflussung der von ihnen erfaßten Truppe war erheblich. Der zähe Widerstand der bolschewistischen Truppe ist wohl in erster Linie auf seine Hetze zurückzuführen,
die zahllose Soldaten glaubhaft machte, daß ihnen Durchhalten im
Kampf oder martervolle Tötung nach Gefangennahme durch die
Deutschen nur zur Wahl bliebe. In den ersten Kampfwochen wurden
politische Kommissare und Offiziere nur in geringem Umfang gefangengenommen. Bis Anfang August wurden im ganzen Gruppen-
bereich etwa 170 politische Kommissare (innerhalb der Truppe) ge-
fangen und als gesondert abgeschoben den AOK's gemeldet.«

[Dok. NOKW 1904]

Dokument Nr. 20

AOK 2   HQu., 9. 9. 1941
Ic/A. O. Nr. 218/41 geh. Kommandos.
Betr.: Politische Kommissare

An Heeresgruppe Mitte
Nach zahlreichen Feststellungen ist der zähe Widerstand der sowjetischen Truppen zu einem Teil dem scharfen Terror der politischen Kommissare und Politruks zuzuschreiben. Diese selbst verteidigen sich nach den gemachten Erfahrungen meist bis zum letzten,
töten sich häufig sogar selbst, um nicht in Gefangenschaft zu geraten,
und versuchen mit allen Mitteln, auch die Offiziere und Soldaten zu

diesem gleichen Verhalten zu bringen. Diese Haltung der Kommissare ist nach den getroffenen Feststellungen vor allem darauf zurückzuführen, daß sie überzeugt sind, als Gefangene erschossen zu werden. So hat ein Politruk, der in Zivil aufgegriffen worden ist, angegeben: »Nach meiner Ansicht würden die politischen Leiter, Kommissare und Offiziere der Roten Armee nicht solchen Widerstand leisten, wenn sie die Gewißheit hätten, bei Gefangennahme oder Überlaufen nicht erschossen zu werden.« Diese Auswirkung der scharfen Befehle über Behandlung der Kommissare und Politruks als Mitursache des zähen feindlichen Widerstandes ist also nicht zu verkennen. Daß offizielle sowjetische Anordnungen über Vergeltungsmaßnahmen (z. B. Erschießen kriegsgefangener deutscher Offiziere oder Angehöriger der NSDAP) vorliegen, hat sich bisher nicht einwandfrei feststellen lassen. Es ist jedoch mit der Möglichkeit der praktischen Durchführung solcher Gegenmaßnahmen zu rechnen. Im übrigen tragen nach dem Befehl Stalins vom 1. 8. 1941 die politischen Kommissare Offiziers-Uniformen ohne besondere Abzeichen. Es ist daher damit zu rechnen, daß die Truppe unter den Gefangenen nicht mehr besonders nach Kommissaren forschen wird, falls diese nicht auf Grund von Denunziationen sofort ausgesondert werden können. Infolgedessen werden politische Kommissare jetzt häufiger mit in Gefangenenlager abgeschoben werden.

Für das Armee-Oberkommando
Der Chef des Generalstabes
[gez.:] **v**. Witzleben

Dokument Nr. 21

Gen. Kdo. XXXIX. A. K
Der Kommandierende General
An AOK 16
Es wird gebeten, diese Denkschrift an den Führer und Obersten Befehlshaber der Wehrmacht weiterzuleiten.
Gen. Kdo. XXXIX, A. K.   Der Kommandierende General
17. 9. 1941

Denkschrift über die Möglichkeiten einer Erschütterung des bolschewistischen Widerstandes von innen her

Der bisherige Verlauf des Ostfeldzuges hat gezeigt, daß der bolschewistische Widerstand an Härte und Verbissenheit die meisten Erwartungen bei weitem übersteigt. Insbesondere verfügt die Rote Armee über ein Unterführerkorps, das die Mannschaften immer wieder in Angriff und Verteidigung fest zusammenhält . . .
Die alte Führung ist emigriert oder ausgerottet, die junge Intelligenz

aus der Arbeiterklasse denkt kommunistisch. Jeder Versuch eines Umsturzes wurde schließlich mit härtester Gewalt im Keime erstickt. Es konnte daher niemals angenommen werden, daß ein Krieg zu einer Revolution in der Sowjetunion führen werde. Der bolschewistische Staat zeitigt im Kampf die gleiche Widerstandskraft, die vergleichsweise die KPD im Kampf um die Macht im Reich aufwies ... Im Feldzug macht sich besonders unangenehm bemerkbar, daß ... die politischen Kommissare schon deshalb weiterkämpfen, weil sie wissen, daß sie bei uns bestimmt erschossen werden. Dieses Bewußtsein kann die Kriegsführung auch in Zukunft nur verschärfen. Für die gesamte russische Bevölkerung fehlt für eine klare Entscheidung jedes Bild der künftigen Entwicklung.

Als Sofortmaßnahme muß der Schießerlaß für politische Kommissare fallen. Solange die Kommissare sich gemeinsam gegen den sicheren Tod wehren müssen, werden sie wie Pech und Schwefel zusammenhalten. Ja, sie werden durch unsere Drohungen auch bei sicherlich vorhandenen inneren Zwistigkeiten geradezu durch uns zusammengeschweißt. Wenn aber der einzelne Kommissar weiß, daß er als Überläufer sein Leben retten kann, wird die innere Geschlossenheit des politischen Führerkorps aufhören.

Auf weite Sicht ist aber noch viel wichtiger, dem russischen Volk eine positive Zukunft zu zeigen ...

[gez.] S [Schmidt]

[Dok. NOKW 2413]

Dokument Nr. 22

Oberkommando des Heeres   H.Q., den 23. 9. 1941
General z.b.V. beim Ob.d.H.
Az. 501 Gen.z.b.V.b.Ob.d.H.   4 Ausfertigungen
Nr. 516/41 g Kdos.   1. Ausfertigung

An OKW/L
zu Händen des Herrn Generalmajor Warlimont

Betr. Politische Kommissare
Bezug: OKW/WFSt/Abt. L (IV/Qu)
Nr. 44822/41 g. Kdos. Chefs.
vom 6. 6. 1941
Es wird gebeten, die Notwendigkeit der Durchführung des »Kommissar«-Erlasses in der bisherigen Form im Hinblick auf die Entwicklung der Lage zu überprüfen. Von Befehlshabern, Kommandeuren und aus der Truppe wird gemeldet, daß sich eine Lockerung des Kampfwillens auf russischer Seite dadurch erreichen lasse, wenn den Kommissaren, die ohne Zweifel die Hauptträger des erbitterten

und verbissenen Widerstandes seien, der Weg zur Aufgabe des Kampfes, zur Übergabe oder zum Überlaufen erleichtert würde.

Zur Zeit ist es so, daß der Kommissar auf jeden Fall sein sicheres Ende vor Augen sieht; darum kämpft eine große Zahl bis zuletzt und zwingt auch die Rotarmisten mit den brutalsten Mitteln zum erbitterten Widerstand.

Gerade in der augenblicklichen Kampflage, wo bei den hohen Ausfällen, mit der Abnahme des Zuflusses von personellen und materiellen Kräften, bei der Vermischung der Verbände, der Unsicherheit der Führung Lockerungserscheinungen auf russischer Seite da und dort sich zu zeigen beginnen, könnte eine Lähmung des allgemeinen Kampfwillens durch Brechung des Widerstandes der Kommissare nicht unerhebliche Erfolge zeitigen und unter Umständen viel Blut sparen.

Die Erreichung des Zieles müßte in geeigneter Form mit propagandistischen Mitteln verschiedenster Art angestrebt werden.

Auch der Oberbefehlshaber des Heeres glaubt, daß die vorstehenden Auffassungen, die ihm persönlich bei allen Heerestruppen vorgetragen worden sind, vom militärischen Standpunkt durchaus beachtlich sind und eine Überprüfung der bisherigen Behandlungsweise der Kommissare zweckmäßig erscheinen lassen.

i. A.

gez. Müller

[Handschrift. Randbemerkung v. Jodl:] Der Führer hat jede Änderung der bisher erlassenen Befehle für die Behandlung der polit. Kommissare abgelehnt. J. 26. 9.

[Dok. NOKW 200]

Dokument Nr. 23

Abschrift

Oberkommando der Wehrmacht   Berlin, den 16. 6. 1941
Abt. Kriegsgefangene   10 Ausfertigungen
Nr. 25/41 g.Kdos.Chefs.   3. Ausfertigung

Betr.: Kriegsgefangenenwesen im Fall Barbarossa

1. Organisation.

Die Verantwortlichkeit für das Kriegsgefangenenwesen im Fall Barbarossa erstreckt sich: für OKH auf das Operationsgebiet und das Gebiet der deutschen Heeresmission Rumänien (Schema der Gliederung s. Anlage 1), für OKW/AWA auf das Heimatgebiet einschl. Generalgouvernement.

OKW/AWA hat eingerichtet:

a) Im Generalgouvernement und in Wehrkreis I eine Kriegsgefangenen-Heimatorganisation zur Übernahme und Betreuung der aus dem Operationsgebiet abgeschobenen Kriegsgefangenen.

b) Im übrigen Reichsgebiet Lager zur Aufnahme der Kriegsgefangenen aus dem Unternehmen Barbarossa, getrennt von allen übrigen Kriegsgefangenen . . .

Die beiden Kommandeure der Kgf haben aus den ihnen unterstellten Lagern unmittelbar an der Grenze des deutschen Interessengebietes »Kgf-Übernahmestellen« eingerichtet, welche die Kgf vom Feldheer zu übernehmen und in die Lager der Kgf-Heimatorganisation weiterzuleiten haben. Lage der Übernahmestellen und der Lager s. Anlage 3.

a) Vom Feldheer zur Heimatorganisation . . .

Ein Abschub der Kriegsgefangenen in die Lager des Reiches findet nur auf besonderen Befehl des OKW statt.

III. Behandlung der Kriegsgefangenen.

Der Bolschewismus ist der Todfeind des Nationalsozialistischen Deutschland. Gegenüber den Kriegsgefangenen der Roten Armee ist daher äußerste Zurückhaltung und schärfste Wachsamkeit geboten. Mit heimtückischem Verhalten insbesondere der Kriegsgefangenen asiatischer Herkunft ist zu rechnen. Daher rücksichtsloses und energisches Durchgreifen bei den geringsten Anzeichen von Widersetzlichkeit, insbesondere gegenüber bolschewistischen Hetzern. Restlose Beseitigung jedes aktiven und passiven Widerstandes! . . .

Die Gegenseite hat das Abkommen über die Behandlung von Kriegsgefangenen vom 27. 7. 1929 nicht anerkannt. Trotzdem bildet dieses die Grundlage für die Behandlung.

Folgende Ausnahmen werden befohlen: . . .

2. Keine Bezahlung für die geleisteten Arbeiten. Keine Soldzahlung an Offiziere und Sanitätspersonal.

3. Keine Abnahme persönlicher Geldbeträge und Wertsachen. Wo bei Vorhandensein größerer Geldbeträge Verdacht strafbarer Handlungen oder sonstigen unrechtmäßigen Erwerbes (Verteilung von Kriegskassen usw.) vorliegt, Abnahme dieser Geldbeträge ohne Quittung und Sicherstellung als Beutegeld.

4. Meldungen der Kriegsgefangenen an die Wehrmacht-Auskunftstelle sind nicht erforderlich.

5. Die Karteikarten I und II nach ADV 38/5 sind nicht zu benutzen. Über die Führung von besonderen Karteikarten als Ersatz für Listenführung ergeht Sonderbefehl . . .

7. Über die Verpflegung der Kriegsgefangenen ergeht Sonderbefehl . . .

8. Die Vorschriften über »Beziehungen der Kriegsgefangenen zur Außenwelt« (Schutzmacht, Hilfsgesellschaften usw.) finden keine Anwendung.

9. Vertrauensleute gemäß ADV 38/5 Artikel 340 sind von den Kriegsgefangenen nicht zu bestimmen.

10. Strafverfahren gegen Kriegsgefangene unterliegen nicht den im Abkommen vorgesehenen Beschränkungen. (Beteiligung der Schutzmacht, Aussetzung der Strafvollstreckung bei Todesurteilen usw.) ...

> Der Chef des Oberkommandos der Wehrmacht
> i. A. gez. Unterschrift

[Dok. Ps 888]

Dokument Nr. 24

Abschrift
Der Chef der Sicherheitspolizei und des SD
21 B/41 gRs. IV A Ic

Berlin, den 17. Juli 1941

Geheime Reichssache!
Einsatzbefehl Nr. 8
Betr. Richtlinien für die in die Stalags und Dulags abzustellenden Kommandos des Chefs der Sicherheitspolizei und des SD.
Anl.: 2 geheftete Anl. 1 und 2
        1 lose Anl.

In der Anlage übersende ich Richtlinien über die Säuberung der Gefangenenlager, in denen Sowjetrussen untergebracht sind.
Diese Richtlinien sind im Einvernehmen mit dem OKW – Abt. Kriegsgefangene (s. Anl. 1) ausgearbeitet worden. Die Kommandeure der Kriegsgefangenen- und Durchgangslager (Stalags und Dulags) sind seitens des OKW verständigt worden.
Ich ersuche, sofort ein Kommando in Stärke von einem SS-Führer und 4–6 Mann für die im dortigen Bereich befindlichen Kriegsgefangenenlager abzustellen ...
Zur Erleichterung der Durchführung der Säuberung ist je ein Verbindungsführer zu dem Oberbefehlshaber der Kriegsgefangenenlager im Wehrkreis I, Ostpreußen – Generalmajor von Hindenburg – in Königsberg/Pr. und zum Oberbefehlshaber der Kriegsgefangenenlager im Generalgouvernement – Generalleutnant Herrgott – in Kielce zu entsenden.
Als Verbindungsführer sind ab sofort abzuordnen: ...
b) Kriminalkommissar Raschwitz, beim Kdr. der Sicherheitspolizei und des SD in Krakau, zu Generalleutnant Herrgott in Kielce.
Aufgabe dieser Verbindungsführer ist es, von Zeit zu Zeit, insbesondere zu Beginn des Einsatzes die Tätigkeit der Kommandos nach diesen Richtlinien einheitlich auszurichten und für einen reibungslosen Verkehr mit den Dienststellen der Wehrmacht zu sorgen.

Für die Durchführung der den Kommandos in den Gefangenenlagern gestellten Aufgaben füge ich – als Anlage 2 – Richtlinien für die in die Stalags abzustellenden Kommandos des Chefs der Sicherheitspolizei und des SD bei, von denen gleichfalls das OKW und damit auch die Befehlshaber und Lagerkommandanten Kenntnis erhalten haben.

Vor Durchführung der Exekutionen haben sich die Führer der Einsatzkommandos wegen des Vollzuges jeweils mit den Leitern der in Frage kommenden Staatspolizeistellen bzw. mit den Kommandeuren des für ihr Lager zuständigen Gebietes in Verbindung zu setzen. Die Exekutionen dürfen nicht im Lager selbst noch in unmittelbarer Nähe erfolgen; sie sind nicht öffentlich und müssen möglichst unauffällig durchgeführt werden . . .

gez. Heydrich

Geheime Reichssache! *Anlage 1*

Richtlinien für die Aussonderung von Zivilpersonen und verdächtigen Kriegsgefangenen des Ostfeldzuges in den Kriegsgefangenenlagern im besetzten Gebiet, im Operationsgebiet, im Generalgouvernement und in den Lagern im Reichsgebiet.

1. Absicht.

Die Wehrmacht muß sich umgehend von allen denjenigen Elementen unter den Kr.Gef. befreien, die als bolschewistische Triebkräfte anzusehen sind. Die besondere Lage des Ostfeldzuges verlangt daher *besondere Maßnahmen*, die frei von bürokratischen und verwaltungsmäßigen Einflüssen verantwortungsfreudig durchgeführt werden müssen.

Während den bisherigen Vorschriften und Befehlen des Kriegsgefangenenwesens ausschließlich *militärische* Überlegungen zu Grunde lagen, muß nunmehr der *politische Zweck* erreicht werden, das Deutsche Volk vor bolschewistischen Hetzern zu schützen und das besetzte Gebiet alsbald fest in die Hand zu nehmen.

2. Weg zur Erreichung des gesteckten Zieles

A. Die Insassen der Russen-Lager sind daher zunächst nach folgenden Gesichtspunkten innerhalb der Lager voneinander zu trennen:
  1. Zivilpersonen;
  2. Soldaten (auch solche, die zweifellos Zivilkleider angelegt haben);
  3. politisch untragbare Elemente aus 1. und 2.;
  4. Personen aus 1. und 2., die besonders vertrauenswürdig erscheinen und daher für den Einsatz zum Wiederaufbau der besetzten Gebiete verwendungsfähig sind;
  5. Volkstumsgruppen innerhalb der Zivilpersonen und Soldaten.

B. Während die grobe Trennung nach A 1. bis 5. durch die Lagerorgane selbst vorgenommen wird, stellt zur Aussonderung der Personen zu A 3. und 4. der Reichsführer-SS

»Einsatzkommandos der Sicherheitspolizei und des Sicherheitsdienstes« zur Verfügung.

Sie sind dem Chef der Sipo und des SD unmittelbar unterstellt, für ihren Sonderauftrag besonders geschult und treffen ihre Maßnahmen und Ermittlungen im Rahmen der Lagerordnung nach Richtlinien, die sie vom Chef der Sicherheitspolizei und des Sicherheitsdienstes erhalten haben.

Den Kommandanten, besonders deren Abwehr-Offizieren, wird engste Zusammenarbeit mit den Einsatzkommandos zur Pflicht gemacht.

III. Weitere Behandlung der ausgesonderten Gruppen.
  A. *Zivilpersonen* . . .
  B. *Militärpersonen.*
      Wegen evtl. Verwendung im Reichsgebiet sind Asiaten von den europäisch aussehenden Soldaten zu trennen. Offiziere werden vielfach als »Verdächtige« auszusondern sein. Andererseits sind Offiziere zur Verhinderung der Einflußnahme auf die Mannschaften frühzeitig von diesen zu trennen.
      Über den Abschub der Militärpersonen ergeht Sonderbefehl . . .
  C. Über die als »Verdächtige« [s. II. A., 3.] ausgesonderten entscheidet das Einsatzkommando der Sipo und des SD.
      . . .
      Dem Ersuchen des Einsatzkommandos auf Herausgabe weiterer Personen ist stattzugeben.
  D. *Vertrauenswürdige Personen* sind zunächst zur Aussonderung der Verdächtigen (II. A. 3) und zu sonstigen Aufgaben der Lagerverwaltung heranzuziehen . . .
  E. *Volkstumsgruppen* . . .
      Über die Verwendung der einzelnen Volkstumsgruppen ergeht Sonderbefehl.   BT.

Geheime Reichssache!   *Anlage II*
Amt IV   Berlin, den 17. Juli 1941

Richtlinien für die in die Stalags abzustellenden Kommandos des Chefs der Sicherheitspolizei und des SD

Die Abstellung der Kommandos erfolgt nach der Vereinbarung zwischen dem Chef der Sicherheitspolizei und des SD und dem OKW vom 16. 7. 41 [s. Anlagen 1].

Die Kommandos arbeiten aufgrund besonderer Ermächtigung und gemäß der ihnen erteilten allgemeinen Richtlinien im Rahmen der Lagerordnung selbständig. Es ist selbstverständlich, daß die Kommandos mit dem Lagerkommandanten und dem ihm zugeteilten Abwehroffizier engste Fühlung halten.

Aufgabe der Kommandos ist die politische Überprüfung aller Lager-insassen und die Aussonderung und weitere Behandlung

a) der in politischer, krimineller oder in sonstiger Hinsicht untrag-baren Elemente unter diesen,

b) jener Personen, die für den Wiederaufbau der besetzten Gebiete verwendet werden können.

Für die Durchführung ihrer Aufgabe können den Kommandos Hilfsmittel nicht zur Verfügung gestellt werden. Das ›Deutsche Fahndungsbuch‹, die ›Aufenthaltsermittlungsliste‹ und das ›Son-derfahndungsbuch der UdSSR‹ werden sich in den wenigsten Fällen als verwertbar erweisen; das ›Sonderfahndungsbuch der UdSSR‹ ist deshalb nicht ausreichend, weil nur ein geringer Teil der als ge-fährlich zu bezeichnenden Sowjetrussen darin aufgeführt ist.

Die Kommandos müssen sich daher nach ihrem Fachwissen und Können auf eigene Feststellungen und selbsterarbeitete Kenntnisse stützen . . . Für ihre Arbeit haben die Kommandos, soweit als mög-lich, sich zunächst und auch in der Folge die Erfahrungen des Lager-kommandanten zunutze zu machen, die diese aus der Beobachtung der Gefangenen und aus Vernehmungen von Lagerinsassen inzwi-schen gesammelt haben.

Weiter haben die Kommandos am Anfang bemüht zu sein, unter den Gefangenen auch die zuverlässig erscheinenden Elemente, und zwar gleichgültig, ob es sich dabei um Kommunisten handelt oder nicht, herauszusuchen, um sie für ihre nachrichtendienstlichen Zwecke innerhalb des Lagers und, wenn vertretbar, später auch in den be-setzten Gebieten dienstbar zu machen.

Es muß gelingen, durch Einsatz solcher V-Personen und unter Aus-nutzung aller sonst vorhandenen Möglichkeiten, zunächst unter den Gefangenen alle auszuscheidenden Elemente Zug um Zug zu er-mitteln . . .

Vor allem gilt es ausfindig zu machen:

alle bedeutenden Funktionäre des Staates und der Partei, insbesondere Berufsrevolutionäre,

die Funktionäre der Komintern,

alle maßgebenden Parteifunktionäre der KPdSU, und ihren Neben-organisationen in den Zentralkomitees, den Gau- und Gebiets-komitees,

alle Volkskommissare und ihre Stellvertreter,

alle ehemaligen Polit-Kommissare in der Roten Armee,

die leitenden Persönlichkeiten der Zentral- und Mittelinstanzen bei den staatlichen Behörden,

die führenden Persönlichkeiten des Wirtschaftslebens,

die sowjetrussischen Intelligenzler,

alle Juden,

alle Personen, die als Aufwiegler oder fanatische Kommunisten fest-gestellt werden.

. . .

Jede Woche gibt der Leiter des EK. mittels FS. oder Schnellbriefes an das Reichssicherheitshauptamt einen Kurzbericht.

Dieser hat zu enthalten:

1. *Kurze* Schilderung der Tätigkeit in der vergangenen Woche,
2. Zahl der endgültig als verdächtig anzusehenden Personen (Zahlenangabe genügt),
3. Namentliche Benennung der als Funktionäre der Komintern, maßgebende Funktionäre der Partei, Volkskommissare, Pol-Kommissare, leitende Persönlichkeiten festgestellten Personen mit kurzer Beschreibung ihrer Stellung,
4. Zahl der als unverdächtig zu bezeichnenden Personen
   a) Kriegsgefangene, b) Zivilpersonen.

Auf Grund dieser Tätigkeitsberichte werden sodann vom Reichssicherheitshauptamt die zu treffenden weiteren Maßnahmen umgehendst mitgeteilt. Für die auf Grund dieser Weisung sodann sukzessiv zu treffenden Maßnahmen haben die Kommandos bei der Lagerleitung die Herausgabe der betreffenden Gefangenen zu beantragen.

Die Lagerkommandanturen sind vom OKW angewiesen, derartigen Anträgen stattzugeben (s. Anlage 1).

Exekutionen dürfen nicht im Lager oder in unmittelbarer Umgebung des Lagers durchgeführt werden. Befinden sich die Lager im Generalgouvernement in unmittelbarer Nähe der Grenze, so sind die Gefangenen zur Sonderbehandlung möglichst auf ehemals sowjetrussisches Gebiet zu verbringen.

Sollten aus Gründen der Lagerdisziplin Exekutionen erforderlich sein, so hat sich dieserhalb der Leiter des EK. an den Lagerkommandanten zu wenden.

Über die durchgeführten Sonderbehandlungen haben die Kommandos Listen zu führen; sie müssen enthalten:

Lfd. Nummer, Familien- und Vorname, Geburtszeit und -ort, militärischer Dienstgrad, Beruf, letzter Wohnort, Grund der Sonderbehandlung, Tag und Ort der Sonderbehandlung (Zettelsammlung).

Hinsichtlich der durchzuführenden Exekutionen, des möglichen Abtransportes von zuverlässigen Zivilpersonen und des Abschubes etwaiger V-Personen für die Einsatzgruppe in die besetzten Gebiete hat sich der Leiter des EK. in Verbindung zu setzen mit dem Leiter der örtlich nächstgelegenen Leitstelle bzw. mit dem Kommandeur der Sicherheitspolizei und des SD. und über diesen mit dem Chef der betreffenden Einsatzgruppe in den besetzten Gebieten. Derartige Mitteilungen sind grundsätzlich nachrichtlich an das Reichssicherheitshauptamt, IV A L, durchzugeben . . .

[Dok. NO–3414]

Dokument Nr. 25

Amt IV
Ergänzung der Richtlinien für die in die Stalags
abzustellenden Kommandos der Sicherheitspolizei und des SD

. . . 4) Die als endgültig verdächtig ausgemittelten Sowjetrussen sind ohne Verzug – wie in den Richtlinien vom 17. 7. 1941 angeordnet – anher zu melden.
Nach dem Eingang der Exekutionsbestätigung ist weiter *ohne Verzug* mit der Durchführung der angeordneten Maßnahmen zu beginnen.
Eine längere Verwahrung in dem betreffenden Lager ist aus naheliegenden Gründen zu vermeiden.
Schließlich weise ich erneut darauf hin, daß die Exekutionen auf keinen Fall weder im Lager noch in dessen unmittelbarer Nähe durchgeführt werden dürfen. Es versteht sich von selbst, daß die Exekutionen nicht öffentlich sind. Zuschauer dürfen grundsätzlich nicht zugelassen werden.
5) Ich mache den Leitern und den Angehörigen der Einsatzkommandos schließlich erneut zur besonderen Pflicht hervorragendes Auftreten in und außer Dienst, bestes Einvernehmen mit den Lagerkommandanten, sorgfältige Überprüfungsarbeit.

[Dok. 078–PS]

gez. Heydrich
Beglaubigt:
[gez.] Wolfert
Kanzleiangestellte

B. Nr. 21 B/41 g Rs. IV A 1c
betr. Richtlinien für die in die Stalags
und Dulags abzustellenden Kommandos des Chefs
der Sipo und des SD an die Kdre. d. Sipo u. d. SD
Stapoleitstellen, Einsatzgruppen A–D u. Sipo-Befehlsh. herausgegangen!

[außerdem als Anlage zu Dok. NO–3416:]
»Der Chef der Sipo und des SD«
Berlin, 12. 9. 41

Dokument Nr. 26

Abschrift
Der Chef der Sicherheitspolizei
und des SD
B Nr. 21 B/41 g Rs. – IV A 1c
Geheime Reichssache!
Einsatzbefehl Nr. 9

Berlin, den 21. Juli 1941

50 Ausfertigungen
48. Ausfertigung.

Betr.: Richtlinien für die in die Mannschaftsstammlager abzustellenden Kommandos des Chefs der Sicherheitspolizei und des SD.
Anlg.: 1 Verzeichnis der Lager.
Einsatzbefehl Nr. 8 (. . . Ausfertigung)
mit Anlage 1, 2 und 3.

Nach Mitteilung des OKW sind bereits sieben Kriegsgefangenenlager im Reichsgebiet (s. anliegendes Verzeichnis) mit sowjetrussischen Kriegsgefangenen belegt worden, bzw. wird dies in Kürze geschehen.

Ich ersuche, sofort ein Kommando von SS-Führern (Kriminalkommissar) und 3 bis 4 Beamten für das im dortigen Bereich befindliche Kriegsgefangenenlager zur Überprüfung der Gefangenen abzustellen. Es ist selbstverständlich, daß die für diese Aufgabe ausgewählten Beamten mit der Materie bestens vertraut sein müssen.

Die Durchführung der Überprüfung hat nach den zum Einsatzbefehl Nr. 8 gegebenen Richtlinien (s. Anlage 2) zu erfolgen.

Zur Durchführung der Exekutionen haben sich die Führer der Kommandos wegen Vollzuges mit den Leitern ihrer Dienststellen in Verbindung zu setzen. Die Exekutionen sind nicht öffentlich und müssen unauffällig im nächstgelegenen Konzentrationslager durchgeführt werden.

Ich ersuche, die in der Anlage 2 zum Einsatzbefehl Nr. 6 beigefügten Richtlinien genauestens zu beachten.

gez. Müller

Verteiler:
An die Staatspolizeileitstelle Dresden
Staatspolizeileitstelle Münster
Staatspolizeileitstelle Breslau
Staatspolizeileitstelle Hamburg
Staatspolizeileitstelle Hannover
Staatspolizeileitstelle Posen
Staatspolizeistelle Schneidemühl

In Vertretung:
beglaubigt: Wolfert
(Kanzleiangestellte)
[Stempel:] Geheime
Staatspolizei

. . .

Abschrift
Geheime Reichssache!

Verzeichnis
der Kriegsgefangenenlager im Bereich des Wehrkreises I
und des Generalgouvernement.

Wehrkreis I

1. Oflag   63 in Prökuls
2. Oflag   53 in Heydekrug
3. Oflag   60 in Schirwindt
4. Oflag   52 in Schützenort
(Ebenrode)

5. Oflag   56 in Prostken
6. Oflag   68 in Suwalki
7. Stalag 331 in Fischborn-
Turosel
8. Oflag   57 in Ostrolenka

Generalgouvernement

1. Stalag 324 in Ostrow-
   Mazowiecka
2. Stalag 316 in Sielce
3. Stalag 307 in Biala-Podlaska

4. Stalag 319 in Chelm
5. Stalag 325 in Zamosz
6. Stalag 327 in Jaroslaw

Die Oflags – Offizierslager – finden z. Z. als Mannschaftsstammlager (Stalag) Verwendung.
Die Durchgangslager befinden sich nach Mitteilung des OKW im Operationsgebiet und werden den örtlichen Erfordernissen entsprechend von Zeit zu Zeit näher an die Front herangelegt. Ihr derzeitiger Standort ist gegebenenfalls beim Generalquartiermeister – Abt. Kriegsgefangenenwesen – Anruf: Anna 757 (Militärleitung) – Hauptmann Sohn, zu erfragen.

Dokument Nr. 27

Oberkommando der Wehrmacht   F. H. Qu., den 12. 9. 1941
WFST/Abt. L (IV/Qu)
Nr. 02041/41 geh.
Geheim!

Betr.: Juden in den neu besetzten Ostgebieten

Einzelne Vorkommnisse geben Veranlassung, auf die für das Verhalten der Truppe in der UdSSR erlassenen Richtlinien hinzuweisen (OKW/WFSt/Abt. L [IVQu] Nr. 44560/41 g. Kdos. Chefs. vom 9. 5. 41).
Der Kampf gegen den Bolschewismus verlangt ein rücksichtsloses und energisches Durchgreifen vor allem gegen die Juden, die Hauptträger des Bolschewismus.
Es hat daher jegliche Zusammenarbeit der Wehrmacht mit der jüdischen Bevölkerung, die offen oder versteckt in ihrer Einstellung deutschfeindlich ist, und die Verwendung von einzelnen Juden zu irgendwelchen bevorzugten Hilfsdiensten für die Wehrmacht zu unterbleiben.
Ausweise, die den Juden ihre Verwendung für Zwecke der Wehrmacht bestätigen, sind durch militärische Dienststellen keinesfalls auszustellen.
Hiervon ausgenommen ist lediglich die Verwendung von Juden in besonders zusammengefaßten Arbeitskolonnen, die nur unter deutscher Aufsicht einzusetzen sind.
Es wird gebeten, diese Anordnung der Truppe bekanntzugeben.

Der Chef des Oberkommandos der Wehrmacht
Keitel

[Dok. 878–Ps]

Amt Ausland/Abw.
Nr. 9731
F XVI, E 1.
Dem
Herrn Chef OKW
vorzulegen.

Chef. Ausl. Berlin, den 15.9.1941
[*Handschriftl. Eintrag:*]
Die Bedenken entsprechen den sol-
datischen Auffassungen vom ritter-
lichen Krieg! Hier handelt es sich
um die Vernichtung einer Weltan-
schauung. Deshalb billige ich die
Maßnahmen und decke sie.
23. 9.   *gez. K [Keitel]*

Vortragsnotiz

Betr.: Anordnung für die Behandlung sowjetischer Kriegsgefangener
Bezug: 2 f 24. 11 AWA/Kriegsgef. (I) Nr. 3058/41 geh. vom 8. 9.
1941
[s. Anlage zu Dok. 31, S. 218 ff.]

I.

1. Die Rechtslage ist folgende:
Das Genfer Kriegsgefangenenabkommen gilt zwischen Deutschland und der UdSSR nicht, daher gelten lediglich die Grundsätze
des allgemeinen Völkerrechts über die Behandlung von Kriegsgefangenen. Diese haben sich seit dem 18. Jahrhundert dahin ge-
festigt, daß die Kriegsgefangenschaft weder Rache noch Strafe ist,
sondern lediglich Sicherheitshaft, deren einziger Zweck es ist, die
Kriegsgefangenen an der weiteren Teilnahme am Kampf zu verhindern. Dieser Grundsatz hat sich im Zusammenhang mit der bei
allen Heeren geltenden Anschauung entwickelt, daß es der militärischen Auffassung widerspreche, Wehrlose zu töten oder zu
verletzen; er entspricht zugleich dem Interesse eines jeden Kriegführenden, seine eigenen Soldaten im Falle der Gefangennahme
vor Mißhandlungen geschützt zu wissen.

2. Die als Anl. 1 beigefügten Anordnungen für die Behandlung sowjetischer Kriegsgefangener gehen, wie sich aus den Eingangs-
sätzen ergibt, von einer grundsätzlichen anderen Auffassung aus.
Nach dieser wird der Kriegsdienst für die Sowjets grundsätzlich
nicht als soldatische Pflichterfüllung betrachtet, sondern – wegen
der von den Sowjetrussen begangenen Mordtaten – in seiner Gesamtheit als Verbrechen charakterisiert. Damit wird die Geltung
kriegsrechtlicher Normen im Kampf gegen den Bolschewismus
verneint, und außerdem vieles beiseite gestellt, was nach der bisherigen Erfahrung nicht nur als militärisch zweckmäßig, sondern
auch als zur Aufrechterhaltung der Manneszucht und Schlagkraft
der eigenen Truppe als unbedingt erforderlich angesehen wurde.

3. Die Anordnungen sind sehr allgemein gehalten. Hält man sich
aber die sie beherrschende Grundauffassung vor Augen, so müssen
die ausdrücklich gebilligten Maßnahmen zu willkürlichen Miß-

handlungen und Tötungen führen, auch wenn Willkür formal verboten ist.

a) Das ergibt sich einmal aus den Vorschriften über den Waffengebrauch bei Widersetzlichkeit. Es wird den mit den Sprachen der Kriegsgefangenen durchweg nicht vertrauten Bewachungsmannschaften und ihren Vorgesetzten häufig nicht erkennbar sein, ob Nichtbefolgung von Befehlen auf Mißverständnis oder Widersetzlichkeit zurückgeht.Der Grundsatz: »Waffengebrauch gegenüber sowjetischen Kriegsgefangenen gilt in der Regel als rechtmäßig« überhebt die Wachmannschaft jeder Pflicht zur Überlegung.

b) Die Behandlung der Kriegsgefangenen ist weitgehend der Aufsicht der Wehrmacht entzogen. Nach außen wird jedoch die Verantwortung der Wehrmacht aufrechterhalten bleiben.

aa) Die Aussonderung der Zivilpersonen und politisch unerwünschten Kriegsgefangenen sowie die Entscheidung über ihr Schicksal erfolgt durch die Einsatzkommandos der Sicherheitspolizei[1] und des SD nach Richtlinien, die den Wehrmachtsstellen unbekannt sind, und deren Einhaltung[2] sie nicht nachprüfen können.

bb) Die Einrichtung einer mit Stöcken, Peitschen und ähnlichen Werkzeugen ausgerüsteten Lagerpolizei widerspricht der militärischen Auffassung, auch wenn sie von Lagerinsassen ausgeübt wird; überdies geben damit die Wehrmachtsstellen ein Strafmittel in fremde Hände, ohne dessen Verwendung wirklich nachprüfen zu können.

c) Durch die Schlußbemerkung der Anordnung wird den Kommandanten der Kriegsgefangenenlager nahegelegt, eher noch schärfer durchzugreifen, als die Anordnungen es vorsehen, um sicher zu sein, nicht selbst zur Verantwortung gezogen zu werden.

4. Nach allgemeinen Erfahrungssätzen fordert ungerechte Behandlung den Geist der Widersetzlichkeit heraus, so daß die Bewachung dieser Kriegsgefangenen wahrscheinlich immer schwierig bleiben wird. Schon die Anordnungen sehen für den Arbeitseinsatz für je 10 Gefangene 1 Wachmann vor, so daß schon bei der jetzigen Zahl von wohl fast 1,5 Millionen einsatzfähiger Gefangenen mindestens 150 000 Mann zur Bewachung benötigt werden.

5. In Anlage 2 wird Übersetzung des russischen Erlasses über Kriegsgefangene beigefügt, der den Grundsätzen des allgemeinen Völkerrechts und weitgehend auch denen des Genfer Kriegsgefangenenabkommens entspricht. Dieser Erlaß wird zweifellos von der russischen Truppe an der Front nicht beachtet, jedoch sind beide – der russische Erlaß und die deutschen Anordnungen – vornehmlich

Randbemerkung von Feldmarschall Keitel
[1] »sehr zweckmäßig!« und
[2] »Keineswegs!«

für das Heimatgebiet bestimmt. Wenngleich kaum anzunehmen ist, daß der russische Erlaß im russischen Gebiet der Sowjetunion beachtet wird, so besteht doch die Gefahr, daß die deutschen Anordnungen von der feindlichen Propaganda erfaßt und dem sowjetrussischen Erlaß gegenübergestellt werden.

6. Der für die deutsche Kriegswirtschaft lebenswichtige Wiederaufbau in den besetzten Gebieten wird erschwert. Es wird den Kriegsgefangenen, die für die Verwaltung dieser Gebiete wegen ihrer antibolschewistischen Einstellung, irgendeiner besonderen Ausbildung oder aus sonstigen Gründen verwendet werden könnten, politisch unmöglich gemacht, sich nach einer Freilassung für uns einzusetzen, selbst wenn sie es nach ihren Erfahrungen in den Kriegsgefangenenlagern noch tun wollten. Statt Spannungen innerhalb der Bevölkerung der besetzten Gebiete zur Erleichterung der deutschen Verwaltung auszunutzen, wird die Mobilisierung aller inneren Gegenkräfte Rußlands zu einer einheitlichen Feindschaft erleichtert.

7. Bei den Besonderheiten des russischen Kriegsschauplatzes muß durch den feindlichen Nachrichtendienst und durch die dort sehr schnell wirkende Flüsterpropaganda der Widerstandswille der feindlichen Truppen außerordentlich gestärkt werden.

8. Mögliche Informationsquellen werden verschüttet. Kriegsgefangene, die als innerpolitische Gegner des bolschewistischen Regimes für Abwehrzwecke einsatzfähig sein könnten, insbesondere Angehörige von Minderheiten, müssen jede etwa vorhandene Bereitschaft, sich anwerben zu lassen, verlieren. Das gilt besonders für die Völkerschaften des kriegswirtschaftlich entscheidenden Gebietes des Kaukasus.

9. Es entfällt die Möglichkeit, sich gegen schlechte Behandlung deutscher Wehrmachtsangehöriger in sowjetischer Kriegsgefangenschaft zu wenden[3].

II. Amt Ausl/Abw. ist vor Erlaß dieser Anordnung oder ihrer Vorgangsverfügung nicht beteiligt worden. Gegen sie bestehen nach Ansicht Amt Ausl/Abw. sowohl vom grundsätzlichen Standpunkt aus als auch wegen der sicherlich eintretenden nachteiligen Folgen in politischer und militärischer Hinsicht schwere Bedenken.

[gez.] Canaris

2 Anlagen
[Dok. EC–338]

---

[3] Randbemerkung Keitels: »wäre auch nutzlos«.

Dokument Nr. 29

Abschrift
»Bestätigt«   *Übersetzung*
Beschluß des Rates der Volkskommissare der UdSSR vom 1. 7. 41
Nr. 1798–80406

Erlaß über Kriegsgefangene.

I. *Allgemeines.*

1. Als Kriegsgefangene gelten:
   a) Personen, die der Wehrmacht von Staaten angehören, welche sich im Kriegszustande mit der UdSSR befinden, und die bei Kriegshandlungen eingebracht wurden, sowie Bürger solcher Staaten, die im Gebiet der UdSSR interniert sind.
   b) Personen, die bewaffneten Trupps angehören, welche nicht zur feindlichen Wehrmacht gehören, wenn sie offen Waffen tragen.
   c) Zivilpersonen, welche auf entsprechenden Befehl die Armee des Feindes begleiten, wie Berichterstatter, Lieferanten und andere Personen, die bei Kriegshandlungen eingebracht werden.
2. Es ist verboten:
   a) Die Kriegsgefangenen zu beleidigen und sie brutal zu behandeln.
   b) Den Kriegsgefangenen gegenüber Nötigungen und Drohungen anzuwenden, um von ihnen Nachrichten über die Lage ihres Landes in militärischer und anderer Hinsicht zu erlangen.
   c) Den Kriegsgefangenen Uniformteile, Wäsche, Schuhwerk und andere Gegenstände des persönlichen Gebrauchs sowie persönliche Dokumente, Orden und Ehrenzeichen abzunehmen. Privatsachen und Geld können den Kriegsgefangenen zur Aufbewahrung gegen offizielle Quittung von dafür bevollmächtigten Personen abgenommen werden.
3. Die Ausführungsbestimmungen zu diesem Erlaß sind in russischer und einer den Kriegsgefangenen verständlichen Sprache, ebenso wie auch alle Regeln und Befehle, die sie betreffen, so anzuschlagen, daß sie von allen Kriegsgefangenen gelesen werden können.

II. *Rückführung der Kriegsgefangenen*

4. Die Kriegsgefangenen sind schnellstens in Kriegsgefangenenlager zu überführen.
5. Die Kgf. sind bei der Gefangennahme im Auftrage der Führung des Truppenteiles zu registrieren. Dabei ist jeder Kriegsgef. verpflichtet, seinen tatsächlichen Familien-, Vor- und Vatersnamen, sein Alter, den Ort der Gefangennahme und seine Matrikelnummer anzugeben. Diese Angaben werden gleichzeitig mit dem Kgf. weitergeleitet.

6. Verwundete und kranke Kgf., die ärztliche Hilfe oder Krankenhausbehandlung brauchen, müssen durch die Führer der Truppenteile sofort dem nächsten Lazarett zugeführt werden. Nach ihrer Wiederherstellung werden diese Kriegsgefangenen von der Lazarettleitung an Kgf.-Lager übergeben.

7. Der Unterhalt für die Kriegsgefangenen (Ernährung, ärztl. und sanitäre Betreuung, Bedienung) erfolgt
   a) bis zur Einlieferung in die Empfangsstellen der Kgf.-Lager: durch Verfügung der Armeeführung
   b) im weiteren: durch Verfügung der Organe des Innenkommissariats der UdSSR.

III. Betreuung der Kgf. und ihre Rechtsstellung.

8. Die Empfangsstellen der Kgf.-Lager werden auf Anordnung der Armeeführung im rückw. Gebiet der Armee eingerichtet, während die Kgf.-Lager außerhalb des Gebietes der Kriegshandlungen durch Anordnung des Innenkommissariats im Benehmen mit dem Verteidigungskommissariat errichtet werden.

9. Wohnraum, Wäsche, Kleidung, Schuhwerk, Lebensmittel und andere Bedarfsartikel, sowie Geldmittel werden den Kriegsgefangenen nach den Richtlinien zur Verfügung gestellt, welche von der Verwaltung für Kgf. und Internierte beim Innenkommissariat (V. Kgf. & I. b. I.) ausgearbeitet sind. Listen der Versorgungsgegenstände mit Angabe der zustehenden Mengen sind an sichtbarer Stelle in allen Baracken, Lazaretten usw., wo sich Kgf. aufhalten, auszuhändigen.
   Der Empfang von Lebensmitteln und anderer Hilfe von dritter Seite soll nicht zur Verringerung der Rationen führen, welche den Kgf. auf Kosten des Staates verabfolgt werden.

10. Kriegsgefangene Offiziere und Personen, die ihnen gleichgestellt sind, werden getrennt von anderen Kgf. untergebracht und mit Wohnraum, Kleidung, Schuhwerk, Lebensmitteln und anderen Bedarfsartikeln, sowie Geldmitteln, nach den geltenden Normen versehen.

11. Es ist den Kgf. gestattet, ihre Uniform, ihre Dienstgradabzeichen, Orden und Ehrenzeichen, zu tragen. Das Tragen und die Aufbewahrung von Waffen ist verboten.

12. In gesundheitlicher Hinsicht werden die Kgf. auf derselben Grundlage betreut wie die Angehörigen der Roten Armee.
    Für die med. gesundheitliche Betreuung der Kgf. können außer dem etatmäßigen Lagerpersonal auch Personen vom Sanitätspersonal der feindlichen Wehrmacht aus den Reihen der Kgf. zugelassen werden.

13. Den Kgf. wird das Recht eingeräumt
    a) bei erster Gelegenheit nach der Heimat Nachricht über die Gefangennahme zu geben,

b) auf eigene Kosten Lebensmittel, Kleidung, Wäsche, Schuhwerk und andere persönliche Bedarfsartikel anzuschaffen,

c) frei von Zoll, Lizenzen und Abgaben aus der Heimat und aus
neutralen Ländern Sendungen mit Lebensmitteln, Kleidung
und anderen Bedarfsartikeln zu erhalten.

d) aus der Heimat und aus neutralen Ländern Geldsendungen zu
erhalten.

14. Zur Aufrechterhaltung der inneren Ordnung und der Verständigung mit den Kgf. werden von der Lagerverwaltung aus den
Reihen der Kgf. Bevollmächtigte oder Stuben-, Gruppen-, Ba-
rackenälteste (usw. je nach den Unterbringungsverhältnissen) ernannt, welche auch den Verkehr der Kgf. mit der Verwaltung in
allen Fragen vermitteln.

15. Die Post (Briefe und Karten, Geldüberweisungen, Wertbriefe),
die die Kgf. empfangen und abschicken, wird kostenlos befördert
und nach den Anordnungen der V. Kgf. & I. b. I.

16. Geld in fremder Währung, das den Kgf. gesandt wird, ist in So-
wjetwährung nach dem geltenden Kurs einzutauschen.
Die Kgf. dürfen bei sich Geld haben bis zu Beträgen, die von der
V. Kgf. & I. b. I. festgelegt sind. Überschießende Beträge sind der
Lagerverwaltung zur Aufbewahrung bei den Staatlichen Spar-
kassen zu übergeben. Die Auszahlung von Geld über den Nor-
malbetrag erfolgt mit Genehmigung der Lagerverwaltung.

17. Kgf. dürfen Testamente aufstellen. Der Todeseintritt und die Lage
d. Grabstelle müssen ordnungsgemäß offiziell bescheinigt werden.

18. Geld und Dokumente gestorbener Kgf. werden zwecks Übersen-
dung an die Erben an die Zentrale Auskunftsstelle beim Exekutivausschuß des Verbandes vom Roten Kreuz und vom Roten Halb-
mond geschickt. [V. R. Kr. & R. H.] Lebensmittelsendungen, die
für gestorbene Kgf. eintreffen, werden durch Vermittlung der Bevollmächtigten oder Ältesten unter die Kgf. verteilt.

19. Die Kgf. sind verpflichtet, der Lagerverwaltung zu gehorchen
und sich allen Regelungen dieses Erlasses und den Anordnungen
über die innere Ordnung, welche von der V. Kgf. & I. b. I. herausgegeben werden, zu fügen.

IV. Arbeitsordnung für Kriegsgefangene.

20. Kgf. Unteroffiziere und Mannschaften können im Lager und
außerhalb desselben in der Industrie und der Landwirtschaft der
UdSSR, zu Arbeiten herangezogen werden, auf Grund besonderer Regelungen, die von der V. Kgf. & I. b. I. ausgearbeitet sind.
Offiziere und ihnen gleichgestellte Kgf. können nur mit ihrer Ein-
willigung zur Arbeit herangezogen werden.

21. Auf Kgf., die zur Arbeit herangezogen werden, finden die Anordnungen über Arbeitsschutz und Arbeitszeit Anwendung, welche
für Bürger der UdSSR in der entsprechenden Gegend und den
gleichen Wirtschaftszweig gelten.

22. Kgf., die in verschiedenen Zweigen der Volkswirtschaft beschäftigt werden, erhalten Lohn und nach Maßgabe besonderer Anordnungen der V. Kgf. & I. b. I.

Vom Lohn der Kgf. werden Beträge abgezogen für die Erstattung der Aufwendung für ihren Unterhalt (Bezahlung des Wohnraumes, kommunale Dienste (d. i. Licht, Heizung, Wasser etc.), Ernährung, sofern Gemeinschaftsküchen eingerichtet sind).

23. Die Gestellung von Wohnraum und kommunalen Diensten erfolgt auf Rechnung der Betriebe und Organisationen, bei denen die Kgf. beschäftigt sind.

24. Vom Zeitpunkt ihres Arbeitsantritts werden die Kgf. von allen Arten staatlicher Versorgung abgesetzt.

25. Die Ausnutzung der Arbeitskraft der Kgf. ist verboten
    a) im Gebiet der Kampfhandlungen,
    b) für persönliche Bedürfnisse der Verwaltungen, sowie für persönliche Bedürfnisse anderer Kgf. (Burschendienste).

V. Strafrechtliche und disziplinarische Verantwortung v. Kgf.

26. Verbrechen von Kgf. werden von den Kriegstribunalen nach den Gesetzen der UdSSR und deren Gliedstaaten behandelt.

Die Nichtausführung von Befehlen der ihnen vorgesetzten Personen, Widerstand gegen solche Personen und Beleidigung derselben bei der Ausführung ihrer Befehle werden den entsprechenden Verbrechen in der Roten Armee gleichgestellt.

27. Für Vergehen, die nicht unter das allgemeine Strafrecht fallen, werden die Kgf. disziplinar bestraft.

Die Arten solcher Strafen, ihre Verhängung, die Beschwerdeordnung sowie die Abbüßung werden von der V. Kgf. & I. b. I. festgelegt, in Anlehnung an die Disziplinarordnung der Roten Armee.

28. Kgf., gegen die eine Untersuchung schwebt, die gerichtlich zu irgend einer Strafe verurteilt sind, oder die disziplinar bestraft wurden, dürfen für dasselbe Vergehen nicht noch anderweitig belangt werden oder Einschränkungen erleiden, die über diejenigen hinausgehen, welche durch Abbüßung der Strafe oder durch die Untersuchung bedingt sind.

29. Über jede Verurteilung wird der Exekutivausschuß der Ges. V. R. Kr. & R. H. innerhalb 20 Tagen vom Tage des Urteils verständigt. Eine Abschrift des Urteils ist beizufügen.

Ein Todesurteil gegen einen Kgf. muß sofort dem Exekutivausschuß der Ges. V. R. Kr. & R. H. mitgeteilt werden und darf nicht vor einem Monat nach dieser Mitteilung zur Ausführung gelangen.

VI. Über Auskünfte und Hilfe an Kriegsgefangene.

30. Der Austausch der Kgf.-Listen und Verkehr in Kgf.-Angelegenheiten mit ausländischen und internationalen Organisationen und

Auskunftsstellen wird vom Exekutivausschuß der Ges. V. R. Kr. & R. H. durchgeführt.

Zu diesem Zweck wird bei dem Exekutivausschuß eine besondere Auskunftsstelle für Kgf. eingerichtet, die nach Richtlinien zu arbeiten hat, welche vom Exekutivausschuß mit Einverständnis des Innenkommissariats bestätigt werden.

31. Vertreter ausländischer und internationaler Rotkreuz-Organisationen werden mit besonderer Genehmigung des Außenkommissariats zwecks Hilfeleistung an Kgf. in das Gebiet der UdSSR zugelassen.

[Dok. EC–338]

Dokument Nr. 30

Der Chef
des Oberkommandos der Wehrmacht   Weisungen
WFST/Abt. L (IVQu)   FHQu., 16. September 1941
Nr. 002 060/41 g. Kdos.   40 Ausfertigungen
Geheime Kommandosache   25. Ausfertigung

Betr.: Kommunistische Aufstandsbewegung in den besetzten Gebieten.

1. Seit Beginn des Feldzuges gegen Sowjetrußland sind in den von Deutschland besetzten Gebieten allenthalben kommunistische Aufstandsbewegungen ausgebrochen. Die Formen des Vorgehens steigern sich von propagandistischen Maßnahmen und Anschlägen gegen einzelne Wehrmachtsangehörige bis zu offenem Aufruhr und verbreitetem Bandenkrieg.

Es ist festzustellen, daß es sich hierbei um eine von Moskau *einheitlich geleitete Massenbewegung* handelt, der auch die geringfügig erscheinenden Einzelvorfälle in bisher sonst ruhigen Gebieten zur Last zu legen sind.

Angesichts der vielfachen politischen und wirtschaftlichen Spannungen in den besetzten Gebieten muß außerdem damit gerechnet werden, daß *nationalistische* und *andere* Kreise diese Gelegenheit ausnutzen, um durch Anschluß an den kommunistischen Aufruhr Schwierigkeiten für die deutsche Besatzungsmacht hervorzurufen.

Auf diese Weise entsteht in zunehmendem Maße eine »Gefahr für die deutsche Kriegführung«, die sich zunächst in einer allgemeinen Unsicherheit für die Besatzungstruppen zeigt und auch bereits zum

Abzug von Kräften nach den hauptsächlichen Unruheherden geführt hat.

2. die *bisherigen Maßnahmen*, um dieser allgemeinen kommunistischen Aufstandsbewegung zu begegnen, haben sich als *unzureichend* erwiesen.

Der Führer hat nunmehr angeordnet, daß überall mit den schärfsten Mitteln einzugreifen ist, um die Bewegung in kürzester Zeit niederzuschlagen. Nur auf diese Weise, die in der Geschichte der Machterweiterung großer Völker immer mit Erfolg angewandt worden ist, kann die Ruhe wieder hergestellt werden.

3. Hierbei ist nach folgenden Richtlinien zu verfahren:

a) Bei jedem Vorfall der Auflehnung gegen die deutsche Besatzungsmacht, gleichgültig wie die Umstände im einzelnen liegen mögen, muß auf kommunistische Ursprünge geschlossen werden.

b) Um die Umtriebe im Keime zu ersticken, sind beim ersten Anlaß unverzüglich die schärfsten Mittel anzuwenden, um die Autorität der Besatzungsmacht durchzusetzen und einem weiteren Umsichgreifen vorzubeugen. Dabei ist zu bedenken, daß ein Menschenleben in den betroffenen Ländern vielfach nichts gilt und eine abschreckende Wirkung nur durch ungewöhnliche Härte erreicht werden kann. Als Sühne für ein deutsches Soldatenleben muß in diesen Fällen im allgemeinen die Todesstrafe für 50–100 Kommunisten als angemessen gelten. Die Art der Vollstreckung muß die abschreckende Wirkung noch erhöhen.

Das umgekehrte Verfahren, zunächst mit verhältnismäßig milden Strafen vorzugehen und zur Abschreckung sich mit Androhung verschärfter Maßnahmen zu begnügen, entspricht diesen Grundsätzen nicht und ist daher nicht anzuwenden.

c) Die politischen Beziehungen zwischen Deutschland und dem betroffenen Lande sind für das Verhalten der militärischen Besatzungsbehörde nicht maßgebend.

Es ist vielmehr zu bedenken und auch propagandistisch herauszustellen, daß scharfes Zugreifen auch die einheimische Bevölkerung von den kommunistischen Verbrechern befreit und ihr damit selbst zugute kommt.

Eine geschickte Propaganda dieser Art wird infolgedessen auch nicht dazu führen, daß sich aus den scharfen Maßnahmen gegen die Kommunisten unerwünschte Rückwirkungen in den gutgesinnten Teilen der Bevölkerung ergeben.

d) Landeseigene Kräfte werden im allgemeinen zur Durchsetzung solcher Gewaltmaßnahmen versagen. Ihre Verstärkung bringt erhöhte Gefahren für die eigene Truppe mit sich und muß daher unterbleiben.

Dagegen kann von Prämien und Belohnungen für die Bevölkerung in reichem Maße Gebrauch gemacht werden, um ihre Mithilfe in geeigneter Form zu sichern.

e) Soweit ausnahmsweise *kriegsgerichtliche Verfahren* in Verbindung mit kommunistischem Aufruhr oder mit sonstigen Verstößen gegen die deutsche Besatzungsmacht anhängig gemacht werden sollten, sind die schärfsten Strafen geboten.
Ein wirkliches Mittel der Abschreckung kann hierbei nur die Todesstrafe sein. Insbesondere müssen Spionagehandlungen, Sabotageakte und Versuche, in eine fremde Wehrmacht einzutreten, grundsätzlich mit dem Tode bestraft werden. Auch bei Fällen des unerlaubten Waffenbesitzes ist im allgemeinen die Todesstrafe zu verhängen.

4. Die Befehlshaber in den *besetzten Gebieten* sorgen dafür, daß diese Grundsätze allen militärischen Dienststellen, die mit der Behandlung kommunistischer Aufruhrmaßnahmen befaßt werden, unverzüglich bekanntgegeben werden.

[folgt Verteiler]   Keitel

Dokument Nr. 31

Der Chef der Sipo und des SD   *Abschrift*
B. Nr. 539 B/41 g-IV A I c   Berlin, den 26. Sept. 1941

Betr. Richtlinien für die in Stalags und Dulags abzustellenden Kommandos des Chefs der Sipo und des SD.
Vorg. Erlasse vom 17. 7., 21. 7. und 12. 9. 1941
        B. Nr. 21 B/41 g Rs – Einsatzbefehl Nr. 8 und 9.
Anlg. . . . geheftete Anlagen

Im Nachgang zu meinen vorbezeichneten Erlassen übersende ich in der Anlage die vom Oberkommando der Wehrmacht hierzu erlassenen Anordnungen für die Behandlung sowjetrussischer Kriegsgefangener vom 8. 9. 1941 – Az. 2 f. 24. 11. AWA Kriegsgef. (1) Nr. 3058/41 geh. – zur gefl. Kenntnisnahme und Beachtung . . .
Sollten bei Durchführung der Säuberung der mit sowjetrussischen Kriegsgefangenen belegten Lager sowie der Arbeitskommandos Schwierigkeiten irgendwelcher Art auftauchen, empfehle ich, die zuständigen Wehrmachtsstellen auf die gemeinsam mit dem OKW ausgearbeiteten Richtlinien, sowie auf den Befehl des OKW vom 8. 9. 1941 hinzuweisen, der lt. Verteiler allen Wehrkreiskommandos zugegangen ist.

                                                 In Vertretung:
                                                 gez. Müller
[Dok. NO–3417]

Oberkommando der Wehrmacht   Berlin-Schöneberg, den 8. 9. 1941
Az. 2. f 24. 11. AWA/Kriegsgef. (I)   Badenschestr. 51
Nr. 3058/41 geh.   Geheim!

Betr. Anordnungen für die Behandlung sowjetischer Kriegs-
    gefangener.
Bezug: 1. OKW/Kriegsgef. 26/41 g.K. vom 16. 6. 1941
            (nur an Kommandeur d. Kgf. im Wehrkreis I und Gen.
            Gouv.)
        2. OKW/Kriegsgef. 2114/41 geh. vom 26. 6. 1941
        3. OKW/Kriegsgef. 2401/41 geh. vom 17. 7. 1941
        4. OKW/Kriegsgef. I 5 Nr. 5015/41 vom 2. 8. 1941
2 Anlagen
In der Anlage wird eine Zusammenfassung bzw. Ergänzung der bisher mit verschiedenen Befehlen gegebenen Richtlinien über die Behandlung von sowjet. Kriegsgefangenen übersandt. Die von OKW/
Gen.Qu. für das Operationsgebiet schon gegebenen Richtlinien sind
berücksichtigt. Durch diesen Befehl sind die im Bezug aufgeführten
Befehle, soweit in der Anlage nicht ausdrücklich auf sie Bezug genommen ist, aufgehoben.

Verteiler: . . .   Der Chef des Oberkommandos
Nachrichtlich: der Wehrmacht
Reichsarbeitsministerium . . .   im Auftrage:
Reichsführer-SS und Chef der   gez. Reinecke.
Deutschen Polizei . . .

Anlage zu Tagebuch Nr. 3058/41 g vom 8. 9. 41
Geheim!
Anordnungen für die Behandlung sowjetischer Kriegsgefangener in
allen Kriegsgefangenenlagern.

I. Behandlung der Sowjetischen Kriegsgefangenen im allgemeinen.
Der Bolschewismus ist der Todfeind des nationalsozialistischen
Deutschland. Zum ersten Male steht dem deutschen Soldaten ein nicht
nur soldatisch, sondern auch politisch im Sinne des Völker zerstören-
den Bolschewismus geschulter Gegner gegenüber. Der Kampf gegen
den Nationalsozialismus ist ihm in Fleisch und Blut übergegangen.
Er führt ihn mit jedem ihm zu Gebote stehenden Mittel: Sabotage,
Zersetzungspropaganda, Brandstiftung, Mord. Dadurch hat der bol-
schewistische Soldat jeden Anspruch auf Behandlung als ehrenhafter
Soldat und nach dem Genfer Abkommen verloren.
Es entspricht daher dem Ansehen und der Würde der deutschen
Wehrmacht, daß jeder deutsche Soldat den sowjetischen Kriegsgefangenen gegenüber schärfsten Abstand hält. Behandlung muß
kühl, doch korrekt sein.

Rücksichtsloses und energisches Durchgreifen bei den geringsten Anzeichen von Widersetzlichkeit, insbesondere gegenüber bolschewistischen Hetzern ist daher zu befehlen. Widersetzlichkeit, aktiver oder passiver Widerstand muß sofort mit der Waffe (Bajonett, Kolben und Schußwaffe) restlos beseitigt werden. Die Bestimmungen über den Waffengebrauch der Wehrmacht können nur beschränkt gelten, da sie die Voraussetzung beim Einschreiten unter allgemein friedlichen Verhältnissen geben. Bei den sowjet. Kr.Gef. ist es schon aus disziplinaren Gründen nötig, den Waffengebrauch sehr scharf zu handhaben. Wer zur Durchsetzung eines gegebenen Befehls nicht oder nicht energisch genug von der Waffe Gebrauch macht, macht sich strafbar.

Auf flüchtige Kr.Gef. ist *sofort ohne vorherigen Haltruf* zu schießen . . .
Waffengebrauch gegenüber sowjet. Kr.Gef. gilt in der Regel als rechtmäßig . . .

III. Aussonderung von Zivilpersonen und politisch unerwünschten Kriegsgefangenen des Ostfeldzuges.

1. *Absicht:* Die Wehrmacht muß sich umgehend von allen denjenigen Elementen unter den Kr.Gef. befreien, die als bolschewistische Triebkräfte anzusehen sind. Die besondere Lage des Ostfeldzuges verlangt daher besondere Maßnahmen, die frei von bürokratischen und verwaltungsmäßigen Einflüssen verantwortungsfreudig durchgeführt werden müssen.

2. *Weg zur Erreichung des gesteckten Zieles:*
A. Außer der in den Kr.Gef.Lagern erfolgten Gliederung nach Nationalitäten, s. Ziff. II, sind die Kr.Gef. (auch Volkstumsangehörige) sowie die in den Lagern vorhandenen Zivilpersonen wie folgt auszusondern:
    a) politisch Unerwünschte,
    b) politisch Ungefährliche,
    c) politisch besonders Vertrauenswürdige . . .
B. Während die Trennung nach Nationalitäten, Führerpersonal usw. durch die Lagerorgane selbst vorgenommen wird, stellt zur Aussonderung der Kr.Gef. hinsichtlich ihrer politischen Einstellung der Reichsführer SS Einsatzkommandos der Sicherheitspolizei und des Sicherheitsdienstes zur Verfügung. Sie sind dem Chef der Sicherheitspolizei und dem SD unmittelbar unterstellt, für ihren Sonderauftrag besonders geschult und treffen ihre Maßnahmen und Ermittlungen im Rahmen der Lagerordnung nach Richtlinien, die sie von diesen erhalten haben.
Den Kommandanten, besonders deren Abwehroffizieren, wird engste Zusammenarbeit mit den Einsatzkommandos zur Pflicht gemacht.

3. *Weitere Behandlung der nach Ziff. 2 ausgesonderten Gruppen.*
A. *Militärpersonen.*
Über die »als politisch unerwünschte Elemente« ausgesonderten entscheidet das Einsatzkommando der Sicherheitspolizei und des SD. Sollten einzelne als verdächtig angesehene sich später als unverdäch-

tig herausstellen, so sind sie zu den übrigen Kr.Gef. im Lager zurückzuführen. Dem Ersuchen des Einsatzkommandos auf Herausgabe
von weiteren Personen ist stattzugeben. Offiziere werden vielfach als
»politisch Unerwünschte« der Aussonderung unterliegen . . .

V. Schlußbemerkungen.
Die Kommandeure der Kriegsgef. sind persönlich dafür verantwortlich zu machen, daß die vorstehenden Anordnungen von den unterstellten Einheiten mit aller Schärfe eingehalten werden . . .

Dokument Nr. 32

Der Chef der Sipo und des SD   Berlin, den 29. 10. 1941
B.Nr. 21 B/41 g Rs – IV A I c
Geheime Reichssache!
Schnellbrief!
Einsatzbefehl Nr. 14

Betr.: Richtlinien für die in den Stalags und Dulags abzustellenden
      Kommandos des Chefs der Sipo und des SD.
Vorg.: Erlasse vom 17. 7., 12. 9. 1941 . . .
Anlage.: Anlage 1 und 2

In der Anlage übersende ich die Richtlinien für die Säuberung der mit
sowjetischen Kriegs- und Zivilgefangenen belegten Kriegsgefange-
nen-Durchgangslager im rückwärtigen Heeresgebiet zur gefl. Kenntnisnahme und Beachtung (s. Anlage 1).
Diese Richtlinien sind im Einvernehmen mit dem OKH ausgearbeitet
worden. Das OKW hat die Befehlshaber des rückwärtigen Heeresgebiets sowie die Bezirkskommandanten der Kriegsgefangenen und
die Kommandanten der Dulags verständigt (s. Anlage 2).
Die Einsatzgruppen stellen sofort, je nach Größe der in ihrem Ein-
satzbereich befindlichen Lager Sonderkommandos in ausreichender
Stärke unter Leitung eines SS-Führers ab. Die Kommandos haben
ihre Tätigkeit in den Lagern sofort aufzunehmen . . .
                                                gez. Heydrich
Anlage 1
Richtlinien für die Aussonderung verdächtiger sowjetrussischer Kriegs- und
Zivilgefangener . . .
Die Chefs der Einsatzgruppen entscheiden über die Exekutionsvor-
schläge in eigener Verantwortlichkeit und erteilen den Sonderkommandos entsprechende Weisungen. Für die auf Grund dieser Weisungen sodann zu treffenden Maßnahmen haben die Sonderkommandos die Herausgabe der Gefangenen bei der Lagerleitung zu beantra-

gen. Die Lagerkommandanturen sind vom OKH angewiesen, derartigen Anträgen stattzugeben ...

[Dok. NO–3422]

Dokument Nr. 33

Abschrift
Konzentrationslager Groß-Rosen   Groß-Rosen, den 23. Okt. 41
Kommandantur
Geheim!
An den SS-Brigadeführer Müller
Berlin, Prinz-Albrecht-Straße
Betr.: Exekutionen von russischen Kriegsgefangenen.
Bezug: Mündliche Rücksprache mit SS-Brigadeführer Müller,
      Gestapo Berlin.
Anlagen 1

Die Kommandantur des Konzentrationslagers Groß-Rosen überreicht in der Anlage eine Liste von denjenigen russischen Kriegsgefangenen, welche am 22. Oktober 1941 in der Zeit von 17.00 bis 18.00 exekutiert und im Anschluß eingeäschert wurden.
Der Inspekteur der Konzentrationslager Oranienburg wurde von hier aus gesondert verständigt.

                  Der Lagerkommandant
[Dok. PS–1165]   des Konz.Lagers Groß-Rosen
                  gez. Unterschrift
                  SS-Obersturmbannführer

Liste über die am 22. 10. 1941 aus dem »S«-Lager zum Abtransport zu melden den Gefangenen:

Lfd. Nr.	Stalag-Nr.			
1	45860	Nikolai	Troitzki	1. 2. 21
2	45861	Konstantin	Marfenkow	6. 5. 22
3	45862	Wassili	Mainko	23. 3. 30
4	45863	Wladimir	Warnaschin	24. 7. 19
...				
20	45879	Alexi	Merkulow	11. 4. 15

Neuhammer, den 22. 10. 1941   für die Richtigkeit
                      gez. Unterschrift

Dokument Nr. 34

Abschrift

Der Chef der Sipo und des SD   Berlin, den 9. November 1941
B. Nr. 2009 B/41 g – IV A Ic
Schnellbrief!

Betr.: Transport der zur Exekution bestimmten sowjetrussischen
        Kriegsgefangenen in die Konzentrationslager.
Vorg.: Ohne
Anlag.: .... Anlagen

Die Kommandanten der Konzentrationslager führen Klage darüber,
daß etwa 5 bis 10 Prozent der zur Exekution bestimmten Sowjetrussen tot oder halbtot in den Lagern ankommen. Es erweckt daher
den Eindruck, als würden sich die Stalags auf diese Weise solcher
Gefangener entledigen.
Insbesondere ist festgestellt worden, daß bei Fußmärschen, z. B. vom
Bahnhof zum Lager, eine nicht unerhebliche Zahl von Kriegsgefan-
genen wegen Erschöpfung unterwegs tot oder halbtot zusammen-
bricht und von den nachfolgenden Wagen aufgelesen werden muß.
Es ist nicht zu verhindern, daß die deutsche Bevölkerung von diesen
Vorgängen Notiz nimmt.
Wenn auch derartige Transporte bis zum Konzentrationslager in der
Regel von der Wehrmacht durchgeführt werden, so wird die Bevölkerung doch diesen Sachverhalt auf das Konto der SS buchen.
Um derartige Vorgänge in Zukunft nach Möglichkeit auszuschließen,
ordne ich daher mit sofortiger Wirkung an, daß als endgültig verdächtig ausgesonderte Sowjetrussen, die bereits offensichtlich dem
Tode verfallen sind (z. B. bei Hungertyphus) und daher den Anstrengungen, insbesondere eines wenn auch kurzen Fußmarsches, nicht
mehr gewachsen sind, in Zukunft grundsätzlich vom Transport
in die Konzentrationslager zur Exekution auszuschließen sind. Ich
bitte, die Führer der Einsatzkommandos unverzüglich entsprechend
anzuweisen.

Verteiler: An alle Stapo-Leitstellen . . .   I. V. gez. Müller
Nachr.: . . .   Beglaubigt:
                                                      Wolfert, Kanzleiangestellte
[Dok. PS-1165]

Dokument Nr. 35

OKW/AWA/Kriegsgef. Allg. [A]   Abschrift o.D.
Az 2 f 24 73 Nr. 92/42 gKdos.   (Juni 1942)

Betr.: Verhalten gegenüber Kommissaren und Politruks.

Um jede Verzögerung im Abtransport der neu anfallenden Kriegsgefangenen ins Reich zu verhindern, wird künftig die Aussonderung
der Kommissare und Politruks durch Einsatzkommandos der Sicherheitspolizei nur noch im Generalgouvernement vorgenommen ...
Verweisung auf Verfügung vom 24. 3. 42/Ziff. 9 bestimmt Aussonderung politisch Unerwünschter durch Einsatzkommandos der Sicherheitspolizei und des SD ...
Die von den SD-Kommissionen Ausgesuchten werden künftig in
hierfür besonders vorbereitete Lager der Sicherheitspolizei ins Generalgouvernement oder ins Reich überführt und bleiben dort in Verwahrung. Sonderbehandlung wie bisher findet nicht mehr statt, es
sei denn, daß es sich um Leute handelt, denen eine strafbare Handlung wie Mord, Menschenfresserei und dergleichen nachgewiesen
ist ...

gez. i. A. Reinecke

[Dok. NOKW 40]

Dokument Nr. 36

Abschrift
Eidesstattliche Erklärung von SS-Sturmbannführer Kurt Lindow
Ich, Kurt Lindow, mache unter Eid und nach vorheriger Einschwö-
rung folgende Erklärung:
1. Ich war Kriminaldirektor im Amt IV des RSHA und Leiter des
   Referates IV A 1 von Mitte 1942 bis Mitte 1944. Ich habe den
   Rang eines SS-Sturmbannführers.
2. Referat IV A 1 war von 1941 bis Mitte 1943 ein Sachgebiet an-
   gegliedert, das der Regierungsoberinspektor, späterer Regierungsamtmann und SS-Hauptsturmführer Franz Königshaus leitete. In
   diesem wurden Kriegsgefangenenangelegenheiten bearbeitet. Mir
   ist aus diesem Sachgebiet bekannt geworden, daß Erlasse und Befehle des Reichsführers Himmler aus den Jahren 1941 und 1942
   bestanden, nach welchen gefangengenommene sowjetrussische politische Kommissare und jüdische Soldaten exekutiert werden sollen. Nach meiner Kenntnis liefen Vorschläge zu Exekutionen solcher Kriegsgefangenen aus den einzelnen Kriegsgefangenenlagern
   ein. Königshaus mußte dann die Exekutionsbefehle vorbereiten
   und legte diese dem Amtschef IV, Müller, zur Unterschrift vor.
   Diese Entwürfe waren so abgefaßt, daß ein Schreiben an die be-

antragende Dienststelle, ein zweites Schreiben an die jeweils bestimmten Konzentrationslager zur Anweisung der Exekution zu versenden waren. Die betreffenden Kriegsgefangenen wurden vorerst formell entlassen, dann in ein Konzentrationslager zur Exekution überführt . . .

4. In den Kriegsgefangenenlagern der Ostfront bestanden kleinere Einsatzkommandos, die von Angehörigen der Geheimen Staatspolizei (Unterbeamten) geleitet wurden. Diese Kommandos waren den Lagerkommandanten zugeteilt und hatten die Aufgabe, die Kriegsgefangenen, die für eine Exekution gemäß den ergangenen Befehlen in Frage kamen, auszusondern und dem Geheimen Staatspolizeiamt zu melden . . .

Oberursel, den 30. September 1948

gez. Kurt Lindow
SS-Sturmbannführer

[Dok. PS-2542]

Dokument Nr. 37

Eidesstattliche Erklärung
Abschrift

Ich, Kurt Lindow, schwöre, sage aus und erkläre: . . .

5. Innerhalb des Referates IV A I (im RSHA) wurden unter anderem Angelegenheiten der Sonderkommandos der Sipo und des SD behandelt, die in den russischen Kriegsgefangenenlagern eingesetzt waren, weiter die Sonderbehandlung von russischen Kommissaren und anderen politisch unzuverlässigen Russen. Der Sachbearbeiter war SS-Hauptsturmführer und Regierungsamtmann Franz Königshaus . . .

6. Königshaus war der Mann, der seitens des RSHA stets die Besprechungen mit der Dienststelle »Chef des Kriegsgefangenenwesens« im OKW führte . . .

10. Die Einsatzkommandos waren dem Kommandanten der Kriegsgefangenenlager zugeteilt und führten zusammen mit dem Abwehroffizier des OKW, die in jedem Lager waren, die Vernehmungen der russischen Kriegsgefangenen durch. Die so ausgesonderten Kriegsgefangenen wurden dem Lagerkommandanten gemeldet. Sie wurden aus dem Kriegsgefangenenverhältnis entlassen. Gleichzeitig meldete der Leiter des Einsatzkommandos die Ausgesonderten an das Amt IV A I c des RSHA, das bestimmte, in welche Konzentrationslager die Ausgesonderten zur Sonderbehandlung zu überstellen seien. Das Wort Sonderbehandlung war die Umschreibung für Exekution.

11. Für die Transporte der Ausgesonderten von den Kriegsgefangenenlagern bis zu den Konzentrationslagern war die Wehrmacht

verantwortlich. Die Transporte wurden begleitet von Wachmannschaften der Kriegsgefangenenlager ...

13. Ich weiß von dem Befehl, daß jüdische Kriegsgefangene russischer
Nationalität ebenfalls den Einsatzkommandos übergeben werden
sollten ... Dies wurde ebenfalls in der Abteilung IV A 1 c bearbeitet ...

Nürnberg, 29. Juli 1947   gez. Kurt Lindow

[Dok. NO-5481]

Dokument Nr. 38

Abschrift
Betr.: Aussonderung von zu exekutierenden sowjetischen Kriegsgefangenen in Gefangenenlagern im Reichsgebiet.

Aussage von Generalleutnant Schemmel, Kommandeur der Kriegsgefangenen im Wehrkreis XIII von 1941–42.

Gen.Lt. Schemmel berichtet von drei Konferenzen in Berlin, einberufen durch OKW/AWA, Gen. Reinecke. Bei diesen Konferenzen
wurden seitens AWA betont, daß die Sowjets außerhalb der Genfer
Konvention stünden.
»Es wurde die Einrichtung bekanntgegeben, daß durch besondere
Einsatzkommandos der Gestapo diese verdächtigen Personen (politisch verdächtige Kgf., Politruks und ähnliche) herauszufinden und
auszusondern sind, daß diese Einsatzkommandos dementsprechend
jedes Lager und jedes Arbeitskommando besuchen dürfen und auf
Grund ihres Urteils diese politisch verdächtigen Personen heraus-
nehmen dürften ...«
Anklagevertreter Dobbs: »Hat General Reinecke gesagt, daß diese
Einsatzkommandos in die Kriegsgefangenenlager gehen sollten, um
unzuverlässige Kriegsgefangene zu überprüfen?«
Antwort: »Ja, das war schon in der allgemeinen Verordnung festgelegt, schriftlich ...«
Frage Dobbs: »Herr General Schemmel, wissen Sie, ob Einsatzkom-
mandos der Sipo oder des SD in die Kriegsgefangenenlager im Wehr-
kreis XIII kamen und zwar in der Zeit, als Sie Kommandeur der
Kriegsgefangenenlager innerhalb des Wehrkreises XIII waren?«
Antwort: »Dieses Verfahren der Einsatzkommandos hat nach der
Eröffnung der Kriegsgefangenenlager für Russen ohne weiteres be-
gonnen ...
Als bald nach dem Einsatz der Einsatzkommandos die Zahl der Aus-
zusondernden mir etwas bedenklich hoch stieg, habe ich mich an das
Reichssicherheitshauptamt Nürnberg gewendet und mit dem Polizei-

präsidenten Martin ins Benehmen gesetzt und folgende Änderung des Verfahrens beantragt: 1. Die Aussonderungskommandos dürfen kein Lager und kein Arbeitskommando betreten, ohne sich gleichzeitig bei dem Lagerkommandanten, dem Führer des Arbeitskommandos zu melden.

2. Die Aussonderung darf nur nach Rücksprache mit dem Lagerkommandanten, dem Kommandoführer bzw. dem Versorgungsoffizier und meist auch dem Arbeitgeber erfolgen. Und 3., die Zahl der Auszusondernden ist möglichst herabzusetzen. Außerdem bat ich, daß die Führer der Aussonderungskommandos zu mir selbst kamen und von mir persönlich über dieses Verfahren belehrt wurden. Auf diese meine Anträge ist das Reichssicherheitshauptamt eingegangen, und das Verfahren wurde von dort ab in dieser Weise durchgeführt . . .«

Frage Dobbs: »Herr General, können Sie uns bitte sagen, welche Verfahrensweise die Einsatzkommandos anwandten, um festzustellen, welche Kgf. von einer Gruppe ausgesondert werden sollten?«

Antwort: »Über diese Verfahren der selbständigen Aussonderungskommandos hatte ich nichts zu sagen und bekam auch keinen Einblick . . . Ich schätze, daß im ganzen in meine Hand doch etwa an die 40 000 (russische Kgf.) insgesamt gekommen sind.«

Frage Dobbs: »Und aus dieser Zahl . . . sind 2000 ausgesondert worden?«

Antwort: »Jawohl, schätzungsweise.«

Vernehmung am 10. 2. 1948.

[Dok. PR 405 ff. (IMT-Fall XII)]
[Kopie im Institut f. Zeitgeschichte]

Dokument Nr. 39

Abschrift

Betr.: Aussonderung von zu exekutierenden sowjetischen Kriegsgefangenen in Gefangenenlagern im Reichsgebiet und ihre Überstellung an Einsatzgruppen bzw. Konzentrationslager.

Aussage des SS-Obersturmführers Paul Ohler, Inspektor der Gestapo in Nürnberg und ab Anfang November 1941 Führer des SS-Einsatzkommandos im Oflag Hammelburg:

Anklagevertreter Dobbs: »Herr Ohler, wollen Sie uns bitte beschreiben, wie das Verfahren vor sich ging?«

Antwort: »Die Leute [des Einsatzkommandos] sind, soweit ich informiert bin, mit dem Lagerkommandanten in Verbindung getreten, haben sich dort gemeldet, bekanntgegeben, welche Aufträge sie haben, und haben dann im Benehmen mit dem Lagerkommandanten oder mit Offizieren der Wehrmacht im Oflag eben Vertrauensleute festgestellt, die sie zur Erfüllung ihrer Aufgabe heranziehen konnten.«

Frage Dobbs: »Wer waren diese Vertrauensleute?«

Antwort: »Ja, das waren Leute aus dem Oflag selbst, von den Kriegsgefangenen.«

Frage Dobbs: »Und welche Arbeit haben diese Vertrauensleute verrichtet?«

Antwort: »Die Vertrauensleute haben dann den Beamten bekanntgegeben, wer unter den Kriegsgefangenen Kommissare bzw. Politruks usw. sind ... Die Kriegsgefangenen, die dann namhaft gemacht worden sind, die wurden vernommen. Es wurden auch Zeugen vernommen. Wenn der Betreffende geleugnet hat oder bestritten hat, Kommissar gewesen zu sein, dann mußten mindestens zwei Zeugen da sein, die es bestätigten. War dies nicht der Fall, ... dann blieb der betreffende Kriegsgefangene weiterhin unbehelligt.«

Frage Dobbs: »Hatten Sie irgendeine besondere Technik, um einen politischen Kommissar herauszufinden oder einen Politruk?«

Antwort: »Nein, das ist alles nur möglich gewesen durch Vertrauensleute bzw. die Kriegsgefangenen sind dann von selber hergegangen und haben solche Leute von sich aus gemeldet.«

Frage Dobbs: »Können Sie mir sagen, ob Ihnen jemand vom Lagerpersonal in irgendeiner Form bei der Überprüfung von Kriegsgefangenen geholfen hat?«

Antwort: »Lagerpersonal war nicht beteiligt ...«

Frage Dobbs: »Welches Verfahren war notwendig, um einen ausgesuchten Kriegsgefangenen aus dem Zuständigkeitsbereich des Kriegsgefangenenlagers freizubekommen?«

Antwort: »Ja, die ausgesonderten Gefangenen, die wurden dann abgesondert, d. h. sie wurden in einem gesonderten Raum untergebracht, wurden von der Wehrmacht weiter verpflegt, genau wie die anderen Kriegsgefangenen auch. Wenn so viele Leute ausgesucht waren, daß man einen Transport ablassen konnte, dann wurden die Leute dem Chef der Sicherheitspolizei und des SD gemeldet. Von dort kam dann die Verfügung, daß die Leute in das KZ Dachau zu überstellen sind. Die Leute wurden dann schriftlich, d. h. mit dem Verzeichnis beim Lagerkommandanten angefordert, d. h. es wurde gebeten, die Leute aus der Kriegsgefangenschaft zu entlassen und dann der Gestapo zu übergeben ...«

Frage Dobbs: »Wer begleitete die Kriegsgefangenen vom Lager Hammelburg nach dem Bahnhof Hammelburg?«

Antwort: »Das war Sache der Wehrmacht ... Am Bahnhof Hammelburg wurden die Leute von uns übernommen, dann in Eisenbahnwagen verladen. Hier wurden immer zwei Mann mit einer feinen Fesselkette zusammengekettet, um Fluchten zu verhindern. Dann die Wagen, die wurden dann verschlossen und ... nach Dachau abtransportiert ...«

Frage Dobbs: »Können Sie mir sagen, wieviel Kriegsgefangene in jedem dieser Wagen hineingesteckt wurden?«

Antwort: »Nun ja, 60, 80 Mann . . . Bei der Ankunft in Dachau wurden die Leute einem Kommandoführer der SS übergeben . . . zum Schießstand geführt und dort auf Anlaß oder Befehl des Chefs der Sicherheitspolizei erschossen.«

Frage Dobbs: »Waren Sie jemals bei solchen Erschießungen zugegen?«

Antwort: »Ja, ich mußte einige Male zugegen sein.«

Frage Dobbs: »Können Sie beschreiben, wie diese Erschießungen vor sich gingen?«

Antwort: »Ja, die Leute mußten sich ausziehen und wurden dann, immer fünf Mann, auf den Schießstand geführt und dann von einem SS-Kommando erschossen . . . Ich schätze, daß vom Oflag etwa 500 Mann nach Dachau gekommen sind.«

[Vernehmung am 13. 2. 1948]

[Dok. PR 582 ff. IMT-Fall XII]
[Kopie im Institut f. Zeitgeschichte]

Dokument Nr. 40

Abschrift
An das   München, 8. 10. 1959
Landgericht Hannover   Br. Dsz.
Entschädigungskammer
Hannover
Volgerweg 65

Betr.: Entschädigungssache Guttmann ./. Land Niedersachsen
Bezug: Beweisbeschluß vom 31. 5. 1959; Az.: 34 O. 133/59

Auf die durch Beweisbeschluß vom 31. 5. 1959 an uns gerichtete Anfrage teilen wir mit:
Auf Grund des hier verfügbaren Materials läßt sich die Frage der Behandlung von polnischen Kriegsgefangenen jüdischer Abstammung nicht genügend aufklären. Wir müssen uns daher auf die folgenden Angaben beschränken: Aus einer Reihe von Zeugnissen geht hervor, daß jüdische Kriegsgefangene verschiedenster Nationalität, während der Jahre 1939–1945 in den Kriegsgefangenenlagern der Wehrmacht, teilweise diskriminierenden Bestimmungen (Tragen des Judensterns, gesonderte Unterbringung und gesonderten Arbeitseinsatz) unterworfen wurden, teilweise auch von der Wehrmacht an die Sicherheitspolizei abgegeben, in Konzentrationslager eingewiesen bzw. exekutiert worden sind. Letzteres Verfahren (Abgabe an

die Sipo) scheint systematisch, wenngleich nicht ausnahmslos, nur bei sowjetischen Kriegsgefangenen jüdischer Herkunft stattgefunden zu haben. Im Zusammenhang mit der auf Befehl Hitlers durchgeführten Aussonderung und Exekution sowjetischer kriegsgefangener Kommissare durch besondere Einsatzkommandos der Sicherheitspolizei und des SD bestand laut Aussage von SS-Sturmbannführer Lindow vom Reichssicherheitshauptamt auch ein Befehl, »wonach jüdische Kriegsgefangene russischer Nationalität ebenfalls den Einsatzkommandos übergeben werden sollten«. Diese Angelegenheit sei wie die der Aussonderung sowjetischer Kommissare von der Abt. IV A 1c des Reichssicherheitshauptamtes bearbeitet worden (Nürnberg. Dok. NO–5481). Die Mehrzahl dieser ausgesonderten jüdischen sowjetrussischen Kriegsgefangenen ist offensichtlich der sogenannten »Sonderbehandlung« (= Exekution) unterworfen worden, und zwar auch noch nach dem Sommer 1942, als im Reichsgebiet die Exekution sowjetischer Politkommissare eingestellt wurde.

Ein Beleg hierfür ist der Runderlaß des Chefs der Sicherheitspolizei und des SD vom 2. 6. 1942 über die Behandlung sowjetrussischer Kriegsgefangener, in welchem es heißt:

»Bezüglich der künftigen Überprüfung der sowjetrussischen Kriegsgefangenen verweise ich besonders auf Ziffer 10 des OKW-Erlasses vom 24. 3. in der Fassung vom 5. 5. 1942 und den Erlaß vom Juni 1942 Aktz. 2 f 2473 AWA/Kriegsgef. Allg. (A) Nr. 92/42 g. Kdos., wonach die Aussonderung sämtlicher Kriegsgefangener künftig nur noch im Generalgouvernement stattfindet. Der letztgenannte Erlaß sieht eine Abstandnahme von der Sonderbehandlung nur für die Politkommissare und Politruks vor. Im übrigen verbleibt es bei den bisherigen Verfahren (Juden, Verbrecher usw.).«

(Allg. Erlaßsammlung des RSHA, 2 A III e, S. 42)

Vor der Überstellung an die Sonderkommandos der Sicherheitspolizei und des SD wurde den Juden unter den sowjetischen Kriegsgefangenen anscheinend auch in den Wehrmachtskriegsgefangenenlagern vielfach bereits eine diskriminierende Sonderbehandlung zuteil. Aufschlußreich hierfür ist die folgende Eidesstattliche Erklärung, die Henrik Schaechter am 21. 10. 1947 in Nürnberg abgab (Nürnbg. Dok. NO–5510):

»1. Ich wurde am 1. August 1908 in Lemberg geboren und besuchte auch dort die Schule. Von 1928 bis 1933 war ich selbständiger Kaufmann in Lemberg und Warschau. Nach dem deutschen Einmarsch im September 1939 ging ich nach Lemberg zurück. In Lemberg arbeitete ich für die Russen als Beamter auf dem Postamt. Im Mai 1941 wurde ich zum russischen Militärdienst eingezogen. Ich diente als gewöhnlicher Soldat.

2. Im September 1941 wurde ich im Kessel Charkow gefangengenommen. Ich wurde in das Kriegsgefangenenlager Dulag 160 nach

Chorol gebracht. In Chorol angekommen, wurde von dem Chef des Dulag 160, Oberstleutnant Dr. Lepple, der Befehl erteilt, die Gefangenen in Russen, Ukrainer, Juden und mongolische Völker auszusondern. Obwohl ich Jude bin, stellte ich mich zum russischen Kommando, da ich in Warschau schon Gelegenheit hatte, zu sehen, wie die Deutschen mit Juden umgingen. Die jüdischen Gefangenen wurden mit einem Judenstern gekennzeichnet. Im Lager war keine Latrine. Es war die Aufgabe der jüdischen Gefangenen, den Kot von der Straße mit den Händen aufzunehmen und in Fässer zu werfen, welche dann außerhalb des Lagers entleert wurden. Unter Lepples Kommando gab es täglich Greueltaten gegenüber den jüdischen Gefangenen. Ich war anwesend, als der deutsche Lagerarzt, Dr. Truechte, Dr. Lepple Vorhaltungen machte, weil die Gefangenen buchstäblich zu Krüppeln geschlagen wurden. Anfang März 1942 kamen Sonderkommandos ins Lager und in Lazarette. Alle Juden wurden aus dem Lager hinausgebracht und erschossen. Schwerverwundete, welche nicht gehen konnten, wurden auf Wagen fortgebracht. Die Gefangenen wurden zuerst entkleidet und nur mit Hosen bekleidet zur Exekution gebracht.«
Aussonderungen und systematische Exekutionen jüdischer Kriegsgefangener durch besondere Einsatzkommandos der Sicherheitspolizei und des SD, wie sie in diesem Bericht bezeugt sind, scheinen auf sowjetrussische Kriegsgefangene beschränkt gewesen zu sein . . .
Während einerseits, mit Ausnahme von Juden sowjetrussischer Staatsangehörigkeit, eine Übergabe jüdischer Kriegsgefangener an die SS und Polizei seitens der Wehrmacht offenbar vermieden werden konnte, so hat andererseits bei den der Wehrmacht unterstehenden Kriegsgefangenen vielfach eine gesonderte und oft diskriminierende Behandlung jüdischer Kriegsgefangener stattgefunden . . . So wurden z. B. laut Schreiben des Chefs des Kriegsgefangenenwesens beim OKW an die Wehrkreiskommandos vom 27. 2. 1942 (Nürnbg. Dok. NO–4859) bei der in diesem Schreiben angeordneten Entlassung verwundeter oder kranker französischer kriegsgefangener Offiziere, jüdische Offiziere ausdrücklich ausgenommen.

i. A.
Institut f. Zeitgeschichte München   (Dr. M. Broszat)

Dokument Nr. 41

Auszug aus zeitgenössischer Darstellung des geltenden Kriegsrechts
[A. Waltzog, s. u.]

1. Zehn Gebote für die Kriegführung des deutschen Soldaten
»In der Wehrmacht des Dritten Reiches sind die Soldaten durch Unterricht, Dienstanweisung und Befehle eingehend mit den für sie in

Betracht kommenden völkerrechtlichen Bestimmungen vertraut gemacht worden. Jeder deutsche Soldat hat als Merkblatt folgende ›10 Gebote für die Kriegführung des deutschen Soldaten‹ in seinen Händen.

1. Der deutsche Soldat kämpft ritterlich für den Sieg seines Volkes. Grausamkeiten und nutzlose Zerstörungen sind seiner unwürdig.

2. Der Kämpfer muß uniformiert oder mit einem besonders eingeführten weithin sichtbaren Abzeichen versehen sein. Kämpfen in Zivilkleidung ohne ein solches Abzeichen ist verboten.

3. Es darf kein Gegner getötet werden, der sich ergibt, auch nicht der Freischärler und der Spion. Diese erhalten ihre gerechte Strafe durch die Gerichte.

4. Kriegsgefangene dürfen nicht mißhandelt oder beleidigt werden. Waffen, Pläne und Aufzeichnungen sind abzunehmen, von ihrer Habe darf sonst nichts weggenommen werden.

5. Dum-Dum-Geschosse sind verboten. Geschosse dürfen auch nicht in solche umgewandelt werden.

6. Das Rote Kreuz ist unverletzlich. Verwundete Gegner sind menschlich zu behandeln. Sanitätspersonal und Feldgeistliche dürfen in ihrer ärztlichen bzw. seelsorgerischen Tätigkeit nicht gehindert werden.

7. Die Zivilbevölkerung ist unverletzlich. Der Soldat darf nicht plündern oder mutwillig zerstören. Geschichtliche Denkmäler und Gebäude, die dem Gottesdienst, der Kunst, Wissenschaft oder Wohltätigkeit dienen, sind besonders zu achten. Natural- und Dienstleistungen von der Bevölkerung dürfen nur auf Befehl von Vorgesetzten gegen Entschädigung beansprucht werden.

8. Neutrales Gebiet darf weder durch Betreten oder Überfliegen noch durch Beschießen in die Kriegshandlungen einbezogen werden.

9. Gerät ein deutscher Soldat in Gefangenschaft, so muß er auf Befragen seinen Namen und Dienstgrad angeben. Unter keinen Umständen darf er über Zugehörigkeit zu seinem Truppenteil und über militärische, politische und wirtschaftliche Verhältnisse auf der deutschen Seite aussagen. Weder durch Versprechungen noch durch Drohungen darf er sich dazu verleiten lassen.

10. Zuwiderhandlungen gegen die vorstehenden Befehle in Dienstsachen sind strafbar. Verstöße des Feindes gegen die unter 1 bis 8 angeführten Grundsätze sind zu melden. Vergeltungsmaßregeln sind nur auf Befehl der höheren Truppenführung zulässig.

Offiziere und Wehrmachtsbeamte sind durch umfangreichere Merkblätter unterwiesen worden. Ferner sind die völkerrechtlichen Abkommen zum Gebrauch für die Truppe in besonderen Dienstvorschriften zusammengestellt worden.«[1]

[1] HDv. Nr. 231, MDv. Nr. 435, LDv. Nr. 64. A. Waltzog, Recht der Landkriegsführung, Die wichtigsten Abkommen des Landkriegsrechts. Verlag Franz Vahlen, Berlin 1942, S. 7 f.

Dokument Nr. 42 [Auszug]

Kriegsgef. Org. (Id)
Nachweisung des Verbleibs der sowjet[ischen] Kr[iegs]Gef[angenen]
nach dem Stand vom 1. 5. 1944

1.) Gesamtanfall seit Kriegsbeginn
im *OKH-Bereich*[1]:   5 163 381[2]

Abgänge im OKH-Bereich:

Todesfälle	845 128	
Entlassungen	533 523	
sonst[ige] Abgänge	490 441	
(z. B. Fluchten,		
Abgaben an SD[3]		
an L[uft]w[affe])		
Abgaben an OKW	3 117 449	4 986 541

Also verbleiben
im OKH-Bereich   176 840   davon in Arbeit
                                         eingesetzt 151 270

2.) *im OKW-Bereich*[4] *eingetroffen:*   2 836 639

(die Differenz zu der
obigen Zahl des OKH
v[on] 3 117 449 Kgf.
beruht auf Abgängen
beim Transport, Zähl-
fehlern u. dergl.)[5]

Abgänge im OKW-Bereich:

Todesfälle	1 136 236	
Entlassungen	282 707	
Fluchten	66 694	
sonst[ige] Abgänge	473 022	1 958 659
(z. B. Abgaben an SD,		
L[uft]w[affe], SS)		

Also verbleiben im
OKW-Bereich   877 980   davon in Arbeit
[Dok. NOKW–2125]   eingesetzt 724 309

---

[1] OKH-Bereich: Das vom deutschen Ostheer besetzte sowjetische Gebiet, soweit nicht unter deutsche Zivilverwaltung gestellt.

[2] Sehr wahrscheinlich ist diese Gesamtzahl unvollständig und umfaßt nur »registrierte« Kriegsgefangene. Vermutlich sind über 5,7 Millionen Sowjetsoldaten in deutsche Kriegsgefangenschaft geraten.

[3] »Abgabe an SD« war in aller Regel gleichbedeutend mit »Exekution«.

[4] OKW-Bereich: Reichsgebiet, Generalgouvernement (Polen) und das sowjetische Gebiet, das unter deutscher Zivilverwaltung stand.

[5] Der Klammerinhalt verschleiert, daß »Abgänge auf dem Transport« durch Erschießungen von Tausenden marschunfähig gewordener Kriegsgefangener eingetreten sind.

Helmut Krausnick:
Judenverfolgung

Schriftliches   Sachverständigen-Gutachten   für   den   Auschwitz-
Prozeß, vor dem Schwurgericht Frankfurt a. M. am 17. Februar 1964
auszugsweise mündlich vorgetragen.

Vorbemerkung

Judenverfolgungen hat es im Verlauf der Geschichte des öfteren gegeben – niemals aber eine staatlich veranlaßte von solch diabolischer Konsequenz der Planung, kalter Systematik der Durchführung, so schauerlichem Ausmaß und Ergebnis wie *die* Verfolgung, welche das nationalsozialistische Regime in seinem Herrschaftsbereich mit allen Mitteln administrativer und maschineller Technik unternahm.

Bei ihrer Darstellung wird sich freilich gerade der deutsche Historiker vor Augen halten müssen, daß es nicht von ungefähr zu jenem Geschehen gekommen ist, und daß auch Hitler kein »Betriebsunfall« der deutschen Geschichte war. Aus diesem Grunde wie in Anbetracht der Tatsache, daß der Antisemitismus zum Kernbestand der nationalsozialistischen »Ideologie« gehörte, erscheint es erforderlich, in der gebotenen Kürze auch die »geistigen« Voraussetzungen der nationalsozialistischen Judenverfolgung zu umreißen – mitsamt den Versuchungen, welchen nicht nur die Urheber dieser Verfolgung und ihre Werkzeuge, sondern auch Teile der modernen »gebildeten« Gesellschaft, zumal in Deutschland, seit langem ausgesetzt waren und erlegen sind. Nur so kann auch der wahre Charakter der Verfolgung erkannt und verstanden werden.

Der moderne Antisemitismus

Bekanntlich ist hier zunächst der verhängnisvolle Wandel zu beachten, der sich in der Einstellung zu den Juden während der zweiten Hälfte des 19. Jahrhunderts unter Mitwirkung einer höchst fragwürdigen »*Rassenkunde*« angebahnt hat. Gewiß wird kein Sachkenner den Einfluß ihrer »Theorien« für entscheidend halten. Denn die tiefste Wurzel des Judenhasses lag zu allen Zeiten in der latenten Neigung zahlreicher Menschen zur Perversion ihrer Beziehungen zu nicht völlig »konformen« Mitmenschen überhaupt. Auch den »Antisemiten« vor und nach der Jahrhundertwende bestimmte zunächst einmal eine vage, vulgäre Judenfeindschaft. So wenig diese sich sittlich rechtfertigen ließ, so wenig bedurfte sie letzten Endes einer theoretischen Begründung, ging vielmehr einer solchen stets voraus. So weisen denn auch die Argumente für Diffamierung und Diskriminierung der Juden – mochten sie religiös, sozial, wirtschaftlich oder in etwa schon ideologisch gefärbt sein, wie dies in der deutschen Romantik beziehungsweise im Zeichen des beginnenden Nationalismus spürbar wird – über die Zeitläufe hinweg viele und verwirrende Übereinstimmungen auf und lebten auch im modernen »Antisemitismus« fort. Was diesem allenfalls sachlich Nahrung gab, beruhte auf einem durch den geschichtlichen Ablauf bedingten, noch nicht *völlig* gelösten »soziologischen Minoritätenproblem« – wie es (für 1918) Ernst Troeltsch konstatiert[1] und Eva Reichmann in ihrer bewundernswert objektiven Untersuchung[2] analysiert, zugleich aber auf seinen – sehr geringen – Restbestand reduziert hat: in der Tat konnte nach 1900 von einer ernsthaften »Gruppenspannung« nicht mehr die Rede sein.

Dennoch bleibt der erwähnte Wandel, der sich in Verbindung mit der Hypertrophie des Nationalen und dem Triumphzug der Naturwissenschaften nach der Jahrhundertmitte im Verhältnis zu den Juden vollzog, von erheblicher Bedeutung[3]. Die *Rasse* sei *der bestimmende Faktor der Geschichte* – so behauptete ja das trotz gewisser Vorläufer in dieser Hinsicht epochemachende, dilettantische Werk (Versuch über die Ungleichheit der Menschenrassen, Paris 1853–55) des Franzosen Graf *Gobineau*, der bezeichnenderweise der Geschichtswissenschaft »den Eintritt in die Familie der Naturwissenschaften erwirken« wollte. Seine Unterscheidung von »höheren« und »niederen« Rassen machte aus Verschiedenartigkeit Verschiedenwertigkeit. Die weiße Rasse, so wollte er nachweisen, sei die einzige wahrhaft schöpferische; ihr wertvollster Zweig aber seien die »Arier«, von diesen wiederum die Germanen oder »Nordischen«. Ihnen stellte Gobineau und stellten noch mehr sein Landsmann Ernest Renan und beider Nachfolger die angeblich weitgehend unschöpferischen Semiten gegenüber. Und so fern es Gobineau selbst noch lag, an seine aristokratisch-romantischen Theorien inhumane Forderungen zu knüpfen: eine willkürliche Rangordnung der Rassen war aufgestellt, die von den Epigonen des französischen

[1] Spectator (d. i. Ernst Troeltsch), Vorherrschaft des Judentums?. In: Kunstwart, 33. Jahrg. (1920), S. 14.

[2] Die Flucht in den Haß, Frankfurt/M. 1956.

[3] Zum folgenden vgl. (auch für die Belege) insbesondere: Alexander Bein, Der moderne Antisemitismus und seine Bedeutung für die Judenfrage. In: Vierteljahrshefte für Zeitgeschichte 6 (1958), S. 340 ff.; Paul W. Massing, Vorgeschichte des politischen Antisemitismus. In: Frankfurter Beiträge zur Soziologie, Bd. 8, Frankfurt/Main 1959; Hans-Günter Zmarzlik, Der Antisemitismus im Zweiten Reich. In: Geschichte in Wissenschaft und Unterricht 14 (1963), S. 273 ff.; Hermann Graml, Die Wurzeln des Antisemitismus. In: Hochland 50 (1958), S. 371 ff.; Friedrich Glum, Der Nationalsozialismus. München 1962; Karl Saller, Die Rassenlehre des Nationalsozialismus in Wissenschaft und Propaganda. Darmstadt 1961.

Grafen vergröbert und »antisemitisch« ausgedeutet werden sollte. Der Rassenfaktor, vermeintlich wie ein Naturgesetz wirkend, wurde verabsolutiert, die »Judenfrage« eine »Rassenfrage«.

Das Neue an dieser Entwicklung war nicht die absprechende Beurteilung der Juden als einer »minderwertigen« Menschengruppe, sondern die Festlegung solcher Wertung für alle Zeiten. Von seinen »rassisch« bedingten Eigenschaften konnte sich ein Jude nach der neuen Lehre auch durch die christliche Taufe nicht mehr lösen. Der Verfluchung der Judenheit als Ganzes hatte sich nach christlich-dogmatischer Auffassung jedenfalls der einzelne Jude durch Übertritt zum Christentum bisher entziehen können. Und wenn auch die Aufklärung das christliche Dogma in seiner Geltung schwächte (andererseits den Heilsanspruch des Christen ablehnte), so beließ sie doch kraft ihres Glaubens an die Vervollkommnung des Menschen durch Bildung, Wissen und Erziehung dem Ghetto-Juden jener Zeit die Chance, sich auf eine höhere soziale Stufe zu erheben.

»Die Rassenlehre des Antisemitismus« – so hat ein neuerer Forscher [Alexander Bein] deren »Konsequenzen« treffend gekennzeichnet – »brach entschieden mit diesem Glauben [des Zeitalters der Aufklärung]. Wenn die Rasse der entscheidende, der einzig maßgebende und bestimmende Faktor im Leben der Völker und der Menschen ist, wird dem optimistischen Glauben an eine Veredelung des Menschen aus seinem individuellen Wollen heraus jede Basis entzogen. Gut und schlecht, hochwertig und minderwertig, kulturschöpferisch und kulturvernichtend – das alles liegt in der Rasse. Die Rasse – das ist das eherne Gesetz, an dem nicht zu rütteln ist, unveränderlicher als jeder Ratschluß Gottes, der ja von der göttlichen Gnade geändert werden kann. Hier, in dieser falsch oder halb verstandenen und leichtfertig vergotteten naturwissenschaftlichen Lehre gab es keine Wandlung und keine Gnade; Heil und Fluch bleiben unabänderlich in die Natur eingegraben.«

So stark sei überdies das »jüdische Element«, behaupteten schließlich die radikalen Antisemiten, daß es selbst bei stärkster Vermischung immer wieder »durchschlage«. Kurz, ein Jude war als Angehöriger seiner Rasse »von Natur« minderwertig und unverbesserlich; er mußte also als »Schädling« betrachtet und letzten Endes als ein solcher »ausgemerzt« werden.

Die neuen rasseantisemitischen Lehren fanden auch in Frankreich und anderswo teilweise bereitwillige Aufnahme, wurden aber namentlich in Deutschland theoretisch ausgestaltet. Vielen Judengegnern, die sich bislang auf religiöse, wirtschaftliche oder was immer für Gründe berufen hatten, leistete die »Rassenkunde« den Dienst der sogenannten »sekundären Rationalisierung«: sie fanden darin nicht nur eine Verbrämung, sondern auch die so zeitgemäße »wissenschaftliche Legitimierung« ihrer Haßgefühle, zugleich deren Bestätigung über das religiöse »Motiv« hinaus, das der zunehmenden Säkularisierung entsprechend an Überzeugungskraft verlor. An sich war die rechtliche Gleichstellung der Juden in Deutschland weit fortgeschritten, und in Verbindung damit, wie im Rahmen des allgemeinen wirtschaftlichen Aufstiegs, auch ihre kulturelle Assimilation. Aber noch immer konnten ungetaufte Juden nur in Ausnahmefällen Reserveoffiziere werden. Und wieviel bedeutete »der Reserveoffizier« im Deutschland vor 1914 für die gesellschaftliche Stellung! Unter der Oberfläche muß zudem in breiten bürgerlichen Schichten die Abneigung gegen die Juden als eine immerhin noch erkennbare Minderheitsgruppe der Gesellschaft fortgewirkt haben, deren »Besonderheit« – ähnlich wie jene der Jesuiten und Freimaurer – der unausgefüllten Phantasie einer so »rationalen« Zeit Nahrung geben mochte. Zwei von außen kommende Faktoren, der eine mehr zufälliger und vorübergehender Natur, der andere von strukturellem Charakter und fortdauernder Geltung, haben nun nach 1870 eine Aktivierung der latenten Judenfeindschaft in Deutschland wesentlich gefördert. Der erste war die nachhaltige *Wirtschaftskrise von 1873*, der Zusammenbruch der ungesunden Hochkonjunktur im Gefolge des deutsch-französischen Krieges. Dieses Ereignis, das in Frankreich und Österreich Parallelerscheinungen mit den gleichen Konsequenzen aufwies, belebte namentlich den »antikapitalistischen« Affekt, für den sich ein von der wirtschaftlichen Entwicklung mehr oder weniger bedrohtes Kleinbürger- und Bauerntum in seinem Verhältnis zu den Juden jeweils ja als besonders anfällig erwies. Und wenn auch die selbst von Wissenschaftlern wie Sombart vertretene These von der angeblich entscheidenden Bedeutung der Juden für den modernen Kapitalismus nur ein bezeichnendes Vorurteil der kommenden Jahrzehnte darstellt (wie jüngst Hans Günter Zmarzlik erneut betont hat), so wurde es doch den antisemitischen Wortführern nicht schwer, die *historisch* bedingte Rolle, welche Juden in bestimmten modernen Wirtschaftszweigen spielten, unter den in Krisenzeiten stets für einfache »Erklärungen« empfänglichen breiten Volksschichten zu einer entsprechenden Agitation auszunutzen. Der zweite Faktor aber, der in unserem Zusammenhang bedeutsam ist, war der »zeitgemäße«, von der Reichsgründung mächtig geförderte Drang, die errungene nationale Einheit Deutschlands durch die Schaffung einer *einheitlichen deutschen Nation* zu vollenden; bekannt ist, wie sich diese Tendenz auch im Verhältnis zu den völkischen Minderheiten, namentlich den Polen, in Gestalt einer schließlich militanten Nationalitätenpolitik geltend gemacht hat. Sie war nicht *notwendig* mit »rassischen« Wertungen von extremer Ausprägung und »Folgerichtigkeit« verknüpft, konnte deshalb aber um so mehr auch auf gemäßigte und gebildete Kreise unseres Volkes, einschließlich des liberalen Großbürgertums, Einfluß gewinnen. Daß Minderheiten – oder Gruppen, die in diese Kategorie zu fallen schienen – sich assimilieren müßten, galt »modernem« nationalen Denken als eine ebenso selbstverständliche wie unverzichtbare Mindestforderung. Von der Ungeduld aber, mit der ein einmal gewecktes nationales Vorurteil den Prozeß solcher Assimilation verfolgte, bis zur dem Zweifel an der Bereitschaft, ja Fähigkeit der »Betroffenen« zu Assimilation war der Weg nicht allzu weit: an den entsprechenden Auslassungen eines Treitschke – keines »Rasseantisemiten« und doch schon Urhebers jenes ebenso unsinnigen wie verhängnisvollen Slogans »Die Juden sind unser Unglück« – ist dies deutlich zu erkennen. »Antikapitalistisches« und »nationales« Motiv tendierten aber nicht nur gleichermaßen zum Kollektivurteil. Beide besaßen überdies mit dem »rasseantisemitischen« Argument Möglichkeiten einer Verbindung, deren Ergebnis eine große Variationsbreite und Akzentverschiedenheit aufwies. Seine mehr oder weniger radikale Ausprägung war weitgehend eine Frage des Temperaments, das heißt der Selbstbeherrschung beziehungsweise der Reaktionsfähigkeit des Gewissens; denn schon der Nationalismus steigerte sich in seiner Spätform bis zur Verleugnung von Gleichheitsidee und Toleranz. Allgemeinere antihumane Denkrichtungen der zweiten Jahrhunderthälfte aber, die noch zu betrachten sein werden, begünstigten eine Vereinigung und gegenseitige Förderung der verschiedenartigen antisemitischen Motive und ließen sie bei geeignetem äußeren Anstoß auch den entsprechenden publizistischen Niederschlag finden.

Tatsache ist jedenfalls, daß im Gefolge der großen Wirtschaftskrise von 1873 im deutschen Sprachgebiet eine Reihe von *Schriften* erschienen, welche die Juden als Schädlinge bezeichneten, die zumindest unter Ausnahmerecht gestellt werden müßten. Sie waren offenbar noch unbeeinflußt von den Ideen Gobineaus (die erst später in Deutschland Verbreitung fanden), was jedoch für das allgemeine geistige Klima nur um so beachtlicher wäre. Schon 1873 rief Wilhelm *Marr* in einer zwölf Auflagen erzielenden Broschüre zum Kampf des »Germanentums« gegen die »drohende Weltherrschaft« des »Judentums« auf und erklärte bezeichnenderweise, das jüdische Volk sei »rassisch fixiert«; es könne weder sich ändern, noch geändert werden; friedlich und gleichberechtigt neben ihm zu leben, sei unmöglich wegen seiner überlegenen Eigenschaften; die Alternative heiße daher: Wir oder sie! Mit dem Anspruch einer philosophischen, biologischen und geschichtlichen Begründung des Antisemitismus verwarf sodann (1881) der Berliner Philosoph und Nationalökonom Eugen *Dühring* jeden Gedanken an Toleranz, auch und gerade gegenüber getauften Juden. Zwar behielt er »Lösungen« wie Vertreibung oder Deportation einer – »energischeren Zukunft« vor, erwog aber relativ ernsthaft bereits eine »völkerrechtliche Internierung« der Juden, die er auf jeden Fall »ausgegliedert«, das heißt unter Ausnahmerecht gestellt wissen wollte – wohlgemerkt als ersten und vorläufigen Schritt. Denn die Judenhaftigkeit ließ sich nach Dührings Meinung nicht anders als mit den Juden selbst beseitigen. »Folgerichtig« lehnte er auch das Christentum als »Ausläufer« des Judentums ab und erklärte Christen für außerstande, »sich mit Nachdrücklichkeit gegen das Judentum zu wenden«. Der Orientalist Adolf *Wahrmund* endlich sprach 1887 mit Genugtuung von »jenen in Österreich-Ungarn, Deutschland und Frankreich bereits in so großer Zahl hervorgetretenen Schriften«, welche die »Herrschaft« der Juden bekämpften, die nach seiner verstiegenen Behauptung als »Nomaden« von dem »räuberischen Einbruch in fremde Wirtschaften lebten« und als »ein auf nationaler Ausschließlichkeit fußender Religionsverband ein antichristliches Prinzip verkörpern«. Mit seinem eigenen Buch (›Das Gesetz des Nomadentums und die heutige Herrschaft der Juden‹, 1887) wollte Wahrmund auf das angebliche »Walten tieferliegender Entwicklungsgesetze« hinweisen und damit jener neuen Geschichtsbetrachtung die Wege bahnen, welche allein als ideelle Grundlage für die Neugestaltung Mitteleuropas dienen und dem von den Juden vertretenen »Asiatismus« und

»Nomadentum« begegnen könne. »Wirtschaftliche« und »nationale« Argumente vereinigten sich somit mehr oder weniger in der antisemitischen Polemik der siebziger und achtziger Jahre. Die in Deutschland nach der Reichsgründung gesteigerte Beschäftigung mit der deutschen Vorgeschichte und der damit verbundene Germanenkult konnten den neuen Rassenlehren nur förderlich sein. Daß es bereits zu dieser Zeit neben literarischen Produkten von beachtlicher Verbreitung auch zu politischen Manifestationen und Organisationen antisemitischen Charakters kam, ist bekannt. »Erweckt die Bestie im Menschen nicht«, warnte 1880 der linksliberale Abgeordnete Eugen *Richter*, »denn sie wird vor nichts halt machen!«

Neben den angeführten Vertretern eines extremen Antisemitismus traten als Gegner der Juden in Wort und Schrift Männer in Erscheinung, die trotz einer mitunter zügellosen Sprache *vergleichsweise* noch zu den »Gemäßigten« gerechnet werden können, doch vielleicht gerade deshalb die antisemitischen Tendenzen auch in gutbürgerlichen Kreisen »salonfähig« gemacht haben. Dies gilt, wie schon angedeutet, nicht zuletzt für Heinrich von *Treitschke*, den seine liberale Herkunft vor brutalen Forderungen bewahrte. Er sollte jedoch, zumal als publizistischer Herold des neuen Reiches, mit seinen judenfeindlichen Äußerungen um so größere Beachtung finden und auch über seine radikaleren Epigonen, wie namentlich Heinrich *Claß*, den Vorsitzenden des Alldeutschen Verbandes, noch auf eine nachfolgende Generation geistig fortwirken. Auch ein Mann wie der berühmte Orientalist und Kulturkritiker Paul de *Lagarde* (1827 bis 1891) war kein Rasseantisemit im eigentlichen Sinne oder bedingungsloser Gegner der Assimilation. Er forderte, die angeblich so bedrohliche geistige und wirtschaftliche Macht der Juden zu brechen. Denn er erklärte die Juden ohne weiteres zu Exponenten alles dessen, was ihn und viele andere an der unabwendbaren industriellen und pluralistischen Entwicklung seiner Zeit abstieß – der Materialisierung und Kommerzialisierung des Lebens und Denkens, der geistigen Verflachung, des »Verfalls der Moral«, der »undeutschen« westlichen Staatsideen eines liberalen Bürgertums, auf welches Bismarck das »Kunstprodukt« seines Werkes stütze –, kurz, er sprach von »Trägern der Verwesung«, die die Juden (als Fremdkörper in jedem Staat) unweigerlich seien: »Wir aber können schlechterdings keine Nation in der Nation dulden.« Im Zeichen eines allgemeinen Kulturpessimismus verband sich so bei Lagarde das antikapitalistische »Motiv« der Judenfeindschaft mit dem nationalen zur Verleugnung von Toleranz und Humanität. Zwar räumte er zwischendurch ein: »Wir werden das Judentum ganz gewiß nicht durch irgendwelche Verfolgung . . . überwinden.« Gleichzeitig aber würdigte sich dieser Gelehrte zu einer Diktion herab, welche Vorstellungen von den Juden fördern mußte, die einer Durchführung oder Duldung unmenschlicher Maßnahmen gegen sie geistig Vorschub leisten oder »Rechtfertigungen« liefern konnten. Wollte er doch diejenigen »hassen und . . . verachten, die – aus Humanität! – diesen Juden das Wort reden, oder die zu feige sind, dies wuchernde Ungeziefer zu zertreten. Mit Trichinen und Bazillen wird nicht verhandelt, Trichinen und Bazillen werden auch nicht erzogen, sie werden so rasch und so gründlich wie möglich vernichtet«. Man darf hier nicht vergessen, daß der Einfluß des Kulturkritikers Lagarde im Rahmen jener verbreiteten »Revolte« gegen den Rationalismus der modernen technischen Zivilisation nach dem Ersten Weltkriege, namentlich über die deutsche Jugendbewegung, eine Erneuerung und Vertiefung erfuhr und daß Lagardes »Mahnungen« begreiflicherweise von den Nationalsozialisten nach 1933 und im Zweiten Weltkrieg propagandistisch »ausgewertet« wurden.

Die eigentlichen Rassetheorien sollten in Deutschland nach 1890 nicht zuletzt durch den *Bayreuther Kreis* der Jünger Richard Wagners, in dem der Germanenkult eine so große Rolle spielte, insbesondere auch durch die *Bayreuther Blätter*, gefördert werden. Hier waren die Ideen Gobineaus bestimmend, dessen Buch jetzt von einem Mitglied jenes Kreises (L. Schemann) ins Deutsche übersetzt wurde. Auch die ursprünglich vorwiegend emotional sich äußernde judenfeindliche Einstellung *Richard Wagners* selbst, dessen Gedankenwelt nach Hitlers eigenem Zeugnis eine so große Wirkung auf diesen ausübte, ist wohl noch von Gobineau und zweifellos von *Houston Stewart Chamberlain* in rasseantisemitischem Sinne beeinflußt worden. Chamberlain, geborener Engländer und Wahldeutscher und bekanntlich Wagners Schwiegersohn, stand jedenfalls im geistigen Gefolge Gobineaus, und gerade er half durch sein dilettantisches, aber außerordentlich erfolgreiches Hauptwerk über ›*Die Grundlagen des 19. Jahrhunderts*‹ (1899) die rasseantisemitischen Auffassungen im deutschen Bildungsbürgertum verbreiten. Er darf ferner zu den wichtigsten Lehrmeistern eines Hitler gerechnet werden, dessen Anfänge er noch erlebte und bewundernd verfolgte.

Alle großen Kulturleistungen schrieb Chamberlain dem Germanentum zu, während ihm alles Nichtgermanische an der modernen Kultur einen auszuscheidenden »Krankheitsstoff« bedeutete und die Semiten, die Juden, jeder schöpferischen Leistung unfähig erschienen. Zugleich unterstrich er die drohende Gefahr jüdischer »Herrschaft«, zumal die Juden ihren eigenen Hauptstamm »fleckenlos« rein erhielten, andererseits aber die »Infizierung der Indoeuropäer mit jüdischem Blut« betrieben, so daß diese schließlich nur noch »eine Herde pseudohebräischer«, physisch, geistig und moralisch degenerierter »Mestizen« bilden würden. Nie, so betonte er, habe »Humanitätsduselei« die Juden »auch nur für einen Augenblick die Heiligkeit der physischen Gesetze vergessen lassen«. Daß Chamberlain dabei die geschichtliche Verbindung des Germanischen mit dem Christlichen feierte und radikal-antisemitische Ausfälle und Forderungen vermied, zugleich der »Rasse« auch eine »seelische Bedeutung« beilegte, konnte seine Wirkung auf »gemäßigte« Kreise nur erhöhen.

Der Sozialdarwinismus

Inzwischen hatte sich im Wirkungsbereich des geistigen Klimas der Zeit eine weitere Denkrichtung geltend gemacht, die als die zweite geistige Hauptvoraussetzung der nationalsozialistischen Ausmerzungspolitik bezeichnet werden darf: es handelt sich um den sogenannten *Sozialdarwinismus*, der nach 1890 in verschiedenen Formen und Abstufungen auf breite Kreise Einfluß gewann, insbesondere auch auf Hitlers Denken einwirken sollte[4]. Förderte doch der Siegeszug der Naturwissenschaften im 19. Jahrhundert die Vorstellung, aller historische Ablauf beruhe letzten Endes auf der eigengesetzlichen Auswirkung elementarer Kräfte der Natur. Wenige Jahre nach der Publikation Gobineaus (den noch sein großer Landsmann Tocqueville vor den inhumanen »Konsequenzen« seiner Theorien gewarnt hat) glaubte der englische Naturforscher *Darwin* in seiner Abhandlung über den Ursprung der Arten (1859) das Gesetz der Ausbildung aller Lebewesen niedergelegt zu haben. Diese Aus-

[4] Vgl. zum folgenden (auch für die Belege) u. a.: Hedwig Conrad-Martius, Utopien der Menschenzüchtung. München 1955; Hans-Günter Zmarzlik, Der Sozialdarwinismus in Deutschland als geschichtliches Problem. In: Vierteljahrshefte für Zeitgeschichte 11 (1963), S. 246 ff.; dazu auch Romano Guardini, Verantwortung, Gedanken zur jüdischen Frage (eine Universitätsrede). In: Hochland 44 (1951/52), S. 481 ff.

bildung, so lehrte er, sei im Rahmen einer langen, stufenweisen Entwicklung durch einen ständigen *Kampf ums Dasein* erfolgt, in welchem das jeweils stärkere und lebenstüchtigere Element die Oberhand behielt: eine *natürliche Auslese* habe mithin eine stetige Verbesserung und Fortbildung der Arten bewirkt. Die revolutionierende Bedeutung dieser auf exakte Einzeluntersuchungen gestützten Theorie lag darin, daß statt der früheren Annahme einer übernatürlichen schöpferischen Kraft hinter den Erscheinungen hier eine kausal-mechanische Erklärung aller Lebensvorgänge im Sinne einer naturhaft-eigengesetzlichen Entwicklung geboten wurde. Darwins Lehre lief auf eine Leugnung ursprünglich wesenhafter Grenzen zwischen Mensch und Tier hinaus; sie fand auch bald entsprechende Interpreten, ohne daß diese jedoch, geschweige Darwin selbst, die im Laufe der Entwicklungen entstandenen Qualitätsunterschiede zwischen Mensch und Tier verkennen oder die geltenden sittlichen Normen christlicher Herkunft für das soziale Verhalten der Menschen außer Kraft gesetzt wissen wollten. Auch erklärte Darwin das unter den jeweils gegebenen Lebensbedingungen biologisch tauglichere Element noch nicht zu einem schlechterdings»höherwertigen«. Anders die sogenannten *Sozialdarwinisten*, die im Sinne einer zeitgemäßen »Naturalisierung« des politischen Denkens der Vorstellung folgten, daß auch die menschliche Gesellschaft mehr oder weniger ein biologischer Organismus sei, und damit zu einer *Verabsolutierung des biologischen Faktors* in allen Lebensbereichen gelangten. Der »Sozialdarwinismus« – die Anwendung darwinistischer Lehren auf soziale und politische Verhältnisse – war bekanntlich nicht nur ein deutsches Phänomen, ja nicht einmal in erster Linie ein solches. Blieben seine ausländischen Vertreter jedoch wesentlich im Rahmen praktischer Sozialpolitik, so machten seine deutschen Interpreten – angeregt durch ein Preisausschreiben der Firma Krupp (i. J. 1900) mit entsprechender Fragestellung – Darwins Lehre nicht nur zur Grundlage politischer Reformvorschläge, sondern erhoben ihre Theorien in zunehmendem Maße in den Rang einer Weltanschauung. Verhängnisvoll war namentlich, daß zumal die jüngere Richtung der deutschen Sozialdarwinisten die These von der »natürlichen Auslese« als der Bedingung jeder menschlichen Höherentwicklung in den Mittelpunkt rückte. Denn ihre Überbewertung verführte sie zu dem Schluß, daß die moderne Zivilisation mit ihren (zweischneidig wirkenden) Errungenschaften und zumal ihrem Humanitätsprinzip die Funktion der natürlichen Auslese als eines »gesunden« und »zweckmäßigen« Regulators der sozialen Entwicklung mehr oder weniger aufhebe. »Logisch« ergab sich daraus, daß die Organisation der Gemeinschaft dem letzten Endes »segensreichen« Walten der Natur den Weg wieder freimachen, ihr geradezu »nachhelfen« müsse. Statt daß der moderne Staat das schwache Element schütze, dem kranken aufhelfe, also das »lebensuntüchtige« Element stütze, solle er vielmehr das gesunde, starke, biologisch wertvolle Element zu fördern suchen. Wohl lehnte ein gemäßigter Sozialdarwinist wie Schallmayer die Anwendung der »in der Natur wirksamen Lebensauslese« noch entschieden ab (nicht ohne den positiven Effekt ihrer »Grausamkeit« hervorzuheben); doch redete er bereits einer »Fruchtbarkeitsauslese« zwecks Höherzüchtung der Gattung durch rassenhygienische Kontrolle der zu schließenden Ehen, durch Heiratsverbote, Zwangsasylierung und Sterilisierung aller körperlich und geistig Minderwertigen das Wort. Kritisch vermerkte er sogar, daß das sittliche Gefühl der Menschheit »zugunsten des Individuums verbildet« sei und »bis jetzt jedes Opfer zugunsten der Rasse als eine unbillige Zumutung ablehne«. Und doch müsse das »soziale Nützlichkeitsprinzip« für die Gesetzgebung weitaus maßgeblicher sein als »die unhaltbare Gerechtigkeitsidee«. Wurde mithin für die innere Staatspolitik die »Erhaltung der Art« zum leitenden Prinzip erhoben[5], so ergaben sich im Hinblick auf die Außenpolitik entsprechende Postulate. Da es »im Lichte der selektiven Entwicklungslehre« (!) auf einem »Kraftbedürfnis« der einzelnen Staaten beruhe, »sich womöglich auf Kosten anderer Staaten auszudehnen«, forderte Schallmayer, alle Maßnahmen der inneren und äußeren Politik müßten dem Ziel dienen, die Lebensfähigkeit der Nation auf die Dauer zu sichern: das sei »der Wertmaßstab«. Was dies bedeutete, zeigt seine weitere Forderung, alle kulturellen Errungenschaften, alle gesellschaftlichen Einrichtungen des Gemeinwesens, ja »die geltenden Anschauungen über Gut und Böse« unter den Gesichtspunkt der Ausrüstung für den Daseinskampf zu stellen. Daß solche Forderungen und Vorstellungen in der eigenen Nation und dem ihr »gebührenden« Vorrang ihren höchsten Bezugspunkt fanden, lag im Zeitalter des Nationalismus nur zu nahe. Und wenn auch manche Sozialdarwinisten ihre »rassenhygieni-

[5] Hitler bemerkte am 1. Dezember 1941 (H.Picker, Hitlers Tischgespräche, hersg. von P. E. Schramm. Stuttgart 1963, S. 153): »Wenn ich an ein göttliches Gebot glauben will, so kann es nur das sein: die Art zu erhalten!«

schen« Postulate mit den Ansprüchen der Humanität vereinigen wollten, so vertraten radikalere Geister – wie etwa Tille – bereits das »Recht« der stärkeren Rasse, »die niedere zu vernichten«: was sich nicht behaupten könne, müsse sich gefallen lassen, zugrunde zu gehen. So feierte er die scheinbare Grausamkeit der Auslese, mit der die Natur der Erhaltung der Gattung diene, als »sozial-aristokratisches« Prinzip, erklärte angeborene Menschenrechte als mit der Entwicklungslehre unvereinbar, glorifizierte die Selbstsucht und verhöhnte jene Moral, die wir uns »aus allerhand Schwachheiten zusammengebraut« hätten und die auch den Untüchtigen überleben lasse.

Ganz ähnlichen – vulgär-darwinistischen – Anschauungen hat Hitler – für den unter der »Sucht der Selbsterhaltung die sogenannte Humanität« dahinschmolz »wie Schnee in der Märzensonne« – in Wort und Schrift immer wieder Ausdruck gegeben; selten so deutlich wie in seiner (unveröffentlichten) Rede vom 22. Juni 1944 vor Offiziersanwärtern, bei der freilich dem vorgerückten Stadium des Krieges entsprechend das fatal zweckhafte Moment solcher »Theorien« aufdringlich hervortritt:

»Die Natur lehrt uns bei jedem Blick in ihr Walten, daß... das Prinzip der Auslese sie beherrscht, daß der Stärkere Sieger bleibt und der Schwächere unterliegt. Sie lehrt uns, daß das, was den Menschen dabei oft als Grausamkeit erscheint, weil er selbst betroffen ist oder weil er durch seine Erziehung sich von den Gesetzen der Natur abgewandt hat, im Grunde doch notwendig ist, um eine Höherentwicklung der Lebewesen herbeizuführen... [Die Natur] kennt vor allem nicht den Begriff der Humanität, der besagt, daß der Schwächere unter allen Umständen zu fördern und zu erhalten sei, selbst auf Kosten der Existenz des Stärkeren... Die Natur kennt in der Schwäche keinen Milderungsgrund, ... im Gegenteil, die Schwäche ist der Grund zur Verurteilung...

Der Krieg ist also das unabänderliche Gesetz des ganzen Lebens, die Voraussetzung für die natürliche Auslese des Stärkeren und zugleich der Vorgang der Beseitigung des Schwächeren. Das, was dem Menschen dabei als grausam erscheint, ist vom Standpunkt der Natur aus selbstverständlich weise. Ein Volk, das sich nicht zu behaupten vermag, muß gehen und ein anderes an seine Stelle treten. Ein Wesen auf dieser Erde wie der Mensch kann sich nicht dem Gesetz entziehen, das für alle anderen Wesen auch gültig ist... Seit es Wesen auf dieser Erde gibt, ist der Kampf das Unvermeidliche.«

Bedeutsamer – und noch bedenklicher – als diese Theorie vom ewigen Lebenskampf, mit der man den wahren »Realitäten« der Politik gerecht zu werden meinte, war jedoch eine andere (hiermit verknüpfte) Konsequenz der neuen Lehre. Wer »im Zeichen der Wissenschaft« die soziale Nützlichkeit beziehungsweise die biologische Tüchtigkeit des Einzelnen für die Gesamtheit zum Wertmaßstab machte, wer die Züchtung des Menschen oder die »Hebung der Rasse« unter Ausschaltung des »Untüchtigen« durch entsprechende »Eingriffe« auch nur theoretisch vertrat, der betrachtete den Menschen als bloßes Gattungswesen, der nahm ihm die personale Eigenberechtigung und Würde und degradierte das Individuum zum Material und *verfügbaren Objekt* eines Kollektivs. Mit der grundsätzlichen Bereitschaft aber, die Theorien einer wertfreien Naturwissenschaft und als deren möglichen Vollstrecker den Staat zum Herrn über den Einzelnen, dessen eigensten Daseinsbereich (ja persönliches Daseinsrecht) zu machen, um die sozialbiologische Entwicklung des Ganzen im »Interesse« dieses Ganzen zu »steuern«, wurde einer Zerstörung des Bildes vom Menschen, wie es Antike, Christentum und Aufklärung gestaltet hatten, Vorschub geleistet. Unter nationalistischen Impulsen, Ansprüchen und Zielsetzungen drohte solch totalitäres Denken humanitäre Vorbehalte zugunsten des Mitmenschen – und Mitvolkes – vollends zu entkräften, geistig-sittlichen Widerstand gegen unmenschliche Praktiken einer politisch und technisch omnipotenten »Gemeinschaft« zu lähmen und deren Funktionäre zu willigen Werkzeugen zu erniedrigen. Denn die Norm des Menschlichen überhaupt war – sowohl gegenüber dem betroffenen Mitmenschen wie gegenüber dem Funktionär eines totalitären Systems – ausgelöscht.

Daß insbesondere die Führer der nationalsozialistischen Bewegung, zumal der SS, von Vorstellungen und Planungen einer Züchtung des Menschen, seiner »Auslese« nach biologischen Maßstäben weitgehend bestimmt wurden, beweisen zahlreiche ihrer programmatischen Erklärungen. So bezeichnete Himmler als das »Gesamtziel«, das ihm »unverrückbar« vorschwebe, seit er Reichsführer-SS sei: »einen Orden guten Blutes zu schaffen, der Deutschland dienen« und »alles nordische Blut in der Welt an uns heranziehen, unseren Gegnern wegnehmen« könne. »Wenn nämlich dieses führende Blut in Deutschland, mit dem wir stehen und fallen, mit dem guten Blut sich nicht vermehrt, werden wir die Erde nicht beherrschen können.« Der Osten müsse ein »Pflanzgarten germanischen Blutes« sein. Wohl am deutlichsten aber kennzeichnet seine Anschauungen über Ziel und Methoden der Züchtung einer Elite und damit sein Bild vom Menschen überhaupt Himmlers folgende Äußerung:

»Wir gingen so, wie der Saatzüchter, der eine alte gute Sorte, die vermischt und abgebaut ist, wieder rein züchten soll, zuerst über das Feld zur Staudenauslese geht, zunächst daran, rein äußerlich die Menschen abzusieben, die wir glaubten für den Aufbau der SS nicht brauchen zu können.«[6]

Nach 1933 ist der Nationalsozialismus als der »biologische Wille des deutschen Volkes« oder als »politisch angewandte Biologie« gerühmt worden (Escherisch, Lehmann). Man kann denn auch Denken und Handeln der nationalsozialistischen Führung unter unserem Aspekt kaum treffender charakterisieren, als es ein Fachgenosse (Hans Buchheim[7]) getan hat: »Das eigene Volk und, im Zweiten Weltkrieg, die Völker Europas wurden von den Nationalsozialisten wie unrationell angelegte und von Unkraut durchwucherte Pflanzungen angesehen, in denen einmal Ordnung geschaffen werden mußte, indem man die Asozialen isolierte, die ›Fermente der Dekomposition‹ unschädlich machte, wertvolle Elemente vermehrte und minderwertige verkümmern ließ, Kranke unfruchtbar machte und Unruhe stiftende Volksstämme entweder verpflanzte oder ›ausmerzte‹; am Ende sollte dann eine neue, biologisch sinnvoll geordnete europäische Gesellschaft stehen ... Euthanasie, Sterilisierung, Umsiedlung und Germanisierung und nicht zuletzt die Ausrottung ganzer Kategorien als wertlos oder gefährlich betrachteter Menschen dienten diesem Programm.«

Die sozialdarwinistischen Lehren – selbst auch Symptom und »Konsequenz« *allgemeinerer* Denkweisen – mußten im Zeitalter des Imperialismus in mannigfacher Abwandlung oder Abschwächung weit über den Kreis ihrer »Theoretiker« hinaus wirken. Wurde doch der »Imperialismus« neben dem Bewußtsein des technischen Fortschritts der Zeit von einem Gefühl rassisch-kulturellen Vorrangs getragen – das freilich mit einer sorgenvollen Beurteilung der Zukunft eigentümlich vermischt war. Ohnehin bestanden zwischen den sozialdarwinistischen Theorien und den modernen Rasselehren starke Möglichkeiten

---

[6] Ansprache vom 7. September 1940 an das Offizierkorps der Leibstandarte Adolf Hitler (Nürnbg. Dok. PS-1918). Rede vom 3. August 1944 vor den Gauleitern in Posen. In: Vierteljahrshefte für Zeitgeschichte 1 (1953).

[7] Das Dritte Reich, Grundlagen und politische Entwicklung. München 1958, S. 41 f.

einer Verbindung und gegenseitigen Durchdringung. Wohl besaß der Sozialdarwinismus als solcher nicht notwendig oder gar von Hause aus eine spezifisch antisemitische Tendenz. Einige Vertreter seiner älteren Spielart haben eine antisemitische oder auch nur nationalistische Interpretation ihrer Theorien ausdrücklich abgelehnt; was sie forderten, sollte, wenn nicht der Gattung überhaupt, so doch der (weißen) Rasse in ihrer Gesamtheit zugute kommen, und gewiß dachten selbst die extremen Sozialdarwinisten nicht an eine Ausrottungspolitik im Stile Hitlers. Auch widerstritt Darwins Lehre von der ständigen Wandlung und Höherentwicklung der Arten *an sich* jener Doktrin der modernen Rassenkunde, wonach die Rasse eine unveränderliche Urtatsache darstellte. Praktisch aber waren schon durch die vom Sozialdarwinismus vertretene *Wertung* des Einzelmenschen nach biologischen Maßstäben, die womöglich ein Kollektiv diktierte, seine Verleugnung des humanitären Gleichheitsprinzips zugunsten der »Hebung der Rasse« durch »Ausjätung« des »Minderwertigen« so wesentliche Affinitäten gegeben, daß man Sozialdarwinismus und Rassenkunde schließlich mit Recht als »siamesische Zwillinge« bezeichnet hat (H. Graml)[8]. Denn abgesehen von der zusätzlichen »Legitimierung«, welche die noch ganz unausgereifte Anthropologie bereits durch den Darwinismus erhielt, konnte und sollte sich jene Vereinigung biologischer und spezifisch rassischer Ideologie im Zeichen des Nationalen vollenden: Es kommt zu einer Verabsolutierung der Rassenlehre und ihrer »wissenschaftlichen« Aussagen – im Sinne mythischer Überhöhung der »eigenen«, der nordischen Rasse oder, wie Rosenberg verkünden wird, der »rassengebundenen Volksseele« zum »letzten Maßstab unserer Werte«. Es mußte, wie Friedrich Meinecke sagt, »die neue Ethik des Nationalegoismus . . . hinzutreten, um jener Verschiebung der [rationalen] Seelenkräfte [zugunsten der irrationalen] die richtige Weihe zu geben«. Mit beispielhafter Deutlichkeit aber spiegelt sich die gegenseitige Durchdringung sozialdarwinistischen und spezifisch rassischen Denkens in einer Abhandlung ›Zur Erneuerung der Ethik‹ wider, die der Rassenhygieniker Lenz unter Berufung auf seinen Lehrer, den Sozialdarwinisten Ploetz, bereits 1917 verfaßte und im Herbst 1933 nachdrucken ließ[9] und die nach seinem eige-

[8] In seiner historisch-politischen Studie ›Hitlers Weg‹. Stuttgart/Berlin/Leipzig 1932, S. 38, sagt Theodor Heuss: »Dies ist der Exzeß naturalistischen Denkens, weil es die ganz nüchternen Fragen der Eugenik, der gesunden Volkserhaltungssorge, mit fremden Maßstäben des Wertens durchsetzt.«

[9] Friedrich Lenz, Die Rasse als Wertprinzip, Zur Erneuerung der Ethik. München, o. J.

nen Urteil »alle Grundzüge der nationalsozialistischen Weltanschauung« enthielt. Lenz proklamierte darin »die Rasse als Wertprinzip«, wobei er einräumte, daß das Prinzip des Wertes nicht wissenschaftlich »bewiesen« werden könne: »Nur besinnen kann man sich auf das, was man letzten Endes bejahen kann.« So sei es ihm darauf angekommen, »die individualistische Dogmatik aufzuheben, um für den Rasseglauben Platz zu bekommen«:

> »Schematische Gleichheit der Moral für alle Menschen ist nur eine naive Forderung der individualistischen Lehre . . . Weit entfernt, daß die Menschheit uns den Krieg widerlegt, widerlegt uns der Krieg die Menschheit . . . Der soziale Gedanke muß weiter fruchtbar sein, aber mehr im organisch-sozialen als im individual-sozialen Sinne. Das Ziel des Sozialismus dürfen nicht die Individuen sein, sondern die Rasse. Der Staat ist nicht dafür da, daß die Individuen ihre Rechte an ihm auslassen, sondern daß er dem Leben der Rasse diene. Diesem Ziele haben sich alle Rechte ein- und unterzuordnen.«

Lenz war sogar überzeugt, daß die Pflichtenlehre Kants »in vielen Stücken reicher und vollendeter ausgefallen« sein würde, »wenn zu seiner Zeit bereits das Prinzip der Auslese entdeckt gewesen wäre«. Denn da Darwin zufolge die Zweckmäßigkeit der Lebewesen durch natürliche Auslese im Daseinskampf entstanden sei, so könne diese organische Zweckmäßigkeit allein »auf die Erhaltung der Rasse gerichtet sein«. Eine Gemeinschaft aber, die sich dem Prinzip der Auslese verschließe, verfalle »notwendig selber der Ausmerzung«. (Wie der Staat sich zu »einer fremden Rasse zu stellen hat« – bemerkte Lenz im Vorwort zur Neuausgabe von 1933 –, sei »eine Frage der politischen Zweckmäßigkeit, über welche die politische Leitung zu entscheiden« habe.) Und so lautet denn sein Fazit:

> »So kommt uns alles aus dem Ideal der Rasse: Kultur, Entwicklung, Persönlichkeit, Glück, Erlösung . . . Dort finden wir die Einheit unseres Wesens, die Einheit des Lebens, die deutsche Einheit im höchsten Sinne . . . Versagen wir aber, so ist unsere Rasse endgültig verloren. Das deutsche Volk ist der letzte Hort der nordischen Rasse.«

Man braucht nur noch den *Lehrplan des SS-Hauptamtes von 1943/44* für die weltanschauliche Erziehung in der SS und Polizei heranzuziehen, um die Nutzbarmachung der biologisch-rassischen Theorien durch den Nationalsozialismus sowohl für seine Gesamtpolitik als auch für die ihm vorschwebende Züchtung einer eigenen Elite vollends zu veranschaulichen. Bemerkenswert ist, daß die Verfasser es für nötig gehalten haben, naheliegenden theoretischen und politischen Einwendungen (Japan!) Rechnung zu tragen, indem sie ausführen,

»daß es nicht dem lebensgesetzlichen Denken entspricht, innerhalb der rassenkundlichen und rassengeschichtlichen Betrachtungen den Wertbegriff herauszustellen. Jede Lebensäußerung und Leistung einer Rasse, als erb- und umweltbestimmter Gemeinschaft, wird von uns deshalb geachtet, weil wir in ihr eine naturgewollte Äußerung des Lebens sehen«.

Praktisch werden solche Vorbehalte aber wieder entwertet, wenn unmittelbar anschließend in Sperrdruck geschrieben steht:

»Wenn wir das Bekenntnis zur nordischen Rasse für Europa besonders herausstellen, so geschieht das nicht aus einer biologischen Wertung heraus, sondern aus der realen politischen Erkenntnis, daß diese Rasse sowohl historisch als auch in der Gegenwart die Fähigkeiten besitzt, das Ganze zu einen und damit Europa zu einer machtvollen Lebensgemeinschaft zusammenzuschließen«.

Zwar heißt es dann nochmals,

»daß wir niemals so vermessen sind, wie es immer von Unwissenden und Gegnern behauptet wird, daß wir alle Kultur, auch die früherer Zeiten, nur der nordischen Rasse zuschreiben. Völker mit einer anderen rassischen Zusammensetzung haben ebenfalls Kulturen geschaffen«.

Der Akzent jedoch liegt unüberhörbar auf Sätzen wie den folgenden:

»Die nordische Rasse muß in Europa als diejenige bezeichnet werden, die das geistige Gesicht des Kontinents geprägt hat ... Der nordische Rassenbestandteil bestimmt durch seine Zahl und seine zentrale Stellung sowie durch seine Leistung den Kern der übrigen Menschheit und die Verbindung zu den übrigen.«

Allen angeführten Einschränkungen zum Trotz wird denn auch von »den *hochwertigen* Rassen« – Rassen als »letzte biologisch gegebene Einheiten« definiert – gesprochen, die trotz ihrer geringeren Fruchtbarkeit sich im Kampf ums Dasein auf Grund ihres Leistungsvermögens durchgesetzt hätten, das auf ihre ursprünglich besonders harten Auslesebedingungen zurückzuführen sei. »Das Grundgesetz des ewigen Kampfes, dem alles Schwache und Minderwertige unterliegen muß«, finde »dadurch seine hohe Wertung«! Einem Großteil der Menschen, besonders den hochwertigen Rassen, sei es – wesentlich infolge der Verstädterung, die auch »den speziellen Eigenschaften der Juden« (als »Parasiten«!) Entfaltungschancen geboten habe – heute nicht mehr möglich, nur in einer natürlichen Umwelt zu leben. Die Erkenntnis dieser biologischen Gegebenheiten, nämlich der verschlechterten Auslesebedingungen, aber habe »den nationalsozialistischen Staat bewogen, den Maßnahmen, die einer *unterschiedlichen Fortpflanzung* dienen, seine besondere Aufmerksamkeit zuzuwenden«. Und nun werden scheinbar plausible Argumentationen vorgetragen, die in Fortführung sozialdarwinistischer Theorien das soziale, ja letztlich das nationale Nützlichkeitsprinzip zum Wertmaßstab des Menschen erheben und ein entsprechendes *Verfügungsrecht* des Staates über den Menschen unmißverständlich vertreten:

»Es ist ein unhaltbarer Zustand, wenn in einem Staate das Verhältnis zwischen den Schaffenden und [den] Kranken ungesunde Formen annimmt. Für Schwachsinnige, Sittlichkeitsverbrecher, Gemeinschaftsunfähige (Asoziale) muß das Volk an Kräften und Mitteln viel aufwenden. Durch die Ausschaltung dieser Träger faulen Erbgutes können gewaltige Summen erspart und anderen Zwecken nutzbar gemacht werden. Die Maßnahmen jeder verantwortungsbewußten Staatsführung müssen daher der planmäßigen Pflege und Mehrung des guten Blutes dienen. Jedes Naturvolk merzt in richtiger Erkenntnis das Minderwertige aus. Bei den sogenannten ›Kulturvölkern‹ hat eine falsche Nächstenliebe, vor allem von kirchlichen Kreisen in die breite Masse getragen, eine Gegenauslese geradezu gefördert . . .«

Nach alledem wird die Bedeutung zweier Kernsätze dieses »Lehrplans« für die praktische Nutzanwendung der anerkannten Theorien – denen selbst ein so »untheoretischer« Mensch wie der Reichsmarschall Göring mit dem Worte Tribut zollen muß, die *Blutsünde* sei die Erbsünde unseres Volkes! – vollends offenkundig:

»Wesentlich für die Erhaltung bzw. Förderung einer bestimmt gerichteten rassischen Ausformung ist neben der grundsätzlichen Erhaltung der Erbsubstanz die Gestaltung einer dieser ›Rasse‹ günstigen Umwelt. Das kann aber nur erreicht werden, *wenn eine bewußte Ausrichtung der Volksgemeinschaft* auf diese Gesetze *(Zuchtziel)* hin erfolgt und die Träger dieser Gemeinschaft danach leben.«

Die naheliegende Verknüpfung sozialdarwinistischen Denkens mit dem seit den siebziger Jahren ohnehin akzentuierten Judenhaß konnte diesem nur Nahrung geben und mußte gedanklich den gefährlichsten Konsequenzen Vorschub leisten. Bis 1914 ist die liberale und humanistische Tradition des deutschen Bürgertums dennoch stark genug geblieben, um den *organisierten* Antisemitismus über zahlenmäßig unbedeutende Gruppen nicht hinauskommen zu lassen. Ja, er ging in den Jahren vor dem Ersten Weltkrieg eher zurück. Bezeichnenderweise sollte sich dies jedoch ab 1916 mit der steigenden Verschlechterung der militärischen und wirtschaftlichen Lage spürbar ändern. Und vollends entfaltete sich der Antisemitismus nach dem Zusammenbruch von 1918. Der schwere Irrtum weiter Kreise unseres Volkes, es habe sozusagen bis fünf Minuten vor zwölf alles noch ganz gut gestanden, bestärkte sie in der Meinung, es sei bei der plötzlichen, schockartigen Wendung des Krieges »nicht mit rechten Dingen« zugegangen. Und so sehr es historischer Betrachtung widerstrebt, eine so einfache Erklärung als zutreffend zu befinden: die Erfahrung lehrt, daß in Zeiten großer Krisen immer wieder eine Vielzahl von Menschen zu einem monokausalen Denken neigt, nämlich all ihr Mißgeschick und all ihr Unbehagen auf *eine* Ursache zurückzuführen, auf *einen* Sündenbock zu konzentrieren. Der verlorene Krieg mit dem Sturz der Monarchie, der wirtschaftliche Niedergang, die außen- und innenpolitischen Belastungen der »importierten« Demokratie, das Unvermögen breiter Kreise, die jüngste Entwicklung zu begreifen und als unvermeidlich hinzunehmen – all diese Verwirrung und Not wurde der Nährboden für Emotionen und Affekte jeder Art. Neben den »Novemberverbrechern« wurde »*der* Jude« zum beliebtesten Sündenbock – ließen sich doch alle Widrigkeiten hier auf *einen* Nenner bringen –, antisemitische Organisationen und Publikationen fanden erstaunlichen Anklang. Mit aus dem Halbdunkel antisemitischer Vorkriegsgruppen ging ja auch Hitlers NSDAP hervor.

Hitler selbst, dessen Persönlichkeit für das Schicksal der Juden im deutschen Herrschaftsbereich von so überragender und verhängnisvoller Bedeutung geworden ist, hat den Antisemitismus weder erfunden noch den antisemitischen Theorien seinerseits etwas Wesentliches hinzugefügt. Er ist niemals so weitgehend Doktrinär gewesen wie Rosenberg, Darré oder Himmler und andere; er hat sich über deren Germanenkult gelegentlich sarkastisch geäußert, ja sogar die wissenschaftliche Fragwürdigkeit des Rassebegriffs als solchen beziehungsweise der damaligen Rassenkunde mitunter zugegeben[10]. *Hitlers* »Antisemitismus« hatte eine ausgesprochen emotionale Färbung. Gleichwohl hat Hitler begierig jene pseudowissenschaftlichen »Lehren« des modernen Antisemitismus eingesogen, die vor und nach der Jahrhundertwende, zumal auch in Österreich, auftraten und seinem Haßkomplex eine erwünschte Bestätigung und Legitimierung bieten mochten. Es bedurfte dabei kaum der mehr als abstrusen Gedanken des entsprungenen Zisterziensermönchs Adolf Lanz, alias Jörg Lanz von Liebenfels – der in seinem bezeichnenderweise ›Theozoologie‹ genannten Hauptwerk den »Arioheroikern« die mit den ausgefallensten Invektiven belegten Juden gegenüberstellte, der die planmäßige Zucht der kulturerhaltenden Arier forderte, hingegen Sterilisation, Deportation und Ausrottung der Juden und Minderrassigen: es bedurfte kaum gerade dieses Mannes oder seiner Schriften – so sicher sie Hitler zeitweilig angesprochen haben werden –, um ihm, wie man gemeint hat[11], »seine Ideen zu *geben*«. Hier wäre, wie gesagt, eher an Richard Wagner und insbesondere an Houston Stewart Chamberlains dilettantische Geistesprodukte zu denken. In welch hohem Maße jedenfalls Hitler sich die Rasselehren zu eigen gemacht *hat*, beweist schlagend seine heute ironisch anmutende Feststellung (von 1928), wegen der *rassischen Minderwertigkeit der Russen* werde es »keinem Menschen einfallen«, von ihrer hohen Zahl eine russische Hegemonie zu befürchten! »Der Zahl des russischen Volkes liegt kein solcher innerer Wert bei, daß diese Zahl zu einer Gefahr für die Freiheit der Welt werden könnte.«[12]

Mit seinem leidenschaftlichen Haß gegen die Juden verband sich bei Hitler jedoch ein klarer und durch österreichische Erfahrungen (Lueger und Schönerer) geschärfter Blick für die agitatorische Verwendbarkeit und Zugkraft antisemitischer Argumentation und Propaganda. Ganz offen hat er in seiner ersten großen Rede, welche ausschließlich der sogenannten »Juden-

---

[10] Vgl. besonders seine Äußerungen vom 13. Februar 1945 im Bunker der Reichskanzlei: Le testament politique de Hitler, Notes recueillies par Martin Bormann, hrsg. v. F. Genoud. Paris 1959, S. 84f. – Ferner H. Rauschning, Gespräche mit Hitler. Zürich–Wien–New York 1940, S. 218 f. – Vgl. auch Th. Heuss, a. a. O., S. 34 u. 40.
[11] Wilfried Daim, Der Mann, der Hitler die Ideen gab. Von den religiösen Verirrungen eines Sektierers zum Rassenwahn des Diktators. München 1958.
[12] Hitlers Zweites Buch, hrsg. von Gerhard L. Weinberg. Stuttgart 1961, S. 128.

frage« gewidmet war, am 13. August 1920 erklärt: »Wir sind überzeugt, daß dieser *wissenschaftliche Antisemitismus*, der klar erkennt die fürchterliche Gefahr dieser Rasse für dieses Volk, *nur Führer sein kann*, daß aber die breite Masse stets auch gefühlsmäßig empfinden wird, den Juden in erster Linie kennenlernt als *den* im täglichen Leben, der immer und überall absticht – unsere Sorge muß es sein, das Instinktmäßige gegen das Judentum in unserem Volke zu *wecken* und *aufzupeitschen* und *aufzuwiegeln*, solange bis es zum Entschluß kommt, der Bewegung sich anzuschließen, die bereit ist, die Konsequenzen daraus zu ziehen.«[13] Schon im Jahre zuvor aber, in einem Brief vom 16. September 1919, hat Hitler sozusagen den »geistigen Anspruch« seines Antisemitismus wie in etwa auch dessen Zielsetzung folgendermaßen formuliert: »Der Antisemitismus als politische Bewegung darf nicht und kann nicht bestimmt werden durch Momente des Gefühls, sondern durch die Erkenntnis von Tatsachen. Tatsachen aber sind: Zunächst ist das Judentum unbedingt Rasse und nicht Religionsgemeinschaft.« Und weiter: »Der Antisemitismus der Vernunft ... muß führen zur planmäßigen gesetzlichen Bekämpfung und Beseitigung der Vorrechte des Juden, die er zum Unterschied der anderen zwischen uns lebenden Fremden besitzt (Fremdengesetzgebung). Sein letztes Ziel aber muß unverrückbar die Entfernung der Juden überhaupt sein.«[14] Im Parteiprogramm der NSDAP vom 24. Februar 1920 fand das erstgenannte (das »offizielle«) Ziel Hitlers vor allem in den Punkten 4 und 5 seinen Niederschlag.

»*Punkt 4:*
Staatsbürger kann nur sein, wer Volksgenosse ist, Volksgenosse kann nur sein, wer deutschen Blutes ist, ohne Rücksicht auf Konfession. Kein Jude kann daher Volksgenosse sein.
Punkt 5:
Wer nicht Staatsbürger ist, soll nur als Gast in Deutschland leben können und muß unter Fremdengesetzgebung stehen.«
In seinem Buch ›Mein Kampf‹ bekam es Hitler dann fertig, den Satz zu schreiben:
»Hätte man zu Kriegsbeginn und während des Krieges einmal

[13] Warum wir gegen die Juden sind. Text der Rede (bisher ungedruckt) im Bestand »Hauptarchiv der NSDAP«, Bundesarchiv Koblenz. (Hervorhebungen vom Verf. des Gutachtens.) Vgl. die Dokumentation von Reginald H. Phelps, Hitler als Parteiredner im Jahre 1920. Vierteljahrshefte für Zeitgeschichte 11 (1963), S. 308 f.
[14] S. die Dokumentation von Ernst Deuerlein: Hitlers Eintritt in die Politik und die Reichswehr. In: Vierteljahrshefte für Zeitgeschichte 7 (1959), S. 203 f.

zwölf- oder fünfzehntausend dieser hebräischen Volksverderber so unter *Giftgas* gehalten, wie Hunderttausende unserer allerbesten deutschen Arbeiter aus allen Schichten und Berufen es im Felde erdulden mußten, dann wäre das Millionenopfer der Front nicht vergeblich gewesen.«[15]

Wenn im Affekt zu Papier gebracht, so wanderte dieser Satz doch unter den Augen seines Verfassers bei der Drucklegung durch die Korrekturbögen des Buches, blieb stehen und wanderte – un- verändert – von Auflage zu Auflage –, ohne jemals, so scheint es, irgendwo den gebührenden Anstoß zu erregen!

Für die sogenannte nationalsozialistische »Weltanschauung« war die nordische Rasse – verkörpert durch den »Führer« – das Prinzip des Guten, der Jude aber die »Gegenrasse« – das mit fast übernatürlichen Kräften ausgestattete Prinzip des Bösen, gleichsam der Teufel. Und wenn auch der Antisemitismus manchmal aus taktischen Rücksichten eine Zeitlang weniger kraß betont wurde, so blieb er doch stets zentraler Bestandteil der nationalsozialistischen Ideologie, welche den Juden das Menschsein aberkannte[16]. Noch ahnten die wenigsten, welche blutigernste Gefährlichkeit solche Gedanken und Parolen erlangen konnten, wenn eine politische Gruppe sie sich zu eigen machte, welche zunächst die Nation zum sittlichen Höchstwert erklärte, sodann aber auch sich selbst und ihre Führer als *Verkörperung* der Nation verabsolutierte und damit den Anspruch erhob, souverän die Maßstäbe ihres politischen Handelns zu setzen, das heißt ebenso das Gewissen ihrer Gefolgschaft sich verfügbar zu machen wie über das Schicksal von Mitmenschen schrankenlos zu verfügen[17].

Der Antisemitismus sollte indes auch eine wichtige Funktion für Hitlers Außen- und Europapolitik erfüllen. Gewiß geriet das Rasseprinzip durch seine Verabsolutierung theoretisch in Widerstreit mit dem nationalen Prinzip, dem Prinzip der Gliederung der Menschheit in Nationen mit entsprechendem Eigen-

---

[15] Mein Kampf, 534.–137. Auflage. München 1940, S. 772, Hervorhebung vom Verfasser.

[16] Als ein Beispiel für viele vgl. die Worte des Obersten Parteirichters der NSDAP, Walter Buch: »Der Nationalsozialismus hat erkannt: Der Jude ist kein Mensch. Er ist eine Fäulniserscheinung.« (Des nationalsozialistischen Menschen Ehre und Ehrenschutz. Deutsche Justiz, 100. Jahrg., 1938, S. 1660.)

[17] »Nur durch Fanatiker, die gewillt sind, ihr Ich ganz aufzugeben für ihre Idee, könne eine Weltanschauung getragen und auf die Dauer gehalten werden« – so faßt Rudolf Höß die »immer wieder«, auch unter Hinweis auf die Haltung der »Bibelforscher«, von Himmler und Eicke erteilten Mahnungen zusammen: »Genau so fanatisch . . . müsse der SS-Mann an die Idee des Nationalsozialismus, an Adolf Hitler glauben.« Kommandant in Auschwitz, Autobiographische Aufzeichnungen von Rudolf Höß, eingeleitet und kommentiert von Martin Broszat. Stuttgart 1958, S. 75.

leben und -interesse. Offenbar wollte Hitler jedoch mit der Proklamierung des übernationalen Rasseprinzips, zumal des Antisemitismus, eine Propagandaparole ersten Ranges unter die europäischen Völker werfen, einen Köder zur Gewinnung von Fünften Kolonnen auslegen, kurz, mit dem theoretisch *übernationalen* Rasseprinzip praktisch einen europäischen »Zersetzungsprozeß« im Dienste und als Vehikel supernationalistischer deutscher Machtziele einleiten. »Wie von einem Magnet«, so äußerte er später, »müßten die Besten . . . aus den germanischen Völkern von uns herausgezogen werden.«[18] Vorerst einmal aber war mit dem Juden der sichtbare *innere* Feind Nr. 1 gefunden, dessen mythisch übersteigerte Gefährlichkeit es Hitler erleichtern sollte, zunächst die erwünschte Konzentrierung der Propagandamittel zu erreichen, sodann die bezweckte totalitäre Machtbildung im Scheinzeichen »völkischer« Abwehr, Sicherheit und Gesundung zu vollziehen und zu rechtfertigen. Es war »der Feind«, den die totalitäre politische Praxis offenbar nicht entbehren kann. Dem entsprach die von Gegnern wie Mitläufern der Partei nie ernst genug genommene Hetze, welche schon vor der »Machtergreifung« – neben zahlreichen Einzelausschreitungen – gelegentlich bereits in Aktionen der Verfolgung überging.

Die ersten Jahre der Verfolgung

Am 30. Januar 1933 wurde Adolf Hitler vom Reichspräsidenten von Hindenburg zum deutschen Reichskanzler ernannt. Dadurch erhielten die antisemitischen Tendenzen der nationalsozialistischen Partei alsbald den Charakter einer *offiziellen Regierungspolitik*. Und in den Dienst dieser Tendenzen konnte der neue Reichskanzler nunmehr die Macht- und Propagandamittel sowohl seiner starken *Partei* als auch des von ihr überraschend schnell völlig beherrschten *Staates* stellen. Deutlich trat dies bereits bei der ersten großen »Judenaktion« des neuen Regimes in Erscheinung, dem *Boykott vom 1. April 1933.*
Begründet wurde diese Boykottaktion gegen die Juden Deutschlands von seiten der NSDAP mit der »Greuelhetze«, welche die Juden des Auslandes gegen das neue Reich angeblich seit Wochen betrieben hätten. In Wirklichkeit war die vielfach äußerst kritische Haltung weiter Kreise des Auslandes (und kei-

[18] Hitlers Tischgespräche, a. a. O., S. 475. Vgl. im übrigen unten, S. 280, 286.

neswegs nur der jüdischen) ein Echo auf das, was in Deutschland den sogenannten »Feinden des neuen Staates«, und damit auch den Juden, *schon vor dem 1. April 1933* geschah. Wohl hielten sich die nationalsozialistischen Parteiorganisationen bis zur Reichstagswahl vom 5. März 1933 im allgemeinen noch zurück. Nach der Wahl änderte sich dies aber – so sehr man aus außenpolitischen Gründen Wert darauf legte, die zahlreichen gegen die Juden gerichteten Gewalttaten entweder nicht in die Presse gelangen zu lassen oder ihre Duldung beziehungsweise Förderung von Parteiseite zu verschleiern beziehungsweise abzuleugnen. Beispielsweise befahl bereits am 11. März 1933 in *Braunschweig* der dortige SS-Führer Alpers, Rechtsanwalt von Beruf und später braunschweigischer Justizminister, einer Anzahl von SS-Männern, sich in »Räuberzivil« gekleidet in zwei jüdische Kaufhäuser zu begeben und auf einen Pfiff von ihm größtmöglichen Schaden anzurichten. Vorsorglich hatte der nationalsozialistische Innenminister die örtlich zuständigen Polizeistreifen zurückgezogen. Nach erfolgreicher Durchführung der Aktion mißbilligte dann Alpers am Nachmittag in voller SS-Uniform die Ausschreitungen in öffentlicher Rede und legte sie – kommunistischen Ruhestörern zur Last[19]. Ganz ähnlich ging man in Göttingen noch vor dem 1. April zu Werke, indem zunächst die Schaufenster fast aller jüdischen Geschäfte zertrümmert wurden, worauf dann uniformierte SA, SS und Polizei erschien, aber »nicht mehr verhindern konnte«, daß auch eine Synagoge gestürmt wurde – wie es im Göttinger Tageblatt hieß. In *Breslau* besetzte schon am 13. März SA sogar die Eingänge des Amts- und Landgerichts und ließ keinen jüdischen Richter oder Anwalt hinein. Die Polizei versagte, und der Polizeipräsident richtete das der Rechtslage hohnsprechende Ersuchen an die Justizverwaltung, dem Wunsche der nationalen Bevölkerung entsprechend »für ein Eindämmen der Einflüsse jüdischer Rechtspflegeorgane Sorge zu tragen«! Tatsächlich kapitulierte die Justizverwaltung und beschränkte am 16. März 1933 »zur Beruhigung der Bevölkerung«, wie es hieß, die Zahl der an den Breslauer Gerichten auftretenden jüdischen Rechtsanwälte auf 17 (die mit besonderen polizeilichen Ausweisen versehen wurden)[20]. In *Leipzig* hatte der polnische Konsul bereits seit dem

[19] Urteil gegen den früheren Braunschweigischen Ministerpräsidenten Dietrich Klagges vom 5. April 1950, Aktenzeichen 1 Ks 17/49, S. 27 ff.
[20] Vgl. George Weiss (Hrsg.), Einige Dokumente zur Rechtsstellung der Juden und zur Entziehung ihres Vermögens 1933–1945. Schriftenreihe zum Berliner Rückerstattungsrecht VII, o. D., o. J., S. 11 ff.

15. März 1933 fast täglich eingreifen müssen, weil auch Juden polnischer Staatsangehörigkeit mißhandelt worden waren[21]. Ebenfalls in dieser Zeit war in *Dresden* eine Synagoge überfallen, waren in *Chemnitz* und anderswo jüdische Geschäfte beschädigt worden. Schon Mitte März 1933 war ferner eine gänzlich ungesetzliche »Säuberung« der Behörden, Gerichte, Hochschulen und sonstiger öffentlicher Einrichtungen von jüdischem Personal, jedenfalls in Mitteldeutschland, in vollem Gange. Verhaftete Juden aber mußten vielerorts vor ihrer Freilassung bezeichnenderweise eine Erklärung unterschreiben, daß ihnen kein körperlicher Schaden zugefügt worden sei.

Gewiß war nach alledem die öffentliche Kritik des Auslandes sehr lebhaft, und sicher war sie für die nationalsozialistische Staatsführung ebenso peinlich wie erregend. Dementis blieben erfolglos. So wurde denn von der »Parteileitung der NSDAP« für den 1. April jener Boykott gegen »jüdische Geschäfte, jüdische Waren, jüdische Ärzte und jüdische Rechtsanwälte« angeordnet und – sachlich völlig zu Unrecht – als »Antwort« auf die angebliche Greuelhetze der ausländischen Juden hingestellt[22]. Möglicherweise ist diese Begründung schon damals auch deshalb gewählt worden, *damit* man scheinbar »Vergeltung« üben konnte, das heißt um zusätzliche Vorwände für antijüdische Maßnahmen zu gewinnen, die ohnehin angestrebt waren. Wie dem auch sei, unter der Leitung eines der wildesten Judenfeinde der Partei, des Gauleiters von Franken und Herausgebers des Schandblattes ›Der Stürmer‹, Julius Streicher – eines Mannes, der endlich 1939 wegen schlimmster Korruptionsvergehen und anderer Belastungen in den Hintergrund treten mußte[23] –, wurden »Aktionskomitees« gebildet. Sie sollten *den Boykott »popularisieren«,* wie es hieß, und in Zehntausenden von Massenversammlungen – zu denen es offenbar nicht gekommen ist – die Forderung proklamieren, eine »relative Zahl für die Beschäftigung der Juden in allen Berufen entsprechend ihrer Beteiligung an der deutschen Volkszahl« festzulegen. Und zwar sollte sich diese Forderung »zunächst auf drei Gebiete« konzentrieren: a) »auf den Besuch an den deutschen Mittel- und

[21] Zum folgenden vor allem der Bericht des amerikanischen Konsuls in Leipzig vom April 1933, Nürnbg. Dok. PS-2709.

[22] Vgl. den Wortlaut der Anordnung vom 28. März 1933 bei W. Scheffler, Judenverfolgung im Dritten Reich 1933–1945. Frankfurt/Main–Wien–Zürich o. J., S. 109 ff.

[23] Vgl. den umfangreichen Bericht der von Göring eingesetzten Prüfungskommission über die im Gau Franken 1938/39 »vorgenommenen Arisierungen und im Zusammenhang hiermit festgestellten Mißstände«, IMT, Bd. XXVIII, S. 55–234!

Hochschulen, b) für den Beruf der Ärzte, c) für den Beruf der Rechtsanwälte«. Punkt 5 der Anordnungen der Parteileitung für den Boykott sprach Drohungen gegen Zeitungen aus, welche die Aktion nicht unterstützen würden; Pressenotizen erschienen, wonach Personen, die noch jüdische Geschäfte beträten, fotografiert werden würden, alles zum Zwecke einer wirksamen »Popularisierung« des Boykotts. Bezeichnenderweise erklärte ein Funkspruch Hanns Kerrls, des nationalsozialistischen Reichskommissars für die Preußische Justiz – also einer Regierungsbehörde –, noch am 31. März es im Hinblick auf zu erwartende »Selbsthilfeaktionen« des »Volkes« als »Pflicht aller Behörden, . . . allen amtierenden jüdischen Richtern nahezulegen, sofort ihr Urlaubsgesuch einzureichen«, andernfalls ihnen »das Betreten des Gerichtsgebäudes zu untersagen«; jüdische Staatsanwälte sollten umgehend beurlaubt, jüdische Rechtsanwälte nur noch in einer Zahl zugelassen werden, die »dem Verhältnis der jüdischen Bevölkerung« entspreche. Ja, am 1. April untersagte Kerrl – ebenfalls ohne jede Rechtsgrundlage – allen jüdischen Notaren die Amtstätigkeit und erließ am 4. April ein Vertretungsverbot für alle jüdischen Rechtsanwälte in Preußen[24]. Im Hinblick auf all diese Ereignisse und Maßnahmen, sowie auf die ebenfalls am 4. April 1933 noch hinzukommenden verschärften Paßbestimmungen, griff es den Tatsachen nicht weit vor, wenn der amerikanische Konsul in Leipzig schon am 8. April 1933 feststellte, daß die Nationalsozialisten den deutschen Juden praktisch mindestens zwei elementare Bürgerrechte bereits genommen hätten: das Recht auf freie Berufswahl und das Recht auf Freizügigkeit.

Wenn Hitler selbst jemals geglaubt und es (schon jetzt) für außenpolitisch tragbar gehalten haben sollte, durch Aktionen nach Art des Boykotts vom 1. April die »Lösung« der »Judenfrage« in seinem Sinne *wirksam* zu fördern, so mußten ihn Ablauf und Ergebnis des Boykotts eines besseren belehren. Bezeichnenderweise bemerkte auch der erwähnte amerikanische Konsul in Leipzig in seinem Bericht: »Um der Gerechtigkeit gegenüber dem deutschen Volke willen muß gesagt werden, daß der Boykott bei der Arbeiterschaft und dem gebildeten Teil des Mittelstandes unpopulär war.« Vermutlich hatten die radikalen Antisemiten der NSDAP die Judenfeindschaft des deutschen Volkes in seiner Gesamtheit überschätzt, und sie dürften von der Passivität breiter Kreise anläßlich des Boykotts enttäuscht

[24] Sievert Lorenzen, Die Juden und die Justiz. 1. Aufl., Berlin. 1943, S. 175 ff.

gewesen sein. Die Führung der Partei wiederum konnte sich auch den offenkundigen Nachteilen derartiger Praktiken für Außenpolitik und Außenhandel in der Situation von 1933 kaum verschließen. Immerhin aber hatten ihre Aktion und die im Zusammenhang damit erfolgten rechtswidrigen Maßnahmen einen Zustand geschaffen, der nach einer sogenannten »gesetzlichen Regelung« geradezu schrie, und hatten so für die angestrebten staatlichen Maßnahmen stimmungsmäßige Voraussetzungen geschaffen. So wenig solche gesetz*förmigen* Regelungen jetzt und in der Zukunft »Recht« im wahren Sinne des Wortes darstellten, so hoben sie sich von den ursprünglichen Forderungen der Parteipresse doch durch einen geringeren Grad von Radikalität vielfach noch ab. Und dies brachte nicht nur wieder psychologische und propagandistische Vorteile ein. Vielmehr bildete die *Pseudolegalität* des ganzen Vorgehens ebensosehr einen Wesenszug totalitärer Herrschaft, wie sie den unvermeidlichen Rücksichten auf die außenpolitische Lage und die Einstellung der Volksmehrheit in dieser Phase eines noch nicht konsolidierten nationalsozialistischen Regimes entsprach. Denn in weiten Kreisen auch des deutschen Bürgertums bestand wohl eine gefühlsmäßige Abneigung gegen gewalttätige Aktionen und gegen die Hemmungslosigkeit der antijüdischen Hetze der NSDAP, namentlich in ihrer Auswirkung auf den »einzelnen« Juden. Was jedoch die sogenannte »*Zurückdrängung des jüdischen Einflusses im deutschen Leben*« betraf, wie sie die Staatsführung offiziell proklamierte, so wurden entsprechende Maßnahmen, die in ein fadenscheiniges Gewand formaler Gesetzlichkeit gekleidet waren, nicht nur wegen der fragwürdigen »nationalen Energie« des neuen Regimes »in Kauf genommen«. Sie wurden vielmehr von antisemitisch beeinflußten Kreisen selbst des »gebildeten« Bürgertums auch für notwendig, für vertretbar oder für tragbar gehalten; die Mehrzahl verkannte auch, daß sogenannte »Ausnahmegesetze« das Prinzip der Gleichheit vor dem Gesetz untergruben. Betrachtet man die Folgezeit im ganzen, so *verzichtete* die nationalsozialistische Parteiführung zwar niemals auf lärmende Demonstrationen und provozierte Zwischenfälle, geschweige denn auf Hetzpropaganda. Der Schwerpunkt der amtlichen Juden*politik* bis 1938 lag jedoch einerseits in der sogenannten »*gesetzlichen Ausschaltung*« der Juden; andererseits – entsprechend der wachsenden Machtentfaltung der SS – in einer schrittweisen, aber systematischen, relativ lautlosen, doch um so wirksameren *polizeilich-administrativen Praxis* der Unterdrückung und Terrorisierung[25]. Die Gesamtatmosphäre wurde indes von einer unausgesetzten, amtlich geduldeten *moralischen Diffamierung und Diskriminierung* der Juden von seiten der Partei wesentlich mitbestimmt.

Den eigentlichen Beginn dieser ersten Hauptphase der nationalsozialistischen Judenverfolgung bezeichnet das (seit mehr als einer Woche vorbereitete!) Gesetz vom 7. April 1933 mit dem wohlklingenden Namen: »zur Wiederherstellung des Berufsbeamtentums« (Reichsgesetzblatt 1933, I, S. 175 ff.). Danach wurden »Beamte, die nicht arischer Abstammung« waren, das heißt (nach der Ersten Durchführungsverordnung vom 11. April 1933) *einen* jüdischen Großelternteil hatten – also auch Vierteljuden –, in den Ruhestand versetzt. Wesentlich infolge des Einspruchs des Reichspräsidenten von Hindenburg gegen eine unterschiedslose Geltung des neuen Gesetzes[26] wurden »nichtarische« Beamte, die bereits seit 1. August 1914 Beamte gewesen waren oder die im Weltkrieg an der Front für Deutschland oder dessen Verbündete gekämpft hatten oder deren Väter und Söhne im Weltkrieg gefallen waren, von der Anwendung des Gesetzes ausgenommen; eine Bestimmung, die jedoch nur knapp zweieinhalb Jahre in Kraft blieb. Durch die erwähnte Regelung wurden über 2000 »nichtarische« Wissenschaftler und Hochschullehrer unter Verletzung ihrer wohlerworbenen Rechte aus ihren Ämtern vertrieben, darunter weltberühmte Gelehrte.

Ähnliche »Gesetze«, Verordnungen beziehungsweise Durchführungsverordnungen zum Beamtengesetz[27] – anfänglich mit den gleichen Ausnahmebestimmungen versehen – schlossen Juden aus freien Berufen (insbesondere dem des Rechtsanwalts und Patentanwalts) sowie Ehrenämtern (Schöffen usw.) aus. Vielfach verlangten die »gleichgeschalteten« Organisationen des deutschen öffentlichen Lebens oder ihre nach dem Führerprinzip mit Befehlsgewalt ausgestatteten Leiter »von sich aus« die Entfernung jüdischer Mitglieder aus den eigenen Reihen. So hieß es etwa im ›Groß-Berliner Ärzteblatt‹ vom 20. Mai 1933:

[25] Vgl. dazu die Dokumentation von H. Mommsen, Der nationalsozialistische Polizeistaat und die Judenverfolgung vor 1938. In: Vierteljahrshefte für Zeitgeschichte 10 (1962), S. 68 ff.

[26] Der Text des Briefwechsels Hindenburg–Hitler bei Joh. Hohlfeld, Dokumente der deutschen Politik und Geschichte, Bd. 3, Berlin 1953, S. 110.

[27] Zum folgenden vgl. Bruno Blau, Das Ausnahmerecht für die Juden in Deutschland 1933–1945. 2. Aufl., Düsseldorf 1954.

»Wir deutschen Ärzte fordern Ausschluß aller Juden von der ärztlichen Behandlung deutscher Volksgenossen.«

Bereits am 22. April 1933 wurde die Tätigkeit »nichtarischer« Ärzte bei den Krankenkassen für beendet und Neuzulassungen für unzulässig erklärt; am 2. Juni folgte die gleiche Regelung für Zahnärzte und Zahntechniker. Nach einem ›Gesetz gegen die Überfüllung von deutschen Schulen und Hochschulen‹ vom 25. April 1933 (Reichsgesetzblatt 1933, I, S. 225) durfte die Zahl der »nichtarischen« Reichsdeutschen unter der Gesamtheit der Besucher jeder Schule und Fakultät den Anteil der »nichtarischen« Bevölkerung an der reichsdeutschen Bevölkerung nicht mehr übersteigen. Durch Rundverfügung des Preußischen Justizministers vom 28. April 1933 wurde die Ernennung von Juden zu Gerichtsassessoren verboten. Kraft der Zweiten Durchführungsverordnung zum Beamtengesetz vom 4. Mai 1933 konnten die Dienstverträge mit »nichtarischen« Arbeitern und Angestellten der Behörden gekündigt werden. Nach der Dritten Durchführungsverordnung wurden auch Honorarprofessoren, Privatdozenten und Notare in die Geltung des Beamtengesetzes einbezogen, wurde ferner der Begriff des Frontkämpfers streng begrenzt. Nach einem Gesetz vom 6. Mai 1933 wurden auch »nichtarische« Steuerberater nicht mehr zugelassen, nach einer Anordnung des Reichsfinanzministers vom 5. Juli 1933 Ehestandsdarlehen nicht mehr gewährt, wenn auch nur einer der Ehegatten »nichtarisch« war. Durch ein Gesetz vom 14. Juli 1933 konnten Einbürgerungen, die zwischen dem 9. November 1918 und dem 30. Januar 1933 vorgenommen worden waren, widerrufen werden, falls die Einbürgerung nunmehr nicht als »erwünscht« beurteilt wurde. Dies zielte im Sinne einer alten Forderung der Partei vor allem auf Ostjuden ab (Durchführungsverordnung vom 26. Juli 1933), ohne jede Rücksicht darauf, ob diese sich etwas hatten zuschulden kommen lassen oder nicht. Nach einem Gesetz vom 28. September 1933 konnte die Zulassung von »Nichtariern« als Patentanwälte auch dann versagt werden, wenn sie Frontkämpfer gewesen waren. Nach dem Reichserbhofgesetz vom 29. September 1933 konnte Bauer nur sein, wer unter seinen Vorfahren bis zum Jahr 1800 zurück kein »jüdisches Blut« hatte. Durch eine Verordnung vom 17. Mai 1934 wurden die bei der Zulassung »nichtarischer« Ärzte und Ärzte mit »nichtarischen« Ehegatten zu den Krankenkassen zunächst geltenden »Begünstigungen« eingeschränkt. Die Ausbildungsordnung für Juristen vom 22. Juli 1934 machte die arische Abstammung zur Voraussetzung für die Zulassung zu den juristischen Prüfungen; das gleiche bestimmte die Prüfungsordnung für Apotheker vom 8. Dezember 1934. Durch das Wehrgesetz vom 21. Mai 1935 endlich wurde die arische Abstammung »grundsätzlich« als Voraussetzung für die Einberufung zum Heeresdienst aufgestellt; jedoch sollten Ausnahmen zulässig sein. Keinesfalls kamen »Nichtarier« als Vorgesetzte in Frage. Laut Verordnung vom 25. Juli 1935 durften sodann »Nichtarier« in keinem Falle mehr aktiven Wehrdienst leisten.

Wie aus dem gesamten öffentlichen Leben wurden die Juden, wenn auch noch mit den erwähnten Ausnahmen, aus dem kulturellen Leben Deutschlands ausgeschlossen. Die Handhabe dafür bot ein Gesetz über die Errichtung der Reichskulturkammer vom 22. September 1933 insofern, als die Juden zu den aufgrund dieses Gesetzes gebildeten Fachkammern für Schrifttum, Musik, Bildende Kunst, Theater und Filmwesen nicht zugelassen wurden. Statt dessen wurden sie auf eigene kulturelle und künstlerische Vereinigungen angewiesen – die überdies durch Anordnung des Präsidenten der Reichskulturkammer vom 6. August 1935 zu einem »Reichsverband jüdischer Kulturbünde« zusammengeschlossen und einem Sonderbeauftragten des Reichspropagandaministeriums als Überwachungsorgan unterstellt wurden. Inzwischen hatte das Schriftleitergesetz vom 4. Oktober 1933 bestimmt, daß kein Jude und kein mit einer Jüdin verheirateter Arier mehr Schriftleiter sein durfte, wenn auch Ausnahmen nach dem Vorbild des Beamtengesetzes noch möglich blieben (Durchführungs-VO vom 19. Dezember 1933).

Es verstand sich nach alledem von selbst, daß die Juden auch aus dem »deutschen Sport« auf Grund des Arier-Paragraphen ausgeschaltet wurden. Aber selbst die formell zugelassenen Sportorganisationen des Reichsbundes Jüdischer Frontsoldaten und des Deutschen Makkabi-Kreises wurden infolge der eigenmächtigen Verweigerung oder Beschränkung des Zutritts zu Sportplätzen und Schwimmbädern seitens der Kommunen in ihrer Tätigkeit vielfach behindert[28].

Die Praxis der von der SS geleiteten Polizei in diesen Jahren ließ erkennen, daß auf eine möglichst rasche und vollständige *Auswanderung* der deutschen Juden abgezielt war. Dies kam unter anderem darin zum Ausdruck, daß man die der Auswanderung geneigten jüdischen Verbände gegenüber den »deutschbewußten« insgeheim und mittelbar bevorzugte, ihnen Sonder-

---

[28] Näheres bei H. Mommsen, a. a. O., auch zum folgenden.

genehmigungen erteilte oder erlassene Verbote lockerte. Gewisse Erleichterungen für die jüdische Auswanderung brachte das sogenannte Haavara-Abkommen vom September 1933 zwischen zionistischen Kreisen und dem Reichswirtschaftsministerium[29]. Danach zahlten deutschjüdische Auswanderer bei der »Palästina-Treuhandgesellschaft zur Beratung deutscher Juden GmbH« ihr Barvermögen ein. Aus dem dadurch gebildeten Fonds wurden deutsche Exporte nach Palästina jeweils etwa zur Hälfte bezahlt, während die andere Hälfte Palästina in Devisen bezahlen mußte. In Palästina zahlte dann die Haavara aus dem von ihr durchgeführten Verkauf der deutschen Exporte den einwandernden deutschen Juden ihre in Deutschland an die »Paltreu« geleisteten Einzahlungen zurück, wobei als interne Regelung galt, daß wohlhabende Auswanderer auf einen Teil ihres Vermögens zugunsten mittelloser deutscher Juden zu verzichten hatten, um diesen die Existenz in Palästina zu ermöglichen. Dennoch kam es bis November 1938 zur Auswanderung von nur etwa 170000 Juden, da außer der deutschen Devisengesetzgebung auch die einseitige Berufsschichtung der Juden und die Überlastung der jüdischen Hilfsorganisationen mit außerdeutschen Auswanderern diese Lösung erschwerten. Abgesehen davon, daß deutschjüdische Auswanderer neben der Preisgabe ihres Geschäfts im allgemeinen den Verlust des weitaus größten Teiles ihres Barvermögens erlitten und in jedem Falle einer höchst prekären Existenz im Ausland entgegensahen, konnten sie sich noch kaum vorstellen, daß sie in Deutschland, an dem sie als ihrer Heimat hingen, auf die Dauer als Ausgestoßene gelten, ja schließlich in ihrem nackten Leben bedroht sein würden. So kehrten in den Jahren 1933 bis 1935 viele Ausgewanderte sogar wieder nach Deutschland zurück. Dagegen wählten bereits in diesen Jahren zahlreiche Juden, welche sich über die Lage keiner Täuschung hingaben und doch nicht auswandern konnten oder wollten, den Freitod.

Tatsächlich war die sogenannte gesetzliche Ausschaltung und polizeiliche Terrorisierung der Juden zunehmend, wenn auch mit zeitweiligen Schwankungen, von einer menschlichen Ächtung begleitet, die in den verschiedensten Maßnahmen, weit über die gesetzlichen Grundlagen hinaus, Ausdruck fand und ohne Zweifel die schwerste Belastung für die Betroffenen dar-

---

[29] Zum folgenden vgl. H. Graml, Die Auswanderung der Juden aus Deutschland zwischen 1933 und 1939. In: Gutachten des Instituts für Zeitgeschichte, München 1958, S. 79 ff.

stellte. Eine sich immer erneuernde Hetze namentlich der nachgeordneten Parteistellen sowie der Presse unter Vorantritt des
›Stürmer‹, dessen berüchtigte Aushangkästen fast in keinem
Orte fehlten, suchte die Juden zu Aussätzigen unter ihren Mitmenschen zu stempeln. Schon die Zahl der Tafeln mit beleidigen-
den oder gar drohenden Aufschriften war Legion. Kurorte wett-
eiferten auf Betreiben der lokalen Parteifunktionäre darum, sich
als »judenrein« bezeichnen zu können; neben dem vielerorts
üblichen »Juden unerwünscht« sah man hier sogar Tafeln mit
Aufschriften wie: »Hunden und Juden ist das Baden verboten!«
Die Entfernung von Tafeln anzuordnen, welche Aufschriften
trugen wie »Juden betreten den Ort auf eigene Lebensgefahr«
oder »Juden hinaus, sonst . . .« usw., hielt selbst die Bayerische
Politische Polizei (d. h. Geh. Staatspolizei) für angezeigt,
weil diese Aufschriften, wie sie feststellen mußte, »einen straf-
rechtlichen Tatbestand erfüllen oder streifen«[30]. Bereits 1935
gingen Stadtverwaltungen so weit, ohne gesetzliche Grundlage
Juden den Zutritt zu öffentlichen Anlagen, Bädern und Sportplätzen, vorübergehend sogar die Benutzung öffentlicher Verkehrsmittel zu verbieten. Ähnlich ungesetzliche und zum Teil
auf die Dauer noch undurchführbare Verwaltungsmaßnahmen
richteten sich in der Provinz bereits gegen die Betätigung von
Juden in bestimmten Handelszweigen, etwa durch Verbot einer
Benützung der Gemeindeeinrichtungen beziehungsweise des
Zutritts zu Märkten. Anregungen im Sinne einer verschärfen-
den Auslegung vorhandener Bestimmungen wurden sogar vom
Hauptamt für Kommunalpolitik in der Reichsleitung der NS-
DAP erteilt.
Neben alledem betrieb die Partei unausgesetzt und systematisch
die Auflösung der mitmenschlichen Beziehungen der deutschen
Bevölkerung zu den Juden. Um dieser angestrebten Ächtung allgemeine Geltung zu verschaffen, verfehlten die Funktionäre
nicht, alle, die noch in jüdischen Geschäften kauften, mit Juden
Handel trieben oder menschliche Beziehungen zu einzelnen Juden unterhielten, mittelbar und unmittelbar durch Drohungen
unter Druck zu setzen. Das Vorgehen einer süddeutschen Stadt-
verwaltung, welche den Abbruch jedes menschlichen Verkehrs
mit Juden ihren Beamten, Angestellten und Arbeitern gegenüber als »moralische und völkische Pflicht« erklärte und sich
die Kenntnisnahme dieser Weisung von ihnen durch Unter-

[30] Vgl. Mommsen, a. a. O., S. 87.

schrift bestätigen ließ[31], stellte gewiß keine Einzelerscheinung dar. Naturgemäß konnte sich in Kleinstädten und auf dem Lande der organisierte menschliche Boykott der Juden besonders erfolgreich auswirken. Trotzdem *bedurfte* es offenbar – nach der großen Zahl der Appelle, Warnungen und Drohungen gegenüber Parteigenossen wie Nichtmitgliedern zu urteilen – noch solcher Maßnahmen »von oben«, um den gewünschten Erfolg zu erzielen oder doch für die Dauer zu sichern, wenngleich die Unterdrückung der Juden – wie dies beabsichtigt war – bereits zu einer gewohnten Erscheinung des deutschen Alltags wurde.

Die Nürnberger Gesetze und ihre Konsequenzen

Nach entsprechender propagandistischer Vorbereitung in den vorangehenden Monaten ließ Hitler nun am 15. September 1935 – für die breitere deutsche Öffentlichkeit recht unvermittelt – auf dem Nürnberger Parteitag vom Reichstag die sogenannten Nürnberger Gesetze annehmen, nämlich das ›*Reichsbürgergesetz*‹ und das ›*Gesetz zum Schutze des deutschen Blutes und der deutschen Ehre*‹ (abgekürzt: ›*Blutschutzgesetz*‹)[32]. Das Reichsbürgergesetz führte neben der *Staatsangehörigkeit* (die allen bisherigen Staatsangehörigen verblieb) die sogenannte »*Reichsbürgerschaft*« ein. Diese sollte durch Verleihung des »Reichsbürgerbriefs« erworben werden (wozu es übrigens niemals gekommen ist, wenn auch vorsorglich alle nichtjüdischen Deutschen auf Grund der Ersten Verordnung zum Reichsbürgergesetz vom 14. November 1935[33] »vorläufig als Reichsbürger« galten und solche »vorläufigen Reichsbürger« bis zum Ende des Dritten Reiches blieben). Allein der Reichsbürger sollte die »vollen politischen Rechte nach Maßgabe des Gesetzes« genießen. Reichsbürger aber durfte »nur der Staatsangehörige deutschen oder artverwandten Blutes« werden. § 4, Absatz 1 der ›*Ersten Verordnung zum Reichsbürgergesetz*‹ *vom 14. November 1935* bestimmte hierzu ergänzend:

»Ein Jude kann nicht Reichsbürger sein. Ihm steht ein Stimmrecht in politischen Angelegenheiten nicht zu; er kann ein öffentliches Amt nicht bekleiden.«

[31] Der Bürgermeister der Kreishauptstadt Lörrach, »An alle Beamten, Angestellten und Arbeiter der Stadt Lörrach!«, 7. Juni 1935, an das Städtische Fürsorgeamt. Fotokopie im Institut für Zeitgeschichte.
[32] Reichsgesetzblatt 1935, I, S. 1146 ff.; Scheffler, a. a. O., S. 120 f.
[33] Reichsgesetzblatt 1935, I, S. 1333 ff.; Blau, a. a. O., S. 31 ff.

Absatz 2 des § 4 der genannten Verordnung beseitigte nunmehr die im Gesetz zur Wiederherstellung des Berufsbeamtentums von 1933 gemachten Ausnahmen für jüdische Kriegsteilnehmer und für jüdische Beamte seit dem 1. August 1914. Von diesen versetzte sie jüdische Frontkämpfer mit Ablauf des 31. Dezember 1935 in den Ruhestand und beließ ihnen damit (einstweilen!) das Ruhegehalt, das alle übrigen, ebenso wie die 1933 entlassenen jüdischen Beamten, jetzt auch noch verloren.

Das erwähnte ›Blutschutzgesetz‹ verbot im Interesse des »Fortbestandes des deutschen Volkes«, wie es hieß, die Eheschließung sowie den außerehelichen Verkehr »zwischen Juden und Staatsangehörigen deutschen oder artverwandten Blutes«. Es fehlte bekanntlich auch nicht die beleidigende Sonderbestimmung, daß Juden keine »weiblichen Staatsangehörigen deutschen oder artverwandten Blutes unter 45 Jahren . . . in ihrem Haushalt . . . beschäftigen« durften.

Bei oberflächlicher Betrachtung der Gesamtlage der deutschen Juden vor Erlaß der Nürnberger Gesetze mögen diese wie die formale Sanktionierung eines bereits bestehenden Zustandes erscheinen. Überdies schränkten ihre Ausführungsbestimmungen (nach heftigen internen Kämpfen) den betroffenen Personenkreis insofern ein, als sie im Gegensatz zu dem Gesetz zur Wiederherstellung des Berufsbeamtentums von 1933 nicht ohne weiteres auch für Viertel- und Halbjuden (»Mischlinge«) galten. Damit wurden freilich Dreivierteljuden und Volljuden um so wirksamer von den Gesetzen getroffen. Tatsächlich machten diese die Juden und »Geltungsjuden« endgültig zu Personen (gelinde gesagt) minderen Rechts und erhoben damit zu Norm und Regel, was sich bisher vielen Deutschen immer noch als eine Art Provisorium dargestellt haben mochte, das ihnen Verstöße gegen die von der Partei betriebene Ächtung jedes einzelnen Juden erleichterte. Aus historischer Rückschau kann kein Zweifel daran bestehen, daß die gesellschaftliche Isolierung und moralische Brandmarkung der Juden, wie sie hier eine *Gesetzgebung* – nach rein biologischen Kriterien – unternahm oder doch besiegelte, den späteren radikalen Verfolgungsmaßnahmen der Parteiführung psychologisch Vorschub geleistet hat, für welche diese Gesetze nur eine Etappe ihrer Judenpolitik bedeuteten. Gleichwohl neigten manche Zeitgenossen einschließlich der ministeriellen Sachbearbeiter zu der Meinung, mit den Nürnberger Gesetzen habe diese Politik gleichsam einen krönenden Abschluß gefunden beziehungsweise es sei damit eine wenn auch unbefriedigende »gesetzliche« Regelung eines durch Hetze und Übergriffe »chaotisch gewordenen Zustandes« erreicht[34]. Hatte doch bereits das Programm der NSDAP den Juden die Fähigkeit abgesprochen, deutsche Volksgenossen zu sein, und gefordert, die Juden unter »Fremdengesetzgebung« zu stellen. Längst war denn auch eine entsprechende Regelung erwogen, war jedoch wieder vertagt worden, um schließlich auf Hitlers Wunsch überstürzt ausgearbeitet und dem Reichstag präsentiert zu werden – so daß die Gesetze in etwa als Erfüllung des Parteiprogramms aufgefaßt werden konnten. Ohne gerade dies irgendwie anzuerkennen, gab doch auch Hitler selbst aus naheliegenden taktischen Gründen seinen Maßnahmen geflissentlich eine euphemistische Verbrämung. Bombastisch erklärte er vor dem Reichstag, die Reichsregierung sei bei ihrem Vorgehen »beherrscht von dem Gedanken, durch eine einmalige säkulare Lösung vielleicht doch ... ein erträgliches Verhältnis zum jüdischen Volk herstellen zu können«. Freilich – so fügte er vielsagend bereits hinzu – müßte »im Falle des abermaligen Scheiterns« das Problem »dann durch Gesetz zur endgültigen Lösung der Nationalsozialistischen Partei übertragen werden[35]«! Wie Hitler in Wahrheit sich die weitere Entwicklung vorstellte, lassen Äußerungen ahnen, die er im engsten Kreise nach dem Parteitag tat und die in bezug auf die Juden lauteten: »Heraus aus allen Berufen, Ghetto, eingesperrt in ein Territorium, wo sie sich ergehen können, wie es ihrer Art entspricht, während das deutsche Volk zusieht, wie man wilde Tiere sich ansieht.«[36] Innerste Einstellung und infernalische Konsequenz seiner Judenpolitik aber demonstrieren vielleicht kaum jemals wieder mit solch schauerlicher Eindeutigkeit Wortlaut und Ton kürzlich veröffentlichter Ausführungen Hitlers vor den Kreisleitern der Partei vom 29. April 1937[37]. Auf einen Artikel einer Provinzzeitung Bezug nehmend, in dem der Redakteur die Kennzeichnung der jüdischen Geschäfte »gefordert« hatte, bemerkte Hitler: »Von wem fordert er das? Wer kann das anordnen? Ich ganz allein. Also, der Herr Redakteur fordert im Namen sei-

[34] Vgl. die Aufzeichnungen des damaligen Ministerialrats im Reichsministerium des Innern, Dr. Bernhard Lösener, Dokumentation von Walter Strauß, ›Das Reichsministerium des Innern und die Judengesetzgebung‹. In: Vierteljahrshefte für Zeitgeschichte 9 (1961), S. 264 ff.
[35] Reichstagsrede vom 15. September 1935, s. M. Domarus, Hitler, Reden und Proklamationen 1932–1945. Bd. I (1932–1938), S. 537.
[36] Handschriftliche Aufzeichnungen des ehemaligen Vorgesetzten und späteren Adjutanten Hitlers, Generalkonsul a. D. Fritz Wiedemann, Fotokopie im Institut für Zeitgeschichte, München.
[37] H. von Kotze und H. Krausnick, ›Es spricht der Führer‹, 7 exemplarische Hitler-Reden. Gütersloh 1966.

ner Leser von mir, daß ich das tue. Zunächst: Längst bevor dieser Redakteur von der Judenfrage eine Ahnung hatte, habe ich mich doch schon sehr gründlich damit beschäftigt; zweitens, dieses Problem der Kennzeichnung wird seit zwei, drei Jahren fortgesetzt erwogen und wird eines Tages so oder so natürlich auch durchgeführt. Denn: das Endziel unserer ganzen Politik ist uns ja allen ganz klar. Es handelt sich bei mir nur immer darum, keinen Schritt zu machen, den ich vielleicht wieder zurück machen muß, und keinen Schritt zu machen, der uns schadet. Wissen Sie, ich gehe immer an die äußerste Grenze des Wagnisses, aber auch nicht darüber hinaus. Da muß man nun die Nase haben, ungefähr zu riechen: ›Was kann ich noch machen, was kann ich nicht machen?‹ Auch im Kampf gegen einen Gegner. Ich will ja nicht gleich einen Gegner mit Gewalt zum Kampf fordern, ich sage nicht: ›Kampf!‹, weil ich kämpfen will, sondern ich sage [und nun immer lauter schreiend]: ›Ich will dich vernichten! Und jetzt, Klugheit, hilf mir, Dich so in die Ecke hineinzumanövrieren, daß Du zu keinem Stoß mehr kommst, und dann kriegst Du den Stoß ins Herz hinein.‹«

Es entsprach solcher Einstellung wie zugleich jener hemmungslosen »Konsequenz« moralischer Diskriminierung der Juden, die längst auch gegenüber jüdischen Kindern in deutschen Schulen propagiert wurde, wenn im Herbst 1935 auch ein Erlaß erging, bei der Errichtung neuer Denkmäler für die Gefallenen des Ersten Weltkrieges die Namen jüdischer Gefallener nicht mehr aufzuführen. »Großzügig« fügte man hinzu, auf bereits vorhandenen Denkmälern brauchten ihre Namen nicht entfernt zu werden. Dies genügte manchen Funktionären, um ihrerseits ein übriges zu tun und die Namen der jüdischen Gefallenen »herauszukratzen«, wie kein Geringerer als *Theodor Heuss* für seine Heimatstadt mit den Worten bezeugt hat:

> »Das war mein schlimmstes Erkennen und Erschrecken, daß die Ehrfurcht vor dem Tode, dem einfachen Kriegstode, untergegangen war, während man schon an neue Kriege dachte.«[38]

Im allgemeinen trat man jedoch nach den Nürnberger Gesetzen aus gewichtigen Gründen eine Zeitlang in der Judenfrage kürzer[39]. In einem Teil der ausländischen Presse war nämlich eine Verlegung der bevorstehenden Olympiade gefordert worden, und interessierte Auslandskreise hatten sogar dem natio-

---

[38] Vgl. seine Ansprache zur Einweihung des Mahnmals in Bergen-Belsen vom 30. November 1952.
[39] Zum folgenden vgl. insbesondere H. Mommsen, a. a. O., S. 74 f., 85 ff.

nalsozialistischen Reichssportführer bereits Verhandlungen vorgeschlagen, die offenbar auf die Wahl einer anderen Hauptstadt hinauslaufen sollten. Da nach Hitlers Wunsch »die Olympiade 1936 jedoch unter allen Umständen in Berlin stattfinden« sollte, ordnete die Geheime Staatspolizei an, der Betätigung der dem Reichsausschuß jüdischer Sportverbände angeschlossenen Sportkreise »bis zur Durchführung der Olympiade nach Möglichkeit Hindernisse nicht in den Weg zu legen«. Tatsächlich hatte man bereits am 7. Juni 1935 dem Internationalen Olympischen Komitee zugesichert, auf sportlichem Gebiet die Trennung zwischen Ariern und Nichtariern nicht durchzuführen. Auch antijüdische Aufschriften und ›Stürmer‹-Aushangkästen verschwanden weitgehend. Gleichwohl folgte dem Reichsbürgergesetz eine weitere Welle »gesetzlicher« Ausschaltungsmaßnahmen, wenn auch zunächst mehr im Sinne einer Vervollständigung der bisherigen Maßnahmen. Nach der in ihren Auswirkungen bereits berücksichtigten Ersten Verordnung vom 14. November 1935 mußten auf Grund der ›Zweiten Verordnung zum Reichsbürgergesetz‹ vom 21. Dezember 1935 auch jüdische leitende Ärzte an öffentlichen Krankenanstalten und freien gemeinnützigen Krankenanstalten sowie jüdische Vertrauensärzte mit dem 31. März 1936 ausscheiden. Die Verordnung enthielt ferner Ausführungsbestimmungen über das Ausscheiden der jüdischen Beamten und darüber, wer als Beamter zu gelten hatte. (Jüdischen Beamten, die Frontkämpfer gewesen waren, aber nach den allgemeinen versorgungsrechtlichen Bestimmungen ein Ruhegehalt noch nicht erdient oder keinen Anspruch auf Ruhegehalt hatten, konnte »bei Würdigkeit und Bedürftigkeit ein jederzeit widerruflicher Unterhaltszuschuß gewährt werden«[40].)

Vorher und nachher[41] ergingen weitere Einschränkungen oder Ausschlüsse der Betätigungsmöglichkeit von jüdischen Ärzten, Tierärzten, Trägern öffentlicher Ämter wie Schiedsmann, Stempelverteiler, Fleischbeschauer; von Steuerhelfern; ferner der Ausschluß von der Pachtung von Apotheken und von der Aufnahme in die Landespolizei sowie vom aktiven Wehrdienst.

Weitere Ausschlußvorschriften betrafen, insbesondere nach der Olympiade: Wirtschaftsprüfer, Bücherrevisoren, das Gaststättengewerbe, den Unterricht von Juden an Deutsche und den Besuch deutscher Schulen durch Juden (Einschränkungsmög-

[40] Reichsgesetzblatt 1935, I, S. 1524 f.
[41] Zum folgenden: Blau, a. a. O.

lichkeiten vorgesehen!), Jagdscheine, die Erlangung der Doktorwürde, die Kindesannahme, die Bestellung als Sachverständiger durch Industrie- und Handelskammern, die Gewährung von Kinderbeihilfen, die Bestallung von Apothekern (8. Oktober 1937), das Erbrecht und Schenkungen, Auslandspässe, Änderung von Familiennamen, Zahnärzte und Dentisten, Vermessungsingenieure, Versteigerer, Steuerermäßigungen, Beihilfen, Herstellung und Erwerb von Waffen, Grundsteuerbefreiung, Mietbeihilfen, das Devisengesetz, Zeugenschaft bei Eheschließungen, Steuerbefreiung, jüdische Schulen, Universitäts-Gasthörer, Börsenbesuch, Schöffendienst, Einquartierung, »jüdische« Straßennamen, die Zulassung zur Patentanwaltschaft, Krankenpflege, Vormund- und Pflegschaft.

Trotz dieser anscheinend umfassenden Aufzählung muß aus Raumgründen noch manches unerwähnt bleiben; immerhin dürfte die ständige Tendenz zur Perfektionierung der »Ausnahmebestimmungen« schon vor den Pogromen vom Herbst 1938 anschaulich werden. Ebenfalls noch vor diesen Ereignissen – doch bereits im Rahmen einer neuen Verschärfung der Verfolgung – wurde auf Grund der ›Dritten Verordnung zum Reichsbürgergesetz‹ vom 14. Juni 1938[42] der Begriff der »jüdischen Gewerbebetriebe« geschaffen, die Registrierung dieser Gewerbebetriebe angeordnet, wurden ferner Reichswirtschaftsminister und Stellvertreter des Führers ermächtigt, eine besondere Kennzeichnung der jüdischen Gewerbebetriebe einzuführen: sichtlich ein Vorspiel kommender Dinge.

Die ›Vierte Verordnung zum Reichsbürgergesetz‹ vom 25. Juli 1938[43] verbot nunmehr (mit Erlöschen ihrer Approbation am 30. September 1938) jüdischen Ärzten die Berufsausübung. Sie durften nach »widerruflicher« Genehmigung durch den Reichsminister des Innern – unter der Bezeichnung »Krankenbehandler« statt Arzt – nur noch Juden behandeln. Die ›Fünfte Verordnung zum Reichsbürgergesetz‹ vom 27. September 1938[44] brachte (mit Wirkung vom 30. November 1938) auch (unter gewissen »vorläufigen« Ausnahmen für das Land Österreich) das Berufsverbot für jüdische Rechtsanwälte, die hinfort »nach Bedürfnis« und »widerruflich« als bloße »Konsulenten« lediglich für Juden zugelassen wurden. Diese »Konsulenten« mußten bis zu 70 Prozent ihrer Einkünfte an einen »Ausgleichsfonds« abführen, damit

[42] Reichsgesetzblatt 1938, I, S. 627 f.
[43] Reichsgesetzblatt 1938, I, S. 969 f.
[44] Reichsgesetzblatt 1938, I, S. 1403 ff.

ausgeschiedenen jüdischen Rechtsanwälten, die Frontkämpfer waren, im Falle ihrer »Bedürftigkeit und Würdigkeit jederzeit widerrufliche Unterhaltszuschüsse gewährt werden« könnten!

Die *Sechste Verordnung zum Reichsbürgergesetz* vom *31. Oktober 1938*[45] enthielt das Berufsverbot für jüdische *Patentanwälte* mit Wirkung vom 30. November 1938, bezeichnenderweise ohne daß Vertreter für Juden in Patentsachen bestimmt wurden. Inzwischen war eine *Bekanntmachung vom 23. Juli 1938 im Reichsgesetzblatt*[46] erschienen, wonach Juden bis zum 31. Dezember 1938 bei der Polizei die Ausstellung einer *Kennkarte* beantragen mußten, mit der sie sich auf Erfordern jederzeit ausweisen und die sie bei allen Anträgen an amtliche oder parteiamtliche Dienststellen unaufgefordert zu verwenden beziehungsweise vorzulegen hatten! Im Zusammenhang hiermit mußten laut *Verordnung vom 5. Oktober 1938* Juden innerhalb von 14 Tagen *ihre Reisepässe abliefern*; mit Geltung für das Ausland ausgestellte Pässe wurden erst wieder gültig, wenn sie mit dem *Aufdruck »J«* versehen waren, also den Inhaber als Juden kennzeichneten[47].

Schon vorher wurden durch *Verordnung vom 17. August 1938* männliche Juden gezwungen, ab 1. Januar 1939 ihrem nicht-jüdischen Vornamen den Vornamen *Israel*, weibliche den Namen *Sara* beizufügen und im Rechts- und Geschäftsverkehr auch diese Vornamen stets zu führen[48].

Bereits am 12. Juni 1937 war auch ein geheimer Erlaß des Chefs der Sicherheitspolizei, Heydrich, ergangen, bei »jüdischen Rasseschändern . . . nach Verbüßung der Strafe in jedem Fall zu prüfen, ob Schutzhaft«, also die Verbringung in Konzentrationslager, anzuordnen sei. Jüdische Frauen, mit denen Deutsche »Rassenschande« begangen hatten, waren »sofort nach Abschluß des Gerichtsverfahrens in Schutzhaft zu nehmen«[49].

Der Pogrom vom 9./10. November 1938 und die Vernichtung der wirtschaftlichen Existenz der deutschen Juden

Man kann in manchen Darstellungen lesen, die Stellung der Juden in der deutschen Wirtschaft sei bis in das Jahr 1938 noch so

[45] Reichsgesetzblatt 1938, I, S. 1545 f.
[46] 1938, I, S. 922.
[47] Reichsgesetzblatt 1938, I, S. 1342.
[48] Reichsgesetzblatt 1938, I, S. 1044.
[49] Nürnbg. Dok. NG-327; vgl. Blau, a. a. O., S. 30.

gut wie unangetastet geblieben. Davon kann jedoch, insbesondere auch nach neueren Untersuchungen, nicht die Rede sein. Schon die allgemeine Diskriminierung und Boykotthetze mußte sich mittelbar stark auf die wirtschaftliche Betätigung der Juden auswirken. Dazu kamen (außer den erwähnten Berufs-) einige gewerbliche Beschränkungen, illegale Anordnungen und Maßnahmen in bestimmten Handelszweigen, sowie Kennzeichnungen zunächst der »deutschen Geschäfte« usw., die ebenfalls mittelbar oder unmittelbar eine wirtschaftliche Schädigung der Juden nach sich zogen. Der größte Teil der Juden stand nicht mehr im Erwerbsleben, sondern war arbeitslos geworden und lebte mehr oder weniger prekär von der Substanz[50]; die jüdischen Hilfsorganisationen waren überlastet. Aber auch zahlreiche jüdische Geschäftsinhaber namentlich in der Provinz hatten unter mittelbarem oder unmittelbarem Druck ihre Geschäfte – meist natürlich zu ungünstigsten Bedingungen – bereits verkauft. Das alles, obwohl der Arier-Paragraph in der Wirtschaft offiziell nicht galt, was aber juristisch höchst fragwürdige Entlassungen von Juden aus wirtschaftlichen Berufen oder Auflösungen geschäftlicher Verträge keineswegs verhinderte. Noch hatte man praktische Bedenken gegen Ausnahmegesetze zur Beschränkung der wirtschaftlichen Betätigung der Juden, doch die bestehende Rechtsunsicherheit genügte, um die wirtschaftliche Position der Juden weiter zu erschweren.

Gegen Ende 1937 nahm die Tendenz zur »*Arisierung*« der Wirtschaft offensichtlich zu, zumal sich Göring von ihr Mittel zur Finanzierung der Aufrüstung erhoffte. Auftrieb erhielten solche Bestrebungen durch die völlig widerrechtliche Enteignungspolitik, zu der es in Österreich nach dem »Anschluß« kam. Hier wurden die jüdischen Geschäftsinhaber verdrängt und an ihrer Stelle – häufig unter übelsten korruptionären Begleiterscheinungen – fachlich unqualifizierte Kommissare von der Partei eingesetzt[51], so daß der Reichskommissar Bürckel Mühe hatte, wenigstens die großen Betriebe einer »geregelten« Arisierung ohne Korruptionserscheinungen vorzubehalten. – Um Scheinübertragungen von jüdischen Betrieben an »Arier« zu verhindern, bedrohte eine ›*Verordnung gegen die Unterstützung der Tarnung jüdischer Gewerbebetriebe*‹ vom 22. April 1938 deutsche

---

[50] Hierzu und zum folgenden sei auch auf die Arbeit von Helmut Genschel, Die Verdrängung der Juden aus der Wirtschaft im Dritten Reich. Göttingen 1966, verwiesen.
[51] Vgl. Anm. 55.

Staatsangehörige, die dabei mitwirkten, mit Zuchthaus- und Geldstrafe[52]. Besonders deutlich zeichnete sich das beabsichtigte Vorgehen gegen die Stellung der Juden in der Wirtschaft in der *Verordnung zur Anmeldung des Vermögens von Juden* vom 26. April 1938 ab, zumal sie Göring autorisierte, den »Einsatz« des anmeldepflichtigen Vermögens im Interesse der deutschen Wirtschaft »sicherzustellen«! Gleichzeitig wurden genehmigungspflichtig jede Veräußerung oder Verpachtung eines gewerblichen, land- oder forstwirtschaftlichen Betriebs, bei der ein Jude beteiligt war, sowie jede Neueröffnung eines jüdischen Gewerbebetriebes[53]. Registrierung und Kennzeichnung der sogenannten »jüdischen Gewerbebetriebe« kamen, wie schon erwähnt, mit der Dritten Verordnung zum Reichsbürgergesetz vom 14. Juni 1938 hinzu. Das *Gesetz zur Änderung der Gewerbeordnung für das Deutsche Reich* vom 6. Juli 1938 schließlich untersagte Juden im »Altreich« den Betrieb bestimmter Gewerbe, wie Grundstückshandel, Hausverwaltung, Vermittlung von Immobilienverträgen und Darlehen usw., überhaupt[54]. Vollends im Oktober 1938 (nach der Münchener Konferenz!) wurde Göring spürbar aktiv: »Die Judenfrage«, so forderte er am 14. Oktober in einer Besprechung über den Vierjahresplan im Reichsluftfahrtministerium, »müsse jetzt mit allen Mitteln angefaßt werden, denn sie müßten aus der Wirtschaft raus.«[55] Das war jetzt vor allem der glühende Wunsch der radikaleren Antisemiten der Partei. Mit »legalen« Mitteln im Rahmen der bisherigen Ausnahmegesetzgebung ließ sich ein entscheidender Schlag gegen die wirtschaftliche Position der Juden aber schwer führen. Doch war in den Augen der Radikalen die Ausschaltung der Juden aus dem deutschen Leben eben solange nicht vollendet, als Juden sich noch in der Wirtschaft betätigten! Eine entsprechende Aktion lag nach »München« in der Luft, man suchte wohl nur noch einen äußeren Anlaß.

Da bot das Attentat des 17jährigen Juden Grünspan auf den Legationssekretär vom Rath in Paris am 7. November die er-

[52] Reichsgesetzblatt 1938, I, S. 404.
[53] Reichsgesetzblatt 1938, I, S. 414.
[54] Reichsgesetzblatt 1938, I, S. 823 f.
[55] IMT, Bd. XXVII, S. 163. Von Interesse ist, daß Göring hinzufügte, »unter allen Umständen zu unterbinden« sei aber »die wilde Kommissarwirtschaft, die sich in Österreich ausgebildet« habe; die Erledigung der Judenfrage dürfe nicht als ein »Versorgungssystem untüchtiger Parteigenossen angesehen werden«. Der österreichische Minister Fischböck bemerkte dazu, es habe in Österreich zunächst 25 000 Kommissare gegeben; heute gebe es »immer noch 3500, die fast alle unbrauchbar wären«. Doch vertrete in Österreich die Partei den Standpunkt, daß die Arisierung Sache der Partei sei und daß sie zu verbinden sei mit der Wiedergutmachung an alten Parteigenossen.

wünschte Handhabe[56]. »Es ist klar«, so schrieb der Völkische Beobachter bereits am Tage darauf, »daß das deutsche Volk aus dieser neuen Tat seine Folgerungen ziehen wird.« Am Abend des 9. November 1938 gab der Reichspropagandaminister Dr. Goebbels das Stichwort. Durch eine Hetzrede vor den Partei- und SA-Führern, die zur alljährlichen Feier des 9. November 1923 im Münchener Alten Rathaus versammelt waren, löste er den Judenpogrom aus, der unter der heute euphemistisch erscheinenden, von ihren Berliner Erfindern jedoch bitter ironisch-kritisch gemeinten Bezeichnung »Reichskristallnacht« seitdem den deutschen Namen belastet. Wie raffiniert Goebbels die Aktion veranlaßte, ohne sie direkt zu befehlen, zeigt der erhalten gebliebene Bericht des Obersten Parteigerichts an Göring[57], in dem es heißt: »Die mündlich gegebenen Anweisungen des Reichspropagandaleiters sind wohl von sämtlichen anwesenden Parteiführern so verstanden worden, daß die Partei nach außen nicht als Urheber der Demonstrationen in Erscheinung treten, sie in Wirklichkeit aber organisieren und durchführen sollte.« Und Hitler selbst war Mitwisser, ja verantwortlicher Urheber der vorgeblich »spontanen Reaktion des deutschen Volkes«, obwohl er sich im Hintergrund zu halten verstand. Hitlers intellektuelle Urheberschaft ist nicht nur vom damaligen Reichspressechef und anderen Eingeweihten bezeugt worden, sondern hat auch in seinem Eintreten für den sogar von Partei und SS angegriffenen Goebbels Ausdruck gefunden[58]. Sie ergibt sich deutlich genug schon aus der weiteren Feststellung im Bericht des Obersten Parteigerichts: »Der Führer habe auf seinen [Goebbels'] Vortrag entschieden, daß derartige Demonstrationen von der Partei weder vorzubereiten noch zu organisieren seien. Soweit sie spontan entstünden, sei ihnen aber auch nicht entgegenzutreten.« Daraufhin wurden fast in ganz Deutschland die Synagogen in Brand gesteckt, über 7000 jüdische Geschäfte zerstört, dennoch den Juden die Zahlung einer Buße von zunächst 1 Milliarde, schließlich insgesamt 1 ¼ Milliarden Mark auferlegt, dazu die Wiedergutmachung der angerichteten Schäden bei staatlicher Beschlagnahme der ihnen von den Versicherungsgesellschaften (von Rechts wegen)

[56] Zum folgenden vgl. H. Graml, Der 9. November 1938. 6. Aufl. Bonn 1958, sowie L. Kochan, Pogrom, 10. November 1938. London 1957.

[57] Nürnbg. Dok. PS-3063; IMT, Bd. XXXII, S. 20 ff.

[58] Otto Dietrich, Zwölf Jahre mit Hitler. München 1955, S. 55 f.; dazu das Zeugnis von Fritz Wiedemann, Zeugenschrifttum. Institut für Zeitgeschichte, München. Ferner C. J. Burckhardt, Meine Danziger Mission 1937–1939. München 1960, S. 226, 228 ff.

auszuzahlenden Entschädigung[59]. In einem Schnellbrief an Göring vom 11. November meldete Heydrich den Tod von 36 Juden[60] – das Oberste Parteigericht zählte später jedoch 91 »Tötungen«, wie es dies formulierte. Die Täter gingen straffrei aus, sofern sie nicht »Rassenschande« verübt oder gegen die »Disziplin« verstoßen hatten, und das Parteigericht motivierte diese milde Behandlung u. a. mit einer Äußerung von Goebbels, aus welcher der Schluß gezogen werden müsse, daß der einzelne Täter nur »den zwar unklar zum Ausdruck gebrachten, aber richtig erkannten Willen der Führung in die Tat umgesetzt« habe! Die SS, deren damalige Fernschreiben[61] die Behauptung der Spontaneität des Pogroms Lügen strafen, war in die von Goebbels betriebene Zerstörungsaktion der Partei und SA erst nachträglich als mehr oder weniger passives Überwachungsorgan eingeschaltet worden; sie kritisierte Goebbels und dessen Machenschaften insgeheim[62], wohl weil solch lärmendes Vorgehen ihrer bewährten Praxis lautlos-bürokratischen Terrors widersprach. Um so entschiedener widmete sie sich der ihr allein vorbehaltenen Verhaftungsaktion, welche die Verbringung von gegen 30000 »insbesondere wohlhabenden« Juden in Konzentrationslager zum Ziel und Ergebnis hatte. Damit sollte die Auswanderung dieser (relativ bald wieder freigelassenen) Juden beschleunigt werden[63]. – »Ich habe«, so schrieb der britische Geschäftsträger in Berlin unter dem 16. November 1938, »nicht einen einzigen Deutschen, gleich welcher Bevölkerungsschicht, angetroffen, der nicht in unterschiedlichem Maße zum mindesten mißbilligt, was geschehen ist. Aber ich fürchte, daß selbst die eindeutige Verurteilung von seiten erklärter Nationalsozialisten oder höherer Offiziere der Wehrmacht keinerlei Einfluß auf die Horde von Wahnsinnigen haben wird, die gegenwärtig Nazi-Deutschland beherrscht.«[64]

In einer Konferenz aller beteiligten Ministerien und Dienststellen im Luftfahrtministerium am 12. November 1938[65], die den nun von Hitler befohlenen Ausschluß der Juden aus der Wirtschaft durchführen sollte, erklärte Göring als Vorsitzender, er sei mündlich und schriftlich von Hitler beauftragt worden, in

[59] Reichsgesetzblatt 1938, I, S. 1579, 1581; 1939, I, S. 2059, VO vom 19. Oktober 1939.
[60] Nürnbg. Dok. PS-3058, IMT, Bd. XXXII, S. 1 f.
[61] Vgl. IMT, Bd. XXV, S. 377 f.; XXX, S. 516 ff.
[62] Vgl. z. B. Burckhardt, a. a. O.
[63] Vgl. Graml, a. a. O.; Kochan, a. a. O., S. 54 ff., 76 ff.
[64] Documents on British Foreign Policy 1919–1937. Third. Series, Vol. III London 1950, S. 277.
[65] Vgl. die stenografische Niederschrift in: IMT, Bd. XXVIII, S. 499 ff.; dazu Görings Nürnberger Aussage: Bd. IX, S. 314.

der Judenfrage »jetzt die entscheidenden Schritte zentral zusammenzufassen«. Bei dieser Besprechung wurden die schon erwähnten Regelungen getroffen, die Arisierung zunächst des Einzelhandels, sodann der Fabriken und Beteiligungen festgelegt. Göring äußerte sich ziemlich gereizt über die Aktion, verurteilte in aller Form aber nur die sinnlose Zerstörung materieller Werte. Er sprach sogar (wie schon am 14. Oktober) von Ghettoisierung der Juden, während Heydrich Sperrgebiete vorzog und eine Kennzeichnung der Juden anregte, vor allem aber ein großes Auswanderungsprogramm entwarf. Goebbels seinerseits forderte nunmehr den generellen Ausschluß der Juden von Theater- und Kinobesuch sowie von Kurorten, Strandbädern usw. Die anwesenden »bürgerlichen« Minister und Staatssekretäre übten weitgehende Zurückhaltung.

Ein Hagel diskriminierender Verordnungen ging nun über die Juden nieder. Sie enthielten neben der *Schließung* und der in Aussicht genommenen zwangsweisen *Veräußerung aller jüdischen Betriebe* (ganz oder teilweise gegen Schuldverschreibungen des Reiches!) und der in jüdischem Besitz befindlichen Grundstücke sowie dem Verbot des Grundstückserwerbs[66], den Ausschluß (aller Juden) von deutschen Schulen und Universitäten, die *Festsetzung von Sperrgebieten* (»Judenbann«), das Verbot des Besuches von Theatern, Konzerten, Museen, Sportplätzen, Bädern usw., sowie die *Einziehung von Führerscheinen* und Zulassungspapieren für Kraftwagen[67]. Die *›Siebente Verordnung zum Reichsbürgergesetz‹ vom 5. Dezember 1938* beschränkte sodann das Ruhegehalt der ausgeschiedenen jüdischen Beamten[68], die *›Achte Verordnung zum Reichsbürgergesetz‹ vom 17. Januar 1939* brachte das *Berufsverbot für jüdische Zahnärzte*, die zu »Zahnbehandlern« nur für Juden degradiert wurden, zugleich das Berufsverbot für *Tierärzte und Apotheker*[69]. Eine Verordnung vom 21. Februar 1939 schließlich befahl die *Ablieferung aller Gegenstände in Gold, Silber usw.* (außer Eheringen), sowie Edelsteinen und Perlen an öffentliche Ankaufsstellen innerhalb zweier Wochen[70], eine weitere Verordnung vom 30. April 1939 »lockerte« den Mieterschutz[71]. Vielfach legte man die jüdischen Mieter in sogenannte

[66] Verordnung über den Einsatz des jüdischen Vermögens vom 3. Dezember 1938, Reichsgesetzblatt 1938, I, S. 1709 ff.
[67] Vgl. Blau a. a. O., S. 53 ff.
[68] Reichsgesetzblatt 1938, I, S. 1751.
[69] Reichsgesetzblatt 1939, I, S. 47.
[70] Reichsgesetzblatt 1939, I, S. 282.
[71] Reichsgesetzblatt 1939, I, S. 864 ff.

»Judenhäuser« zusammen; arbeitsfähige Juden wurden in steigendem Maße zu Zwangsarbeiten herangezogen[72]. Nach Kriegsbeginn folgten Ausgehverbote[73] und Ablieferung der *Rundfunkgeräte* (natürlich ohne Entschädigung)[74], 1940 u. a. auch die Versagung von Kleiderkarten und die Kündigung der Fernsprechanschlüsse[75]. Immer offenkundiger liefen die Verordnungen gegen die Juden auf pure Schikane hinaus. Zu welchen Drohungen endlich die Parteipresse sich seit der Kristallnacht verstieg, zeigt wohl nichts deutlicher als ein Artikel des Schwarzen Korps vom 24. November 1938. Höhnisch legte er dar, wie nun die isolierten jüdischen »Parasiten« verarmen und »allesamt in die Kriminalität absinken« würden, um in perfider Weise zu konkludieren:

> »Im Stadium einer solchen Entwicklung ständen wir daher vor der harten Notwendigkeit [!], die jüdische Unterwelt genau so auszurotten, wie wir in unserem Ordnungsstaat Verbrecher eben auszurotten pflegen: *mit Feuer und Schwert*! Das Ergebnis wäre das tatsächliche und endgültige Ende des Judentums in Deutschland, seine restlose Vernichtung.«

Auf dem Wege zur sogenannten »Endlösung«

Der letzte Sinn der kommenden Judenpolitik bis zur »Endlösung« hatte sich inzwischen aber auch bereits in einigen Äußerungen Görings und Hitlers selbst abgezeichnet. Schon in der erwähnten Besprechung vom 12. November 1938 im Luftfahrtministerium hatte Göring erklärt:

> »Wenn das Deutsche Reich in irgendeiner absehbaren Zeit in außenpolitischen Konflikt kommt, so ist es selbstverständlich, daß auch wir in Deutschland in allererster Linie daran denken werden, eine große Abrechnung an den Juden zu vollziehen.«[76]

Hitlers Anschauungen und Planungen aber fanden am 24. November in einem bezeichnenden Gespräch mit dem südafrika-

[72] Vgl. Scheffler, a. a. O., S. 46.
[73] Anordnung der örtlichen Polizeistellen vom 1. September 1939 (im Sommer nach 21 Uhr, im Winter nach 20 Uhr!). Blau, a. a. O., S. 79.
[74] Blau, a. a. O., S. 79 f. Anordnung der örtlichen Polizeidienststellen vom 23. September, Erlasse des Reichssicherheitshauptamtes vom 29. September und 19. Oktober 1939.
[75] Blau, a. a. O., S. 81 (Februar 1940, Erlaß des Reichswirtschaftsministers), S. 84 (zum 30. September 1940; Erlaß des Reichspostministers vom 29. Juli 1940).
[76] IMT, Bd. XVIII, S. 538 f.

nischen Verteidigungs- und Wirtschaftsminister Pirow Ausdruck[77]. Dringend hatte Pirow dabei dem deutschen Diktator nahegelegt, im Interesse der Verständigung mit England und zur Stützung des Kabinetts Chamberlain-Halifax die Hand zu einer erträglichen Lösung der Judenfrage zu bieten. Hitler indes entgegnete mit verstiegenen Behauptungen über die jüdische Einwanderung aus dem Osten und über das Ausmaß des jüdischen Vermögens in Deutschland (»noch heute 4,6mal soviel . . . pro Kopf wie ihre Gastgeber«!) und fügte – nach amtlicher Aufzeichnung – hinzu:

> »Aber das Problem würde in der nächsten Zeit gelöst werden. Dieses sei sein unerschütterlicher Wille. . . . Die Juden würden eines Tages aus Europa verschwinden. Viele Länder schauten bereits mit Empörung auf das Treiben der Juden innerhalb ihrer Grenzen.«

Als Pirow dann »offiziell«, wie er sagte, vorschlug,

1. Deutschland möge für eine internationale Anleihe, mit der die Auswanderung und Neusiedlung der Juden finanziert werden würde, den Zinsendienst in Form von Handelsaustausch übernehmen – so daß es keinen Pfennig in Devisen zu zahlen brauche,

2. Deutschland möge als Siedlungsgebiet für die Juden eine seiner früheren Kolonien zur Verfügung stellen,

da erwiderte Hitler, selbst wenn er dazu bereit wäre, so könnte er es doch dem deutschen Volke nicht zumuten, »Gebiete, in denen so viel deutsches Heldenblut geflossen sei, in denen ein Lettow-Vorbeck gekämpft« habe, den »ärgsten Feinden der Deutschen zur Verfügung« zu stellen. Die Juden hätten ja auch gar nicht die Absicht, in Ostafrika zu arbeiten, sondern wollten dort »als Gäste Handel treiben«.

Ja, auf erneutes Drängen Pirows gebrauchte Hitler die Ausrede: »Das Weltjudentum wolle gar nicht, daß die Juden aus Europa verschwinden, sondern betrachte die Juden in Europa als Vorposten für die Bolschewisierung der Welt.« Im Anschluß hieran tat Hitler eine Äußerung, die für seine Tendenzen recht aufschlußreich ist und früher erwähnte Zeugnisse bestätigt: Er »exportiere nur eine Idee. Diese sei nicht die des Nationalsozialismus . . . Aber er exportiere den Antisemitismus«. Daß Hitler dieses Ziel – mochte er seine Realisierung auch längst gewünscht haben – jetzt so klar herausstellte, hing natürlich

[77] Akten zur Deutschen Auswärtigen Politik 1918–1945, Serie D (1937–1945). Bd. IV (Die Nachwirkungen von München). Baden-Baden 1951, S. 291 ff.

mit der durch die Ereignisse von 1938 gewonnenen außenpolitischen Bewegungsfreiheit zusammen.

Seiner innersten Einstellung und seinen letzten Absichten gab aber Hitler noch deutlicher am 21. Januar 1939 Ausdruck. Unumwunden erklärte er sogar dem tschechoslowakischen Außenminister Chvalkovsky gegenüber nach der amtlichen deutschen Aufzeichnung:

> »Die Juden würden bei uns *vernichtet*. Den 9. November 1918 hätten die Juden nicht umsonst gemacht, dieser Tag würde gerächt werden.«[78]

Den gleichen Gedanken kleidete Hitler bekanntlich am Tage der sechsten Wiederkehr seiner Machtübernahme, am 30. Januar 1939, in seiner Reichstagsrede in die Form einer scheinbaren Prophezeiung, indem er sagte:

> »Und eines möchte ich an diesem vielleicht nicht nur für uns Deutsche denkwürdigen Tage nun aussprechen: Ich bin in meinem Leben sehr oft Prophet gewesen und wurde meistens ausgelacht. In der Zeit meines Kampfes um die Macht war es in erster Linie das jüdische Volk, das nur mit Gelächter meine Prophezeiungen hinnahm, ich würde einmal in Deutschland die Führung des Staates und damit des ganzen Volkes übernehmen und dann unter vielen anderen auch das jüdische Problem zur Lösung bringen. Ich glaube, daß dieses damalige schallende Gelächter dem Judentum in Deutschland unterdes wohl schon in der Kehle erstickt ist. Ich will heute wieder ein Prophet sein: Wenn es dem internationalen Finanzjudentum innerhalb und außerhalb Europas gelingen sollte, die Völker noch einmal in einen Weltkrieg zu stürzen, dann wird das Ergebnis nicht die Bolschewisierung der Erde und damit der Sieg des Judentums sein, sondern die Vernichtung der jüdischen Rasse in Europa!«[79]

So wenig Hitler die Auswanderung der Juden wirklich gewünscht zu haben scheint, weil ihm bereits eine radikale Lösung vorschwebte: vorerst war ihre Auswanderung – die man freilich in dieser Phase als *Austreibung* bezeichnen muß – der einzige praktische Weg. Jedenfalls kam Göring jetzt auf Vorschläge zurück, die Heydrich in jener Sitzung vom 12. November 1938 auf Grund einer entsprechenden Betätigung des damaligen SS-Obersturmführers *Eichmann* in Österreich gemacht hatte[80].

---

[78] A. a. O., S. 170.
[79] Domarus, Hitler, Reden und Proklamationen 1932–1945. Bd. II, Würzburg 1963, S. 1058.
[80] Vgl. IMT, Bd. XXVIII, S. 532 f.

Dieser, zunächst Referent für Judenfragen im SD-Hauptamt, in der Folge beim SD-Führer des SS-Oberabschnitts Donau und dann (August 1938) Organisator der »Zentralstelle für jüdische Auswanderung« in Wien, hatte dort (sei es auf »Anregung« Heydrichs, sei es auf Grund eigener »Erfindung«[81]) die Austreibung der Juden – unter Einschaltung der jüdischen Kultusgemeinde – mit einer Methode gefördert, die eine Verbindung von Abschiebung mit Erpressung darstellte. Die (großenteils in Konzentrationslagern befindlichen) wohlhabenden Juden, die auswandern wollten, mußten einen Teil ihres Vermögens für die ärmeren Juden opfern, um (außer den eigenen) auch deren Einwanderungsgebühren (beziehungsweise »Vorzeigegeld«) in ausländischer Währung zu finanzieren. Der Rest fiel dem Reiche zu. Durch die Mithilfe jüdischer Organisationen gelang es, auch die nötigen Devisen selbst – und zwar »ohne jede Gegenleistung deutscherseits, sei es auch nur durch ›zusätzlichen Export‹«, wie Heydrich im Februar 1939 bezeichnend erklärte[82] – zu beschaffen. In diesem Sinne richtete Göring als Beauftragter für den Vierjahresplan (beziehungsweise in Anwendung der ihm nach der Kristallnacht von Hitler erteilten Vollmachten) am 24. Januar 1939 eine Weisung an den Reichsinnenminister *Frick*, folgenden Wortlauts[83]:

»Der Beauftragte   Berlin, den 24. Januar 1939
für den Vierjahresplan
Generalfeldmarschall Göring

An den
Herrn Reichsminister des Innern
in *Berlin*.

Die Auswanderung der Juden aus Deutschland ist mit allen Mitteln zu fördern.
Im Reichsministerium des Innern wird aus Vertretern der beteiligten Dienststellen eine Reichszentrale für die jüdische Auswanderung gebildet. Die Reichszentrale hat die Aufgabe, für das gesamte Reichsgebiet einheitlich
1. alle Maßnahmen zur *Vorbereitung* einer verstärkten Aus-

[81] Vgl. dazu Hannah Arendt, Eichmann in Jerusalem, A Report on the Banality of Evil. New York 1963, S. 38 ff.
[82] Akten zur Deutschen Auswärtigen Politik 1918–1945, Serie D (1937–1945), Bd. V, Baden-Baden 1953, S. 787.

wanderung der Juden zu treffen, u. a. eine zur einheitlichen Vorbereitung von Auswanderungsgesuchen geeignete jüdische Organisation ins Leben zu rufen, alle Schritte zu tun, um die Bereitstellung und zweckentsprechende Verwertung in- und ausländischer Geldmittel zu erwirken, und in Zusammenarbeit mit der Reichsstelle für das Auswanderungswesen geeignete Zielländer für die Auswanderung festzustellen;

2. die Auswanderung zu *lenken*, u. a. für eine bevorzugte Auswanderung der ärmeren Juden zu sorgen;

3. die Durchführung der Auswanderung im *Einzelfall* zu beschleunigen, indem sie durch zentrale Bearbeitung der Auswanderungsanträge die für den einzelnen Auswanderer erforderlichen staatlichen Ausweise und Bescheinigungen schnell und reibungslos beschafft und den Vollzug der Auswanderung überwacht.

Die Leitung der Reichszentrale übernimmt der Chef der Sicherheitspolizei. Er bestimmt den Geschäftsführer und regelt die Geschäftsführung der Reichszentrale.

Über die Arbeit der Reichszentrale ist mir laufend zu berichten. Vor grundsätzlichen Maßnahmen ist meine Entscheidung einzuholen.

Außer den Vertretern der sonst beteiligten Dienststellen gehören dem Ausschuß der Gesandte Eisenlohr als [der] Beauftragte für amtliche zwischenstaatliche Verhandlungen und der Ministerialdirektor Wohlt[h]at als der Beauftragte für die Verhandlungen über den Rublee-Plan an.

gez. Göring«[84]

[83] Nürnbg. Dok. NG-2586 (Abschrift).

[84] Im Anschluß an die erwähnte Besprechung im Luftfahrtministerium vom 19. November 1938 hatte der österreichische Minister für Wirtschaft, Arbeit und Finanzen, Dr. Fischböck, mit Einverständnis des Reichswirtschaftsministers, des Reichsfinanzministers und des Staatssekretärs Stuckart vom Reichsministerium des Innern zur »Lösung« der Judenfrage angeregt, von einem Angebot des Direktors des von der (einschlägigen) internationalen Konferenz von Evian (Sommer 1938) eingesetzten Zwischenstaatlichen Komitees für Politische Flüchtlinge in London, des Amerikaners Rublee, Gebrauch zu machen. (Vgl. dazu zum folgenden: Akten zur Deutschen Auswärtigen Politik, 1918–1945. Serie D, Bd. V, Baden-Baden 1953, S. 753 ff.) Der »Rublee-Plan« lief darauf hinaus, die Auswanderung deutscher Juden mit einer Förderung des deutschen Exports zu verbinden und so den Juden eine Übertragung ihrer Schuldbuchforderungen (vgl. oben, S. 278) ins Ausland zu ermöglichen. Ribbentrop, der sich zwar zum folgenden: Akten zur Deutschen Auswärtigen Politik, 1918–1945. Serie D, Bd. V, Baden-Baden 1953, S. 753 ff.) Der »Rublee-Plan« lief darauf hinaus, die Zusammenarbeit mit anderen Staaten in der deutschen (!) Judenfrage grundsätzlich ablehnte und auch einem Besuch Rublees in Berlin entschieden widersprochen hatte, erklärte sich schließlich, ebenso wie Göring, mit privaten Verhandlungen mit Rublee außerhalb von Berlin und London einverstanden. Ohne Wissen Ribbentrops, aber mit Zustimmung Hitlers, führte sodann Reichsbankpräsident Dr. Schacht im Dezember 1938 in London Besprechungen, in deren Verfolg der »Plan Fischböck-Schacht« (a. a. O., S. 767, Note 1) beziehungsweise »der Schachtplan als Verhandlungsgrundlage angenommen« wurde (S. 774). Ribbentrop, der sich nunmehr ebenfalls mit den Bemühungen Schachts einverstanden erklärte, benannte

Die in Görings Schreiben erwähnte »jüdische Organisation« wurde kraft der ›Zehnten Verordnung zum Reichsbürgergesetz‹ vom 4. Juli 1939[85] durch zwangsweisen Zusammenschluß aller staatsangehörigen und staatenlosen Juden, die ihren »gewöhnlichen Aufenthalt« im Reichsgebiet hatten, zur »Reichsvereinigung der Juden in Deutschland« geschaffen, mit dem erklärten Zweck, die Auswanderung zu fördern. Zugleich machte man die »Reichsvereinigung« zum Träger des jüdischen Schulwesens und der jüdischen Wohlfahrtspflege. Leiter der »Reichszentrale für die jüdische Auswanderung« wurde – trotz ihrer formalen Zugehörigkeit zum Reichsministerium des Innern, dem rein formell ja aber auch der »Reichsführer-SS und Chef der Deutschen Polizei«, Himmler, unterstand – als Chef der Sicherheitspolizei SS-Gruppenführer *Heydrich*. Zum Geschäftsführer bestimmte dieser den Leiter der Abteilung II des Geheimen Staatspolizeiamtes, SS-Standartenführer Oberregierungsrat Heinrich Müller (den bekannten »Gestapo-Müller«); Eichmann selbst, der nach Hitlers Einmarsch in Prag im März 1939 auch dort eine Zentralstelle für jüdische Auswanderung aufbaute, erhielt den Geschäftsführerposten im Oktober 1939, damit freilich erst zu einem Zeitpunkt, in dem eine »Auswanderung« großen Stils praktisch unmöglich geworden war. Es lag aber in der Konsequenz seiner Laufbahn, daß Eichmann nach Bildung des Reichssicherheitshauptamtes (RSHA) im September 1939 und nach Versetzung (Dezember 1939) zum Amt IV (Geheime Staatspolizei) des RSHA zunächst (Januar 1940) das Referat IV D 4 (Auswanderung und Räumung), später das Referat IV B 4 (Judenangelegenheiten, Räumungsangelegenheiten) übernahm. – Bei der »1. Arbeitsbesprechung des Ausschusses der Reichszentrale für die jüdische Auswanderung«

den Gesandten Eisenlohr als Vertreter des Auswärtigen Amtes in dem für die Durchführung deutscherseits zu bildenden »Konsortium« (verbot aber jede »Paraphierung von Vereinbarungen mit Mr. Rublee« und »jede Zusage für die künftige Behandlung der Juden im Inlande gegenüber Herrn Rublee«). Es kam Mitte Januar 1939 zu einem »Gedankenaustausch« Schacht-Rublee in Berlin, welcher die Auswanderung von etwa 150000 (mit Frauen und Kindern etwa 400000) Juden, »die ihrem Alter und Gesundheitszustand nach im Ausland noch Erwerbsmöglichkeiten (15–45 Jahre) haben« würden, in 3, höchstens aber 5 Jahren zum Ziele hatte. 25 Prozent des jüdischen Vermögens sollten »in bare Kasse« verwandelt und im Wege »zusätzlichen Exports« transferiert werden, 75 Prozent Deutschland zufallen, soweit sie nicht zum Unterhalt der Juden bis zur Auswanderung oder »bis zum Aussterben« benötigt würden. Nach der Entlassung Schachts (20. Januar 1939) betraute Göring mit den weiteren Verhandlungen den Ministerialdirektor Wohlthat (vom Amt des Beauftragten für den Vierjahresplan), der, ebenso wie Göring selbst, in der Folge Besprechungen mit Rublee und dessen Vertreter über einen Plan hatte, der dem »Schachtplan« entsprach, aber »nicht so weit ging« (S. 780, Fußn. 2). Weitere Verhandlungen, die deutscherseits zurückhaltend geführt wurden, unterbrach der Krieg.

[85] Reichsgesetzblatt 1939, I, S. 1097 ff.

am 11. Februar 1939 im Geheimen Staatspolizeiamt[86] gab Heydrich allgemeine Richtlinien. Die Durchführung des Rublee-Planes, so bemerkte er, »scheine noch ... keineswegs gesichert, so daß man ... auch weiterhin ohne Rücksicht auf diesen Plan die Auswanderung mit allen sonst zur Verfügung stehenden Mitteln fördern« müsse. Bei der Durchführung »sollten im allgemeinen die Staatspolizeistellen die Führung übernehmen«. Heydrich dachte damals an die Errichtung von Zentralstellen »nach dem Muster von Wien« nicht nur in Berlin, sondern auch in Breslau, Frankfurt am Main und Hamburg, »als den Hauptplätzen, an denen die Juden konzentriert lebten«. Aufgabe der Reichszentrale war es nach seinen Worten, »das gesamte bisherige Verfahren, das in vielen Punkten gegeneinanderliefe, einheitlich auszurichten und für den Juden möglichst einfach zu gestalten«! Praktisch bestand diese »Vereinfachung« nach dem »Vorbild« von Wien in der Beschleunigung aller erforderlichen Formalitäten durch deren weitgehend an einer Stelle zusammengefaßte Erledigung, mit dem Endergebnis, daß der einzelne Jude, abgesehen von dem zur Aufnahme in das Einwanderungsland unumgänglichen »Vorzeigegeld«, mittellos Deutschland bis zu einem bestimmten Termin verlassen mußte. Dennoch hatte diese Methode wegen der unerträglichen Lage der Juden im Dritten Reich in zahlreichen Fällen »Erfolg«.

Die durch den Pogrom vom 9. November 1938 charakterisierte neue Wendung in der Judenverfolgung – die wieder nur eine Übergangsphase zum Schlimmeren einleitete – fand auch in einem grundlegenden Runderlaß des Auswärtigen Amtes beziehungsweise seines jungen »Sonderreferats Deutschland« vom 25. Januar 1939 an alle deutschen diplomatischen Missionen und Konsulate[87] Ausdruck. Bezeichnenderweise ließ diese umfangreiche Niederschrift von bestürzend brutaler Diktion und niedrigem Niveau den inneren Zusammenhang der neuen Judenpolitik mit den außenpolitischen Erfolgen des Dritten Reiches im »Schicksalsjahr 1938« deutlich durchblicken. Sie verschwieg die zahlreichen Proteste ausländischer Regierungen gegen eine Diskriminierung ihrer jüdischen Staatsangehörigen in Deutschland seit der Kristallnacht[88] und stellte unter Hinweis auf amtliche antisemitische Tendenzen in Italien, Ungarn, Polen und (vorübergehend) in Rumänien befriedigt fest: »Überall be-

---

[86] Vgl. Anm. 82 (S. 786 ff.).
[87] A. a. O., S. 780–785.
[88] Vgl. die »Aufzeichnung des Leiters des Sonderreferats Deutschland«, a. a. O., S. 769–773!

ginnt jetzt der deutsche außenpolitische Erfolg von München wie ein Erdbeben in seinen Ausläufern auch in entfernten Staaten die seit Jahrhunderten befestigte Position des Judentums zu erschüttern.« Das Schwergewicht legte die Denkschrift auf eine beschleunigte »Auswanderung aller im Reichsgebiet lebenden Juden«, die sie als »das letzte Ziel der deutschen Judenpolitik« bezeichnete. Was aber seine praktische Verwirklichung anging, so war es notorisch, daß die ausländischen Regierungen selbst sich gegen den Zustrom *mittelloser* Juden wehrten. Dennoch stellte der Verfasser es so dar, als ob »das internationale Judentum« eine »Massenabwanderung seiner Rassegenossen« aus Deutschland »ohne das Äquivalent eines Judenstaates« gar nicht wünsche, und fügte wie zur »Begründung« hinzu: Bei den bisherigen internationalen Bemühungen ziele die jüdische Taktik »jedenfalls weniger auf die Massenabwanderung von Juden als auf den Transfer jüdischen Vermögens ab«. (Während das allenfalls erreichbare Ausmaß solchen Transfers doch nur bezweckte, alle *unter den gegebenen Bedingungen* sich bietenden Einwanderungsmöglichkeiten nach verschiedenen Ländern zu fördern!) Daß aber »der Transfer auch nur eines Bruchteils jüdischen Vermögens devisentechnisch unmöglich wäre«, war für den Verfasser der Denkschrift »selbstverständlich« (zumal er es als »deutsches Volksvermögen« reklamierte!). Deutschland müsse daher seinerseits die geeigneten Mittel und Wege finden – aber, wie Alfred Rosenberg gefordert habe, nicht mit dem Ziele eines jüdischen *Staates*, sondern eines jüdischen *Reservats*[89]. Durch das Haavara-Abkommen[90] – gegen welches das Referat Deutschland des A. A. und die Auslandsorganisation der NSDAP seit Jahren Sturm liefen[91] und welches nunmehr endgültig abgetan war – habe man »nicht unwesentlich zum Aufbau eines Judenstaates in Palästina« beigetragen. Statt jedoch dem Weltjudentum einen »völkerrechtlichen Machtzuwachs« zu verschaffen, liege die Aufrechterhaltung der »Zersplitterung des Judentums« im deutschen Interesse. Und ganz im Sinne von Hitlers Wunsch, den Antisemitismus zu »exportieren«, hoffte der Verfasser der Denkschrift, durch die möglichst massenweise Austreibung der Juden antisemitischen Tendenzen in allen Aufnahmeländern Auftrieb zu geben und das »Verständnis« für die deutsche Juden-

[89] »Das ist das Programm der außenpolitischen Haltung Deutschlands in der Judenfrage.« (a. a.O., S. 784.)
[90] Vgl. oben, S. 265.
[91] Vgl. a. a. O., S. 630 ff.

politik zu fördern. »Je ärmer und damit belastender für das Einwanderungsland der einwandernde Jude ist, desto stärker wird das Gastland reagieren und desto erwünschter ist die Wirkung im deutschen propagandistischen Interesse.«

Am 1. September 1939 nun entfesselte Hitler durch seinen Angriff auf Polen selber den Krieg, den er in seiner erwähnten »Prophezeiung« vom 30. Januar im voraus den Juden zur Last gelegt hatte. Damit entfielen natürlich auch weitgehend die Voraussetzungen für eine Auswanderung beziehungsweise Austreibung der deutschen Juden, wenngleich der Weg über Schweden, Sowjetrußland und Japan in den ersten Monaten noch offen blieb. Vor allem aber gab der Krieg den im Nationalsozialismus wirksamen Tendenzen einzigartige Möglichkeiten der Entfaltung. In dem Maße seiner politischen Ausweitung enthob dieser Krieg die Machthaber der Notwendigkeit taktischer Rücksichten auf die Umwelt. In dem Maße ihrer militärischen Erfolge eröffnete er ihnen zugleich ein Feld ungeahnten Umfangs für hemmungsloses Planen und Handeln. Innerhalb dieses Feldes hing es, wie die Dinge sich entwickelt hatten, fast nur noch von der Haltung des deutschen Heeres ab, ob die nationalsozialistischen Machthaber völlige Aktionsfreiheit erlangen würden. Im Rahmen seiner »weltanschaulich« bestimmten Kriegführung stellte Hitler nun seiner SS und damit den »*Einsatzgruppen der Sicherheitspolizei und des SD*« (wie sie schließlich genannt wurden[92]) »politisch-polizeiliche Sonderaufgaben« (wie es nach dem amtlichen Sprachgebrauch hieß). Bereits nach dem »Anschluß« Österreichs, der Eingliederung des Sudetenlandes und nach der Beseitigung der Rest-Tschechoslowakei in Erscheinung getreten, wurden diese Einsatzgruppen im Polenfeldzug jetzt zum vierten Male verwendet[93]. Sie waren motorisierte Einheiten eigener Art, deren Führungspersonal aus Angehörigen des SD, der Geheimen Staatspolizei und der Kriminalpolizei bestand (die letzten beiden bildeten bekanntlich die Sicherheitspolizei). Als ihre Aufgabe wurde, summarisch genug, die »Bekämpfung aller reichs- und deutschfeindlichen Elemente rückwärts der fechtenden Truppe« bezeichnet; sie hätten – so präzisierte dies ein Erlaß des Chefs der Sicherheitspolizei und des SD später vielsagend – »mithin im wesentlichen die Aufgaben der Staatspolizeistellen im Reich«[94].

[92] Im Polenfeldzug lautete ihr Name: ›Einsatzgruppen der Sicherheitspolizei‹.
[93] Vgl. (auch zum folgenden) die Dokumentation von H. Krausnick, ›Hitler und die Morde in Polen‹. In: Vierteljahrshefte für Zeitgeschichte 11 (1963), S. 196 ff.
[94] Erlaß SV 1 Nr. 102/39 – 151 – g. Sdb. P. vom 13. September 1939. Bundesarchiv, Koblenz.

Im Polenfeldzug waren die Einsatzgruppen zwar in höherem Grade als später, so auch gerichtlich[95], dem Heer unterstellt. Schon damals aber erhielten sie ihre sogenannten »fachlichen« Weisungen vom Reichsführer-SS oder vom Chef der Sicherheitspolizei und des SD. Die Möglichkeit ihrer Kontrolle durch das Heer war praktisch somit von vornherein begrenzt. Immerhin verfügte die Armee zu jener Zeit gegenüber den Einsatzgruppen noch über eine relativ starke Position, von der sie auch des öfteren Gebrauch machte, solange sie im Operationsgebiet die Befugnis der vollziehenden Gewalt besaß.

Im Polenfeldzug hatten die Einsatzgruppen noch keinen generellen Befehl zur Erschießung der Juden. In Anbetracht der Millionen polnischer Juden wären sie dafür auch schon zahlenmäßig zu schwach gewesen. Denn die ursprünglich fünf, dann sechs Einsatzgruppen gliederten sich im ganzen in fünfzehn Einsatzkommandos zu je nur 100 bis 150 Mann, wozu anfangs noch ein Sonderkommando, später ein selbständiges 16. Einsatzkommando kam. Überdies richtete sich in Polen die von Hitler sehr bald befohlene planmäßige *Ausmerzungspolitik* zunächst aus naheliegenden Gründen mehr gegen die Führungsschichten der polnischen Zivilbevölkerung als gegen die Juden. Natürlich wurden die Einsatzgruppen gegen die jüdischen Organisationen in Polen verhaftend, auflösend und beschlagnahmend tätig. Auch ist es von seiten der bewaffneten Formationen der SS zu erheblichen Ausschreitungen (im Sinne dieses Begriffs) gegen Juden – wozu Gewalttaten, Erniedrigungen übelster Art sowie das Niederbrennen von Synagogen gehörten – schon während des kurzen Feldzuges gekommen, übrigens auch von seiten mancher Angehörigen des Heeres, dessen Führung jedoch vielfach noch scharf dagegen einschritt. Hitlers geheimer Amnestie-Erlaß vom 4. Oktober 1939 machte der praktischen Auswirkung solchen Einschreitens freilich ein Ende[96]. Summarische Erschießungen von Juden – »Massenerschießungen«, wie militärische Stellen bezeugten – unternahm zuerst eine nachträglich gebildete »*Einsatzgruppe z.b.V.*« in Galizien unter dem SS-Obergruppenführer von Woyrsch, die daraufhin aber auf ausdrückliches Verlangen des Heeres zurückgezogen wurde. Zu einer Ausschreitung großen Stils kam es sodann in der letzten Sep-

[95] Dokumente Pol 28 (Fernschr. des Generalquartiermeisters/III vom 7. September 1939) und MAR 1523 (Manstein-Prozeß). Mikrofilm im Institut für Zeitgeschichte, München.
[96] Wortlaut in: Rundschr. des Hauptamts SS-Gericht vom 2. Dezember 1939, Mikrofilm T 175, Roll 40, p. 2550391–395, im Institut für Zeitgeschichte, München.

temberdekade von seiten einer SS-Totenkopf-Standarte in Wlo-
clawek (wo übrigens am 24. Oktober 1939 auch die erste Kennzeichnung von Juden im 20. Jahrhundert erfolgte[97]). In Wlocla-
wek waren aus nichtigen Gründen 800 Juden festgenommen und
eine Anzahl von ihnen »auf der Flucht« erschossen worden. Der
Standartenführer hatte seinen ursprünglichen Plan einer Verhaftung sämtlicher männlicher Juden mit der bezeichnenden
Bemerkung begründet, »im übrigen würden sie ja doch tot-
geschossen«, worauf der örtliche militärische Führer, der eine
»Einschränkung« der Verhaftungsaktion durchsetzte, die Meinung vertrat, »sämtliche Juden zu erschießen, wäre wohl kaum
im Sinne des Führers!«[98] Über den San-Fluß, der einen Teil der
Demarkationslinie bildete, wurde zunächst auch auf Weisung
des Heeres eine Vielzahl von Juden nach Osten abgeschoben,
anderen, die aus dem sowjetrussisch-besetzten Gebiet in die
deutsche Besatzungszone zurückkehren wollten, der Weg unter
Waffeneinsatz verlegt, was für die Betroffenen fürchterliche
Konsequenzen hatte[99]. In den Gebieten endlich, die dem Reiche
eingegliedert wurden, kam es nach Mitte Oktober örtlich ebenfalls zu planmäßigen Erschießungen von Juden durch die SS,
beispielsweise in Bromberg[100].

Inzwischen hatte Heydrich in der Judenfrage bereits große Politik zu treiben begonnen. Hitler – so konnte er in einer Besprechung mit seinen Amtschefs und den Führern der Einsatzgruppen vom 21. September 1939 mitteilen – habe die Deportation
der Juden aus den ehemals deutschen Gebieten nach Restpolen
genehmigt, und diese Deportation solle sich innerhalb eines
Jahres vollziehen. Heydrich gab hierzu folgende »zusammen-
fassende Anordnung«:

»1.) Juden so schnell wie möglich in die Städte,

2.) Juden aus dem Reich nach Polen,

3.) die restlichen 30000 Zigeuner auch nach Polen,

4.) systematische Ausschickung der Juden aus den deutschen
(d. h. ehemals polnischen) Gebieten mit Güterzügen.«[101]

[97] Edw. Kossoy, Handbuch zum Entschädigungsverfahren. München 1958, S. 120 f.

[98] Dokument WB 2754 (Manstein-Prozeß), Mikrofilm im Institut für Zeitgeschichte, München.

[99] Nürnbg. Dok. NOKW 129; Dokumente MAR 1514, 1518, 1525, 1539, 1541, 1543 (Manstein-
Prozeß). Die Abschiebungsversuche wurden bis in den Winter fortgesetzt und stießen auf den
Widerstand der Sowjetunion: Akten zur Deutschen Auswärtigen Politik, Serie D, Bd. VIII.
Baden-Baden 1961, S. 384, 439 f.

[100] Vgl. die Lageberichte des SD-Einsatzkommandos Bromberg, Abschriften im Institut für Zeitgeschichte, München.

[101] »Vermerk« vom 27. September 1939 über »Amtschef- und Einsatzgruppenleiterbesprechung«
vom 21. September 1939. Fotokopie im Institut für Zeitgeschichte, München.

Noch am gleichen Tage (21. September 1939) bestätigte Heydrich in einem Schnellbrief an die Chefs der Einsatzgruppen seinen Befehl zur schleunigen Konzentrierung der Juden (insbesondere auch des späteren »Generalgouvernements«) vom Lande in möglichst wenige größere *Städte* mit guter Eisenbahnverbindung, in denen es »wahrscheinlich« dann zur Bildung von Ghettos kommen würde. In jeder jüdischen Gemeinde sollte alsbald »ein jüdischer *Ältestenrat*« gebildet werden, der für die exakte Durchführung aller ergehenden Weisungen – unter Androhung der »schärfsten Maßnahmen im Falle der Sabotage – vollverantwortlich zu machen« sei. Auffälligerweise bezeichnete Heydrich die Konzentrierung der Juden in größeren Städten »als erste Vorausnahme« (sic) für das »*streng geheim*« zu haltende »*Endziel*, welches längere Fristen beansprucht«[102]. Es ist nicht unmöglich, aber auch nicht erweisbar, daß der Ausdruck »Endziel« bereits die berüchtigte »*Endlösung*«, das heißt die physische Ausrottung der Juden bedeuten sollte, statt nur die Bildung eines großen »*Judenreservats*«; war doch selbst von einem solchen Ziele in Heydrichs Brief mit keinem Wort die Rede. Allerdings legte der Umstand, daß Heydrich in einem stark jüdisch besiedelten Gebiet in *Westgalizien* (zwischen Wisloka und San) *keine* Konzentrierung der Juden befahl, die Vermutung nahe, daß hier die Errichtung eines »Judenstaates unter deutscher Verwaltung bei Krakau« geplant war, wie es in einer Notiz über eine Unterredung des Oberbefehlshabers des Heeres, Generaloberst v. Brauchitsch, mit Heydrich ausdrücklich heißt[103]. Brauchitsch hatte durch Vortrag bei Hitler erreicht, daß Bevölkerungsverschiebungen vorerst überhaupt unterbleiben und auch nicht von »zivilen Stellen«, sondern »von militärischer Seite gesteuert« werden sollten. Dennoch befahl Heydrich in einem Schnellbrief vom 21. September den Einsatzgruppenführern, die Konzentrierung – wenn auch unter Rücksichtnahme auf die besonderen Interessen des Heeres und der deutschen Wirtschaft – im »Zusammenwirken mit den deutschen Zivilverwaltungs- und örtlich zuständigen Militärbehörden« *mit Beschleunigung* durchzuführen, und gab dem Oberbefehlshaber hiervon nachträglich abschriftlich Kenntnis. Auf den Einspruch Brauchitschs wurde Heydrichs Befehl an die Einsatzgruppen am 1. Oktober

---

[102] Nürnbg. Dok. EC 307 (auch PS-3363). – Zum folgenden vgl. auch L. Poliakov, Bréviaire de la Haine. Paris 1951; G. Reitlinger, Die Endlösung. Berlin 1956; R. Hilberg, The Destruction of European Jewry. Chicago/London 1961.

[103] »Mündliche Orientierung am 22. 9. [1939] durch Major Radke«: Akten der Abteilung z. b. V. des Generalstabes des Heeres. Mikrofilm im Institut für Zeitgeschichte, München.

durch einen neuen von Himmler selbst ersetzt, wonach Heydrichs Erlaß vorerst »nur vorbereitende Maßnahmen auslösen« und »erst zu einem späteren Zeitpunkt« durchgeführt werden dürfe[104]. Am 7. Oktober indes wurde Himmler zum »Reichskommissar für die Festigung deutschen Volkstums« ernannt mit dem Auftrag zur »Ausschaltung des schädigenden Einflusses von solchen volksfremden Bevölkerungsteilen, die eine Gefahr für das Reich und die deutsche Volksgemeinschaft bedeuten«[105]. Und mit Wirkung vom 26. Oktober 1939 ließ sich das Oberkommando des Heeres aus der Verwaltung Polens von Hitler mehr oder weniger herausdrängen. Nun hatten die nationalsozialistischen Exekutivorgane weitgehend freie Hand. Bereits Ende Oktober nahm Himmler die auf vier Monate befristete Deportation der 550000 Juden aus den neuen deutschen Gebieten (neben 450000 Polen) in Aussicht. Im Dezember kam es dann zur ersten großen, vom Reichssicherheitshauptamt geleiteten und von der Sicherheitspolizei durchgeführten Massendeportation – von über 87000 Polen und Juden – aus dem Reichsgau Posen in 80 Güterzügen. Bevor im gleichen Monat SS-Hauptsturmführer Eichmann (Referat IV D 4) zum Sonderreferenten für die Evakuierung von Polen und Juden berufen wurde, fungierte dabei als örtliches Leitorgan das »Amt für die Umsiedlung der Polen und Juden« (die spätere »Umwandererzentralstelle«) unter dem Führer des SD-Abschnitts Posen, SS-Obersturmbannführer Rapp, nach dessen Bericht übrigens Wehrmacht- und Reichsbahnpersonal eine ablehnende Einstellung gegenüber seinen Maßnahmen offen zum Ausdruck brachten. Die schon infolge der winterlichen Jahreszeit unter fürchterlichen Umständen verlaufenden »Aussiedlungen« aus den eingegliederten Gebieten wurden im Januar 1940 auf Grund von Einsprüchen seitens der Zivilverwaltung des Generalgouvernements sowie des Wehrwirtschafts- und Rüstungsamts im Oberkommando der Wehrmacht zeitweilig unterbrochen. Hingegen kam es (außer den erwähnten »illegalen« Abschiebungen über die Demarkationslinie) zur Deportation von ca. 6000 Juden aus Wien, Mährisch-Ostrau, Teschen und Stettin (13. Februar 1940), die im letzteren Falle besonders brutal durchgeführt wurde und daher

[104] Geh. Fernschreiben des OKH (Generalquartiermeister) an die Armeen vom 1. Oktober 1939, Dokument WB 2752. – Ohnehin erwiesen sich die Verhältnisse bald als stärker als manche anfänglichen Planungen.
[105] Vgl. hierzu und zum folgenden, auch für die Belege: M. Broszat, Nationalsozialistische Polenpolitik 1939–1945. Schriftenreihe der Vierteljahrshefte für Zeitgeschichte, Nr. 2, Stuttgart 1961, S. 20, 65, 85 ff.

erhebliches Aufsehen erregte, auch in der ausländischen Presse. Daraufhin scheint Göring Deportationen von Juden aus dem »Altreich« zunächst untersagt zu haben. Mehr und mehr wehrte sich in der Folge, vor allem aus wirtschaftlichen Gründen, auch der Generalgouverneur Frank gegen Evakuierungen ins Generalgouvernement. Dort jedoch traf er selbst Maßnahmen zur Abschiebung von Juden, insbesondere aus Krakau, das er, abgesehen von einem verbleibenden größeren Ghetto, bis Ende 1940 »judenfrei« machen wollte. Das Ziel der genannten Deportationen war vor allem der Bezirk Lublin, wo man nun (nach Verlegung der Demarkationslinie an den Bug) die Bildung des »Judenreservats« plante[106]. Doch spätestens im April 1940 wurde dieses Projekt, soweit es von höchster Stelle je ernsthaft ins Auge gefaßt war, laut Mitteilung des Höheren SS- und Polizeiführers Krüger aufgegeben[107]. Schon am 12. März hatte Hitler selbst zu Colin Ross bemerkt, »auch die Bildung eines Judenstaates um Lublin herum würde nie eine Lösung bedeuten« – mit der wohlklingenden Begründung, daß »auch dort die Juden zu eng aufeinander wohnten, um einen einigermaßen befriedigenden Lebensstandard erreichen zu können«![108]

Unmittelbar nach dem Siege über Frankreich entwickelte denn auch das Judenreferat (III) der nunmehrigen »Abteilung Deutschland« des Auswärtigen Amtes, das heißt der Legationsrat Rademacher, einen anderen Plan[109], der – allerdings in unvergleichbar begrenzterem Ausmaß – bereits einmal von polnischer Seite erwogen worden war[110]. Schon am 3. Juni 1940 bezeichnete Rademacher im Hinblick auf eine »grundsätzliche Festlegung der deutschen Kriegsziele« als »Möglichkeiten: a) alle Juden aus Europa [abzuschieben], b) Trennung zwischen Ost- und Westjuden; Ostjuden, die den zeugungskräftigen und talmudsicheren Nachwuchs für die jüdische Intelligenz bilden, bleiben als Faustpfand in deutscher Hand (Lublin?), um die Amerikajuden lahmzulegen. Westjuden aus Europa (Madagaskar?), c) Jüdisches Nationalheim in Palästina (Gefahr eines 2. Roms!).«[111] Anscheinend ist auch das Reichssicherheitshauptamt sehr bald mit »Vorarbeiten« zum *Madagaskar-Projekt* beschäftigt gewesen. Jedenfalls bat Heydrich am 24. Juni 1940

[106] Vgl. IMT, Bd. XXXVI, S. 306 (Äußerung Himmlers am 12. Februar 1940).
[107] Ebenda, Bd. XXVI, S. 633.
[108] Akten zur Deutschen Ausw. Politik, Bd. VIII, S. 716.
[109] Zum folgenden: Nürnbg. Dok. NG-2586.
[110] Vgl. Reitlinger, a. a. O., S. 86.
[111] Nürnbg. Dok. NG-5764.

Ribbentrop, ihn »bei bevorstehenden Besprechungen, die sich mit der Endlösung der Judenfrage befassen, falls solche« vom Auswärtigen Amt »vorgesehen sein sollten, zu beteiligen«; und er erklärte: »*Das Gesamtproblem* – es handelt sich bereits um rund 3¼ Millionen Juden in den *heute* deutscher Hoheitsgewalt unterstehenden Gebieten – kann durch Auswanderung nicht mehr gelöst werden; eine *territoriale* Endlösung wird daher notwendig.«[112] Und Himmler selbst hatte noch während des Frankreich-Feldzuges, im Mai 1940, in einer Niederschrift »über die Behandlung der Fremdvölkischen im Osten« bemerkt: »Den Begriff Juden hoffe ich, durch die Möglichkeit einer großen Auswanderung sämtlicher Juden nach Afrika oder sonst in eine Kolonie völlig auslöschen zu sehen.«[113] Wer nun auch immer der Urheber war: nach dem von Rademacher näher umrissenen Plan sollte Frankreich im Friedensvertrag die Insel *Madagaskar* abtreten und die dort ansässigen Franzosen aussiedeln und entschädigen; der deutscherseits militärisch nicht benötigte Teil der Insel sollte dann ein »Großghetto« mit vier Millionen Juden werden, geleitet von einem Himmler unterstellten Polizeigouverneur, das heißt von der Sicherheitspolizei, die ja auch allein die »notwendige Erfahrung« auf diesem Gebiet besitze. Auf diese Weise, so meinte Rademacher, könnte man einmal die vier Millionen Juden deutscherseits »als Faustpfand für ein zukünftiges Wohlverhalten ihrer Rassegenossen in Amerika« benutzen, zum anderen »propagandistisch die Großmut verwerten«, die Deutschland – durch Gewährung weitgehender Selbstverwaltung – an den Juden übe! Eine intereuropäische Bank sollte mit dem gesamten, von der SS zu erfassenden jüdischen Vermögen Umsiedlung und Aussiedlung finanzieren, die gewiß noch nötigen »Restzahlungen« von den Juden einziehen, der einzelne Jude »nur ein etwas größeres Handgepäck« mitnehmen. Vom Reichssicherheitshauptamt wurde dieses phantastische Projekt »begeistert aufgenommen«, wie es rückschauend in den Akten heißt, und von der Dienststelle Eichmanns »bis ins einzelne« ausgearbeitet. »Zur Vermeidung dauernder Berührung anderer Völker mit Juden« sei, so betonte Eichmann, »eine Überseelösung insularen Charakters jeder anderen Lösung vorzuziehen«. Und indem man allen nach Madagaskar deportierten Juden vom Zeitpunkt der Deportation ab die Staatsangehörigkeit ihrer

[112] Eichmann-Prozeß, Beweisdokument Nr. 464; Fotokopie der Abschrift im Institut für Zeitgeschichte, München. (Die letzte Hervorhebung vom Verfasser.)
[113] Vgl. die Dokumentation in: Vierteljahrshefte für Zeitgeschichte 5 (1957), S. 197.

bisherigen Gastländer entzöge – so meinte wiederum Rademacher –, vermeide man auch, daß die Juden sich »etwa in Palästina ihren eigenen Vatikanstaat gründen und damit den sym-
bolischen Wert« Jerusalems »für ihre Ziele einspannen« könnten. Das ausgearbeitete Projekt wurde von Himmler gebilligt
und im August 1940 durch Heydrich Ribbentrop »unmittelbar«
zugeleitet. Ja, im gleichen Monat soll auch Hitler als seine Absicht bezeichnet haben, »sämtliche Juden aus Europa zu evakuieren«, und Frank verkündete schon im Juli befriedigt, daß
nunmehr statt weiterer Transporte ins Generalgouvernement
alle Juden »in absehbarer Zeit« nach Madagaskar befördert
würden[114]! Dennoch war natürlich – da keine Aussicht auf Frieden bestand – der ganze Plan totgeboren, wenn auch Hitler noch
zwei Jahre später[115], als bereits die Ausrottung im Gange war,
so tat, als wolle er nach Kriegsende die Juden nach Madagaskar
schaffen.
Zunächst kam es noch zu einzelnen Deportationen aus dem
Reich. So wurden am 22. und 23. Oktober 1940 – allem Anschein
nach auf Veranlassung Hitlers selbst[116] – gemäß Befehl der Gauleiter Bürckel und Robert Wagner über 6500 Juden aus den
Gauen Baden und Saarpfalz »ohne vorherige Kenntnisgabe an
die französischen Behörden« in neun »Transportzügen« in den
unbesetzten Teil Frankreichs abgeschoben. Mit Ausnahme lediglich der jüdischen Partner von Mischehen gehörten selbst
Frontkämpfer und Insassen von Altersheimen, darunter »ein
97jähriger Mann aus Karlsruhe«, zu den Betroffenen, denen
eine »örtlich zwischen einer Viertelstunde und zwei Stunden«
schwankende Frist »zur Vorbereitung« gewährt worden war;
natürlich unter Zurücklassung ihres gesamten Vermögens, das
»durch die zuständigen Regierungspräsidenten« erfaßt wurde.
Auf »Befehl des Reichsführers-SS« hatten die Staatspolizeileitstellen in Karlsruhe, Neustadt a. d. Hardt und Saarbrücken die
Aktion »im geheimen vorzubereiten und durchzuführen«. »Der
Vorgang der Aktion selbst wurde von der Bevölkerung kaum
wahrgenommen«, hieß es denn auch befriedigt in einem von

[114] Vgl. auch die von P. O. Schmidt (Statist auf diplomatischer Bühne. Bonn 1949, S. 485) berichtete
Äußerung Hitlers über Madagaskar zu Mussolini am 17. Juni 1940. IMT, Bd. XXIX, S. 378, 405
(12. u. 25. Juli 1940).
[115] Am 24. Juli 1942; H. Picker, Hitlers Tischgespräche im Führerhauptquartier 1941/42, hrsg.
v. P. E. Schramm. Stuttgart 1963, S. 471.
[116] »Der Führer ordnete die Abschiebung ... an«, beginnt das vom Referat IV D 4 (Eichmann)
entworfene Schreiben Heydrichs an das Auswärtige Amt vom 29. Oktober 1940. Ähnlich in zwei
Aufzeichnungen des Ausw. Amtes vom 31. Oktober und 25. November 1940 (Rademacher und
Luther). Hierzu und zum folgenden: Nürnbg. Dok. NG-4933 und 4934.

Heydrich gezeichneten Schreiben Eichmanns, dem die Organisation des Transports oblag. Die wiederholten Vorstellungen der französischen Regierung, welche die Rückübernahme der Abgeschobenen unter Erstattung der entstandenen Kosten verlangte, ließ Ribbentrop »dilatorisch behandeln«. Sie blieben erfolglos, wenn sie auch dazu beigetragen haben mögen, daß weitere anscheinend geplante Deportationen deutscher Juden (zum Beispiel aus Hessen) in das unbesetzte Frankreich (mit dem gedachten Endziel Madagaskar?) nicht mehr erfolgten. Die Überlebenden der »Bürckel-Aktion« aber, welche die Vichy-Regierung in die Lager Les Milles bei Aix-en-Provence, sowie Gurs und Rivesaltes vor den Pyrenäen geschickt hatte, traten nach der völligen Besetzung Frankreichs im Herbst 1942 ebenfalls den Weg nach Auschwitz an. – Als weitere Deportation folgte im Februar/März 1941 die von über 5000 Wiener Juden in das Generalgouvernement.

Hier hatte sich die von Heydrich ursprünglich befohlene Konzentrierung und Ghettoisierung in der geplanten Form und namentlich kurzfristigen Terminierung nicht durchführen lassen. Wohl wurde eine Reihe von »gesetzgeberischen« und verwaltungstechnischen Voraussetzungen dafür relativ bald geschaffen. So erfolgten am 26. Oktober beziehungsweise 12. Dezember 1939 für alle Juden im Alter von 14 bis 60 Jahren die grundsätzliche Einführung des *Arbeitszwangs* (wenn auch nur ein Teil Arbeitsgelegenheit fand), am 23. November 1939 (nach örtlichen Vorläufern) der generelle Befehl zur *Kennzeichnung* (auch der Geschäfte) »mit dem Zionsstern«, am 28. November 1939 die Verordnung über die Einsetzung von »*Judenräten*« in jeder Gemeinde; ferner am 11. Dezember 1939 die praktische Aufhebung der Freizügigkeit und am 26. Januar 1940 das Verbot der Benutzung der Eisenbahn[117]. Erst am 13. September 1940 hingegen erging (freilich ebenfalls nach örtlichen Vorläufern) Franks Rahmenverordnung über »*Aufenthaltsbeschränkungen*« – im Sinne der Bildung von Ghettos. Für deren Errichtung und Oberleitung waren (vorerst) zivile Stellen zuständig, nämlich der Stadthauptmann, der Kreishauptmann, der Chef des Distrikts oder der Leiter der Abteilung Innere Verwaltung im Amt des Generalgouverneurs, je nach der Rechtsstellung des Ortes beziehungsweise dem Geltungsbereich der beabsichtigten An-

---

[117] Verordnungsblatt des Generalgouverneurs für die besetzten polnischen Gebiete, 1939, S. 6, 246 ff., 61 f., 72 f., 231; 1940, I, S. 45. (Das Verbot der Bahnbenutzung war praktisch unhaltbar.) – Zum folgenden: ebd., S. 288.

ordnung. Unter ihnen fungierten als eigentliche Leitung die »Ghettoverwaltung« (in Warschau »der Kommissar für den jüdischen Wohnbezirk«) und schließlich der »Judenrat« mit seinem Vorsitzenden. Statt einer schnellen und mehr oder weniger gleichzeitigen Zusammenziehung der Juden vom Lande in größeren Städten kam es dann nach und nach – im Fall Warschau offenbar auch durch die »Reservat-Pläne« von Lublin und Madagaskar verzögert – zur Bildung einiger *Großghettos*. Das erste und am längsten (bis zum Sommer 1944) bestehende im bisherigen polnischen Gesamtgebiet war merkwürdigerweise das Ghetto in dem zum Reiche geschlagenen *Lodz-Litzmannstadt*, das Ende April 1940 »geschlossen« wurde. Weitere Großghettos entstanden im Generalgouvernement im Oktober/November 1940 vor allem in *Warschau* (mit allein schließlich über 400 000 Juden), im März 1941 in *Krakau*, im April in *Lublin* und *Radom* und im Dezember dann auch in *Lemberg*, dessen Ghetto jedoch erst wesentlich später geschlossen wurde, soweit von Schließung überhaupt die Rede sein konnte. Interne Umsiedlungen im Generalgouvernement ließen die Zahl der Insassen der Großghettos hier und dort abnehmen, meist jedoch trotz des ungeheuren Sterblichkeitsgrades[118] zunächst noch anschwellen. Schon vor Warschau, namentlich aber ihm folgend, wurden (mitunter einfach durch »Schließung« überwiegend jüdischer Ortschaften) viele kleinere Ghettos gebildet, von denen ein Großteil – neben zahlreichen Juden-Arbeitslagern – vorerst bestehen blieb. Dem seit etwa 1938 gesteigerten Bestreben entsprechend, »den Strafvollzug« in den Konzentrationslagern »wirtschaftlicher« (produktiver) zu gestalten[119], begann namentlich der in der Judenfrage mit besonderen Vollmachten ausgestattete SS- und Polizeiführer des Distrikts Lublin, *Globocnik*, mittels SS-eigener Juden-Arbeitslager sich unternehmerisch zu betätigen[120]. Andererseits zeigte sich bereits im Mai 1940, daß die Sicherheitspolizei des Generalgouvernements – der die »ungeregelte« Verwendung von Juden in privaten deutschen Betrieben ein Dorn im Auge war – danach strebte, die Judenräte und damit den Arbeitseinsatz unter ihre alleinige Herrschaft zu bringen[121].

[118] In Warschau (470 000 Insassen) starben 1941: 44 630, in den ersten neun Monaten d. J. 1942: 37 462 Menschen; in Lodz (ursprünglich 160 000 Insassen) vom 1. Mai 1940 bis 30. Juni 1942: 29 561 Menschen; im ganzen in Ghettos und Arbeitslagern vermutlich ein Fünftel der polnischen Juden, d. h. über 500 000 Menschen. Hilberg, a. a. O., S. 173 f.
[119] Vgl. Nürnbg. Dok. NO-542 und 1016.
[120] Vgl. Broszat, a. a. O., S. 66, und Enno Georg, Die wirtschaftlichen Unternehmungen der SS. Schriftenreihe der Vierteljahrshefte für Zeitgeschichte 7, Stuttgart 1963, S. 90 ff.
[121] Vgl. IMT, Bd. XXIX, S. 451 ff.

Die »Endlösung«

1. Der Entschluß und seine Durchführung im besetzten sowjetrussischen Gebiet

Der Zeitpunkt, in dem Hitler die physische Ausrottung der Juden beschloß, läßt sich nach den vorhandenen Zeugnissen nicht genau angeben. Nach dem mit Vorsicht aufzunehmenden Bericht Felix Kerstens, des finnischen Masseurs von Himmler, über (nachträgliche) Erzählungen seines Patienten hätte Hitler, von Goebbels und Bormann beeinflußt, unmittelbar nach dem Frankreich-Feldzug im Sommer 1940 Himmler die etappenweise Vernichtung der Juden befohlen[122]. Bedenkt man jedoch, daß höchstwahrscheinlich Hitler selbst noch im Oktober 1940 die Abschiebung der badischen und saarpfälzischen Juden ins unbesetzte Frankreich verfügte, so erscheint der genannte Zeitpunkt für einen festen Entschluß als zu früh angesetzt. Soviel aber ist sicher: je mehr Hitlers Plan ausreifte, mit Sowjetrußland den letzten möglichen Gegner auf dem europäischen Kontinent niederzuwerfen, desto stärker beschäftigte ihn auch der Gedanke – der ihm längst als »Maximallösung« vorschweben mochte –, die Juden in seinem Herrschaftsbereich auszurotten. Spätestens im März 1941, als er mit der Absicht herauskam, die politischen Kommissare der Roten Armee erschießen zu lassen[123], dürfte er daher auch den geheimen Befehl zur Ausrottung der Juden erteilt haben, einen Befehl, der – entgegen verschiedenen Aussagen – wohl niemals schriftlich niedergelegt worden ist. Praktisch sollte es sich zunächst darum handeln, durch die dem Heer wiederum »dichtauf« folgenden *Einsatzgruppen* der Sicherheitspolizei und des SD – vier an der Zahl (A, B, C, D) und, wie immer, in Einsatzkommandos und Sonderkommandos untergliedert – die im besetzten Gebiet vorgefundenen Juden dortselbst zu erschießen. Wie gesagt, bestand das *Führungspersonal* der Einsatzgruppen aus Angehörigen des SD und der Sicherheitspolizei (d.h. Gestapo und Kriminalpolizei). Die Gesamtstärke der einzelnen Einsatzgruppe schwankte zwischen 500 und 1000 Mann; außer dem Führungs- und dem technischen Personal (Kraftfahrern, Dolmetschern, Funkern usw.) waren

---

[122] Vgl. die holländische Ausgabe der Memoiren Kerstens, Klerk en Beul. Amsterdam 1948, S. 197 ff. – Ähnlich (ohne den Zeitpunkt) ders., Totenkopf und Treue. Hamburg 1952, S. 201, und The Kersten Memoirs 1940–1945. London 1956, S. 161 ff.
[123] Vgl. H. Uhlig, Der verbrecherische Befehl. Beilage B XXVII/57 zur Wochenzeitung ›Das Parlament‹ vom 17. Juli 1957, S. 431 f. und oben, S. 143 ff.

ihr als Waffenträger unter anderem zugeteilt Angehörige der Ordnungspolizei und der Waffen-SS. Die Einsatzgruppe A beispielsweise zählte im Herbst 1941 bei 990 Mann Gesamtstärke 133 Mann von der Ordnungspolizei und 340 Mann von der Waffen-SS[124]. Unterstützen ließen sich die Einsatzgruppen durch örtlich aufgestellte einheimische Milizkräfte. Formaler Ausgangspunkt der Betätigung der Einsatzgruppen waren die auf Hitlers Befehl von dem Chef des Oberkommandos der Wehrmacht, Generalfeldmarschall Keitel, erlassenen ›*Richtlinien auf Sondergebieten zur Weisung Nr. 21* (Fall Barbarossa)‹ vom 13. März 1941, wo es in der von Hitler selbst redigierten[125] Ziffer 2 b heißt:

»Im Operationsgebiet des Heeres erhält der *Reichsführer*-SS zur Vorbereitung der *politischen Verwaltung Sonderaufgaben im Auftrage des Führers*[126], die sich aus dem endgültig auszutragenden Kampf zweier entgegengesetzter politischer Systeme ergeben. Im Rahmen dieser Aufgaben handelt der Reichsführer-SS selbständig und in eigener Verantwortung. Im übrigen [!] wird die dem Ob[erbefehlshaber] d[es] H[eeres] und den von ihm beauftragten Dienststellen übertragene vollziehende Gewalt nicht berührt. Der Reichsführer-SS sorgt dafür, daß bei Durchführung seiner Aufgaben die Operationen nicht gestört werden. Näheres regelt das OKH [Oberkommando des Heeres] mit dem Reichsführer-SS unmittelbar.«

In anschließenden Verhandlungen des Generalquartiermeisters Wagner mit dem Chef der Sicherheitspolizei und des SD, Heydrich (als Vertreter Himmlers), kam es am 26. März zu einem Befehlsentwurf des Oberkommandos des Heeres über die Betätigung der Einsatzgruppen im Operationsgebiet, der unverändert unter dem *28. April 1941* von Generalfeldmarschall von Brauchitsch, dem Oberbefehlshaber des Heeres, als Befehl herausgegeben wurde[127]. Es kann also nach dem 26. März nicht mehr viel darüber verhandelt worden sein, die Angabe des SS-Führers Schellenberg vom Amt VI des Reichssicherheitshaupt-

[124] Vgl. die (ungedruckte) Anlage 1a, ›Gesamtstärke der Einsatzgruppe A‹ (graphische Darstellung) zum Gesamtbericht des SS-Brigadeführers Dr. Stahlecker vom 15. Oktober 1941. Nürnbg. Dok. L-180: IMT, Bd. XXXVII, S. 670–717.
[125] W. Warlimont, Im Hauptquartier der deutschen Wehrmacht 1939–1945. Frankfurt/Main 1962, S. 167, insbes. S. 169 und 172.
[126] Nürnbg. Dok. PS-447; IMT, Bd. XXVI, S. 54. Die letzten vier Worte vom Verfasser hervorgehoben. Vgl. auch das Gutachten von H. Buchheim über die SS als Herrschaftsinstrument, Bd. 1 der vorliegenden Publikation, S. 72 ff.
[127] Nürnbg. Dok. NOKW 256 und 2080.

amts, eines damals Beteiligten, die Verhandlungen hätten erst im Mai stattgefunden[128], ist ohne jeden Zweifel irrig.

Nach dem Wortlaut des Befehls sollten die Einsatzgruppen im Operationsgebiet ihre »besonderen« sicherheitspolizeilichen Aufgaben »in eigener Verantwortlichkeit« durchführen und waren auch »berechtigt, im Rahmen ihres Auftrages in eigener Verantwortung gegenüber der Zivilbevölkerung Exekutivmaßnahmen zu treffen«. Das Operationsgebiet war eingeteilt in: 1. das Gefechtsgebiet, (dahinter:) 2. das rückwärtige Armeegebiet, (dahinter:) 3. das rückwärtige Heeresgebiet. Im *rückwärtigen Armeegebiet* waren die Einsatzgruppen »hinsichtlich *Marsch, Versorgung und Unterbringung*« den Armeen unterstellt, dagegen disziplinär, gerichtlich und auch *fachlich* (d.h. bezüglich des eigentlichen Inhalts ihrer Aufgaben) dem Chef der Sicherheitspolizei und des SD, also Heydrich. Das gleiche galt für das dahinterliegende *rückwärtige Heeresgebiet*, nur daß *hier* deutlicher (als für das rückwärtige Armeegebiet) ausgesprochen wurde, daß die Einsatzgruppen dem Beauftragten des Chefs der Sicherheitspolizei beim Befehlshaber des rückwärtigen Heeresgebiets, d.h. dem Einsatzgruppenführer, unterstehen sollten. Ein Vorbehalt war von militärischer Seite in die Abmachung insofern eingebaut worden, als festgelegt wurde, daß im (weiter vorn liegenden) rückwärtigen *Armeegebiet* der jeweilige Armeeoberbefehlshaber berechtigt war, den Einsatzgruppen »Weisungen zu geben, die zur Vermeidung von Störungen der [militärischen] Operationen erforderlich« sein würden. Der Befehlshaber des rückwärtigen *Heeresgebiets* durfte allerdings nur »bei Gefahr im Verzuge« . . . einschränkende »Weisungen« erteilen. Es waren Handhaben, von denen seitens der militärischen Führer in der kommenden Zeit mindestens sehr wenig Gebrauch gemacht worden ist.

Daß zu den Aufgaben der Einsatzgruppen die Erschießung aller Juden gehören würde, davon war in diesem auf einer Abrede mit Heydrich beruhenden Befehl Brauchitschs nirgends die Rede. (Die Erörterung der Frage, ob und wie weit die militärischen Stellen dies etwa trotzdem wissen oder ahnen konnten, gehört nicht in den Zusammenhang dieses Gutachtens.) Den Führern der Einsatzgruppen selbst jedoch ist bei der Zusammenstellung ihrer Formationen im Mai 1941 Aussagen Beteiligter zufolge *der geheime Befehl zur Erschießung aller Juden mündlich*

---

[128] IMT, Bd. XXXII, S. 472.

erteilt worden[129]. Nach dem Zeugnis des Einsatzgruppenführers Ohlendorf galt der »Liquidierungsbefehl«, wie er sich ausdrückte, der »Tötung aller erfaßten rassisch und politisch unerwünschten Elemente, die als die Sicherheit gefährdend bezeichnet« worden seien[130]; und nach den im Nürnberger Einsatzgruppenprozeß getroffenen Feststellungen bezog sich dieser Befehl schließlich auf vier Hauptgruppen: *kommunistische Funktionäre*, sogenannte »*Asiatisch-Minderwertige*«, *Zigeuner* und *Juden*.

In einer erst neuerdings zugänglich gewordenen *schriftlichen* Mitteilung an die vier Höheren SS- und Polizeiführer Jeckeln, von dem Bach-Zelewski, Prützmann und Korsemann vom 2. Juli 1941, in welcher Heydrich diesen »in gedrängter Form« die von ihm »den Einsatzgruppen und -kommandos« bereits unmittelbar gegebenen »grundsätzlichen Weisungen« zur Kenntnis gab, heißt es zwar unter:

»*4. Exekutionen*

Zu exekutieren sind alle

Funktionäre der Komintern (wie überhaupt die kommunistischen Berufspolitiker schlechthin),

die höheren, mittleren und radikalen unteren Funktionäre der Partei, der Zentralkomitees, der Gau- und Gebietskomitees,

Volkskommissare,

Juden in Partei- und Staatsstellungen,

sonstigen radikalen Elemente (Saboteure, Propagandeure, Heckenschützen, Attentäter, Hetzer usw.),

soweit sie nicht [sic] nicht im Einzelfall nicht oder nicht mehr benötigt werden, um Auskünfte in politischer oder wirtschaftlicher Hinsicht zu geben, die für die weiteren sicherheitspolizeilichen Maßnahmen oder für den wirtschaftlichen Wiederaufbau der besetzten Gebiete besonders wichtig sind.

. . .

Den Selbstreinigungsversuchen antikommunistischer oder antijüdischer Kreise in den neu zu besetzenden Gebieten sind keine Hindernisse zu bereiten. Sie sind im Gegenteil, allerdings *spurenlos*, zu *fördern*, ohne daß sich diese örtlichen ›Selbstschutz‹-Kreise später auf Anordnungen oder gegebene politische Zusicherungen berufen können.

[129] IMT, Bd. IV, S. 350 und XXXI, S. 39 (Ohlendorf, 5. November 1945 und 3. Januar 1946); dazu Nürnbg. Dok. NO-4145 (Dr. Walter Blume, 29. Juni 1947).
[130] Nürnbg. Dok. NO-2890 (24. April 1947).

Besonders sorgfältig ist bei Erschießungen von Ärzten und sonstigen in der Heilkunde tätigen Personen vorzugehen . . .«[131]

Daß trotz dieser *schriftlichen* Mitteilung an die genannten vier Höheren SS- und Polizeiführer, in welcher von der Exekution lediglich aller Juden »in Partei- und Staatsstellungen« die Rede ist, den Einsatzgruppen eine *mündliche* Weisung zur Erschießung *aller* Juden überhaupt erteilt wurde, unterliegt keinem Zweifel. Nicht nur hatte (abgesehen von den erwähnten Zeugnissen) nach den Angaben eines Sonderkommandoführers Heydrich selbst schon im Juni 1941 vor den Einsatzgruppen- und Einsatzkommandoführern (». . . in kleinem Kreise«) erklärt, »daß das Ostjudentum das Reservoir des Bolschewismus sei und deshalb, nach Ansicht des Führers, vernichtet werden« müsse[132]. Bereits im Entwurf der ›Richtlinien für die [mit Zustimmung des OKW] in die Stalags [Kriegsgefangenen-Stammlager] abzustellenden Kommandos des Chefs der Sipo und des SD‹ vom *28. Juni 1941* – der am 17. Juli in diesem Punkte unverändert als Einsatzbefehl Nr. 8 des Chefs der Sicherheitspolizei und des SD herausging – waren unter die aus den sowjetischen Kriegsgefangenen zur Erschießung auszusondernden »Elemente« neben den kommunistischen Funktionären »alle Juden« gerechnet worden[133]. Ferner heißt es in dem Gesamtbericht der Einsatzgruppe A vom 15. Oktober 1941, daß die Sicherheitspolizei »*befehlsgemäß*« entschlossen gewesen sei, »die Judenfrage mit allen Mitteln und aller Entschiedenheit zu lösen«; und an einer anderen Stelle noch deutlicher: daß »die sicherheitspolizeiliche Säuberungsarbeit *gemäß den grundsätzlichen Befehlen* eine möglichst *umfassende Beseitigung der Juden* zum Ziel« hatte[134]. (Wobei man Heydrichs Weisungen entsprechend »schon in den ersten Stunden nach dem Einmarsch« – wenn dies auch »überraschenderweise zunächst nicht einfach« war, wie berichtet wird – »ein-

[131] Chef der Sicherheitspolizei und des SD, B Nr. IV – 1180/41 geh. Rs; Berlin, den 2. Juli 1941, Geheime Reichssache! – Fotokopie der Abschrift im Bundesarchiv, Koblenz (»spurenlos« im Original hervorgehoben).

[132] Aussage Dr. Walter Blumes, vgl. Anm. 129.

[133] Nürnbg. Dok. PS-078, Fotokopie der Abschrift im Institut für Zeitgeschichte, München (Hervorhebungen vom Verf.). Dazu PS-502: IMT, Bd. XXVI, S. 111 ff.

[134] IMT, Bd. XXXVII, S. 672, 687 (Hervorhebungen vom Verf.). Vgl. auch den Bericht der Einsatzgruppe A von Anfang 1942: »Die systematische Säuberungsarbeit im Ostland umfaßte gemäß den grundsätzlichen Befehlen die möglichst restlose Beseitigung des Judentums . . . Die endgültige und grundlegende Beseitigung der nach dem Einmarsch der Deutschen im *weißruthenischen Raum* verbliebenen Juden stößt auf gewisse Schwierigkeiten.« (Ein Teil als Facharbeiter noch unentbehrlich; starker Frost erschwerte »Massenexekutionen«; Juden über das Land »weit verstreut. Trotzdem wurden bisher 41 000 Juden erschossen«.) Ebenda, Bd. XXX, S. 76, 79. Hervorhebungen vom Verfasser.

heimische antisemitische Kräfte zu Pogromen gegen die Juden veranlaßte«, »ohne daß nach außen . . . eine deutsche Anregung erkennbar wurde«.[135]) Überdies sprechen die Tatsachen selbst unmißverständlich. So ließ nach einem ebenfalls erst neuerdings verfügbaren Dokument das in Litauen eingesetzte Einsatzkommando 3 der Einsatzgruppe A am 4. Juli 1941 – d.h. bereits zwei Tage nach Aufnahme seiner Tätigkeit und zwei Tage nach jenem (den Personenkreis bezeichnenden) schriftlichen Erlaß Heydrichs an die Höheren SS- und Polizeiführer – durch litauische Partisanen in Kowno (»Fort VII«) 416 Juden und 47 Jüdinnen erschießen[136]. Seit dem 15. August 1941 erschoß das Einsatzkommando (laut seiner »Gesamtaufstellung«) fast täglich auch jüdische Kinder; so am 29. August 1941 in Utena und Moletai neben 582 Juden und 1731 Jüdinnen allein »1469 Judenkinder«. Unter »Exekutionen bis zum 1. Februar 1942« (die tatsächlich jedoch bis 25. November 1941 »durchgeführt« worden waren) verzeichnete es 1064 Kommunisten, nur 56 Partisanen, 653 Geisteskranke, 44 Polen, 28 russische Kriegsgefangene, 5 Zigeuner, 1 Armenier – aber 136421 Juden! Diese Zahl findet sich in einem Gesamtbericht der Einsatzgruppe A wieder, der bereits 229052 exekutierte Juden verzeichnet[137]. Einsatzgruppe B meldete bis 14. November 1941 Erschießungen von 45467, Gruppe C bis Anfang Dezember 1941 von 95000, Gruppe D bis 8. April 1942 von 92000 Juden, Himmler selbst an Hitler am 20. Dezember 1942 aus den Monaten August bis November in der Ukraine, Südrußland und dem Bezirk Bialystok die Erschießung von weiteren 363211 Juden, so daß man (zumal hier namentlich Weißrußland ab 1942 fehlt) im ganzen mit über einer Million allein durch die Einsatzgruppen und ihre Hilfskräfte (Polizei und einheimische »Milizen«) ermordeter Juden zu rechnen haben wird[138]. Kann

[135] Ebenda, Bd. XXXVII, S. 672, 682.
[136] Der Führer des Einsatzkommandos 3, Standartenführer Jäger, bemerkt wörtlich: »Auf meine Anordnung und meinen Befehl durch die lit. Partisanen durchgeführten [sic] Exekutionen: . . .« Daß es sich hierbei schon nicht mehr um einen der angestifteten Pogrome handelte, läßt Jägers Vermerk am Schluß seiner »Gesamtaufstellung« erkennen: »Vor Übernahme der sicherheitspolizeilichen Aufgaben durch das EK. 3, 4000 Juden durch Pogrome [sic] und Exekutionen – ausschließlich von Partisanen liquidiert.« – Fernschreiben Nr. 412 des Einsatzkommandos 3 »an die Gruppe A in Riga« (Text handschriftlich) vom 9. Februar 1942 (Antwort auf deren abschriftlich beiliegendes Fernschreiben vom 6. Februar 1942, das Zahlenangaben angefordert hatte); ferner beiliegend: »Gesamtaufstellung der im Bereich des EK. 3 bis zum 1. Dez. 1941 durchgeführten Exekutionen«, Geheime Reichssache; Fotokopien im Bundesarchiv, Koblenz.
[137] Undatierter Bericht der Einsatzgruppe A, vermutlich von Februar 1942 (vgl. Anm. 134). IMT, Bd. XXX, S. 72.
[138] Vgl. die Zusammenstellung der (auch im Institut für Zeitgeschichte vorhandenen) Belege bei Hilberg, a. a. O., S. 256, Fußnote 85.

es erstaunen, wenn ein Angehöriger einer deutschen wehrwirt-
schaftlichen Dienststelle in der Ukraine von der Gesamtaktion
der Einsatzgruppen schrieb, sie sei »in der Massenhaftigkeit der
Hinrichtungen so gigantisch wie bisher keine in der Sowjetunion vorgenommene gleichartige Maßnahme«? Und das, obwohl, wie der Berichterstattet schrieb, die jüdische Bevölkerung
»von vornherein ängstlich-willig« gewesen sei, daß die Juden
natürlich die deutsche Verwaltung und Armee haßten, es aber
nicht beweisbar sei, daß sie »auch nur in größerem Umfang an
Sabotageakten u. a. beteiligt waren«; wie man auch nicht behaupten könne, daß sie »irgendeine Gefahr für die deutsche
Wehrmacht« darstellten[139]. In den erhalten gebliebenen einzelnen »Ereignismeldungen« der Einsatzgruppen finden sich
jeweils Angaben über den »Stand der Liquidierungen«, wie es
bezeichnend heißt. Von Bericht zu Bericht steigt deren Ziffer,
erhöht sich auf Zehntausende, Hunderttausende – bis über eine
Fülle von Einzelsummen hinweg eine zunächst unglaubhaft
erscheinende Gesamtzahl dem rechnenden Verstand in glei-
chem Maße als unabweisbar sich aufdrängt, wie sie sich mensch-
lichem Empfinden als nicht mehr faßbar entzieht.
Wie sehr die summarischen Exekutionen der Einsatzgruppen
den Vorstellungen Hitlers entsprachen, kommt mit seltener
Klarheit in dessen »ungezwungenen« Bemerkungen bei einer
grundlegenden Besprechung über die künftige Besatzungs-
politik vom 16. Juli 1941 mit Rosenberg, Lammers, Keitel,
Göring und Bormann zum Ausdruck. Hitler gebot dabei sorgfältige *Tarnung* seiner Absicht, die eroberten russischen Gebiete
nie wieder herauszugeben, und fuhr fort: »Alle notwendigen
Maßnahmen – Erschießen, Aussiedeln usw. – tun wir trotzdem
und können wir trotzdem tun . . . Der Riesenraum«, so hieß
es zum Thema »Sicherung der Verwaltung«, »müsse natürlich
so schnell wie möglich befriedet werden; dies geschehe am
besten dadurch, daß man jeden, der nur schief schaue, tot-
schieße.« Im übrigen: der Partisanenkrieg, den die Russen jetzt
befohlen hätten, habe »auch wieder seinen Vorteil: er gibt uns
die Möglichkeit, auszurotten, was sich gegen uns stellt«.[140]
Als ein Ergebnis der erwähnten grundlegenden Besprechung
erging am 17. Juli 1941 – neben einem Erlaß Hitlers, der den
künftigen Übergang der Verwaltung der besetzten Teile So-

---

[139] Bericht vom 2. Dezember 1941 an General Thomas (Chef des Wehrwirtschafts- und Rüstungsamtes im OKW). IMT, Bd. XXXII, S. 72 ff.
[140] IMT, Bd. XXXVIII, S. 87 f., 92.

wjetrußlands von den militärischen auf zivile Dienststellen zum Gegenstand hatte – ein »Erlaß des Führers über die polizeiliche Sicherung der neu besetzten Ostgebiete«[141]. Unter der Etikette »Sicherung« erhielt Himmler dadurch, wie zuvor bereits gegenüber dem Heer, nun auch gegenüber der künftigen Zivilverwaltung (praktisch sogar einschließlich des Reichsministers für die besetzten Ostgebiete, Alfred Rosenberg, selbst!) eine Sonderstellung und damit Bewegungsfreiheit für seine Exekutivorgane. Der Erlaß lautet:

»I.

Die polizeiliche Sicherung der neu besetzten Ostgebiete ist Sache des Reichsführers-SS und Chefs der Deutschen Polizei.

II.

Nach Einführung der Zivilverwaltung in diesen Gebieten ist der Reichsführer-SS berechtigt, den Reichskommissaren im Rahmen seiner unter I bezeichneten Aufgabe Weisungen zu erteilen. Sofern diese Weisungen allgemeiner Art oder von politisch grundlegender Bedeutung sind, sind sie über den Reichsminister für die besetzten Ostgebiete zu leiten. Es sei denn, daß es sich um die Abwendung einer unmittelbar drohenden Gefahr handelt.

III.

Zur Durchführung der polizeilichen Sicherung tritt zu jedem Reichskommissar ein Höherer SS- und Polizeiführer, der dem Reichskommissar unmittelbar und persönlich unterstellt ist.

Den Generalkommissaren, den Haupt- und Gebietskommissaren werden Führer der SS und der Polizei zugeteilt, die ihnen unmittelbar und persönlich unterstehen.«

In welcher Form und welchem Umfang Himmler seine »Sicherungsaufgabe« auszulegen und zur Beteiligung anderer Dienststellen geltend zu machen pflegte, mag vorwegnehmend sein Schreiben vom 20. Januar 1943 an den Staatssekretär des Reichsverkehrsministeriums, Dr. Ganzenmüller, aufzeigen, in dem es heißt:

»Eine Voraussetzung für die Befriedung des Generalgouvernements, von Bialystok und von den russischen Gebieten ist der *Abtransport* der ganzen *Bandenhelfer* und Bandenverdächtigen. Dazu gehört auch in erster Linie der Abtransport der *Juden*. Ebenso gehört der Abtransport der Juden *aus dem Westen* dazu, da wir sonst in diesen Gebieten ebenfalls mit einer Erhöhung der Anschläge zu rechnen haben.

---

[141] Nürnbg. Dok. PS-1997 (auch NG-1688). Vgl. IMT, Bd. XXIX, S. 234 ff.

Hier brauche ich Ihre Hilfe und Ihre Unterstützung. Ich muß, wenn ich die Dinge rasch erledigen will, mehr Transportzüge bekommen. Ich weiß sehr wohl, wie angespannt die Lage für die Bahn ist und welche Forderungen an Sie immer gestellt werden. Trotzdem muß ich an Sie die Bitte richten: Helfen Sie mir und verschaffen Sie mir mehr Züge.«[142]

Daß in Wirklichkeit keineswegs Erwägungen der Sicherheit im besetzten Gebiet für Hitlers Befehl zur Ausrottung der Juden bestimmend waren, sondern rassisch-ideologische Motive, dürfte allein schon der Fall der Krimtschaken lehren. Während die Karaimen, welche nur der jüdischen Religion angehörten, verschont blieben, wurden nach dem Zeugnis Ohlendorfs auf Grund seiner Rückfrage in Berlin die Krimtschaken, welche den jüdischen Glauben nicht oder nicht mehr ausübten, als »rassisch einwandfreie Juden« in die Vernichtung einbezogen![143] Wenn aber über Leben oder Tod eines Volkssplitters die Beantwortung einer rassischen Doktorfrage entschied, so konnten Erwägungen der *Sicherheit* wohl keine maßgebende Rolle spielen – wie denn auch die Frage, ob denn dieser Stamm irgendwelche Anzeichen von Gefährlichkeit für die deutsche Besatzung gezeigt hatte, gar nicht zur Erörterung kam.

Im folgenden sollen neben Grundsatz und Geist der Vernichtungspolitik nur ihre wichtigsten Etappen charakterisiert werden. Das Stadium des *Übergangs* sozusagen zur »Endlösung« kennzeichnet ein Erlaß des Reichssicherheitshauptamts (IV B 4b) an alle Staatspolizeileitstellen und den Beauftragten des Chefs der Sicherheitspolizei und des SD für Belgien und Frankreich vom 20. Mai 1941. Danach war »gemäß einer Mitteilung des Reichsmarschalls« Göring die Judenauswanderung aus dem Reichsgebiet einschließlich Protektorat Böhmen und Mähren »auch während des Krieges verstärkt im Rahmen der gegebenen Möglichkeiten ... durchzuführen«. In Anbetracht der Tatsache jedoch, daß durch eine Auswanderung von Juden aus Frankreich und Belgien die ohnehin ungenügenden Ausreisemöglichkeiten für Juden aus dem Reichsgebiet noch mehr geschmälert würden, »*und im Hinblick auf die zweifellos kommende Endlösung der Judenfrage*« sei »die Auswanderung von Juden aus Frankreich und Belgien zu verhindern«. Im übrigen, so hieß es schließlich, sollte auch eine Auswanderung von Ju-

[142] Nürnbg. Dok. NO-2405 (Fotokopie im Institut für Zeitgeschichte, München). – Hervorhebungen vom Verfasser.
[143] Militärgericht Nürnberg, Fall XI (Einsatzgruppenprozeß), dtsch. Protokoll, S. 625 f., 634 ff. – NO-4787, NOKW 1631.

den aus dem Reichsgebiet in das unbesetzte Frankreich »in besonders gelagerten Fällen, zum Beispiel Übersiedlung mittelloser Juden« gestattet, »eine Einwanderung von Juden in die von uns besetzten Gebiete« dagegen »im Hinblick auf die zweifellos kommende Endlösung der Judenfrage« verhindert werden[144]. Deutschen Juden blieben nach jener »Mitteilung Görings« – praktisch sehr schwache – Möglichkeiten zur Auswanderung vorläufig noch offen. Berücksichtigt man aber den doppelten Hinweis auf die »kommende Endlösung« sowie die Tatsache, daß etwa zur gleichen Zeit die Einsatzgruppen in ihren Aufstellungslagern den Befehl zur summarischen Erschießung der Juden im Osten erhielten und daß sie ihn alsbald nach Einmarsch in die Sowjetunion durchzuführen begannen, so kommt man wiederum zu dem Ergebnis, daß die »Endlösung« im Sinne der biologischen Vernichtung der Juden bereits im Frühjahr 1941 für Hitler beschlossene Sache war. Es bedeutet daher keinen im eigentlichen Sinne »historischen« Vorgang, sondern einen nur mehr formalen Akt – nämlich eine Art »Legalisierung« zwecks Ausstellung einer Vollmacht zur Heranziehung anderer, namentlich staatlicher Dienststellen –, wenn Göring (wiederum als Beauftragter für den Vierjahresplan) am 31. Juli 1941 an Heydrich in taktischer Anknüpfung an seinen erwähnten Erlaß vom 24. Januar 1939 das folgende, gleichwohl hochwichtige Schreiben richtete:

»Berlin, den 31. 7. 1941
Der Reichsmarschall des Großdeutschen Reiches
Beauftragter für den Vierjahresplan
Vorsitzender des Ministerrats für die Reichsverteidigung

An den Chef der Sicherheitspolizei
und des SD SS-Gruppenführer *Heydrich*
Berlin

In Ergänzung der Ihnen bereits mit Erlaß vom 24. 1. 39 übertragenen Aufgabe, die Judenfrage in Form der Auswanderung oder Evakuierung einer den Zeitverhältnissen entsprechend möglichst günstigen Lösung zuzuführen, beauftrage ich Sie hiermit, alle erforderlichen Vorbereitungen in organisatorischer, sachlicher und materieller Hinsicht zu treffen für eine Gesamtlösung der Judenfrage im deutschen Einflußgebiet in Europa.

[144] Nürnbg. Dok. NG-3104. Hervorhebungen vom Verfasser.

Sofern hierbei die Zuständigkeiten anderer Zentralinstanzen berührt werden, sind diese zu beteiligen.

Ich beauftrage Sie weiter, mir in Bälde einen Gesamtentwurf über die organisatorischen, sachlichen und materiellen Vorausmaßnahmen zur Durchführung der angestrebten Endlösung der Judenfrage vorzulegen.

gez. *Göring*«[145]

Wenn man einmal die Juden ausrotten wollte, dann war es freilich folgerichtig, wenn man nunmehr allen »halben« Maßnahmen absagte und eine Auswanderung hinfort verbot. So orientierte der Gestapochef Müller die Dienststellen der Sicherheitspolizei und des SD durch Runderlaß vom 23. Oktober 1941, Himmler habe angeordnet, »daß die *Auswanderung* von Juden mit sofortiger Wirkung zu verhindern ist«. Damit (in Anbetracht der eigenen, bei der Judenvernichtung angewandten Tarnsprache!) nur ja kein Irrtum entstand, fügte Müller in Klammern hinzu: »Die Evakuierungsmaßnahmen bleiben hiervon unberührt.« An der nunmehrigen Regelung, die auch den »in Frage kommenden innerdeutschen Behörden« mitgeteilt werden sollte, änderte es praktisch nichts, wenn es am Schluß des Erlasses hieß: »Lediglich in *ganz besonders gelagerten Einzelfällen*, zum Beispiel bei Vorliegen eines positiven Reichsinteresses, kann nach vorheriger Herbeiführung der Entscheidung des Reichssicherheitshauptamtes der Auswanderung einzelner Juden stattgegeben werden.«[146]

Bezeichnend für die Radikalität, mit der Himmler seinen Auftrag erfüllen wollte, ist auch die Tatsache, daß er jede Begrenzung des betroffenen Personenkreises durch eine nähere Festlegung des Begriffs »Jude« zu verhindern suchte. Obwohl die vorausgehenden Besprechungen im Ostministerium auf eine Ausweitung der Nürnberger Bestimmungen hinausliefen (indem als Juden [mindestens] Personen gelten sollten, die irgendwann der jüdischen Religionsgemeinschaft angehört oder auch nur einen diesem Kriterium entsprechenden jüdischen Elternteil hatten), gab Himmler seinem Verbindungsmann zum Ostministerium, SS-Gruppenführer Gottlob Berger, am 28. Juli 1942 die kategorische Weisung:

»Ich lasse dringend bitten, daß keine Verordnung über den

[145] Nürnbg. Dok. NG-2586/PS-710 (Fotokopie im Institut für Zeitgeschichte, München).
[146] Beweisdokument Nr. 1209, Eichmannprozeß (Fotokopie im Institut für Zeitgeschichte, München). Hervorhebungen im Original.

Begriff ›Jude‹ herauskommt. Mit all diesen törichten Festlegungen binden wir uns ja selbst nur die Hände. Die besetzten Ostgebiete werden judenfrei. Die Durchführung dieses sehr schweren Befehls hat der Führer auf meine Schultern gelegt. Die Verantwortung kann mir ohnedies niemand abnehmen. Also verbiete [sic] ich mir alles Mitreden[147].«

Für die etappenweise Durchführung der »Endlösung« hatte Hitler offenbar bereits seine Wünsche angemeldet. So heißt es in einem Schreiben Himmlers an den Gauleiter und Reichsstatthalter im Gau Wartheland, Greiser, vom 18. September 1941:

»Der Führer wünscht, daß möglichst bald das *Altreich* und das *Protektorat vom Westen nach dem Osten von Juden geleert* und befreit werden. Ich bin daher bestrebt, möglichst noch in diesem Jahr die Juden des Altreichs und des Protektorats zunächst einmal *als erste Stufe* in die vor zwei Jahren neu zum Reich gekommenen Ostgebiete zu transportieren, um sie im nächsten Frühjahr noch weiter nach dem Osten abzuschieben.«[148]

In den besetzten, ehemals sowjetischen Gebieten ging in den folgenden Monaten die *erste Phase der Massenerschießungen* zu Ende, wobei der Zeitpunkt je nach dem Termin der militärischen Besetzung regional schwankte[149]. Für die Mordaktion, namentlich gegen Frauen und Kinder, stellte das Reichssicherheitshauptamt den Einsatzgruppen schließlich auch *Gaswagen* zur Verfügung, die in Polen und Serbien gleichfalls Instrumente der »Endlösung« wurden. Nach den vorliegenden Zeugnissen sollen jedoch im russischen Osten die Exekutionskommandos die Gaswagen »abgelehnt« haben, weil die mit ihrer Verwendung verknüpften grauenhaften Begleiterscheinungen *für sie selbst* eine zu große »seelische Belastung« darstellten. Trotz der hohen Zahl der Opfer waren nach jener ersten Phase der Massenerschießung noch keineswegs alle Juden beseitigt. So kam es wiederum, wie in Polen, zur Kennzeichnung der Überlebenden mit dem gelben Stern (auf Brust und Rücken), zur Bildung von »Judenräten« und mit deren erzwungener Hilfe zur Registrierung, später unter Umständen zur »Konzentrierung« der Juden in größeren Orten. Es folgte, soweit nicht

---

[147] Nürnbg. Dok. NO-626; vgl. NG-5035 und NG-4848 (Fotokopien im Institut für Zeitgeschichte, München).
[148] Himmler-files, folder 94 (Mikrofilm im Institut für Zeitgeschichte, München). Hervorhebungen vom Verfasser.
[149] Vgl. (auch zum folgenden) insbesondere Hilberg, a. a. O., S. 219 ff. mit den dort verzeichneten Belegen.

ebenfalls schon von den Einsatzgruppen besorgt, die Errichtung von Ghettos, die auch hier vorerst zivilen Behörden unterstanden. Nach den *geheimen* »Richtlinien« des Reichskommissars für das Ostland, Lohse (der übrigens, ebenso wie im zunächst weiträumigen Operationsgebiet militärische Verwaltungsstellen, noch die Nürnberger Bestimmungen des Begriffs »Jude« anwandte), war den Insassen der Ghettos »nur soviel an Nahrungsmitteln zu überlassen, wie die übrige Bevölkerung entbehren kann, jedoch nicht mehr, als zur notdürftigen Ernährung ... ausreicht«. Überdies sollten, wie es in Lohses amtlicher, aber unmißverständlicher Sprache hieß, »weitere Maßnahmen, insbesondere der Sicherheitspolizei«, durch seine »*vorläufigen* Richtlinien nicht berührt« werden. Diese hätten vielmehr »nur die Aufgabe, dort und so lange Mindestmaßnahmen der General- oder Gebietskommissare sicherzustellen, wo und solange weitere Maßnahmen im Sinne der engültigen Lösung der Judenfrage nicht möglich sind«[150]. Natürlich fehlte es auch nicht an Bestimmungen über Anmeldung und Ablieferung des jüdischen Vermögens (das sich freilich in einem kommunistisch regierten Lande mehr oder weniger auf persönliche Habseligkeiten beschränkte), sowie über die Heranziehung zur Zwangsarbeit in »Arbeitskommandos« *außerhalb* der Ghettos, *in* den Ghettos, in Arbeitslagern, Rüstungsbetrieben oder »auch einzeln« in der »eigenen« Werkstatt – wobei, wie Lohses Richtlinien klarstellten, »die Vergütung ... nicht der Arbeitsleistung zu entsprechen« hatte! Im übrigen mußten selbst die Einsatzgruppen bisweilen (mit allem Vorbehalt!) zugeben, daß »es sich nicht vermeiden ließ, aus Gründen des erheblichen Facharbeitermangels jüdische Handwerker ... zur Vornahme dringender Instandsetzungsarbeiten ... vorerst noch am Leben zu lassen«[151]. Der unabweisbare Bedarf an qualifizierten Arbeitskräften, als welche sich die Juden erwiesen, ihre umfangreiche Verwendung auf wichtigen Posten, nicht zuletzt in Wehrmachtbetrieben, drohte sich zu einem Hindernis der fest beschlossenen »Endlösung« zu entwickeln, ließ Himmler hier wohl gar passiven Widerstand wittern. Und das, obwohl einige Feldmarschälle in eingehenden schriftlichen Appellen an die Truppe erklärten, der deutsche Soldat müsse »für die Notwendigkeit der harten, aber gerechten Sühne am jüdischen Untermenschentum

150 IMT, Bd. XXVII, S. 19 ff. Hervorhebung im Original.
151 Bericht der Einsatzgruppe C vom 19. November 1941, Nürnbg. Dok. NO-2832 (Fotokopie im Institut für Zeitgeschichte, München); vgl. auch NO-3146.

volles Verständnis haben«[152]. Immerhin ließ das Faktum eines solchen »Appells« auf geäußerte Kritik schließen. Und es war zwar ein seltener Fall, aber keine Einzelerscheinung, wenn ein zur Front entsandter Stabsoffizier der Heeresgruppe Mitte in einem *dienstlichen* Bericht im Dezember 1941 darauf hinwies, »daß die vorhandenen Tatsachen in vollem Umfange bekanntgeworden« seien, »daß die Erschießungen der Juden, der Gefangenen und der Kommissare fast allgemein im Offizierskorps abgelehnt« und »als eine Verletzung der Ehre der deutschen Armee« betrachtet würden[153].

Auch Himmler war in Anbetracht der Kriegserfordernisse gewillt, die verfügbaren jüdischen Arbeitskräfte nach Maßgabe der nur in Etappen durchführbaren »Endlösung« auszubeuten – wie dies im Generalgouvernement namentlich von dem Lubliner SS- und Polizeiführer Globocnik mit Hilfe »eigener« Juden-Arbeitslager in Gestalt industrieller SS-Unternehmungen betrieben wurde. Doch durfte dies den vorgesehenen schnellstmöglichen Ablauf der »Endlösung« und deren »kompromißlose« Durchführung keineswegs stören. Vergebens hofften die im Besitz der begehrten »Arbeitsbescheinigungen« befindlichen Juden, sich als »Spezialisten« unentbehrlich zu machen[154]. Schon im Dezember 1941 war ja einer Anfrage des Reichskommissars Lohse, ob »alle Juden im Ostland ohne Rücksicht auf Alter und Geschlecht und wirtschaftliche Interessen (zum Beispiel der Wehrmacht an Facharbeitern in Rüstungsbetrieben) liquidiert werden« sollten, selbst von seiten des Ostministeriums die Antwort zuteil geworden: »Wirtschaftliche Belange sollen bei der Regelung des Problems grundsätzlich unberücksichtigt bleiben.«[155] Unterdessen wurden (trotz entschiedener Gegenvorstellungen des Abwehrchefs Admiral Canaris) in sämtlichen Kriegsgefangenenlagern im deutschen Machtbereich, in denen sich sowjetische Gefangene befanden, die »untragbaren« Elemente, insbesondere Juden, im Einvernehmen mit der dem General Reinecke unterstehenden »Abteilung Kriegsgefangene« des OKW durch Einsatzkommandos zur Exekution »ausgesondert«[156]. – Im übrigen erleichterte die in den besetzten

---

[152] IMT, Bd. XXXV, S. 85 (Hervorhebung im Original); dazu Nürnbg. Dok. NOKW 309 und PS-4064 (Fotokopien im Institut für Zeitgeschichte, München).

[153] Dokument WB 1642, Manstein-Prozeß (Fotokopie im Institut für Zeitgeschichte, München).

[154] Nürnbg. Dok. NO-5655 (Fotokopie im Institut für Zeitgeschichte, München); Hilberg, a. a. O., S. 247 f.

[155] IMT, Bd. XXXII S. 435 ff.

[156] IMT, Bd. XXXVI, S. 317 ff.; Nürnbg. Dok. NO-3146 (Fotokopie im Institut für Zeitgeschichte, München).

russischen Gebieten erfolgte Konzentrierung der Juden in Ghettos natürlich jene »weiteren Maßnahmen«, von denen Lohse gesprochen hatte, nämlich die *zweite Serie von Massenerschießungen.* Sie wurde neben den teilweise als Dienststellen der »Befehlshaber« beziehungsweise »Kommandeure der Sicherheitspolizei und des SD« stationär gewordenen Einsatzgruppen und Einsatzkommandos vor allem von Einheiten der Ordnungspolizei und einheimischen Milizen besorgt. Juden waren von den beteiligten Heereseinheiten im Prinzip »dem SD zu übergeben«[157]. Und daß diese Massenerschießungen von Juden weitgehend als »Bandenbekämpfung« firmierten – obgleich Juden nur zu einem Bruchteil in Wald- und Sumpfgebiete geflüchtet und keineswegs alle Partisanen geworden waren (vielmehr eo ipso als »Bandenhelfer und Bandenverdächtige« galten) –, kam angesichts der zunehmenden Bedrohung des Hinterlandes der Truppe ihrer Durchführung psychologisch zugute. In der Hauptsache richteten sich die »Aktionen« allerdings gegen die Ghettos, die eines nach dem anderen dezimiert oder »ausgeräumt« wurden: Himmlers erwähnte Zählung von 363 211 in vier Monaten erschossenen Juden sagt hier genug[158]. Das Unbeschreibliche, das sich dabei in aller Regel ereignete, veranlaßte den Reichskommissar Lohse einmal zu der bezeichnenden Frage: »*Was ist dagegen Katyn?*«[159] Am 27. Oktober 1942 befahl Himmler die Vernichtung des letzten großen ukrainischen Ghettos in Pinsk – mit der Einschränkung, »1000 männliche Arbeitskräfte« dem Heer »für die Fabrikation der Holzhütten zu überstellen«, jedoch »nur in einem geschlossenen und sehr bewachten Lager«, andernfalls »auch diese 1000 zu vernichten«[160]. Und am 21. Juni 1943 erteilte er – im Einklang mit seinem Verfahren im Generalgouvernement, dem unser Bericht hier zeitlich vorgreift – für das Reichskommissariat Ostland folgenden generellen und abschließenden Befehl[161]:

[157] So z. B. im ›Merkblatt über Truppeneinsatz gegen Partisanen‹, welches das »Armeeoberkommando 11, Stab für Partisanenbekämpfung/Ic/Ia« am 15. Dezember 1941 herausgab. Nürnbg. Dok. NOKW-502 (Fotokopie im Institut für Zeitgeschichte, München).
[158] Seine Meldung Nr. 51 »an den Führer« vom 20. Dezember 1942 (Dok. NO-511) über »Bandenbekämpfungserfolge« von August bis November 1942 in »Rußland-Süd, Ukraine, Bialystok« gliederte Himmler unter »2.) Bandenhelfer und Bandenverdächtige« bezeichnenderweise folgendermaßen auf: »a) festgenommen: . . . , b) exekutiert: . . . , c) Juden exekutiert: . . .«
[159] Anläßlich der von dem Generalkommissar für Weißruthenien, Gauleiter Kube, gewünschten Weitergabe zweier »Geheimberichte« an den Reichsostminister Rosenberg, 18. Juni 1943. IMT, Bd. XXXVIII, S. 371 ff.
[160] Befehl an den Höheren SS- und Polizeiführer Ukraine. Nürnbg. Dok. NO-2027 (Fotokopie im Institut für Zeitgeschichte, München).
[161] Nürnbg. Dok. NO-2403 (Fotokopie im Institut für Zeitgeschichte, München).

»1.) An den Höheren SS- und Polizeiführer Ostland
  2.) An den Chef des SS-Wirtschafts-Verwaltungshaupt-
     amtes
    1. Ich ordne an, daß alle im Gebiet Ostland noch in
       Ghettos vorhandenen Juden in Konzentrationslager
       zusammenzufassen sind.
    2. Ich verbiete ab 1. 8. 1943 jedes Herausbringen von
       Juden aus den Konzentrationslagern zu Arbeiten.
    3. In der Nähe von Riga ist ein Konzentrationslager zu
       errichten, in das die ganzen Bekleidungs- und Aus-
       rüstungsfertigungen, die die Wehrmacht heute außer-
       halb hat, zu verlegen sind. Alle privaten Firmen sind
       auszuschalten. Die Betriebe werden reine Konzentra-
       tionslager-Betriebe. Der Chef des SS-Wirtschafts-Ver-
       waltungshauptamtes wolle dafür sorgen, daß durch
       die Umorganisation keinerlei Rückgänge in den für
       die Wehrmacht notwendigen Fertigungen eintritt
       [sic].
    4. Ein möglichst großer Teil der männlichen Juden ist
       in das Konzentrationslager im Ölschiefer-Gebiet zum
       Ölschiefer-Abbau zu verbringen.
    5. Die nicht benötigten Angehörigen der jüdischen
       Ghettos sind nach dem Osten zu evakuieren.
    6. Termin für die Umorganisation der Konzentrations-
       lager ist der 1. 8. 1943.«
Nach der (nicht Himmlers Termin gemäß möglichen) Durchführung dieses Befehls – wobei in Minsk, wie schon des öfteren,
viele Betroffene in den dort befindlichen Gaswagen getötet
wurden –, verblieben im »Ostland« in konzentrationslagerähn-
lichen Arbeitslagern noch einige Zehntausende von Juden, von
denen ein Teil beim Herannahen der Roten Armee noch in
deutsche Konzentrationslager verschleppt wurde und bis auf
Reste hier in den letzten Kriegsmonaten zugrunde ging. – Seit
Juni 1942 versuchte Himmler bekanntlich, durch das »Sonderkommando 1005« unter dem SS-Standartenführer Blobel durch
Exhumierung und Verbrennung der Leichen alle Spuren der
Massenerschießungen beseitigen zu lassen. Vergebens!

Unterdessen war, durch *Polizeiverordnung vom 1. September 1941*
mit Wirkung vom 19. September, auch im *Reichsgebiet* und im
Protektorat Böhmen-Mähren die Kennzeichnung der Juden
durch den *Judenstern* (einen »handtellergroßen, schwarz ausge-

zogenen Sechsstern aus gelbem Stoff mit der schwarzen Aufschrift ›Jude‹«) eingeführt worden. Im Falle von Verstößen gegen die Verordnung wurden außer Geld- und Haftstrafe »weitgehende polizeiliche Sicherungsmaßnahmen« angedroht[162]. Und auf Grund der vom Chef der Ordnungspolizei *Daluege* unterzeichneten beiden Deportationsbefehle vom 14. und 24. Oktober 1941 begannen die großen Deportationen der Juden aus dem »Großdeutschen Reich« in Transportzügen der Reichsbahn mit je etwa 1000 Personen, und zwar vor allem aus Berlin, Hamburg, Hannover, Dortmund, Münster, Düsseldorf, Köln, Frankfurt/Main, Kassel, Stuttgart, Nürnberg, München und Breslau, ferner aus Wien, Prag, Theresienstadt, Brünn und Luxemburg. Das Ziel der ersten, zwischen dem 16. Oktober und 13. November durchgeführten Transporte war Lodz, die Ziele der zweiten vom 14. November bis in den Januar 1942 hinein waren Warschau, Kowno, Minsk und Riga. In Kowno und Riga wurden die Insassen mehrerer Züge zusammen mit den bisherigen Bewohnern der dortigen Ghettos sogleich oder wenig später von den Einsatzgruppen erschossen. – Ähnlich wie die »Judenräte« in den besetzten Gebieten wurde die 1939 geschaffene »Reichsvereinigung der Juden in Deutschland« gezwungen, die Deportationen organisieren zu helfen und »Ordner« zu stellen.

2. *Völlige Entrechtung und Deportation der deutschen Juden*

Im Zusammenhang mit der Politik der »Endlösung« wurde den deportierten beziehungsweise zur Deportation bestimmten Juden durch die ›*Elfte Verordnung zum Reichsbürgergesetz*‹ *vom 25. November 1941*[163] nunmehr die deutsche Staatsangehörigkeit entzogen. Den Anstoß zu einer Neuregelung in dieser Hinsicht hatte ursprünglich die von Himmler als Reichskommissar für die Festigung deutschen Volkstums veranlaßte Einrichtung einer »vier Abteilungen« umfassenden »Deutschen Volksliste« für die dem Reich eingegliederten polnischen Gebiete gegeben. Danach sollten Bewohner dieser Gebiete in vierfacher Abstufung die deutsche Staatsangehörigkeit erwerben können. Hieraus ergab sich jedoch die als »unmöglich« betrachtete Tatsache, daß die »*artfremden*« *Juden* des Altreichs (als deutsche Staatsangehörige, die sie ja *noch* waren) eine bessere Rechtsstellung hatten als die

[162] Reichsgesetzblatt 1941, I, S. 547.
[163] Reichsgesetzblatt 1941, I, S. 722 ff.

immerhin *artverwandten* und doch in *keine* der vier Abteilungen der »Deutschen Volksliste« aufgenommenen »*nicht*eindeutschungsfähigen« Polen! Denn diese durften ja nicht deutsche Staatsangehörige werden, sondern lediglich »*Schutz*angehörige des Deutschen Reiches« ohne Inländerrechte sein[164]. Da Hitler aber »ganz entschieden dagegen« war, »daß die Juden in einem Gesetz oder einer Verordnung als *Schutz*angehörige bezeichnet« würden[165], kam es nach langwierigen Auseinandersetzungen unter den obersten Reichsbehörden – von denen das Reichsinnenministerium die Juden generell und sofort zu »Staatenlosen« machen wollte, um so ihre spätere Abschiebung künstlich zu legalisieren – schließlich zu der Regelung nach § 2 der erwähnten Verordnung. Danach verlor ein Jude, der »seinen gewöhnlichen Aufenthalt im Ausland« hatte, die deutsche Staatsangehörigkeit mit dem Inkrafttreten der Verordnung, ein Jude, der »seinen gewöhnlichen Aufenthalt später im Ausland« nahm (!), »mit der Verlegung des gewöhnlichen Aufenthalts ins Ausland«. Entgegen dieser Formulierung spielte der Wille des betreffenden Juden dabei ja wahrhaftig keine Rolle! Es klingt in Anbetracht der im Gange befindlichen Deportationen vollends wie übler Hohn, wenn es in § 1, Satz 2 hieß: »Der gewöhnliche Aufenthalt im Ausland ist dann gegeben, wenn sich ein Jude im Ausland unter Umständen aufhält, die erkennen lassen, daß er dort nicht nur vorübergehend verweilt.« Und da es »nicht angebracht« erschien, »das Generalgouvernement in einer Verordnung als Ausland zu behandeln«, stellte ein vertraulicher Erlaß des Reichsinnenministeriums an die obersten Reichsbehörden vom 3. Dezember 1941 klar, daß die ergangenen Bestimmungen auch diejenigen Juden treffen sollten, »die ihren gewöhnlichen Aufenthalt in den von den deutschen Truppen besetzten oder in deutsche Verwaltung genommenen Gebieten haben oder in Zukunft nehmen, insbesondere auch im Generalgouvernement und in den Reichskommissariaten Ostland und Ukraine«[166]. Das Vermögen jedes Juden aber, der durch die Verordnung mit der »Verlegung« seines Wohnsitzes ins Ausland die deutsche Staatsangehörigkeit verlor, verfiel damit laut § 3 dem Reich. Zur Sicherung der Wirksamkeit dieser Bestimmung wur-

---

[164] Vgl. die ›Verordnung über die Deutsche Volksliste und die deutsche Staatsangehörigkeit in den eingegliederten Ostgebieten‹ vom 4. März 1941. Reichsgesetzblatt 1941, I, S. 118 ff. – »Keine Inländerrechte«. Nürnbg. Dok. NG-299 (Fotokopie im Institut für Zeitgeschichte, München).
[165] Nürnbg. Dok. NG-2610 (Fotokopie im Institut für Zeitgeschichte, München): Vermerk Lammers' vom 20. Dezember 1940.
[166] Nürnbg. Dok. NG-2499 (Fotokopie im Institut für Zeitgeschichte, München).

de bestimmt, daß Personen, deren Vermögen nach § 3 dem Reich verfallen war, von einem deutschen Staatsangehörigen nichts erben konnten, und wurden Schenkungen von seiten deutscher Staatsangehöriger an solche Personen mit Gefängnis- und Geldstrafe bedroht. Eine besondere Regelung war noch insofern erforderlich, als eines der Deportationsziele, näm- lich Lodz/Litzmannstadt, infolge seiner Eingliederung in das Reich »Inland« darstellte; um einen Ausweg zu finden, stützte man sich hier auf die »einschlägigen Bestimmungen über die Einziehung volks- und staatsfeindlichen Vermögens zugunsten des Deutschen Reiches«[167]. Das gesamte verfallene Vermögen aber sollte, wie es in § 3, Absatz 2, wirklich hieß, »zur Förderung aller mit der Lösung der Judenfrage in Zusammenhang stehen- den Zwecke dienen«: eine Formulierung, die vom Innenmini- sterium im April allen Ernstes mit »außenpolitischen Gründen« motiviert worden war[168] (als ob man eine einwandfreie, ja wohl gar internationale Regelung der Judenfrage im Auge hatte!), die aber nunmehr, im Zeichen der »Endlösung«, einen maka- bren Sinn erhielt. Das Innenministerium verfehlte im übrigen nicht, darauf hinzuweisen, daß die Bestimmung über den Ver- mögensverfall »auch eine wesentliche Entlastung der mit Juden- fragen befaßten Behörden ... mit sich bringen wird (Ausbür- gerung im Einzelfall und Vermögenseinziehung)«. Bezeichnend für die Elfte Verordnung aber war namentlich, daß sie den Ein- tritt sogenannter »Rechtsfolgen« wie Staatsangehörigkeit und Vermögensverlust an einen Akt reiner Willkür – nämlich die Deportation – knüpfte; ja, in § 8 hieß es sogar ohne Umschweife: »Die Feststellung, ob die Voraussetzungen für den Vermögens- verfall vorliegen, trifft der Chef der Sicherheitspolizei und des SD.« Offiziell trug dieser die Kosten der Deportation, doch bei Unterzeichnung des jedem Opfer vorgelegten Bescheides über Staatsangehörigkeitsverlust und Vermögensverfall schaltete sich die Sicherheitspolizei noch rechtzeitig mit der Erhebung einer »Abwanderungsabgabe« ein – als Beitrag der Juden zu den Deportationskosten[169]. Bei den Beratungen über die Ver- ordnung hatte endlich das Reichsjustizministerium nicht über- sehen, daß Juden als »Staatenlose« (wie sie dies nach dem ur- sprünglichen Plan des Reichsinnenministeriums werden sollten)

---

[167] Wiederum auf Grund eines »vertraulichen« Erlasses des RMdI vom 2. Juni 1942. Nürnbg. Dok. NG-2620 (Fotokopie im Institut für Zeitgeschichte, München).
[168] Ebenfalls Nürnbg. Dok. NG-299 (8. und 22. April 1941). Auch zum folgenden.
[169] IMT, Bd. XXXIII, S. 536 und Scheffler, a. a. O., S. 67.

bei Verurteilung zum Beispiel wegen Landesverrat mildere Strafen erhalten könnten als Deutsche, da Ausländer und Staatenlose ja nicht in einem besonderen »Treueverhältnis zum Reich« standen. Und es hatte bereits eine Durchführungsverordnung entworfen, wonach »für Juden« in allen derartigen Fällen »die strengeren Vorschriften für deutsche Staatsangehörige« gelten, bei Straftaten »gegen das deutsche Volkstum« Zuchthaus- und Todesstrafe in Frage kommen sollten – mildere Strafen (!) allerdings dann, »wenn die Tat eines Juden sich nur gegen das Judentum richtet«... Doch Hitler hatte sowohl diese wie auch andere, vom Reichsinnenministerium zugunsten der »privilegierten Mischehen« gemachte Vorschläge als »ungemein kompliziert« abgelehnt, »vor allem« aber deshalb (wie Lammers, der Chef der Reichskanzlei, vertraulich an Martin Bormann schrieb), »weil er der Meinung ist, daß es nach dem Krieg in Deutschland ohnedies keine Juden mehr geben werde und daß es deshalb nicht erforderlich sei, jetzt eine Regelung zu treffen, die schwer zu handhaben sei, Arbeitskräfte binde und eine grundsätzliche Lösung doch nicht bringe«[170].

Solange es aber in Deutschland noch Juden gab, suchte und fand das Regime Möglichkeiten, ihre Diskriminierung und Schikanierung zu verschärfen. Juden durften ohne schriftliche Erlaubnis der Ortspolizeibehörde, die grundsätzlich nur für Berufsfahrten zu über 7 km (»ohne den Rückweg«) entfernten Arbeitsplätzen und für den Besuch von über 5 km (»ohne den Rückweg«) entfernten Schulen erteilt wurde, ab 1. Mai 1942 keine öffentlichen Verkehrsmittel mehr benutzen (Sitzplätze nur sehr bedingt, Schlaf- und Speisewagen gar nicht). Juden durften keinen Gebrauch von öffentlichen Fernsprechern und Fahrkartenautomaten machen, keine Wälder und Grünanlagen betreten, keine Gaststätten aufsuchen, sich nicht auf Bahnhöfen aufhalten, keine »arischen« Friseure in Anspruch nehmen. Juden (bei Mischehen auch deren Ehegatten) durften keine Zeitungen oder Zeitschriften beziehen, weder ihre Bücher frei verkaufen noch in Buchhandlungen Bücher kaufen; sie durften auch keine Haustiere irgendwelcher Art halten (Mai 1942). Juden bekamen (ab Juni 1942) keine Raucherkarten, keine Eierkarten, ab 19. Oktober 1942 auch nicht mehr Fleisch, Fleischwaren, Weizenerzeugnisse, Vollmilch oder (wenn über 6 Jahre alt) Magermilch. Sie erhielten ab Juni 1941 in Berlin ihre mit

[170] Nürnbg. Dok. NG-1123; 8. Mai beziehungsweise 7. Juni 1941 (Fotokopie im Institut für Zeitgeschichte, München).

einem »J« gestempelten Lebensmittelkarten von der übrigen Bevölkerung getrennt ausgehändigt, der Einkauf von Lebensmitteln von und für Juden war dort schon im Juli 1940 auf die Stunden von 4–5 Uhr nachmittags beschränkt worden. Juden erhielten ferner keine Erstattung für Luftschutzkosten und keine Entschädigung für Kriegsschäden (mitbetroffene Dritte dagegen hatten einen Anspruch an das Reich, für *dessen* Aufwendungen wiederum »ein jederzeit geltend zu machender Erstattungsanspruch des Reichs gegen den geschädigten Juden«[171] bestand!). Andererseits mußten Juden kraft Anordnung der Aufsichtsbehörde vom 10. Januar 1942 ihre Pelz- und Wollsachen abgeben (wenn sie nur einen Mantel besaßen, gegebenenfalls den Pelzkragen abtrennen), laut Anordnung vom 9. Juni »alle entbehrlichen Kleidungsstücke«, vom 19. Juni 1942 auch alle ihre elektrischen und optischen Geräte, Fahrräder, Schreibmaschinen, Schallplatten usw. entschädigungslos abliefern. Mit Wirkung vom 15. April 1942 mußten auch die *Wohnungen* von Juden mit dem Stern *gekennzeichnet* werden. Nach einem (nicht veröffentlichten) Erlaß des Reichsinnenministers bereits vom 18. Dezember 1941 erhielten schwerkriegsbeschädigte Juden keinen entsprechenden Ausweis mehr. Durch einen ebenfalls nicht veröffentlichten Erlaß des »Reichsministers des Innern (Reichssicherheitshauptamt)« vom 20. Juni 1942 an die Reichsvereinigung der Juden wurden – »im Hinblick auf die Entwicklung der Aussiedlung der Juden in der letzten Zeit« (wie es in der Mitteilung des Reichserziehungsministers an die Regierungspräsidenten hieß) – ab 1. Juli 1942 sämtliche jüdische Schulen geschlossen und »jegliche Beschulung jüdischer Kinder« untersagt[172].

Was die *arbeitsrechtliche Lage* der deutschen Juden, formal gesehen, in dieser Phase anging, so konstatierte § 1 der »Verordnung über die Beschäftigung von Juden« vom 3. Oktober 1941 trocken: »Juden, die in Arbeit eingesetzt sind, stehen in einem Beschäftigungsverhältnis eigener Art.«[173] In welch besonderem Sinne dies der Wirklichkeit entsprach, zeigt die nach längeren Erwägungen erlassene Durchführungsverordnung vom 31. Oktober 1941[174]. Nach der deklamatorischen Feststellung, daß »der Jude . . . als Artfremder nicht Mitglied einer deutschen Be-

[171] Dieser Wortlaut in § 5 der Verordnung des Reichsinnenministers über die Behandlung von Kriegsschäden von Juden vom 20. Juli 1941, Reichsgesetzblatt, I, S. 437 f.
[172] Zum vorstehenden: Blau, a. a. O., S. 84, 88–113; vgl. auch Scheffler, a. a. O., S. 61.
[173] Reichsgesetzblatt, I, S. 675.
[174] Reichsgesetzblatt, I, S. 681 f.

triebsgemeinschaft sein« könne, bestimmte sie, daß jüdische Beschäftigte einen Anspruch auf Vergütung »nur für die tatsächlich geleistete Arbeit« hätten. Es entfielen aber nicht nur besondere Zuwendungen, sondern auch Beihilfen, Familien- und Kinderzulagen, Zuschläge für Arbeit an Feiertagen, ja Lohnfortzahlung in Krankheitsfällen. Bestand überhaupt ein Urlaubsanspruch, »so beschränkte er sich auf die Gewährung von unbezahlter Freizeit« – ein Verzicht auf den Anspruch war »zulässig«. Im übrigen war eine Kündigung (durch den »Beschäftigungsgeber«) »jederzeit zum Schluß des folgenden Werktags« möglich. Die Arbeitslosenhilfe beschränkte sich, wie es hieß, »auf das zum Lebensunterhalt unerläßlich Notwendige«, und hinsichtlich der Arbeitszeit von Jugendlichen galten die Vorschriften für Erwachsene. Damit standen einer Ausbeutung der jüdischen Arbeitskräfte – welche jede ihnen zugewiesene Beschäftigung anzunehmen hatten – kaum mehr Hindernisse im Wege. Wichtig im Hinblick auf die Etappen der »Endlösung« aber war die Bestimmung, daß Juden (im Prinzip) »nur gruppenweise« eingesetzt werden durften. Denn dies bedeutete für die vielen jetzt in der Kriegswirtschaft arbeitenden Juden praktisch noch einen – kurzfristigen – Schutz vor der Deportation. Rüstungsbetriebe und das Wehrwirtschaftsamt des OKW bemühten sich schon vor Erlaß der erwähnten Durchführungsverordnung – und offenbar nicht immer nur aus kriegswirtschaftlichen Gründen –, ihre jüdischen Arbeiter behalten zu können[175]. Und sie erreichten von Heydrich die Zusage, »im geschlossenen Arbeitseinsatz befindliche Juden, für die eine Zustimmung zur Evakuierung seitens des zuständigen Rüstungskommandos und Arbeitsamtes aus wirtschaftlichen Gründen nicht gegeben wird, zunächst nicht zu evakuieren« (auch ihre Familienangehörigen nicht). Ja, als die Sicherheitspolizei offenbar einzeln in der Rüstungsindustrie arbeitende Juden aufgegriffen hatte, verfügte Göring im März 1942 überhaupt, daß »Juden, die in einem kriegswichtigen Betrieb beschäftigt sind, bis auf weiteres grundsätzlich nicht mehr evakuiert werden«[176]. Indes, im Herbst befahl *Hitler*, auch die in Rüstungsbetrieben tätigen Juden zu deportieren[177].
Es bleibt noch zu erwähnen, wie sich die Politik der »End-

[175] Vgl. Hilberg, a. a. O., S. 284 f. – Ferner die Aussage Speers: IMT, Bd. XVI, S. 568 (21. Juni 1946).
[176] Vgl. IMT, Bd. XXXVII, S. 489 ff.
[177] Vgl. die Aussage Speers: ebenda, Bd. XVI, S. 568.

lösung« selbst auf den formal noch bestehenden *Rechtsschutz* der
Juden in Deutschland auswirkte. Bereits nach einer am 12. Juni
1940 erlassenen ›Verordnung zur Durchführung der Fünften
Verordnung zum Reichsbürgergesetz‹ (die das Berufsverbot
für jüdische Rechtsanwälte gebracht hatte) konnten die jüdischen »Konsulenten« als Verteidiger in Strafsachen von den
Gerichten zurückgewiesen werden, »wenn dies aus besonderen
Gründen, insbesondere mit Rücksicht auf den Gegenstand des
Verfahrens, geboten« erschien. Es geschah namentlich in politischen und »Rassenschande«-Prozessen[178]. Am 20. November
1941 bestimmte eine Verfügung des Reichsjustizministers, daß
alle jüdischen Strafgefangenen sechs Wochen vor ihrer Entlassung der Geheimen Staatspolizei zu melden seien, damit diese
Gelegenheit hatte, sie abzuholen[179]. In der ›Verordnung über
die Strafrechtspflege gegen Polen und Juden in den eingegliederten Ostgebieten‹ vom 4. Dezember 1941 kam es hier zwar
noch nicht zu der von Himmler angestrebten vollen Auslieferung der Strafjustiz an die Polizei (wenn auch zu einer begrenzten
Wiederherstellung der Polizeistandgerichtsbarkeit). Doch kennzeichnet die Tendenz zu absoluter Diskriminierung und Willkür – neben den drakonischen Strafandrohungen (Todesstrafe
oder »Straflager« schon für »deutschfeindliche Äußerungen«,
Todesstrafe auch für Jugendliche), der Reduzierung der Rechts-
garantien und Verfahrensnormen – vor allem der Wortlaut des
Artikels II: »Polen und Juden werden auch bestraft, wenn sie . . .
eine Tat begehen, die gemäß dem Grundgedanken eines deutschen Strafgesetzes nach den in den eingegliederten Ostgebieten bestehenden Staatsnotwendigkeiten Strafe verdient.« In die
erwähnte (regional begrenzte) Verordnung fanden nun auch
jene vom Justizministerium im Zusammenhang mit der Elften
Verordnung zum Reichsbürgergesetz angestrebten Bestimmungen Eingang, daß Juden (und Polen, d. h. »Schutzangehörige«)
deutsche Richter nicht als befangen ablehnen durften und daß
sie im Strafverfahren als Zeugen nicht mehr beeidigt würden
(wohl aber im Falle unwahrer uneidlicher Aussage den Vorschriften über Meineid und Falscheid sinngemäß unterworfen
blieben)[180]. Nach Lage der Dinge war die neue Verordnung
freilich hinsichtlich der Juden bereits fast gegenstandslos. Und
was Himmler mit ihr für Polen und Juden der Form nach noch

---

[178] Reichsgesetzblatt 1940, I, S. 872; vgl. Blau, a. a. O., S. 83.
[179] ›Deutsche Justiz‹, 1941, S. 1091.
[180] Reichsgesetzblatt 1941, I, S. 759 ff.; vgl. M. Broszat, a. a. O., S. 137 ff.

nicht erreicht hatte, das setzte er schließlich für *Juden* (im ganzen Reich) auch formell durch.

Zunächst vereinbarte am 18. September 1942 der neue national-sozialistische Reichsjustizminister Thierack mit Himmler, aus den Strafanstalten die »asozialen Elemente« dem Reichsführer-SS auszuliefern »zur Vernichtung durch Arbeit«; und zwar Polen mit »über 3 Jahren Strafe, Tschechen oder Deutsche [mit] über 8 Jahren Strafe«, hingegen »restlos« (also unabhängig von der Höhe der Strafe): »Sicherungsverwahrte, *Juden*, Zigeuner, Russen und Ukrainer.« Darüber hinaus aber verabredete Thierack mit Himmler (vorbehaltlich der Zustimmung Hitlers), »daß in Rücksicht auf die von der Staatsführung für die Bereinigung der Ostfragen beabsichtigten Ziele *in Zukunft* [straffällige] Juden, Polen, Zigeuner, Russen und Ukrainer nicht mehr von den ordentlichen Gerichten . . . abgeurteilt werden sollen, sondern durch den Reichsführer-SS erledigt werden«[181]. Thierack ging bei diesem Plan, wie er mit nicht mehr zu überbietender Deutlichkeit an Bormann schrieb, von dem Gedanken aus, daß bisher – trotz der »sehr harten Urteile [gegen die genannten fünf Kategorien] – die Justiz nur in kleinem Umfange dazu beitragen kann, Angehörige dieses Volkstums[182] auszurotten . . . Dagegen glaube ich, daß durch die Auslieferung solcher Personen an die Polizei, die sodann frei von gesetzlichen Straftatbeständen ihre Maßnahmen treffen kann, wesentlich bessere Ergebnisse erzielt werden.«[183]

Zur Auslieferung der in fünf beziehungsweise sieben Gruppen gegliederten »Asozialen« an Himmler ist es zweifellos gekommen, für die »Sicherungsverwahrten« nachweislich[184]. Thieracks Plan allerdings, straffällige *Polen* in Zukunft einfach der Polizei zu »überstellen«, scheiterte – wenigstens formell – trotz Hitlers

---

[181] IMT, Bd. XXVI, S. 200 ff. (Dokument PS-654). – Hervorhebungen vom Verfasser.

[182] Gemeint sind: Juden, Polen, Zigeuner, Russen und Ukrainer.

[183] Der hier zitierte Brief Thieracks vom 13. Oktober 1942 an Martin Bormann – »mit der Bitte«, ihn »wissen zu lassen, ob der Führer diese Auffassung billigt«, worauf er, Thierack, dann »mit formellen Vorschlägen über Reichsminister Dr. Lammers hervortreten würde« – immer »unter dem Gedanken der Befreiung des deutschen Volkskörpers von Polen, Russen, Juden und Zigeunern und unter dem Gedanken der Freimachung der zum Reich gekommenen Ostgebiete als Siedlungsland für das deutsche Volkstum«, wie er eingangs schreibt –: Nürnbg. Dok. NG-558 (Mikrofilm im Institut für Zeitgeschichte, München). Vgl. auch Blau, a. a. O., S. 116.

[184] Im April 1943 teilte Pohl, der Chef des SS-Wirtschafts-Verwaltungshauptamtes, Thierack mit, daß von 12658 »in die Konzentrationslager übernommenen Sicherungsverwahrten« inzwischen [d. h. in rund 6 Monaten] 5935 verstorben seien. Diese »erschreckend hohe Sterblichkeitsziffer« erkläre sich daraus, daß sich die Zuchthäuser der »mit allen überhaupt nur denkbaren Krankheiten behafteten Insassen buchstäblich entledigt« hätten. Aus kriegswirtschaftlichem Interesse bitte er um Einweisung nur gesunder Sicherungsverwahrter. Nürnbg. Dok. NO-1285 (Fotokopie im Institut für Zeitgeschichte, München).

Billigung überraschenderweise an der Opposition der Oberpräsidenten und Reichsstatthalter der eingegliederten Gebiete[185]. Zwar hielt Himmler sich praktisch wenig an die ihm unerwünschte Entscheidung; doch blieb es für die *Polen* der Form nach bei der (oben charakterisierten) Strafrechtsverordnung vom 4. Dezember 1941. Was aber die Juden anging, so bestimmte schließlich die ›*Dreizehnte Verordnung zum Reichsbürgergesetz*‹ *vom 1. Juli 1943*, im Sinne der von Himmler bezeichnenderweise hartnäckig weiterbetriebenen Bemühungen um eine »Legalisierung« seiner Praktiken, in § 1: »*Strafbare Handlungen von Juden werden durch die Polizei geahndet.*« Die Polenstrafrechtsverordnung galt (als noch zu günstig) »nicht mehr für Juden«. Laut § 2 verfiel nach dem Tode eines Juden sein Vermögen dem Reich[186]. Damit hatten die deutschen Juden jeglichen Rechtsschutz verloren – und diese Perfektion einer Entrechtung vollzog sich in Form eines »Gesetzes«! Freilich sanktionierte die neue Verordnung, abgesehen von ihrer Auswirkung auch auf die jüdischen Partner in Mischehen, nur noch einen praktisch bestehenden Zustand. Ebenfalls anscheinend zur Komplettierung oder Beschleunigung des Verfahrens hatte das Reichssicherheitshauptamt bereits am 11. März 1943 angeordnet, daß Juden nach Verbüßung einer Strafe (ohne Rücksicht auf deren Höhe) auf Lebenszeit dem Konzentrationslager Auschwitz beziehungsweise Lublin zuzuführen seien; und am 21. April 1943 war der Reichsjustizminister Thierack mit der gleichen Verfügung gefolgt[187].

3. Die Wannseekonferenz

Während im Zeichen der »Endlösung« die Einsatzgruppen seit Beginn des Rußlandfeldzuges die Juden im Operationsgebiet erschossen, waren, wie wir sahen, im Herbst 1941 die ersten großen Deportationen aus Reich und Protektorat erfolgt. Ehe der (technisch noch nicht fertiggestellte) Vernichtungs-Apparat in Tätigkeit treten konnte, kam es für die Organisatoren der Ausrottung nun darauf an, die geplanten Gesamtmaßnahmen

---

[185] Vgl. (auch zum folgenden) M. Broszat, a. a. O., S. 153 ff. – Billigung Hitlers: IMT, Bd. XXXVIII, S. 99. – Daraufhin war bereits ein entsprechender Erlaß des RSHA ergangen: ebenda.
[186] Reichsgesetzblatt 1943, I, S. 372. Nichtjüdischen Erbberechtigten wurde ein Ausgleich seitens des Reiches in Aussicht gestellt.
[187] Polen hingegen sollten nach Verbüßung einer Freiheitsstrafe von mehr als 6 Monaten »auf Kriegsdauer ... einem Konzentrationslager« zugeführt werden. Blau, a. a. O., S. 114 f.; IMT, Bd. XXVI, S. 259 f.

mit den »zuständigen« Regierungsstellen abzusprechen und zu koordinieren, um so die Mitwirkung der Verwaltungsmaschinerie zu sichern. Neben den Fragen der Behandlung der Mischlinge beziehungsweise der Bestimmung des betroffenen Personenkreises überhaupt, der Deportation der jüdischen Rüstungsarbeiter und der ausländischen Juden in Deutschland war vor allem auch die des Vorgehens in den besetzten Gebieten, den verbündeten und befreundeten oder Satelliten-Ländern zu lösen. Denn die geplante Vernichtung der Juden sollte nach dem Willen der nationalsozialistischen Führung ja nicht nur im engeren deutschen Machtbereich, sondern im gesamten deutschen Einflußgebiet erfolgen, was insbesondere die Beteiligung des Auswärtigen Amtes erforderte. Dies waren die Zwecke der sogenannten *Wannseekonferenz*, die Heydrich – unter Hinweis auf die bereits »laufende Evakuierung« der Juden – am 29. November ursprünglich für den 9. Dezember 1941 anberaumt hatte[188], die dann jedoch erst am *20. Januar 1942* im Gebäude der Interpol (Internationalen Kriminalpolizeilichen Kommission) am Großen Wannsee Nr. 56/58 stattfand. Unter Berufung auf seine erwähnte, ihm von Göring am 31. Juli 1941 erteilte Vollmacht hatte Heydrich die »zuständigen« Behörden zu einer Staatssekretärbesprechung geladen. Anwesend waren denn auch, außer Funktionären beteiligter SS-Dienststellen sowie der Parteikanzlei, entsprechende Vertreter des Reichsostministeriums, des Reichsinnenministeriums, des Beauftragten für den Vierjahresplan, des Reichsjustizministeriums, des Amtes des Generalgouverneurs, des Auswärtigen Amtes und der Reichskanzlei. Heydrich führte den Vorsitz. Auf Grund des erhalten gebliebenen Protokolls der Besprechung[189], das von Eichmann stammt, läßt sich ihr Hauptinhalt folgendermaßen zusammenfassen:

Nach erneuter Berufung auf den von Göring erhaltenen Auftrag, dessen Erfüllung für alle »unmittelbar beteiligten Zentralinstanzen« eine »Parallelisierung der Linienführung« erfordere, betonte Heydrich zunächst, »die Federführung bei der Bearbeitung der Endlösung der Judenfrage liege ohne Rücksicht auf geographische Grenzen zentral beim Reichsführer-SS und Chef der Deutschen Polizei (Chef der Sicherheitspolizei und des SD)« – praktisch also bei ihm selbst. Rückblickend bezeichnete er hierauf als Phasen des bisherigen »Kampfes« gegen die Juden:

[188] Nürnbg. Dok. PS-709 (Fotokopie im Institut für Zeitgeschichte, München).
[189] Nürnbg. Dok. NG-2586 (Fotokopie im Institut für Zeitgeschichte, München).

ihre »Zurückdrängung [sic] aus den einzelnen Lebensgebieten des deutschen Volkes«, danach »aus dem Lebensraum des deutschen Volkes«, worunter Heydrich die »verstärkte und planmäßig« betriebene »Forcierung« der »Auswanderung der Juden aus dem Reichsgebiet« verstand, deren offenkundigen »Nachteile ... angesichts des Fehlens anderer Lösungsmöglichkeiten vorerst« hätten »in Kauf genommen werden« müssen[190]. Und nach Erwähnung des Auswanderungsverbots, das Himmler »im Hinblick auf die Möglichkeiten des Ostens« inzwischen erlassen habe, heißt es wörtlich:

> »Anstelle der Auswanderung ist nunmehr als weitere [sic] Lösungsmöglichkeit nach entsprechender vorheriger Genehmigung durch den Führer die Evakuierung der Juden nach dem Osten getreten.
>
> Diese Aktionen sind jedoch lediglich als Ausweichmöglichkeiten anzusprechen, doch werden hier bereits jene praktischen Erfahrungen gesammelt, die im Hinblick auf die kommende Endlösung der Judenfrage von wichtiger Bedeutung sind.«

Hinter dieser tarnenden Sprache mochte sich der Gedanke verbergen, bei der Vernichtung von Teilen der deportierten Juden durch rasch und unauffällig wirkende technische Mittel – wie man sie nach einem noch zu erwähnenden Zeugnis im Raum von Riga anzuwenden erwog – Experimente zu machen, die sich für die in großem Maßstab geplante Ausrottung verwerten ließen. Wie dem auch sei, für die »Endlösung der europäischen Judenfrage« kamen nach der (überhöhten) Schätzung des Reichssicherheitshauptamtes allein rund 11 Millionen »Glaubensjuden« in Betracht, wobei bezeichnenderweise auch England, Irland und die Türkei mit ihren Zahlen berücksichtigt waren. Die beiden entscheidenden Absätze des Protokolls lauten sodann:

> »Unter entsprechender Leitung sollen im Zuge der Endlösung die Juden in geeigneter Weise im Osten zum Arbeitseinsatz kommen. In großen Arbeitskolonnen, unter Trennung der Geschlechter, werden die arbeitsfähigen Juden straßenbauend in diese Gebiete geführt, wobei zweifellos ein Großteil durch natürliche Verminderung ausfallen wird.

[190] »Um den deutschen Devisenschatz zu schonen«, seien, so bemerkte Heydrich laut Eichmanns Protokoll zu diesem Punkt, »die jüdischen Finanzinstitutionen des Auslandes durch die jüdischen Organisationen des Inlandes« zur »Beitreibung entsprechender Devisenaufkommen« für »Vorzeige- und Landungsgelder ... verhalten« worden: sie hätten »im Schenkungswege bis zum 30. 10. 1941 insgesamt rund 9 500 000 Dollar zur Verfügung gestellt«.

Der allfällig endlich verbleibende Restbestand wird, da es sich bei diesem zweifellos um den widerstandsfähigsten Teil handelt, entsprechend behandelt werden müssen, da dieser, eine natürliche Auslese darstellend, bei Freilassung als Keimzelle eines neuen jüdischen Aufbaues anzusprechen ist. (Siehe die Erfahrung der Geschichte.)«

Was mit den von vornherein arbeits*un*fähigen Juden geschehen sollte, wurde von Heydrich entweder nicht gesagt, oder, weil es die Tarnung vollends durchbrochen hätte, im Protokoll verschwiegen. Klarheit bestand jedoch gewiß nicht nur für einen offensichtlich bereits Eingeweihten wie den Staatssekretär des Generalgouvernements, Dr. Bühler[191], der bezeichnenderweise als gleichsam erleichternden Umstand geltend machte, daß von den dort für die »Endlösung« in Betracht kommenden Juden »überdies die Mehrzahl ... arbeitsunfähig« sei. Die Worte »entsprechend behandelt«, die sich auf das Schicksal des »widerstandsfähigsten Restes« der Deportierten bezogen, ließen über Charakter und Ausmaß der geplanten »Endlösung« ohnehin keinen Zweifel. Kaum minder deutlich heißt es im vorletzten Absatz des umständlich formulierten Protokolls, »abschließend« seien »die verschiedenen Arten der Lösungsmöglichkeiten besprochen« worden, »wobei sowohl seitens des Gauleiters Dr. Meyer [Ostministerium] als auch des Staatssekretärs Dr. Bühler der Standpunkt vertreten wurde, gewisse vorbereitende Arbeiten im Zuge der Endlösung gleich in den betreffenden Gebieten selbst durchzuführen, wobei jedoch eine Beunruhigung der Bevölkerung vermieden werden müsse«! Ferner interpretierte Eichmann als einstiger Teilnehmer der Wannseekonferenz in dem 1961 in Jerusalem gegen ihn geführten Prozeß den Ausdruck »Lösungsmöglichkeiten« dahin, es habe sich hier um die verschiedenen »Tötungsmöglichkeiten« gehandelt. Im übrigen war das in diesem Zusammenhang auftauchende Bedenken einer »Beunruhigung der Bevölkerung« der betreffenden Gebiete bezeichnend genug.

Was nun die Bestimmung des für Deportation und Ausrottung in Frage kommenden *Personenkreises* anging, so wies der Staatssekretär Neumann vom Amt des Beauftragen für den Vierjahresplan im Sinne der Wünsche Görings und des Wehrwirt-

---

[191] Bühler (vgl. seine Nürnberger Aussage vom 23. April 1946: IMT, Bd. XII, S. 79) hatte vor der Wannseekonferenz eine »Einzelbesprechung« mit Heydrich, bei der er jedoch den wahren Sinn der Endlösung bzw. der »Umsiedlung« der Juden nicht erfahren haben will. Obwohl aber das Protokoll der Wannseekonferenz die hier von Bühler gemachten Ausführungen nur dem Wesen nach wiedergibt, erweisen sie ihn als bereits völlig informiert. – Vgl. auch Hilberg, a. a. O., S. 263.

schafts- und Rüstungsamtes darauf hin, »daß die in kriegswichtigen Betrieben im Arbeitseinsatz stehenden Juden derzeit, solange noch kein Ersatz zur Verfügung steht, nicht evakuiert werden könnten«. Und Heydrich bestätigte, wenn auch kaum weniger verklausuliert als damals, seine Zusage vom Herbst 1941[192], »daß diese Juden nach den von ihm genehmigten Richtlinien zur Durchführung der derzeit laufenden Evakuierungsaktionen ohnedies nicht evakuiert werden« würden.

Ebenso als mit (geheimen und tückischen) Vorbehalten belastet, sollte sich die eine andere Personengruppe betreffende Regelung erweisen, die Heydrich – ohne daß offenbar eine Diskussion darüber in Frage kam – auf der Konferenz verkündete: Es sei »beabsichtigt, Juden im Alter von über 65 Jahren nicht zu evakuieren [d. h. zu töten], sondern sie einem Altersghetto – vorgesehen ist Theresienstadt – zu *überstellen*«[193]. Außer dieser Kategorie sollten in die einstige Festung Theresienstadt im »Protektorat« die schwerkriegsbeschädigten Juden und Juden mit Kriegsauszeichnungen – aber *nicht unter* dem Eisernen Kreuz I. Klasse! – eingewiesen werden[194]. »Mit dieser zweckmäßigen Lösung«, so fügte Heydrich bezeichnenderweise hinzu, »werden mit einem Schlag die vielen Interventionen ausgeschaltet.« Um der möglichst reibungslosen Durchführung der Deportationen willen sollte also den in bestimmten Fällen erfolgten oder befürchteten Eingaben »hoher Reichsstellen« (wie Heydrich im Oktober 1941 gesagt hatte) künftig durch eine entsprechende *taktische* Maßnahme wie die Errichtung dieses »Vorzugslagers« Theresienstadt vorgebeugt werden. Deutlich fand diese Tendenz auch in den zynischen Bemerkungen Ausdruck, die Eichmann (nach einigen peinlichen Fehlern bei der Deportation) bei einer Besprechung im Reichssicherheitshauptamt machte. Damit nämlich, wie er sagte, einzelne Gestapo-Stellen »nicht weiter der Versuchung ausgesetzt« wären, »ihnen unbequeme ältere Juden mit abzuschieben«, wies er »zur Be-

[192] Vgl. oben, S. 318.
[193] Hervorhebung vom Verfasser. – Man beachte Heydrichs bezeichnende Unterscheidung von »evakuieren« und »überstellen«! Später war von »Wohnsitzverlegung« nach Th. die Rede. – Zum folgenden vgl. insbesondere H. G. Adler, Theresienstadt 1941–1945, Das Antlitz einer Zwangsgemeinschaft. 2. Aufl., Tübingen 1960.
[194] Was jedoch Juden im Altreich »mit Kriegsauszeichnungen« überhaupt betraf, so hatte Heydrich bereits bei einer vertraulichen Besprechung in Prag mit Karl Hermann Frank, Eichmann und anderen am 10. Oktober 1941 unter Bezugnahme auf gewisse, »mit dem OKW vereinbarte Einschränkungen« offen erklärt: »Diese Juden sollen auf keinen Fall etwa alle im Reich behalten werden, sondern im Gegenteil im entsprechenden Prozentsatz mit evakuiert werden.« (Adler, a. a. O., S. 720 f.)

ruhigung« (!) darauf hin, daß diese Juden höchstwahrscheinlich schon im Sommer oder Herbst (1942) nach Theresienstadt abgeschoben würden; dies geschehe, so fügte er hinzu, um »nach außen das Gesicht zu wahren«[195]. Im Einklang hiermit wurden denn auch in den für Theresienstadt bestimmten Personenkreis später Juden einbezogen, die weitreichende Beziehungen besaßen, einen international geachteten Namen trugen, mit »Ariern« verwandt waren usw. Konnte doch ein sofortiges »Verschwinden« dieser (auch im Lager als solche geführten) »prominenten« Juden Aufsehen erregen und damit die für das Gelingen der gesamten Ausrottungsaktion so wichtige Tarnung (als »Umsiedlung« zwecks Arbeitseinsatz im Osten) gefährden! Zur Bekämpfung einer »Greuelpropaganda« ließ man ab September 1942 die Insassen harmlos klingende Briefe ins In- und Ausland schreiben, gab dem Lager als »jüdischer Siedlung« einen zivileren Anstrich und präsentierte es schließlich – nach umfassenden Vorbereitungen und Vorsichtsmaßnahmen – Vertretern des Deutschen und des Internationalen Roten Kreuzes sowie einer dänischen Kommission.[196]

Während die böhmisch-mährischen Juden seit November 1941 fast in ihrer Gesamtheit nach Theresienstadt verschleppt wurden (75 661), begannen die Deportationen der erwähnten Personengruppen aus Deutschland (41 900) und Österreich (15 266) im Juni 1942, aus anderen Ländern (darunter namentlich Holland mit 4894 Juden, in der Hauptsache deutsche Emigranten) später – um erst am 28. Oktober 1944 ein Ende zu finden. Indes, neben mehr als 60 000 der tschechoslowakischen Juden – für die Theresienstadt von vornherein wesentlich eine Durchgangsstation zu den Vernichtungslagern des Ostens gewesen war – wurden schließlich (im Herbst 1942 und vor allem im Mai und September/Oktober 1944) entgegen allen gemachten Zusagen auch über 16 000 deutsche und über 7500 österreichische Juden, im ganzen über 88 000 Insassen von Theresienstadt nach Riga, Minsk, Lublin oder Auschwitz deportiert, wovon nur etwa 3500 überlebten. Von den insgesamt bis zum 20. April 1945 eingelieferten 140 937 Personen starben bis dahin in Theresienstadt selbst nicht weniger als 33 521 – überlebten mithin nur rund 23 000, bei 118 000 »Ausfällen« – eine vielsagende Bilanz dieses »Vorzugslagers«.

[195] Der Wortlaut des Berichts über die Besprechung vom 6. März 1942 im Amt IV B 4 bei H. G. Adler, Die verheimlichte Wahrheit, Theresienstädter Dokumente. Tübingen 1958, S. 9 f.
[196] Vgl. Adler, ebenda, S. 5 f.; Theresienstadt, S. 150 ff.

Zu dessen Gesamtbild gehört aber auch der beispiellose Betrug, den das Reichssicherheitshauptamt beziehungsweise das (nunmehrige) »Zentralamt für jüdische Auswanderung« an den für Theresienstadt bestimmten Juden des Altreichs in Gestalt sogenannter »Heimeinkaufverträge« verübte. Freilich hatte auch dieser Betrug seinen speziellen Vorläufer – der nebenbei für die Staatsverhältnisse im Dritten Reich bezeichnend ist. Bei der bereits erwähnten Besprechung im Amt IV B 4 am 6. März 1942 stellte Eichmann bedauernd fest, daß »nach der 11. Verordnung [zum Reichsbürgergesetz vom 25. November 1941] das RSHA an die Vermögen der Juden nicht mehr herankann« (weil sie nämlich dem Staat verfielen!). So hatte er denn alsbald zu dem (von ihm selbst im Jerusalemer Prozeß so bezeichneten) »Trick« der erwähnten Abwanderungsabgabe[197] gegriffen, das heißt er hatte durch sein Instrument, die »Reichsvereinigung der Juden in Deutschland«, die Deportationsopfer »auffordern« lassen, zwecks »Ausrüstung der Transporte mit Lebensmitteln und Geräten ... 25 v. H. ihrer flüssigen Mittel *vor* der Abschiebung an die Reichsvereinigung abzutreten«! Es handelte sich offenbar um jenes »Sonderkonto W«, das nach Eichmanns Äußerung (ebenfalls vom 6. März 1942) »dem Referat IV B 4 des Reichssicherheitshauptamtes zur Verfügung« stand. Indes, er war mit dem Erfolg des vielleicht allzu gut getarnten[198] »Tricks« wenig zufrieden; denn er ermahnte seine Mitarbeiter, »die Juden in nächster Zeit zu erheblichen ›Spenden‹ für das Konto ›W‹ anzuhalten. Bisher seien, anscheinend durch das *Mißverständnis, daß den Juden der Fonds unmittelbar zugute komme*, wenig Beträge eingegangen«. Unterdessen »übernahm« in Österreich der von der »Zentralstelle« (d. h. letztlich Eichmann-Heydrich) errichtete »Auswanderungsfonds Wien«, im Protektorat der unter Aufsicht des dortigen Befehlshabers der Sicherheitspolizei und des SD stehende »Auswanderungsfonds für Böhmen und Mähren«, seit Beginn der Deportationen sogar fast das gesamte Vermögen des betreffenden Juden. Dieser wurde näm-

---

[197] Vgl. oben, S. 315.

[198] In einer trotz großer Zurückhaltung in ihrer Diktion hinreichend deutlichen Aufzeichnung des Ministerialrats Maedel vom Reichsfinanzministerium (14. Dezember 1942) heißt es unter Bezugnahme auf den Wortlaut des vom »Zentralamt« veranlaßten Rundschreibens der »Reichsvereinigung« vom 3. Dezember 1941: »Das Verfügungsrecht über die Spendenmittel steht den Bezirksstellen der Reichsvereinigung der Juden zu ... Aus gelegentlichen Unterhaltungen mit Vertretern des RSHA ist jedoch zu entnehmen, daß die Staatspolizeistellen tatsächlich auf die Verwendung der Mittel weitgehend Einfluß nehmen (Bezahlung der Transportkosten usw.). Die gesamte finanzielle Gebarung der Reichsvereinigung unterliegt ausschließlich der Aufsicht des Chefs der Sicherheitspolizei und des SD.« Hierzu und zum folgenden: Adler, Die verheimlichte Wahrheit, S. 10 ff., 48–60, 87 ff.; auch Scheffler, a. a. O., S. 67. – Hervorhebungen vom Verfasser.

lich als »Verfügungsberechtigter« *vor* seiner Abschiebung zur
Erteilung einer dahingehenden »Sondervollmacht« beziehungsweise zu einem entsprechenden »Antrag« (sprich: Verzicht)
»veranlaßt«. Die Leitungen der beiden Fonds konnten die
ihnen »auf diese Weise zugefallenen Vermögenswerte« –
wie es in der Aufzeichnung des Reichsfinanzministeriums vom
Dezember 1942 hieß – nach ihrem »Ermessen« beziehungsweise
nach »Weisung des Chefs der Sicherheitspolizei und des SD«
verwenden, nämlich zur Finanzierung von dessen »kostspieli-
gen Maßnahmen ... bisher ohne Inanspruchnahme von Haus-
haltsmitteln«. Damit nicht genug, verfiel das RSHA für das
Altreich auf die »Idee« der »Heimeinkaufverträge«, indem es
wiederum die »Reichsvereinigung der Juden« veranlaßte, den
für *Theresienstadt* Bestimmten mitzuteilen, daß ihr Abtransport
»Einziehung des gesamten Vermögens« bedeute, daß »jedoch«
von seiten der Reichsvereinigung »mit den Abwandernden Verträge nach dem Muster der mit Altersheiminsassen geltenden
Heimeinkaufverträge geschlossen werden können und sollen« –
und zwar »mit größter Beschleunigung«! Durch solche Verträge
»verpflichte« sich nämlich die Reichsvereinigung »zur lebens-
länglichen Gewährung von Heimunterkunft und Verpflegung«,
wofür die Abwandernden »als Gegenleistung« ihr »liquidier-
bares« Vermögen (Barmittel, Bankguthaben, Wertpapiere, Ansprüche gegen Lebensversicherungsgesellschaften usw.) »ganz
oder teilweise« der Reichsvereinigung »zu übereignen« hätten.
Das RSHA vergaß nicht, in die zum Heimeinkaufvertrag ge-
hörige Vermögenserklärung einen Passus aufnehmen zu lassen,
wonach dem vertragschließenden Juden »bekannt« sei, daß
seine *hier* gemachten Angaben über Vermögenswerte »in die
vor der Abwanderung abzugebende *amtliche* Vermögenserklärung *nicht* aufgenommen werden dürfen«[199]! So hatte der Macht-
apparat der SS – der auf »Inanspruchnahme von Haushalts-
mitteln« für seine »Maßnahmen« so großzügig verzichtet hatte –
doch einen Weg gefunden, wenigstens bei der Ausplünderung
der *relativ* noch vermögendsten (Theresienstädter) Juden dem
»zuständigen« Finanzamt des Staates zuvorzukommen. Das
Vertragsformular, in dem eine Höchstleistung erfolgreicher
Perfidie ihren Niederschlag zu finden pflegte, ist in genügend
(ausgefüllten) Exemplaren als Anschauungsmaterial erhalten
geblieben. Es lautet in einem konkreten Fall wörtlich:

---

[199] Der Wortlaut bei Adler, a. a. O., S. 59. – Hervorhebungen vom Verfasser.

Zwischen der Reichsvereinigung der Juden in Deutschland und
Herrn Siegfried Israel Klein
wird folgender Heimeinkaufvertrag geschlossen.

1.

a) Herr Klein, Berlin W 15, Joachimstaler Str. 12, erkennt folgendes an:
Da der Reichsvereinigung die Aufbringung der Mittel für die Gesamtheit der gemeinschaftlich [in Theresienstadt] unterzubringenden, auch der hilfsbedürftigen Personen obliegt, ist es Pflicht aller für die Gemeinschaftsunterbringung bestimmten Personen, die über Vermögen verfügen, durch den von ihnen an die Reichsvereinigung zu entrichtenden Einkaufbetrag nicht nur die Kosten ihrer eigenen Unterbringung zu decken, sondern darüber hinaus soweit als möglich auch die Mittel zur Versorgung der Hilfsbedürftigen aufzubringen.

b) Herr Klein . . . .
kauft sich vom . . . . ab in die Gemeinschaftsunterbringung
mit einem Betrag von *ca. 53 070,–* RM
(in Worten *Dreiundfünfzigtausendundsiebzig* RM) ein.

2.

Der Einkaufsbetrag wird wie folgt entrichtet:
a) in bar: DM . . . .
b) durch die – hiermit – mit beiliegender Urkunde – vollzogene Abtretung von *Bankguthaben und Wertpapierdepot.*

3.

In die Gemeinschaftsunterbringung können nur Gegenstände nach Maßgabe behördlicher Weisungen eingebracht werden.

4.

a) Mit Abschluß des Vertrages wird die Verpflichtung übernommen, dem Vertragspartner auf Lebenszeit Heimunterkunft und Verpflegung zu gewähren, die Wäsche waschen zu lassen, ihn erforderlichenfalls ärztlich und mit Arzneimitteln zu betreuen und für notwendigen Krankenhausaufenthalt zu sorgen.

b) Das Recht der anderweitigen Unterbringung bleibt vorbehalten.

c) Aus einer Veränderung der gegenwärtigen Unterbringungsform kann der Vertragspartner keine Ansprüche herleiten.

5.

Bei Eintritt einer körperlichen oder geistigen Erkrankung des Vertragspartner[s] sowie eines sonstigen Zustandes, der das dauernde Verbleiben in der Gemeinschaftsunterbringung ausschließt und eine anderweitige Unterbringung geboten erscheinen läßt, ist die Reichsvereinigung berechtigt, die erforderlichen Maßnahmen zu treffen. Entsprechendes gilt bei wiederholten groben Verstößen gegen die Ordnung der Gemeinschaftsunterbringung.

6.

a) Der Einkaufbetrag geht mit der Leistung in das Eigentum der Reichsvereinigung über.

b) Ein Rechtsanspruch auf Rückzahlung dieses Betrages besteht, auch beim Tode des Vertragspartners oder bei einer Aufhebung des Vertrages aus sonstigen Gründen, nicht.

(Ort) .... den 1943	(Ort) *Berlin*, den *7. Juni* 1943
Reichsvereinigung der Juden	*Siegfried Israel Klein*
Deutschland	(Unterschrift des/der Vertrags-
Bezirksstelle	partner/s)
....	Kennwort: *Berlin*
Jüdische Kultusvereinigung	Kennummer: *A 480318*
....	Anschrift: *W 15, Joachimstaler Str. 12*
....	....
....	

(Unterschrift) (Unterschrift)[200]

Es erfordert wenig Phantasie, sich die Empfindungen der gutgläubigen Unterzeichner solcher Verträge vorzustellen, als sie in Theresienstadt den Gegenwert des vielfach bis in die Hunderttausende von RM gehenden »Einkaufbetrages« in Augenschein nehmen konnten – in Gestalt einer »Unterbringungsform« [§ 4 c!], deren »Veränderung« zum Schlimmsten noch ausdrücklich vorbehalten blieb.

[200] Fotokopie des Originals im Institut für Zeitgeschichte, München. Handschriftliche Eintragungen kursiv.

Breiten Raum nahm auf der Wannseekonferenz die Behandlung des »Problems« der jüdischen *Mischlinge und Mischehen* ein, die hier nicht im einzelnen verfolgt werden soll, zumal sie zu keinem eindeutigen Ergebnis führte. Ging die Tendenz der Radikalen in der Partei dahin, die »Mischlinge ersten Grades« und die jüdischen Partner von Mischehen in die Ausrottung einzubeziehen, so traten bei den weiteren Besprechungen »Kompromißvorschläge« wie »freiwillige« Sterilisierung der Mischlinge (andernfalls Androhung der Deportation zumindest in eine »Mischlingssiedlung«!) und zwangsweise Scheidung der Mischehen in den Vordergrund[201]. Es kam schließlich – sowohl wegen der weittragenden Konsequenzen und technischen Schwierigkeiten solcher Maßnahmen während des Krieges, als auch infolge der Opposition eines Teiles der Ministerialbürokratie in dieser Frage – weder zu Deportation noch zu Sterilisierung oder Zwangsscheidung für die genannten Kategorien[202]. Freilich gab es eine ganze Anzahl von Ausnahmen, darunter insbesondere die in *Konzentrationslagern* befindlichen Mischlinge ersten Grades, welche das RSHA im November 1942 ausdrücklich in die Vernichtung einbezog[203].

Was die Durchführung der »Endlösung« in den von Deutschland »besetzten und beeinflußten Gebieten« betraf – zu letzteren gehörten, geordnet nach dem ungefähren Wirkungsgrad deutschen Einflusses beziehungsweise »diplomatischen« Druckes in der Judenfrage Anfang 1942: Kroatien, die Slowakei, Rumänien, Vichy-Frankreich, Bulgarien, Ungarn und Italien (das Haupthindernis der Judenausrottung!) –, so wurde auf der Wannseekonferenz enge Zusammenarbeit des RSHA mit dem Auswärtigen Amt, insbesondere seiner »Abteilung Deutschland«, festgelegt. Je radikaler die nationalsozialistische Führung im eigenen Machtbereich gegen die Juden vorging, desto mehr

---

[201] Gegen das von Stuckart bzw. Lösener herausgestellte Argument, mit der Abschiebung der Halbjuden würde »ihre zur Hälfte germanische Erbmasse ... den Gegnern Deutschlands zugeführt«, erhob 1942 den allerdings gewichtigen Einwand, daß für die in den besetzten Ostgebiete, wo nach seinen Plänen die Mischlinge ersten Grades »in jeder Beziehung« den Juden »gleichgestellt« werden, »d. h. den gleichen Maßnahmen unterliegen« würden, »die gegen die Juden angewandt werden« (!), solche Befürchtungen demnach »nicht berechtigt« seien! (Nürnbg. Dok. NG-2586).

[202] Vgl. auch Hilberg, a. a. O., S. 268 ff.; Scheffler, a. a. O., S. 56 ff.; B. Lösener, Als Rassereferent im Reichsministerium des Innern, in: Vierteljahrshefte für Zeitgeschichte 9 (1961), S. 297 ff.

[203] Runderlaß Müllers vom 5. November 1942, der den Befehl Himmlers wiederholte, sämtliche in Konzentrationslagern des Reiches befindlichen Juden »in das KL Auschwitz und in das Kriegsgefangenenarbeitslager Lublin zu überstellen ... Zu den jüdischen Häftlingen sind auch die Mischlinge ersten Grades zu rechnen«. (Nürnbg. Dok. NO-2522 – vgl. auch PS-3677 [5. Oktober 1942] – Fotokopien im Institut für Zeitgeschichte, München.)

war sie auch bestrebt, die Satelliten und »Freunde« auf den gleichen Kurs zu bringen, ja deren Aktivität in der Judenfrage zum Kriterium ihrer Loyalität zu erheben. Unter Einschaltung der diplomatischen Vertreter des Reiches suchte man daher den Prozeß der Verfolgung in den verschiedenen Ländern (den wir nicht im einzelnen schildern) über die gewohnten Etappen der Sondergesetzgebung und »Definition« (des Begriffs »Jude«), der Kennzeichnung, der Konfiskation und möglichst der Konzentration voranzutreiben, um im geeignet erscheinenden Moment die jeweilige Regierung zunächst zu fragen, ob sie ihre in *Deutschland* lebenden jüdischen Staatsangehörigen »in angemessener Frist aus Deutschland abberufen oder ihrer Abschiebung in die Ghettos im Osten zustimmen« wolle. War diese Sondierung erfolgreich und schließlich die Situation für eine (immer noch als solche getarnte) »Aussiedlung« der Juden aus dem betreffenden Lande selbst reif[204] –, so trat *Eichmann* in Tätigkeit. Durch die als »Judenberater« der dortigen deutschen Gesandtschaft beigegebenen Vertreter seines Referats – in den besetzten Gebieten durch die »Judenreferenten« bei den Befehlshabern der Sicherheitspolizei und des SD – leitete *er* zusammen mit seinem Transportspezialisten Novak und den »zuständigen« Verkehrsbehörden den Abschub in die Wege: *Eichmann*, der gewiß ein gehorsamer Funktionär war, doch – von der »Aufgabe« der Judenbekämpfung besessen – im Rahmen seiner weitgespannten Kompetenzen ein Höchstmaß eigener Initiative, nicht zuletzt in Gestalt übelster Täuschungsmanöver, entfaltete.

4. Die Durchführung der »Endlösung« in Polen

Auf der Wannseekonferenz kam endlich auch die regionale Zeitfolge der »Endlösung« zur Sprache. Erkannte Heydrich im Sinne Hitlers[205] dem »Reichsgebiet einschließlich Protektorat« zumindest für die Deportation die Priorität zu, so trat der Staatssekretär Bühler lebhaft dafür ein, mit der »Entfernung (sprich »Ausrottung«) der Juden aus dem Gebiet des Generalgouverne-

---

[204] Im Falle der Slowakei trat – im Sinne eines wohlüberlegten »zweiten« Schritts – das RSHA »auf Weisung des Reichsführers-SS an das Auswärtige Amt heran, die slowakische Regierung zu bitten, 20000 junge, kräftige slowakische Juden [zwecks »Arbeitseinsatz«!] ... zur Verfügung zu stellen«. Auf die »freudige Zustimmung der slowakischen Regierung hin [ehe der Episkopat bei ihr »vorstellig« geworden war und 35000 Juden »Sonderlegitimation« erhielten] schlug der Reichsführer-SS vor, auch den Rest der slowakischen Juden nach dem Osten abzuschieben und die Slowakei so judenfrei zu machen«! (Aufzeichnung des Unterstaatssekretärs Luther vom 21. August 1942, Nürnbg. Dok. NG-2586.) Zum ganzen: Hilberg, a. a. O., S. 345 ff.
[205] Vgl. oben, S. 308.

ments« zu beginnen. Seine Motivierung war aufschlußreich: »Einmal« spiele »hier das Transportproblem keine übergeordnete Rolle«, sodann würden »arbeitseinsatzmäßige Gründe [wie sie Staatssekretär Neumann vom Standpunkt der Kriegswirtschaft geltend gemacht hatte] den Lauf dieser Aktion nicht behindern« (!). »Überdies« sei, wie wir schon hörten, die Mehrzahl der Juden »arbeitsunfähig« – während andererseits gerade im Generalgouvernement »der [in Ghettos gepferchte!] Jude als Seuchenträger« und Exponent des Schleichhandels eine Gefahr bilde! Genau fünf Wochen zuvor, am 16. Dezember 1941, hatte die Regierung des Generalgouvernements die zahlreichen Fleckfieberfälle im Distrikt Warschau erörtert und sie einem »Nachlassen der Widerstandskraft ... insbesondere der ... Juden« zugeschrieben – das sie selbst auf deren »unzureichende Ernährung« und Zusammendrängung in Ghettos (»an sich ... ein Segen«) zurückführte –, indes als Ausweg nur eine »Vereinfachung« des »zu langwierigen Verfahrens« der Sondergerichte »bis zur Liquidierung« bei »widerrechtlichem Verlassen der Ghettos« gesehen[206]. Und bei dieser Gelegenheit hatte Frank selbst im Sinne der eingeleiteten »Endlösung« die folgenden, sozusagen grundsätzlichen Äußerungen getan:

»Mit den *Juden* – das will ich Ihnen auch ganz offen sagen – muß so oder so Schluß gemacht werden. ... Ich weiß, es wird an vielen Maßnahmen, die jetzt im Reich gegenüber den Juden getroffen werden, Kritik geübt. Bewußt wird – das geht aus den Stimmungsberichten hérvor – immer wieder versucht, von Grausamkeit, von Härte usw. zu sprechen. Ich möchte Sie bitten: einigen Sie sich mit mir zunächst, bevor ich jetzt weiterspreche, auf die Formel: Mitleid wollen wir grundsätzlich nur mit dem deutschen Volke haben, sonst mit niemandem auf der Welt. ... Ich werde daher den Juden gegenüber grundsätzlich nur von der Erwartung ausgehen, daß sie verschwinden. Sie müssen weg. Ich habe Verhandlungen zu dem Zwecke angeknüpft, sie nach dem Osten abzuschieben. Im Januar findet über diese Frage eine große Besprechung in Berlin statt, zu der ich Herrn Staatssekretär Dr. Bühler entsenden werde. Diese Besprechung soll im Reichssicherheitshauptamt bei SS-Obergruppenführer Heydrich gehalten werden. [Gemeint ist die ›Wannseekonferenz‹ vom 20. 1. 1942.] Jedenfalls wird eine große jüdische Wanderung einsetzen.

[206] IMT, Bd. XXIX, S. 498 ff. – Das Folgende: S. 502 f.

Aber was soll mit den Juden geschehen? Glauben Sie, man wird sie im Ostland in Siedlungsdörfern unterbringen? Man hat uns in Berlin gesagt: weshalb macht man diese Scherereien; wir können im Ostland oder im Reichskommissariat auch nichts mit ihnen anfangen, liquidiert sie selber! Meine Herren, ich muß Sie bitten, sich gegen alle Mitleidserwägungen zu wappnen. Wir müssen die Juden vernichten, wo immer wir sie treffen und wo es irgend möglich ist, um das Gesamtgefüge des Reiches hier aufrechtzuerhalten . . .

Die Juden sind auch für uns außergewöhnlich schädliche Fresser[207]. Wir haben im Generalgouvernement schätzungsweise 2,5 vielleicht mit den jüdisch Versippten und dem, was alles daran hängt, jetzt 3,5 Millionen Juden[208]. Diese 3,5 Millionen Juden können wir nicht erschießen, wir können sie nicht vergiften, werden aber doch Eingriffe vornehmen können, die irgendwie zu einem Vernichtungserfolg führen, und zwar im Zusammenhang mit den vom Reich her zu besprechenden großen Maßnahmen. Das Generalgouvernement muß genau so judenfrei werden, wie es das Reich ist.«

»Erschießen« war – in Anbetracht der Zahl der im ehemaligen Polen, ihrem europäischen Hauptsiedlungsgebiet, damals noch lebenden Juden – in der Tat kein ausreichendes Mittel, und auch kein zweckmäßiges, wenn man, wie Bühler, »eine Beunruhigung der Bevölkerung vermeiden« wollte. Auf der Suche nach Maßnahmen, die »zu einem Vernichtungserfolg führten«, griff man daher zunächst auf Erfahrungen zurück, die man bei der Beseitigung der Geisteskranken im Altreich im Zeichen des sogenannten »Euthanasie-Programms« gemacht hatte. Dieses Unternehmen war von der »Kanzlei des Führers« unter Philipp Bouhler über deren Dienststelle in der Tiergartenstraße 4 – als gleichzeitige Zentrale der Euthanasie (»T 4«) – geleitet und durch Bouhlers Stellvertreter, Oberdienstleiter Brack, organisiert worden. Zur Tötung der Opfer wurde in »Gaskammern« Kohlenmonoxydgas verwendet. Es fällt auf, daß bereits der bei der ursprünglichen Aktion gegen Geisteskranke in Anstalten zur Feststellung des Personenkreises verwendet »Meldebogen« nach »Rasse« und »Arbeitsleistung« der Betroffenen fragte.

---

[207] In einer Regierungssitzung vom 9. Dezember 1942 hingegen äußerte Frank: »Nicht unwichtige Arbeitskräfte hat man uns in unseren altbewährten Judenschaften genommen. Es ist klar, daß der Arbeitsprozeß erschwert wird, wenn mitten in dieses Arbeitsprogramm der Befehl kommt, alle Juden sind der Vernichtung anheim zu stellen. Die Verantwortung hierfür trifft nicht die Regierung des Generalgouvernements. Die Weisung der Judenvernichtung kommt von höherer Stelle.«
[208] Eine erhebliche Überschätzung. Vgl. Hilberg, a. a. O., S. 309 f.; Reitlinger, a. a. O., S. 274.

Infolge des Mißlingens der Tarnung sowie mutiger Einsprüche, insbesondere von kirchlicher Seite, ließ Hitler, der eine »gesetzförmige« Regelung scheute, das Unternehmen im August 1941 bekanntlich einstellen. Dafür wurde jedoch nach einiger Zeit unter der Bezeichnung »14f 13« eine »Euthanasie«-Aktion in den Konzentrationslagern begonnen. Sie richtete sich gegen geisteskranke (welcher Begriff anscheinend ziemlich weit ausgelegt worden ist[209]), andere unheilbar kranke und namentlich arbeitsunfähige Häftlinge, die von einer Ärztekommission auszumustern waren. Die in Frage kommenden Personen wurden von den Lagerleitungen, offenbar nach einer internen Vorauswahl, an Hand der ihnen übersandten »Meldebogen« den das Lager besuchenden Mitgliedern der Ärztekommission zur Überprüfung vorgeführt und dann von deren Leitung in Berlin endgültig für eine der (im Reich gelegenen) Euthanasie-Stationen (z. B. Bernburg) zur Vernichtung ausgemustert. Vorzugsweise kamen für diese Aktion politisch unerwünschte Gruppen[210], insbesondere (im Rahmen der bereits eingeleiteten »Endlösung«) *Juden* in Betracht[211]. Allerdings wurden diese jüdischen Häftlinge später, als nämlich »Arbeitsfähigkeit« selbst ihnen noch eine Galgenfrist gewährte, nicht mehr ausnahmslos der *sofortigen* Vernichtung zugeführt[212]. Wie man zumindest anfangs bei der »Aktion 14f 13« mit Juden verfuhr, zeigt der Brief des bei der Ausmusterung mitwirkenden Arztes Dr. Mennecke an seine Frau vom 25. November 1941 aus dem Konzentrationslager Buchenwald:

> »Als zweite Portion folgten nun insgesamt 1200 Juden, die sämtlich nicht erst ›untersucht‹ werden, sondern bei denen es genügt, die Verhaftungsgründe (oft sehr umfangreich) aus der Akte zu entnehmen und auf die Bögen zu übertragen. Es ist also eine rein theoretische Arbeit . . .[213]«

[209] Vgl. die Aussage Bracks im Ärzteprozeß, Nürnberg, Fall I, dt. Protokoll, S. 7635; auch E. Kogon, Der SS-Staat. 151.–162. Tsd., Frankfurt a. M. 1946, S. 255.

[210] In der vom Schutzhaftlagerführer des Konzentrationslagers Groß-Rosen der Lagerkommandantur am 16. Dezember 1941 überreichten »Zusammenstellung von Häftlingen, die für einen Transport (in eine Euthanasiestation) in Frage kommen«, figurieren auch »Polen« und »Tschechen«. – Nürnbg. Dok. PS 1151 (Fotokopie im Institut für Zeitgeschichte, München).

[211] In dem Begleitbrief zu der (Anm. 210) erwähnten »Zusammenstellung« heißt es: »Aus dem Revier wurden 70 Häftlinge *ausgesondert*, aus den Blocks wurden 104 Häftlinge *ausgesondert*«, hinsichtlich der Juden aber lediglich: »Juden – 119 Häftlinge.« (Ebenda.)

[212] Die »Ärztekommission« musterte im Januar 1942 von den aufgeführten 119 jüdischen Häftlingen 81 zur Vernichtung aus, 38 also nicht; im März sah die Lagerleitung ihrerseits bei weiteren »42 arbeitsfähigen Juden« von einer »Überstellung« ab. (Fernschreiben vom 26. März 1942, ebenda.) – Anfang Oktober 1942 befahl Himmler jedoch, »sämtliche im Reich gelegenen Konzentrationslager judenfrei zu machen«; vgl. Anm. 203.

[213] Nürnbg. Dok. NO-907 (Fotokopie im Institut für Zeitgeschichte, München).

Bei der Durchführung der »Endlösung« im Osten konnte man nunmehr nicht nur Methoden und technische Einrichtungen verwerten, die bei den Euthanasie-Aktionen im Reich angewandt worden waren, sondern auch auf *Personal*, das dabei »Erfahrungen gesammelt« hatte, zurückgreifen. Letzteres ist erstmals im Falle des bereits im Dezember 1941 in Tätigkeit getretenen Vernichtungslagers *Chelmno* (Kulmhof) am Ner (60 km nordwestlich Lodz) geschehen: Hier ermordete ein Sonderkommando unter dem SS-Hauptsturmführer Lange, sodann unter dem SS-Hauptsturmführer Bothmann bis März 1943 und nochmals einige Monate im Jahre 1944 – mit »Hilfe« eines jüdischen Arbeitskommandos, das man schließlich erschoß – mindestens 152000 Juden (möglicherweise erheblich mehr) aus dem Warthegau und dem Ghetto Lodz (Litzmannstadt). Es geschah durch Motoren-Abgase in Gaswagen (fahrbaren Gaskammern), in welche man die Opfer hineinlockte oder nötigenfalls mit Peitschenhieben hineintrieb[214]. – Einen weiteren, an der Durchführung der »Euthanasie« im Reich wesentlich Beteiligten, den Kriminalkommissar (schließlich Polizeimajor) *Wirth*, finden wir in leitender Funktion in den Vernichtungslagern des Generalgouvernements wieder[215]. »Ich habe«, so schrieb denn auch der genannte Brack am 23. Juni 1942 an Himmler, »dem Brigadeführer Globocnik auf Anweisung von Reichsleiter Bouhler für die Durchführung seiner Sonderaufgabe schon vor längerer Zeit einen Teil meiner Männer zur Verfügung gestellt. Auf Grund einer erneuten Bitte von ihm habe ich nunmehr weiteres Personal abgestellt.«[216] Aus einem Schreiben Globocniks selbst an den Chef des SS-Personalhauptamtes am 29. Oktober 1943 geht hervor, daß »von der Kanzlei des Führers zur Durchführung der Aktion Reinhard« – der Maßnahmen Globocniks zur Vernichtung der Juden im Generalgouvernement – insgesamt 92 Kräfte zur Verfügung gestellt wurden[217]. Vor der Entsendung des Kommandos Wirth soll Himmler (laut Aussage des SS-Richters Dr. Morgen) persönlich die Angehörigen durch einen Eid zum Schweigen verpflichtet und ihnen gesagt haben, »er mute ihnen Übermenschlich-

---

[214] Vgl. die Ergebnisse des 1963 in Bonn geführten Kulmhof-Prozesses (s. R. Henkys, Die nationalsozialistischen Gewaltverbrechen. Stuttgart/Berlin 1964, S. 95 ff.).
[215] Nürnbg. Dok. NO-205 (Fotokopie im Institut für Zeitgeschichte, München).
[216] Globocnik bezeichnete ihn in einem Brief vom 13. April 1943 an SS-Gruppenführer von Herff (Chef des SS-Personalhauptamtes) als »verantwortlichen Inspektor« der Lager Belzec, Sobibor und Treblinka. (Original im Document Center, Berlin.)
[217] Globocnik an v. Herff, 29. Oktober 1943 (Original im Document Center, Berlin).

Unmenschliches zu. Es sei aber Befehl des Führers«.[218] Besonders tiefen Einblick in die hier behandelten personellen und dienstlichen Zusammenhänge, sowie in relativ frühe Erwägungen und Planungen zur praktischen Durchführung der »Endlösung« vermittelt der von dem Referenten des Ostministeriums, Amtsgerichtsrat Dr. Wetzel, abgefaßte Entwurf eines Minister-Schreibens vom 25. Oktober 1941, das für den Reichskommissar für das Ostland (Lohse) bestimmt war und folgendermaßen lautet[219]:

>»Der Reichsminister   Berlin, den 25. Okt. 1941
> für die besetzten Ostgebiete   *Geheim*!
> Sachbearbeiter: AGR. Dr. Wetzel
>
> Betr. Lösung der Judenfrage
>
> 1. An den
>   Reichskommissar für das Ostland
>   *Betr.* Ihren Bericht vom 4. 10. 1941 bezüglich Lösung
>   der Judenfrage.
>
> Unter Bezugnahme auf mein Schreiben vom 18. Okt. 1941 teile ich Ihnen mit, daß sich Oberdienstleiter *Brack* von der Kanzlei des Führers bereit erklärt hat, bei der Herstellung der erforderlichen Unterkünfte sowie der Vergasungsapparate mitzuwirken. Zur Zeit sind die in Betracht kommenden Apparate in genügender Anzahl nicht vorhanden, sie müssen erst hergestellt werden. Da nach Auffassung Bracks die Herstellung der Apparate im Reich viel größere Schwierigkeiten bereitet als an Ort und Stelle, hält es Brack für am zweckmäßigsten, wenn er umgehend seine Leute, insbesondere seinen Chemiker Dr. *Kallmeyer*, nach Riga sendet, der dort alles Weitere veranlassen wird. Oberdienstleiter Brack weist darauf hin, daß das in Betracht kommende Verfahren nicht ungefährlich ist, so daß besondere Schutzmaßnahmen erforderlich seien. Unter diesen Umständen bitte ich Sie, sich über Ihren höheren SS- und Polizeiführer an Oberdienstleiter Brack in der Kanzlei des Führers zu wenden und um die Entsendung des Chemikers Dr. Kallmeyer sowie weiterer Hilfskräfte zu bitten. Ich darf darauf

---

[218] IMT, Bd. XLII, S. 564 (19. Juli 1946).
[219] Nürnbg. Dok. NO – 365 (Fotokopie im Institut für Zeitgeschichte, München). – Hervorhebungen im Original.

hinweisen, daß Sturmbannführer *Eichmann*, der Sachbearbeiter für Judenfragen im Reichssicherheitshauptamt, mit diesem Verfahren einverstanden ist. Nach Mitteilungen von Sturmbannführer Eichmann sollen in Riga und in Minsk Lager für Juden geschaffen werden, in die evtl. auch Juden aus dem Altreichgebiet kommen. Es werden zur Zeit aus dem Altreich Juden evakuiert, die nach Litzmannstadt, aber auch nach anderen Lagern kommen sollen, um dann später im Osten, soweit arbeitsfähig, in Arbeitseinsatz zu kommen.

Nach Sachlage bestehen keine Bedenken, wenn diejenigen Juden, die nicht arbeitsfähig sind, mit den Brackschen Hilfsmitteln beseitigt werden. Auf diese Weise dürften dann auch Vorgänge, wie sie sich bei den Erschießungen von Juden in Wilna nach einem mir vorliegenden Bericht ergaben, und die auch im Hinblick darauf, daß die Erschießungen öffentlich vorgenommen wurden, kaum gebilligt werden können, nicht mehr möglich sein. Die Arbeitsfähigen dagegen werden zum Arbeitseinsatz nach Osten abtransportiert. Daß bei den arbeitsfähigen Juden Männer und Frauen getrennt zu halten sind, dürfte selbstverständlich sein.

Über Ihre weiteren Maßnahmen erbitte ich Bericht.

N[ame] d[des] H[errn] M[inisters]«

Indes, nicht im Baltikum, sondern auf polnischem Boden sollte die Ausrottungsaktion im großen stattfinden. Der Errichtung des Lagers Chelmno zeitlich folgend, trat nach Mitte März 1942, als weiteres Vernichtungslager, *Belzec* im damaligen Distrikt Lublin in Tätigkeit, erstmals mit *stationären Gaskammern* versehen – die man, wie immer, sorgfältig tarnte. Bis Dezember 1942 (vielleicht mit einer mehrwöchigen Unterbrechung, die der technischen Ausgestaltung diente) wurden hier in großen Transporten aus den Ghettos der Distrikte Lublin, Galizien und Krakau, in kleineren Schüben vor allem aus dem »Protektorat«, insgesamt Hunderttausende von Juden eingeliefert. Man tötete sie durch Abgase von Verbrennungsmotoren. Gleich Kurt Gerstein, von dem wir den bekannten Bericht über Belzec besitzen, ist einer der ganz wenigen Überlebenden (Rudolf Reder) einmal Zeuge gewesen, wie die bereits in die Gaskammern gepferchten Opfer stundenlang auf ihren Tod warten mußten, weil der Dieselmotor, der das Gas lieferte, offenbar des öfteren nicht sofort ansprang[220]. Wie auch in anderen Fällen, war nach der Auflösung des Lagers ein jüdisches Sonderkommando noch längere Zeit damit beschäftigt, die Spuren der Aktion zu verwischen. – Ein »kleineres« Vernichtungslager, das jedoch erst im Oktober 1943 (nach einem Aufstand des Arbeitskommandos!) seine Tätigkeit einstellte, wurde in *Sobibor* am Bug, ebenfalls im Distrikt Lublin, im Mai 1942 in Betrieb genommen. Die Zahl seiner Opfer, die namentlich aus dem östlichen Polen sowie dem besetzten sowjetrussischen Gebiet, aus der Tschechoslowakei, Österreich, Holland und Frankreich stammten, wird auf über 250000 geschätzt. – In noch größerem Maßstab diente der Menschenvernichtung sodann vom 23. Juli 1942 bis zum Herbst 1943 (nachdem es hier im August zu einem Aufstand der Häftlinge gekommen war) das gleichfalls im Distrikt Lublin bei Malkinia am Bug errichtete Lager *Treblinka*. Nach polnischen Schätzungen sind hier 700000–800000 Juden – aus Mittelpolen (Warschau!), der engeren und weiteren Umgegend von Bialystok, aber auch aus Deutschland, Österreich, der Tschechoslowakei, Holland, Belgien und Griechenland – wie in Belzec und Sobibor durch Abgase von Verbrennungsmotoren getötet worden. In Treblinka hat, zwecks »reibungsloser« Durchführung der Mordaktion mittels Täuschung der Opfer, die Tarnung in Gestalt kompletter Bahnhofseinrichtungen, fingierter Waschräume u. a. m. vergleichsweise wohl ein Höchstmaß erreicht. – Nicht zur sofortigen Vernichtung der Insassen bestimmt war das nahe Lublin selbst gelegene und amtlich mit »Lublin« bezeichnete große (ab April 1943 offizielle) Konzentrationslager *Maidanek*[221], das offenbar erst im Herbst 1942 Gaskammern erhielt. Es war (ebenso wie das 1944 gleichfalls zum »Konzentrationslager« erklärte Plaszow im Distrikt Krakau) vor allem Zwangsarbeitsstätte und nach Gründung der »Osti« (Ostindustrie GmbH) Zentrum jener von Globocnik angebahnten SS-eigenen Industrieunternehmen, die Massen von jüdischen Häftlingen ausbeuteten. Diese kamen namentlich aus Polen (besonders dem Lubliner und dem Warschauer Ghetto), der Sowjetunion, der Tschechoslowakei, Frankreich, Griechenland und Deutschland. Abgesehen von der in Maidanek praktisch vor allem betriebenen Vernichtung durch Arbeit, welcher der Großteil der weit über 200000 dorthin verschleppten Juden zum Opfer fiel, wurden Zehntausende, von denen ein

[220] Vgl. Reitlinger, a. a. O., S. 156 f.
[221] Bis 9. April 1943 führte es offiziell die Bezeichnung »Kriegsgefangenenarbeitslager«.

Teil gar nicht registriert oder überhaupt durch das Lager gegangen war, vergast oder (innerhalb und außerhalb des Lagers) erschossen. In allen bisher erwähnten Lagern (die, außer schließlich Maidanek, kein Krematorium besaßen) wurden später die Massengräber wieder geöffnet und die Leichen auf vielfach aus Eisenbahnschienen hergestellten Rosten verbrannt.

Inzwischen war auch das größte Mordzentrum in Verbindung mit dem Lager *Birkenau* in Tätigkeit getreten. Dieses bildete bekanntlich bis November 1943 und erneut ab Ende November 1944 einen Teil des (in dem zu Oberschlesien geschlagenen polnischen Gebiet errichteten) Konzentrationslagers *Auschwitz*, war aber für sich allein schon das größte aller nationalsozialistischen Konzentrationslager. Es diente sowohl der sofortigen Vernichtung als auch einer industriellen Ausbeutung der in der Mehrzahl jüdischen Häftlinge, solange diese arbeitsfähig waren. Deportiert wurden hierher Juden aus Polen, der Slowakei, dem »Protektorat« (Theresienstadt!), aus Frankreich, Belgien, Holland, Deutschland, Kroatien, Griechenland, Bulgarien, Norwegen, Italien und schließlich insbesondere aus Ungarn. Auschwitz-Birkenau demonstriert somit in besonderem Grade das »europäische« Ausmaß der Mordaktion – die ihre Urheber freilich aus guten Gründen, außer im Ostraum und in Serbien, nicht in den Heimatländern der Betroffenen selbst durchführten. Nach Ankunft der Transporte in Birkenau erfolgten die berüchtigten »Selektionen«, zur Trennung derer, die als arbeitsfähig in das Lager aufgenommen wurden, von denen, welche in die Gaskammern wanderten, zumeist ohne registriert zu werden[222]. Erst Anfang November 1944 ließ Himmler die Vergasungen einstellen. Zu ihren Opfern gehörten auch nichtjüdische Häftlinge, u. a. Zigeuner, Polen und sowjetische Kriegsgefangene. Über die besondere Funktion von Auschwitz im Rahmen der »Endlösung« hat dessen erster und bekanntester Kommandant, Rudolf Höß, in seinen autobiographischen Aufzeichnungen vermerkt:

»Im Sommer 1941, den genauen Zeitpunkt vermag ich z. Zt. nicht anzugeben, wurde ich plötzlich zum Reichsführer-SS nach Berlin befohlen, und zwar direkt durch seine Adjutantur. Entgegen seiner sonstigen Gepflogenheit eröffnete er mir, ohne Beisein seines Adjutanten, dem Sinne nach folgendes:

---

[222] Es ist vorgekommen, daß Häftlinge aus Theresienstadt, deren Vergasung beabsichtigt war, aber nicht sofort erfolgte, veranlaßt wurden, Postkarten nach Theresienstadt zu schreiben, um dadurch dort umgehende »Gerüchte« zu entkräften!

Der Führer hat die Endlösung der Judenfrage befohlen, wir –
die SS – haben diesen Befehl durchzuführen. Die bestehenden
Vernichtungsstellen im Osten sind nicht in der Lage, die
beabsichtigte große Aktion durchzuführen. Ich habe daher
Auschwitz dafür bestimmt, einmal wegen der günstigen
verkehrstechnischen Lage, und zweitens läßt sich das dafür
dort zu bestimmende Gebiet leicht absperren und tarnen. . . .
Nähere Einzelheiten erfahren Sie durch Sturmbannführer
Eichmann vom RSHA, der in nächster Zeit zu Ihnen
kommt.«[223]

Höß, dem Eichmann klarmachte, daß »die Tötung durch Koh-
lenoxyd-Gas . . . für die zu erwartenden Massen-Transporte in
Auschwitz nicht in Frage« kam und der dies bei Besichtigung
des »gesamten Vorgangs« in Treblinka bestätigt fand, suchte
nach einem neuen Vernichtungsmittel. Wie er berichtet, entschied er sich nach »erfolgreichen« Versuchen, die in seiner Ab-
wesenheit zunächst sein Schutzhaftlagerführer Fritzsch »aus
eigener Initiative« und dann er selbst an Häftlingen und russischen Kriegsgefangenen unternommen hatte, im Einvernehmen mit Eichmann für das dabei verwendete Zyklon B, ein
Blausäurepräparat, »das zur Ungeziefervertilgung im Lager
laufend gebraucht wurde und vorrätig lag«[224]. Seine nunmehrige
Verwendung zur Vernichtung von Menschen erfolgte (abgesehen von jenen ersten »Versuchen« in den Arrestzellen von
Block 11 des Stammlagers Auschwitz) zunächst im Leichenkeller des ersten Krematoriums des Stammlagers, sodann in
umgebauten Bauernhäusern beim Lager Birkenau und schließlich in den Vergasungsräumen der hier erbauten neuen Krematorien[225]. Eine dieser späteren Etappen der Errichtung des Aus-
rottungsapparats veranschaulicht ein Schreiben des Leiters
der Zentralbauleitung der Waffen-SS und Polizei Auschwitz an
den Chef der Amtsgruppe C (Bauwesen) im Wirtschafts-Verwaltungshauptamt, SS-Brigadeführer Dr.-Ing. Kammler, vom
29. Januar 1943 (wenn auch der darin genannte Termin nicht
eingehalten worden ist):

»Das Krematorium II wurde unter Einsatz aller verfügbaren

[223] Kommandant in Auschwitz, Autobiographische Aufzeichnung von Rudolf Höß, hrsg. von
M. Broszat, Stuttgart 1958, S. 153.
[224] A. a. O., S. 122 f., 154 ff. – Höß schreibt ferner (S. 127): »Wohl stand für uns alle der Führerbefehl unverrückbar fest . . . Doch in allen nagten geheime Zweifel.«
[225] Außerdem wurden Tausende von kranken bzw. arbeitsunfähig gewordenen und »seuchen-
verdächtigen« Häftlingen durch Injektion von Phenol getötet, viele auch erschossen; wieder
andere verloren durch »medizinische« Versuche ihr Leben.

Kräfte trotz unsagbarer Schwierigkeiten und Frostwetter bei Tag- und Nachtbetrieb bis auf bauliche Kleinigkeiten fertiggestellt. Die Öfen wurden im Beisein des Herrn Oberingenieur Prüfer der ausführenden Firma, Firma Topf u. Söhne, Erfurt, angefeuert und funktionieren tadellos. Die Eisenbetondecke des Leichenkellers konnte infolge Frosteinwirkung noch nicht ausgeschalt werden. Dies ist jedoch unbedeutend, da der Vergasungskeller hierfür benützt werden kann.

Die Firma Topf u. Söhne konnte infolge Waggonsperre die Be- und Entlüftungsanlage nicht wie von der Zentralbauleitung gefordert rechtzeitig anliefern. Nach Eintreffen der Be- und Entlüftungsanlage wird jedoch mit dem Einbau sofort begonnen, so daß voraussichtlich am 20. 2. 43 die Anlage vollständig betriebsfertig ist.«[226]

Was den Ablauf des Hauptstücks der Mordaktion in Polen betraf, so war Himmler grundsätzlich der Meinung, »daß man schon aus Gründen der Tarnung so schnell wie möglich arbeiten müsse« – was auch Globocnik für nötig hielt: »damit man nicht eines Tages mittendrin stecken bliebe«![227] Himmlers Verhalten war daher auch hier gekennzeichnet durch ein ständiges Drängen auf Beschleunigung der Vernichtung oder doch ihre völlige Sicherstellung und demgemäß durch einen erbitterten Kampf gegen Hemmnisse, wie sie die Verkehrslage und der Bedarf an jüdischen Arbeitskräften für die Kriegswirtschaft mit sich brachten. Das Frühjahr 1942 sah die als »Umsiedlung« bezeichnete Ausrottung – u. a. mit der Räumung des Ghettos von Lublin – bereits in vollem Gange. Im Generalgouvernement selbst und im Bezirk Bialystok lief sie unter dem Stichwort »Aktion« oder »Einsatz Reinhard«, geleitet von dem genannten Lubliner SS- und Polizeiführer Glo-

[226] Nürnbg. Dok. NO-4473 (Fotokopie im Institut für Zeitgeschichte). Aus einem weiteren Schreiben des Leiters der Zentralbauleitung der Waffen-SS und Polizei Auschwitz vom 31. März 1943 an die Deutschen Ausrüstungs-Werke GmbH (SS-Industrieunternehmen!), Werk Auschwitz, sei hier noch folgendes zitiert: »Es wird auf o. a. Schreiben mitgeteilt, daß drei gasdichte Türme gemäß des [sic!] Auftrages vom 18. Januar 1943 für das Bw 30b und 30c auszuführen sind, genau nach den Ausmaßen und der Art der bisher angelieferten Türme.«
Bei dieser Gelegenheit wird an einen weiteren Auftrag vom 6. März 1943 über Lieferung einer Gastür 100/192 für Leichenkeller I des Krematoriums III, Bw 30 a, erinnert, »die genau nach Art und Maß der Kellertür des gegenüberliegenden Krematoriums II mit Guckloch [!] aus doppeltem 8-mm-Glas mit Gummidichtung und Beschlag auszuführen ist. Dieser Auftrag ist als besonders dringlich anzusehen.« Nürnbg. Dok. NO-4465 (Fotokopie im Institut für Zeitgeschichte, München).
[227] Nürnb. Dok. NO-205 (Fotokopie im Institut für Zeitgeschichte, München).

bocnik, der den bereits erwähnten Polizeihauptmann Wirth zum »verantwortlichen Inspektor« der drei Vernichtungslager[228] machte. Nach der späteren Feststellung Globocniks umfaßte die »Aktion Reinhard« insgesamt vier Aufgaben: »A) die Umsiedlung selbst, B) die Verwertung der Arbeitskraft, C) die Sachverwertung, D) die Einbringung verborgener Werte und Immobilien.«[229] Was vor sich ging, fand auch in folgenden für den Eingeweihten verständlichen Ausführungen des Präsidenten der Hauptabteilung Ernährung und Landwirtschaft in einer Sitzung der Regierung des Generalgouvernements vom 24. August 1942 eine bezeichnende Umschreibung:

»Die Versorgung der bisher [d. h.: noch] mit 1,5 Millionen *Juden* angenommenen Bevölkerungsmenge fällt weg, und zwar bis zu einer angenommenen Menge von 300 000 Juden, die noch im deutschen Interesse als Handwerker oder sonstwie arbeiten. Für diese sollen die jüdischen Rationssätze zuzüglich gewisser Sonderzuteilungen, die sich für die Aufrechterhaltung der Arbeitskraft als notwendig herausgestellt haben, beibehalten bleiben. Die anderen Juden, insgesamt 1,2 Millionen, werden nicht mehr mit Lebensmitteln versorgt.«

Und der Generalgouverneur Frank, der sich bei offiziellen Anlässen gern als starken Mann gerierte, gab dazu den zwar sachlich ungenauen, dem angestrebten Ziel jedoch entsprechenden Kommentar:

»Daß wir 1,2 Millionen Juden zum Hungertod verurteilen, sei nur am Rande festgestellt. Es ist selbstverständlich, daß ein Nichtverhungern der Juden hoffentlich eine Beschleunigung der antijüdischen Maßnahmen zur Folge haben wird.«

Über die »Maßnahmen« selbst konnte Goebbels bereits am 27. März 1942 in seinem Tagebuch vermerken:

»Aus dem Generalgouvernement werden jetzt, bei Lublin beginnend, die Juden nach dem Osten abgeschoben. Es wird hier ein ziemlich barbarisches und nicht näher zu beschrei-

---

[228] Vgl. den Brief Globocniks an SS-Gruppenführer von Herff vom 13. April 1943 (Original im Document Center, Berlin).

[229] Schreiben an Himmler vom 5. Januar 1944 mit Beilage. Nürnbg. Dok. NO-064 u. 057 (Fotokopie im Institut für Zeitgeschichte, München). – In einem »vorläufigen Abschlußbericht der Kasse Aktion ›Reinhard‹ Lublin per 15. Dezember 1943« bezifferte Globocnik die dem Reich dadurch »zugeführten« Geldmittel und Sachwerte einschließlich Spinnstoffen (allein 1901 Waggons!) auf einen Betrag von RM 178 745 960, 59 (ebenda). Schon am 19. Januar 1943 hatte Himmler in einem Schreiben an den Chef des SS-Wirtschafts-Verwaltungshauptamts, Oswald Pohl, die bezeichnende Frage gestellt: »Wieviel an Textilien haben wir eigentlich durch die Judenumsiedlung [!] dem Reichswirtschaftsminister geliefert?« (Original im Bundesarchiv Koblenz.)

bendes Verfahren angewandt, und von den Juden selbst bleibt nicht mehr viel übrig. Im großen kann man wohl feststellen, daß 60 Prozent davon liquidiert werden müssen, während nur noch 40 Prozent in die Arbeit eingesetzt werden können. Der ehemalige Gauleiter von Wien [Globocnik], der diese Aktion durchführt, tut das mit ziemlicher Umsicht und auch mit einem Verfahren, das nicht allzu auffällig wirkt ... Man darf in diesen Dingen keine Sentimentalität obwalten lassen ... Auch hier ist der Führer der unentwegte Vorkämpfer und Wortführer einer radikalen Lösung ...«[230]

Nach einigen Schwierigkeiten in Gestalt einer militärisch bedingten »Zugsperre« im Juni und notwendig gewordener »Umbauarbeiten« auf der Strecke nach Sobibor im Juli 1942 konnte noch im gleichen Monat die Deportation in die Vernichtungslager in verstärktem Maße fortgesetzt werden[231]. Wie der Staatssekretär im Reichsverkehrsministerium, Dr.-Ing. Ganzenmüller, dem Leiter des Persönlichen Stabes von Himmler, SS-Obergruppenführer Wolff, in seinem bekannten Brief mitteilte, fuhr »seit dem 22. 7. ... täglich ein Zug mit je 5000 Juden von Warschau ... nach Treblinka, außerdem zweimal wöchentlich ein Zug mit 5000 Juden von Przemysl nach Belzec«. Tatsächlich begann am gleichen 22. Juli die Auflösung des Warschauer Ghettos kraft eines Befehls an den Judenrat, dafür zu sorgen, »daß täglich ab 22. 7. 1942 bis spätestens 16 Uhr 6000 Juden zum Sammelplatz gestellt werden«[232]. Obwohl (zunächst!) auch alle »bisher nicht in den Arbeitsprozeß eingereihten«, aber arbeitsfähigen Juden (die befehlsgemäß »im jüdischen Wohnbezirk zu kasernieren« waren) mit ihren »engsten Familienangehörigen« von der »Umsiedlung« ausgenommen wurden, betrug die Zahl der deportierten Männer, Frauen und Kinder nach immer stärkerer Ausweitung der Aktion schließlich 310322[233].

Bereits am 17. Juli hatte der »Höhere SS- und Polizeiführer Ost«, SS-Obergruppenführer Krüger, dem Rüstungsinspekteur im Generalgouvernement, Generalleutnant Schindler, die beab-

[230] Goebbels-Tagebuch, Fotokopie im Institut für Zeitgeschichte, München, F 12/8, Blatt 803/04.
[231] Vgl. IMT, Bd. XXIX, S. 572 und Nürnbg. Dok. NO-2207 (Fotokopie im Institut für Zeitgeschichte, München); auch zum folgenden.
[232] Der Befehl ist abgedruckt in der Dokumentation ›Faschismus, Getto, Massenmord‹, hrsg. vom Jüdischen Historischen Institut Warschau. 2. Aufl., Berlin 1961, S. 305 ff.
[233] Nach Angabe des SS- und Polizeiführers im Distrikt Warschau, SS-Brigadeführer Stroop (in seinem berüchtigten Bericht vom 16. Mai 1943 über die Zerstörung des Warschauer Ghettos), zur »ersten großen Aussiedlung ... in der Zeit vom 22. Juli bis 3. Oktober 1942«; IMT, Bd. XXVI, S. 634 f.

sichtigte Auflösung der Ghettos mitgeteilt[234]. Im Sinne der für den NS-Staat charakteristischen Sonderkompetenz der Polizei war Krüger von Hitler am 7. Mai zum Staatssekretär für das Sicherheitswesen in der Regierung des Generalgouvernements ernannt worden[235]. Diesem Erlaß Hitlers entsprechend hatte der in seinem Kampf um die Einheit der Verwaltung nun endgültig unterlegene Generalgouverneur Frank am 3. Juni 1942 Krüger (der praktisch bereits oberster örtlicher Leiter der »Endlösung« war) auch der Form nach alle »Judenangelegenheiten« als »Sachgebiet der Sicherheitspolizei« übertragen[236]. Und folgerichtig war am 25. Juni 1942 von dem Leiter der Abteilung Verwaltung im Generalgouvernement bestimmt worden, »daß Arbeitseinsatz von Juden nur noch nach vorherigem Einvernehmen mit dem örtlich zuständigen [SS- und] Polizeiführer vorgenommen werden« dürfe[237]. Damit hatte ein langer Kampf um diese Kompetenz[238] – die im Hinblick auf die »Sicherung« der Erfassung aller Juden für die Ausrottung erhöhte Bedeutung gewann – mit einem zunächst grundsätzlichen Siege der Sicherheitspolizei geendet. Ihr war die freie Beschäftigung von Juden in privaten deutschen Firmen und Wehrmachtbetrieben nicht nur in Galizien ein Dorn im Auge gewesen, wo anscheinend schon vor der allgemeinen Regelung »kurzerhand der gesamte Arbeitseinsatz der Juden vom SS- und Polizeiführer übernommen« und der »zu schwachen Verwaltung« entzogen wurde. Vermerkte doch der dortige SS- und Polizeiführer Katzmann mit Entrüstung, daß »insbesondere ... Wehrmachtsdienststellen durch unkontrollierbares Ausstellen von Sonderausweisen dem jüdischen Schmarotzertum Vorschub geleistet« hätten und daß sich bei der nunmehrigen Überprüfung der Ausweise »die meisten Arbeitgeber verpflichtet fühlten, zugunsten der [festgenommenen] Juden zu intervenieren«[239]! Am 17. Juli 1942 nun erklärte sich der Höhere SS- und Polizeiführer Krüger gegenüber dem General Schindler zwar bereit, den Rüstungsbetrieben ihre jüdischen Arbeiter (vorerst!) zu belassen. Bedingung war jedoch, daß diese (zunächst grundsätzlich, in der Folge zunehmend auch faktisch) in SS-Regie übergehen und in den

[234] Vgl. das (ungedr.) Gutachten von Dr. Hanns v. Krannhals vom 2. September 1964 im Wolff-Prozeß in München: ›Zur Judenvernichtung im Generalgouvernement 1941/43‹ (Xerographie im Institut für Zeitgeschichte, München).
[235] Reichsgesetzblatt 1942, I, S. 193.
[236] Verordnungsblatt für das Generalgouvernement 1942, Nr. 50, S. 321 ff.
[237] ›Faschismus, Getto, Massenmord‹ (vgl. Anm. 232), S. 439 f.
[238] Vgl. oben, S. 296 f.
[239] S. den ›Katzmann-Bericht‹ (Nürnbg. Dok. L-018), IMT, Bd. XXXVII, S. 394 f., 397.

Betrieben selbst oder in eigens dazu errichteten Barackenlagern
»kaserniert« werden sollten[240]. Als nächste Etappe war die
Überführung aller Rüstungsbetriebe, die jüdische Arbeitskräfte
beschäftigten, in SS-eigene Lager vorgesehen[241]. Wie ungern
und mit welcher zeitlichen Einschränkung Himmler solche
Zwischenlösungen akzeptierte, zeigt sein aus Lublin an Krüger
erteilter Befehl vom 19. Juli 1942 – nachdem er zwei Tage zuvor
in Auschwitz-Birkenau »sich den gesamten Vorgang der Vernichtung eines gerade eingetroffenen Juden-Transportes ...
ganz stumm« angesehen und kategorisch erklärt hatte, die von
ihm befohlenen »sicherheitspolizeilichen Aktionen dürften
auf keinen Fall abgestoppt werden«[242]:

> »Ich ordne an, daß die Umsiedlung der gesamten jüdischen
> Bevölkerung des Generalgouvernements bis 31. Dezember
> 1942 durchgeführt und beendet ist.
>
> Mit dem 31. Dezember 1942 dürfen sich keinerlei Personen
> jüdischer Herkunft mehr im Generalgouvernement aufhal-
> ten. Es sei denn, daß sie sich in den Sammellagern Warschau,
> Krakau, Tschenstochau, Radom, Lublin aufhalten. Alle an-
> deren Arbeitsvorkommen, die jüdische Arbeitskräfte be-
> schäftigen, haben bis dorthin beendet zu sein, oder, falls ihre
> Beendigung nicht möglich ist, in eines der Sammellager ver-
> legt zu sein.
>
> Diese Maßnahmen sind zu der im Sinne der Neuordnung
> Europas notwendigen ethnischen Scheidung von Rassen
> und Völkern, sowie im Interesse der Sicherheit und Sauber-
> keit des deutschen Reiches und seiner Interessengebiete er-
> forderlich. Jede Durchbrechung dieser Regelung bedeutet
> eine Gefahr für die Ruhe und Ordnung des deutschen Ge-
> samtinteressengebietes, einen Ansatzpunkt für die Wider-
> standsbewegung und einen moralischen und physischen
> Seuchenherd.

---

[240] Vgl. ebenda, S. 398.

[241] Vgl. das Fernschreiben Krügers an Himmler (Abschrift an den SS- und Polizeiführer in Krakau, SS-Oberführer Scherner) vom 7. Juli 1942; Himmler-files, folder 94 (Mikrofilm im Institut für Zeitgeschichte, München).

[242] Höß' autobiographische Aufzeichnungen: »... am allerwenigsten durch den mir vorgeführten Mangel an Unterkunft usw. Eichmanns Programm geht weiter und wird von Monat zu Monat gesteigert. Sehen Sie zu, daß Sie mit dem Ausbau von Birkenau vorwärtskommen. Die Zigeuner sind der Vernichtung zuzuführen. Ebenso rücksichtslos vernichten Sie die arbeitsunfähigen Juden. In nächster Zeit werden die Arbeitslager bei den Rüstungsindustrien die ersten größeren Kon-tingente von arbeitsfähigen Juden aufnehmen, dann bekommen Sie auch wieder Luft. Auch in Auschwitz soll die Rüstung im Lager ausgebaut werden, bereiten Sie sich dazu vor.« Gespräch mit Himmler. Von Höß mitgeteilt in: Kommandant in Auschwitz, Autobiographische Aufzeichnung von Rudolf Höß, hrsg. von M. Broszat, Stuttgart 1958, S. 177 und 179.

Aus all diesen Gründen ist die totale Bereinigung notwendig und daher durchzuführen. Voraussichtliche Terminüberschreitungen sind mir rechtzeitig zu melden, so daß ich früh genug für Abhilfe sorgen kann. Alle Gesuche anderer Dienststellen um Abänderung sowie Ausnahmegenehmigung sind mir persönlich vorzulegen.«[243]

Je mehr nun der thüringische Gauleiter Sauckel als Generalbevollmächtigter für den Arbeitseinsatz bei seiner »Erfassung« ausländischer Arbeitskräfte für die Kriegswirtschaft im Reich auch auf Polen im Generalgouvernement zurückgriff, desto stärker blieb hier die deutsche Kriegsindustrie auf ihre jüdischen Arbeiter angewiesen. Diese Bedarfslage verschärfte sich noch dadurch, daß Himmler den getroffenen Vereinbarungen offensichtlich eine enge Auslegung gab. So blieben zwar Juden, die »von Wehrmachtdienststellen« oder in den im unmittelbaren Auftrage der Rüstungsinspektion des OKW arbeitenden »wirklichen Rüstungsbetrieben«[244] beschäftigt wurden, in der Regel vorerst noch verschont; die jüdischen Arbeiter der übrigen, für die Wehrmacht im Generalgouvernement oder im Reich zweifellos ebenfalls kriegswichtige Aufträge erfüllenden Betriebe und privaten Firmen (Bekleidungs- und Reparaturwerkstätten, Dachpappenfabriken usw.) aber wurden in zunehmendem Maße in die Umsiedlung – meist ohne vorherige Benachrichtigung der örtlichen militärischen Dienststellen – einbezogen. Gegenvorstellungen der Rüstungsinspektion waren erfolglos. Bei einer Besprechung ihrer Beauftragten mit den Vertretern Krügers am 14. August 1942 in Krakau beriefen sich die letzteren sogar auf Göring:

»Nach Auffassung des Reichsmarschalls müsse davon abgegangen werden, daß der Jude unentbehrlich sei[245]. Weder die Rüstungsinspektion noch die sonstigen Dienststellen im Generalgouvernement würden die Juden bis zum Kriegs-

[243] Nürnbg. Dok. NO-5574 (Fotokopie im Institut für Zeitgeschichte, München).
[244] Wie Himmler sich ausdrückte: s. weiter unten. Vgl. im übrigen (auch zum folgenden): Hilberg, a. a. O., S. 334 ff.
[245] Nach einem bei Hilberg, a. a. O., S. 236 zitierten Bericht des Verbindungsoffiziers des Wehrwirtschafts- und Rüstungsamtes des OKW beim Reichsmarschall vom 29. August 1941 erklärte Göring am 14. August 1941, »daß die Juden in den von Deutschland besetzten Gebieten nichts mehr zu suchen hätten«; soweit sie als Arbeiter benötigt würden, sollten sie in Arbeitsformationen zusammengefaßt und in einer Art Gefangenenlager eingesetzt werden, um dort Arbeitsbataillone zu bilden. – Keitel seinerseits verbot auf Grund »einzelner Vorkommnisse« bereits am 12. September 1941 »die Verwendung von einzelnen Juden zu irgendwelchen bevorzugten Hilfsdiensten für die Wehrmacht« und gestattete »lediglich« ihre »Verwendung in besonders zusammengefaßten Arbeitskolonnen«. Nürnbg. Dok. NOKW-1686 (Fotokopie im Institut für Zeitgeschichte, München).

ende behalten. Die ergangenen Befehle seien klar und hart. Sie hätten Geltung nicht nur für das Generalgouvernement, sondern für sämtliche besetzten Gebiete. Die Gründe für sie müßten außergewöhnlicher Natur sein. Unter diesen Umständen sei es nicht lohnend, Juden als Facharbeiter anzulernen. – Jeglicher zusätzliche größere Bedarf an Juden müsse über den Höheren SS- und Polizeiführer dem Reichsführer SS und Chef der Deutschen Polizei zur Entscheidung vorgelegt werden.«

Zwar bewilligte die SS bei dieser Besprechung noch Zwischenlösungen, so für das Warschauer Ghetto eine Zusammenfassung der »in den Betrieben der Rüstungsinspektion beschäftigten Juden in einem besonderen rüstungswirtschaftlichen Ghetto«, unter Trennung von den »anderen Juden«. Die »gleiche Regelung« wurde »für *die* Betriebe, die *für den Militärbefehlshaber im Generalgouvernement*[246] [dessen Dienstbezeichnung übrigens seit 15. Juli 1942, kompetenzmäßig zutreffend, auf die eines »Wehrkreisbefehlshabers im Generalgouvernement« reduziert worden war!] im Warschauer Ghetto arbeiten, zugestanden«; sie sollten »zu diesem Zwecke zusammengelegt werden«[247]. Auch konnte in Einzelfällen der Wehrkreisbefehlshaber General von Gienanth noch Krügers Genehmigung zur Belassung der jüdischen Rüstungsarbeiter erreichen. Inzwischen wurde in einer Reihe von Städten, zum Beispiel Galiziens, »die Kasernierung der für die Wehrmacht arbeitenden Juden durchgeführt beziehungsweise zum Teil begonnen«[248], wie es im Bericht der Oberfeldkommandantur Lemberg heißt. Im ganzen gesehen aber nahmen die »Umsiedlungen«, wiederum ohne vorherige Ankündigung und ohne Rücksicht auf kriegswirtschaftliche Interessen, trotz erneuter militärischer Vorstellungen ihren Fortgang. Und am 5. September 1942 befahl Keitel kategorisch den Ersatz der jüdischen Arbeitskräfte durch Polen.

In dieser Situation entschloß sich General von Gienanth zu einem entscheidenden Schritt, für dessen Begründung es ihm schon an »sachlichen« Argumenten nicht fehlte. Konnten ihm doch seine Oberfeldkommandanten (wie auch zuständige zivile Dienststellen des Generalgouvernements) bestätigen, daß der Befehl Keitels undurchführbar sei beziehungsweise daß pol-

[246] Hervorhebung vom Verfasser.
[247] Protokoll der Besprechung vom 15. August 1942, zitiert nach Krannhals, a. a. O. (vgl. Anm. 234).
[248] Außer in Lemberg, wo die Zahl der jüdischen Arbeitskräfte noch gegen 10000 betrug. Ebenda, auch das Folgende.

nische Ersatzkräfte nicht zur Verfügung ständen; sie meldeten überdies, daß die Polizeimaßnahmen erhebliche Arbeitsausfälle verursacht hätten, ja indirekt die Versorgung der Front mit Lebensmitteln gefährdeten. So richtete Gienanth am 18. September 1942 unter Bezugnahme auf den erwähnten Erlaß Keitels das folgende Schreiben an das OKW – Wehrmachtführungsstab[249]:

»I. Bis jetzt war für das Generalgouvernement angeordnet:

1) Polnische und ukrainische Arbeiter werden zwecks Freimachung für das Reich durch jüdische Arbeiter ersetzt; hierzu werden auch Judenlager zum Einsatz bei den Betrieben aufgestellt.

2) Zur Ausnützung der jüdischen Arbeitskraft für den Krieg werden rein jüdische Betriebe oder Teilbetriebe gebildet.

Die ohne Benachrichtigung der meisten Wehrmachtdienststellen eingesetzte Aussiedlung der Juden brachte starke Erschwerungen im Nachschub und Verzögerungen in der kriegswirtschaftlichen Sofortproduktion. Arbeiten der SS-Stufe, der Dringlichkeitsstufe ›Winter‹, können nicht fristgerecht erledigt werden.

II. Ungelernte Arbeiter können zum Teil ersetzt werden, wenn der Generalbevollmächtigte für den Arbeitseinsatz auf die bis Ende d. J. durchzuführende Abgabe von 140000 Polen an das Reich verzichtet und wenn die Erfassung der Polizei gelingt. Dies wird nach den bisherigen Erfahrungen bezweifelt.

Als angelernte Arbeiter können zu einem geringen Teil Schüler genommen werden, die zur Zeit in den Fachschulen der Regierung ausgebildet werden.

Facharbeiter müssen erst herangebildet werden. Die Schulung der – im wesentlichen der Landwirtschaft zu entnehmenden – Arbeitskräfte bedarf Monate bis zu einem Jahr und, bei einigen besonders hochqualifizierten Arbeitern und Handwerkern, noch darüber.

Ob die Lösung dieser besonders schwierigen Frage, von der die Erhaltung der Leistungsfähigkeit des Gen.-Gouv. für die Kriegswirtschaft in erster Linie abhängt, durch Abgaben von Facharbeitern aus dem Reich beschleunigt werden kann, entzieht sich meiner Beurteilung.

III. Nach den Unterlagen der Regierung – Hauptabteilung

[249] Himmler – files, folder 126 (Mikrofilm im Institut für Zeitgeschichte, München).

Arbeit – beträgt die Gesamtzahl der gewerblichen Arbeiter etwas mehr als eine Million, hiervon über 300 000 Juden. Unter diesen sind etwa 100 000 Facharbeiter.

In den einzelnen, für die Wehrmacht arbeitenden Betrieben schwankt die Zahl der Juden unter den Facharbeitern zwischen 25–100%; sie beträgt 100% bei den für die Winterbekleidung arbeitenden Textilbetrieben. In anderen Betrieben, zum Beispiel in der wichtigen Fahrzeugfabrikation Typ ›Fuhrmann‹ und ›Pleskau‹, sind die Schlüsselkräfte, die Stellmacher, hauptsächlich Juden. Sattler sind mit geringen Ausnahmen Juden.

Für die Uniform-Instandsetzung sind bei Privatfirmen zur Zeit insgesamt 22 700 Arbeiter tätig, davon sind 22 000 (97 v. H.) Juden, darunter rund 16 000 Fachkräfte (Textil- und Lederwerke).

Ein rein jüdischer Betrieb mit 168 Arbeitern fertigt Geschirrbeschläge. Hiervon ist abhängig die gesamte Fertigung von Geschirren im Gen.-Gouv., in der Ukraine und zum Teil im Reich.

IV. Sofortige Entfernung der Juden hätte zur Folge, daß das Kriegspotential des Reiches erheblich gedrückt und die Versorgung der Front sowie der Truppen des Gen.-Gouv. mindestens augenblicklich stocken würde.

1) In der Rüstungsindustrie würden ernste Fertigungsausfälle, zwischen 25 bis 100%, eintreten.

2) Bei den Kraftfahrzeug-Instandsetzungs-Werkstätten würde ein durchschnittlicher Leistungsabfall von etwa 25% eintreten, d. h., es würden im Monat durchschnittlich 2500 Kraftfahrzeuge weniger instandgesetzt werden.

3) Zur Durchführung der Versorgung müßten Nachschubeinheiten eingesetzt werden.

V. Wenn die kriegswichtigen Arbeiten nicht leiden sollen, können die Juden erst nach Ausbildung des Ersatzes, also Zug um Zug, freigegeben werden. Diese Aufgabe kann nur örtlich durchgeführt, muß aber von *einer* Stelle in Zusammenarbeit mit dem Höh.-SS- u. Pol.-Führer zentral gesteuert werden.

Es wird gebeten, den Bezugserlaß in dieser Art durchführen zu dürfen. Dabei soll Richtlinie sein, die Juden so rasch als möglich auszuschalten, ohne die kriegswichtigen Arbeiten zu beeinträchtigen.

VI. Wie nunmehr festgestellt, laufen im Gen.-Gouv. ohne Kenntnis der Rüstungsinspektion und des W. i. G.[250] von den verschiedensten Wehrmachtdienststellen des Reichs kriegswichtige Aufträge der höchsten Dringlichkeitsstufe, vor allem für den Winterbedarf. Die rechtzeitige Fertigstellung dieser Arbeiten ist durch die Aussiedlung der Juden unmöglich gemacht.

Eine systematische Erfassung aller derartiger Betriebe benötigt einige Zeit.

Es wird gebeten, die Aussiedlung der in den gewerblichen Betrieben tätigen Juden bis dahin auszusetzen.«

In Anbetracht der Sprache einiger der vorliegenden militärischen Dienstberichte über die »Judenaktion« im Generalgouvernement erscheint der Argwohn Himmlers nicht unberechtigt, daß den hier verwendeten Argumenten noch andere Motive als die bloßer Zweckmäßigkeit zugrunde lagen – zumal es im totalitären Regime des Nationalsozialismus »üblich« geworden war, Kritik nicht gegen eine befohlene Maßnahme als solche, sondern gegen die Art ihrer Durchführung zu richten. Jedenfalls wurde Gienanth mit Wirkung vom 30. September 1942 von seinem Posten abgelöst. Am 9. Oktober nahm Himmler in einem Rundschreiben an Pohl, Krüger, Globocnik, das RSHA und SS-Obergruppenführer Wolff (das er dem Generalquartiermeister Wagner und dem Oberstleutnant von Tippelskirch vom Wehrmachtführungsstab zur Kenntnis gab) zu der Denkschrift Gienanths in gereizter, ja beleidigender Form folgendermaßen Stellung:

»Zu dem Schreiben des Wehrkreisbefehlshabers im Generalgouvernement an das Oberkommando der Wehrmacht betreffend den Ersatz der jüdischen Arbeitskräfte durch Polen habe ich folgendes zu sagen:

1. Ich habe angeordnet, die ganzen sogenannten Rüstungsarbeiter, die lediglich in Schneider-, Holz- und Schusterwerkstätten arbeiten, durch SS-Obergruppenführer *Krüger* und SS-Obergruppenführer *Pohl* an Ort und Stelle, d. h. also in Warschau, Lublin in KL zusammenzufassen. Die Wehrmacht soll ihre Bestellungen an uns geben, und wir garantieren ihr den Fortgang der Lieferungen für die von ihr gewünschten Bekleidungsstücke. Gegen alle diejenigen jedoch, die glauben, hier mit angeblichen Rüstungsinteressen entgegentreten zu müssen, die in Wirklichkeit ledig-

[250] Wehrkreisbefehlshaber im Generalgouvernement.

lich die Juden und ihre Geschäfte unterstützen wollen, habe ich Anweisung gegeben, unnachsichtlich vorzugehen.

2. Juden, die sich in wirklichen Rüstungsbetrieben befinden, also Waffenwerkstätten, Autowerkstätten usw. sind Zug um Zug herauszulösen. Als erste Stufe sind sie in den Betrieben in einzelnen Hallen zusammenzufassen. Als zweite Stufe dieser Entwicklung ist die Belegschaft dieser einzelnen Hallen im Austausch tunlichst in geschlossenen Betrieben zusammen zu tun, so daß wir dann lediglich einige geschlossene Konzentrationslager-Betriebe im Generalgouvernement haben.

3. Es wird dann unser Bestreben sein, diese jüdischen Arbeitskräfte durch Polen zu ersetzen und die größere Anzahl dieser jüdischen KL-Betriebe in ein paar wenige jüdische KL-Großbetriebe tunlichst im Osten des Generalgouvernements zusammenzufassen. Jedoch auch dort sollen eines Tages dem Wunsche des Führers entsprechend die Juden verschwinden.«[251]

Am Tage darauf, dem 10. Oktober 1942, sandte das OKW – Wehrmachtführungsstab/Qu (II) – an den neuen Wehrkreisbefehlshaber im Generalgouvernement, General Hänicke, ein Fernschreiben, das gleichlautend an das Wehrwirtschafts-und Rüstungsamt (im OKW), den Befehlshaber des Ersatzheeres, den Generalquartiermeister, sowie die Wehrmachtbefehlshaber Ostland und Ukraine ging, und dessen erster Absatz lautet:

»Das Oberkommando der Wehrmacht hält im Einvernehmen mit dem Reichsführer-SS an dem Grundsatz fest, daß die von der Wehrmacht zum militärischen Hilfsdienst und in der Rüstungswirtschaft beschäftigten Juden sofort durch arische Arbeitskräfte zu ersetzen sind.«

Und hierauf folgte, als ob sich dies von selbst verstand, die wörtliche Wiedergabe der (in Himmlers Schreiben vom 9. Oktober 1942 enthaltenen) »Richtlinien«, die »der Reichsführer SS . . . für die Durchführung dieser Maßnahme . . . mitgeteilt« habe. Endlich als Fazit:

»Es ist hiernach Aufgabe der für die Betriebe verantwortlichen Militärdienststellen, mit dem zuständigen SS- und Pol.Führer die Durchführung vorstehender Richtlinien festzulegen.«[252]

[251] Nürnbg. Dok. NO-1611 (Fotokopie im Institut für Zeitgeschichte, München).
[252] Nürnbg. Dok. NOKW-134 (Fotokopie im Institut für Zeitgeschichte, München).

Damit war eine grundsätzliche Entscheidung gefallen, die Himmler erlauben sollte, Fortgang oder Sicherstellung der Vernichtung mit einer befristeten kriegswirtschaftlichen Ausbeutung der Juden – im Gewahrsam und (zunehmend) in eigenen Betrieben der SS – zu verbinden. Am 13. Oktober 1942 vereinbarte der Oberquartiermeister des Wehrkreisbefehlshabers, Oberst Forster, in Spala mit Krüger die praktische Durchführung der »Richtlinien« Himmlers. Danach waren die einzeln bei militärischen Dienststellen beschäftigten Juden »sofort ohne Rücksicht auf Ersatz« zu »entlassen« (!). Immerhin »durften« die nachgeordneten militärischen Stellen den Wehrkreisbefehlshaber (!) um Ausnahmen bitten, wenn die von den einzelnen Juden als Facharbeitern (zum Beispiel Zahntechnikern!) geleisteten Dienste dann »nicht mehr im *notwendigen*[253] Umfang« erfüllt werden konnten, und wenn in dem betreffenden Ort »auch nach der Auskämmung wenigstens 100 Juden insgesamt bei den verschiedenen Dienststellen verbleiben«. Prinzipiell wurden jetzt alle den Rüstungsbetrieben belassenen Juden »Arbeitshäftlinge des Höheren SS- und Polizeiführers« – oder gar, wie der Lemberger SS- und Polizeiführer für Galizien berichtet, förmlich dazu »erklärt«[254]. Folgerichtig waren – kraft der weiteren Vereinbarungen Forsters mit Krüger – sämtliche von der Wehrmacht eingerichteten »Judenlager« jetzt der SS zu übergeben, welche die jüdischen Arbeiter »von den neugebildeten Konzentrationslagern aus« den militärischen Dienststellen »zuführen« würde. Die jüdischen Belegschaften der (zur Unterscheidung von den »Betrieben der Rüstungsinspektion« selbst) hinfort als »Rüstungsbetriebe des Wehrkreisbefehlshabers« bezeichneten Unternehmungen (Autowerkstätten, Fertigungsbetriebe für Geschirre, Fahrzeuge, Baracken, Bekleidung usw.) sollten zunächst innerhalb dieser zusammengefaßt, sodann sollten aus ihnen »tunlichst geschlossene Judenbetriebe« gebildet werden. Dafür, daß die SS die nunmehr ihr »gehörenden« jüdischen Arbeitssklaven der Wehrmacht zur Verfügung stellte, mußte diese gegebenenfalls hinfort den Tageslohn – »fünf Zloty für den Mann und vier Zloty für die Frau« – an die SS entrichten![255] Immerhin aber machte Krüger dem Heer das grundsätzliche Zugeständnis, »oberster Gesichtspunkt bei allen

[253] Hervorhebung im Original.
[254] Katzmann-Bericht, IMT, Bd. XXXVII, S. 398.
[255] »Wenn von den Heeresdienststellen ... Verpflegung ... gewährt wird, ist der ... Tagessatz um 1,60 Zloty zu kürzen. Lohnsteuer und Beiträge zur Sozialversicherung sind nicht zu zahlen.«

Maßnahmen« solle sein: »keine Störung in der Produktion«[256].
Die hier ausführlich wiedergegebene Vereinbarung Krüger-
Forster mit der von Hitler und Himmler bestimmten Tendenz
zur Vollendung der Judenvernichtung unter gewissen Rücksichten – namentlich ihrer örtlichen Funktionäre – auf die
Kriegsproduktion war für die Folge weitgehend charakteristisch. Für die jüdischen Arbeitskräfte in allen durch die Abmachung nicht gedeckten Betrieben hatte jetzt vollends die
Stunde geschlagen. Ferner wurden die bei der Wehrmacht
beschäftigten Juden – was insgesamt freilich Monate dauerte –
laufend, auch ganze Lager, weisungsgemäß der SS übergeben[257],
und von dieser teils an die Rüstungsbetriebe vermietet, teils in
ihren eigenen Lagern »eingesetzt« oder weiter dezimiert. Daneben nahmen die »Aktionen« gegen die Bevölkerung der noch
verbliebenen Ghettos und Ghetto-Städte, besonders in Galizien, ihren Fortgang. Die Verordnungen Krügers vom
28. Oktober und 10. November 1942 über die »Errichtung«
(und alleinige Zulassung) von 55 »Judenwohnbezirken« im
Generalgouvernement[258] bedeuteten unter diesen Umständen
nicht eigentlich die Schaffung »neuer« Ghettos, sondern eine
weitere Reduzierung der einst etwa 1000 jüdischen Siedlungen
auf – immerhin noch – 55 mehr und weniger streng bewachte,
teils längst bestehende, teils schon einmal »geräumte« Ghettos,
in welche allenfalls Juden aus aufgelösten Arbeitslagern und
Restghettos »neu« eingewiesen wurden. Möglicherweise waren
die erwähnten Verordnungen auch von dem Zweck bestimmt,
geflohene Juden durch Täuschung (und Drohung) zur Rückkehr in die (allein) genehmigten Orte zu bewegen. Außer diesen
»Wohngebieten« aber bestanden vorerst noch zahlreiche jüdische Arbeitslager fort, und im Ghetto Warschau befanden sich
noch rund 35 000 registrierte Juden[259] (in Wirklichkeit wohl die
doppelte Zahl). Obgleich bis Jahresende etwa zwei Drittel der

[256] Nürnbg. Dok. NOKW-134. – Vgl. auch die im Distrikt Galizien mit der Wehrmacht aus-
gehandelte ganz ähnliche Regelung nach dem Schreiben Katzmanns an das Rüstungskommando
Lemberg vom 23. Oktober 1942, IMT, Bd. XXXVII, S. 398 ff. – Danach wurden die jüdischen
Arbeitskräfte, »jedoch unter keinen Umständen« ihre Familienangehörigen (!), in bestimmten
Wohnblocks der noch vorhandenen Ghettos untergebracht, soweit sie nicht von den Werkleitungen
der Betriebe selbst »vorläufig« kaserniert oder schon in polizeieigenen Lagern zsammengefaßt werden konnten. – »Der SSuPolF. Galizien und das Rü.Ko Lemberg stimmen überein, daß es notwendig ist, die jüdischen Arbeitskräfte auch arbeitsfähig zu erhalten, das bedingt entsprechende
Unterkunft, Bekleidung und ärztliche Betreuung.«
[257] Gutachten Krannhals (vgl. Anm. 234).
[258] Verordnungsblatt für das Generalgouvernement, 1942, S. 665 f., 683 ff.
[259] Vgl. Gutachten Krannhals; ferner ›Faschismus, Getto, Massenmord‹, S. 323.

polnischen Juden[260] »ausgesiedelt« wurden, war es daher inzwischen immer unwahrscheinlicher geworden, daß der von Himmler am 19. Juli gesetzte Termin des 31. Dezember 1942 für die Überführung aller Juden des Generalgouvernements in fünf »Sammellager« sich einhalten ließ. Krüger äußerte schon Mitte Oktober seine Zweifel hieran, als die Befehlshaber der Sicherheitspolizei und der Ordnungspolizei ihm vorstellten, daß die sofortige »Entlassung« ihrer (!) jüdischen Arbeiter auch für ihre Betriebe »erhebliche Schwierigkeiten« hervorrufen würde. Und er konzedierte ihnen »eine gewisse Übergangszeit«: es komme Himmler ja vor allem darauf an, »daß Juden nicht mehr unkontrolliert und frei herumlaufen. Wenn sie in bewachten Lagern zusammengehalten und geschlossen zur Arbeit geführt würden, so wäre damit schon einem Hauptwunsch des Reichsführers entsprochen«. Als »Grundsatz« müsse aber »natürlich« gelten, daß »SS und Polizei allen anderen mit gutem Beispiel vorangingen und so schnell wie möglich alle Juden der Aussiedlung zuführten«![261]

Die eingetretenen Verzögerungen, namentlich in Warschau, dazu eine Transportsperre infolge der Stalingrad-Krise, riefen Himmler erneut auf den Plan. Trotz der so gefährdeten Frontlage beschwor er in seinem bereits zitierten Brief[262] vom 20. Januar 1943 den Staatssekretär im Reichsverkehrsministerium, Dr. Ganzenmüller, ihm »mehr Züge« zu verschaffen; und dies, indem er sein Drängen auf Abtransport der Juden mit der bestehenden »Bandengefahr« motivierte – ein Gesichtspunkt, der für die Politik der »Endlösung« ja nie eine Rolle spielte, selbst wenn infolge dieser Politik schließlich auch Juden (in geringster Zahl) zu den Partisanen stießen oder sich hier und da zu verzweifeltem Widerstand erhoben. Inzwischen war Himmler am 9. Januar 1943 zusammen mit Obergruppenführer Wolff überraschend in Warschau erschienen und hatte sich hier den Leiter des Rüstungskommandos, Oberst Freter, »kommen lassen«[263]. Er habe sich davon überzeugen wollen, so erklärte er Freter, »ob es der Wahrheit entspreche, daß einem direkt gegebenen

[260] Des Generalgouvernements, der ins Reich eingegliederten Ostgebiete sowie des Bezirks Bialystok. Vgl. den Bericht des Inspekteurs für Statistik beim Reichsführer-SS, Dr. R. Korherr, vom 19. April 1943. Nürnbg. Dok. NO-5193 (Fotokopie im Institut für Zeitgeschichte, München). Dazu Hilberg, a. a. O., S. 337.
[261] ›Faschismus, Getto, Massenmord‹, S. 447.
[262] Vgl. oben, S. 304 f.
[263] Brief vom 11. Januar 1943 an Krüger, Nürnbg. Dok. NO-1882 (Fotokopie im Institut für Zeitgeschichte, München). Zum folgenden außerdem die Aktennotiz Oberst Freters vom 12. Januar 1943 (Gutachten Krannhals).

Führerbefehl, bis Ende 1942 das Ghetto in Warschau aufzulösen, tatsächlich nicht entsprochen worden sei«[264]. Und er »beauftragte« Freter, dem Rüstungsinspekteur General Schindler sein, Himmlers, Erstaunen auszudrücken, daß seine »Anweisungen bezüglich der Juden nicht befolgt würden«. Vergeblich machte der Oberst geltend, »daß alle Anordnungen über die Weiterbeschäftigung der Juden in Warschau im Einvernehmen« mit Krüger ergangen seien. Himmler setzte dem anwesenden SS- und Polizeiführer von Warschau »noch einmal eine Frist bis zum 15. Februar 1943«, in der »die sofortige Ausschaltung der privaten Firmen«, die Auflösung des Warschauer Ghettos und die Überführung der Juden, der Betriebe und ihrer Maschinen nach Lublin vorzunehmen seien, und ließ Schindler bestellen, »daß die Überführung im Einvernehmen mit Herrn Generalfeldmarschall Keitel erfolge«. Die bei den Firmen liegenden Aufträge würden von der SS übernommen und abgewickelt werden, so daß für die Wehrmacht »zwar ein zeitlicher Lieferungsausfall während der Verlagerungszeit entstünde«, dieser aber »durch vermehrte Arbeit im Konzentrationslager wieder wettgemacht würde ... Aus Gründen der Sicherheit«, so bemerkte Himmler einmal mehr, beabsichtige er, »sämtliche Juden überhaupt nur in zwei Lagern, Auschwitz und Lublin, zu vereinigen«.

Der SS- und Polizeiführer von Sammern machte sich ans Werk. Doch seine Hoffnung, ab 3. Februar über die von Himmler verlangte »Umsiedlung« von zunächst 8000 Juden hinaus etwa 20000 jüdische Arbeiter aus insgesamt acht Betrieben ohne weiteres nach Lublin verbringen zu können[265], erfüllte sich nicht.

[264] Daß ein solcher Befehl bereits erteilt worden war, dürfte auch daraus hervorgehen, daß Pohl, der Chef des SS-Wirtschafts-Verwaltungshauptamtes, am 4. Dezember 1942 (im Sinne von Anregungen Himmlers vom 1. Dezember) »drei maschinenkundige Führer« des WVHA nach Warschau beorderte, die »das gesamte Ghetto durchkämmen und sämtliche vorhandenen Maschinen an verschiedenen Plätzen sammeln« und daraufhin »sichten« sollten, »ob für SS-Betriebe geeignet oder nicht«. Immerhin hielt Himmler es für »notwendig, daß Sie sich die offizielle Genehmigung des Reichswirtschaftsministers zur Überführung der Maschinen in unsere Betriebe schriftlich einholen«. – Im übrigen hatte Himmler in seiner Eigenschaft als Reichskommissar für die Festigung deutschen Volkstums durch eine »Allgemeine Anordnung« vom 15. Dezember 1942 die »ausschließliche Verwertung« des »gesamten unbeweglichen Vermögens der Juden im Generalgouvernement«, statt den Zivilbehörden, dem Höheren SS- und Polizeiführer »für Zwecke der Festigung deutschen Volkstums« (zugunsten deutscher Umsiedler usw.) übertragen ()Faschismus, Getto, Massenmord‹, S. 408 f., 411 f., 416). Doch war dieser amtlichen Anordnung ein gleicher Befehl, auch hinsichtlich des beweglichen Vermögens, bereits vorausgegangen (S. 410). – Der Generalgouverneur Frank bezeichnete die Anordnung Himmlers als »rechtsunwirksam«. IMT, Bd. XXIX, S. 660.

[265] Vgl. das Schreiben von Sammerns vom 2. Februar 1943, ›Faschismus, Getto, Massenmord‹, S. 449 f. Nach Angabe Stroops (IMT, Bd. XXVI, S. 635) konnten bei einer »Umsiedlungsaktion« im Januar 1943 nur 6500 Juden »erfaßt« werden.

Denn in der begreiflichen Meinung, daß es sich auch hier um sofortigen Abschub in eines der Vernichtungslager handle, von denen sie seit längerer Zeit Kunde hatten, leisteten die Betroffenen organisierten bewaffneten Widerstand. Einen Tag nach Ablauf »seines« Termins, am 16. Februar, befahl Himmler zunächst »die Errichtung eines Konzentrationslagers *im Ghetto Warschau*[266]: in dieses seien alle noch in Warschau lebenden Juden, desgleichen die »bisherigen Privatbetriebe« (künftig »Reichsbetriebe«!), zu überführen; »das gesamte Konzentrationslager« aber, »mit seinen Betrieben und seinen Insassen«, sei »so rasch wie möglich nach Lublin und Umgebung umzusetzen«. Und nach der Verlegung des Konzentrationslagers sei das Ghetto abzureißen, damit dieser »für 500000 Untermenschen bisher vorhandene Wohnraum, der für Deutsche niemals geeignet ist, von der Bildfläche verschwindet«![267] Noch war es jedoch nicht soweit. Statt der dreitägigen »Großaktion«, wie sie von Sammern geplant hatte und sein Nachfolger Stroop sie (ab 1. April 1943) durchzuführen gedachte, kam es vielmehr zu jenem berühmt gewordenen, heroischen Warschauer Ghettoaufstand von 28 Tagen – dem bei den unvergleichbaren Kräfteverhältnissen ein Erfolg natürlich versagt war. Am 16. Mai meldete Stroop »mit der Sprengung der Synagoge« das Ende seiner »Großaktion« und als Gesamtzahl der »erfaßten« oder »nachweislich vernichteten« Juden: 56065[268]. Von den Gefangenen wurde, wie es scheint, ein Teil erschossen, ein anderer nach Treblinka geleitet, etwa 15000 nach Lublin verschleppt, der Rest in andere Zwangsarbeitslager[269]. Am 11. Juni befahl Himmler, das Dzielna-Gefängnis im ehemaligen Ghetto Warschau in ein Konzentrationslager umzuwandeln, dessen Häftlinge nach Bergung der Materialien das Ghettogebiet einebnen und in einen »großen Park« verwandeln sollten[270]: ein Unternehmen, das bei Annäherung der Roten Armee im Juni 1944 abgebrochen werden mußte.

Auch in den anderen Teilen Polens hatte Himmler inzwischen die Räumung des verbleibenden großen Ghettos in Angriff genommen. Neben der Regelung in Warschau, einer Lösung der Transportfrage mit Hilfe Ganzenmüllers und einer – mit vor-

[266] Hervorhebung vom Verfasser.
[267] Himmlers Befehle an Pohl und Krüger, beide vom 16. Februar 1943, Nürnbg. Dok. NO-2514 und 2494 (Fotokopie im Institut für Zeitgeschichte, München).
[268] IMT, Bd. XXVI, S. 693.
[269] Vgl. Nürnbg. Dok. NO-1903 (Fotokopie im Institut für Zeitgeschichte, München).
[270] Nürnbg. Dok. NO-2496 (Fotokopie im Institut für Zeitgeschichte, München).

beugender »Bandenbekämpfung« ebenfalls kaum ausreichend motivierten – Großaktion zur »Erfassung« der »Asozialen« im Generalgouvernement[271] ging es ihm im Januar 1943 auch um die Dezimierung des Ghettos von *Bialystok.* »Im Zuge der bis 30. Januar 1943 befohlenen verstärkten Zuführung von Arbeitskräften in die Konzentrationslager«, wie das Fernschreiben des Gestapochefs Müller bezeichnend beginnt, schlug ihm dieser daher einmal den Abschub von 30 000 Juden aus Bialystok nach Auschwitz vor. Sodann sollten 5000 arbeitsfähige Juden aus Theresienstadt dorthin geschickt werden. Müller bat Himmler allerdings außerdem, »Sondergenehmigung« für den Abtransport von 5000 arbeits*unfähigen,* auch *über 60* Jahre alten Juden aus Theresienstadt zu erteilen – »um bei dieser Gelegenheit den ... zu hohen Lagerbestand von 48 000 etwas herunterzudrücken«. (Es würden, so fügte er beruhigend hinzu, »wie bisher, nur Juden genommen werden, die über keine besonderen Beziehungen verfügen und keine hohen Auszeichnungen besitzen«.) Bei Anlegung eines »zweckmäßigen Maßstabes ... bei Ausmusterung« in Auschwitz würden in Anbetracht einer Gesamtzahl von 45 000 Deportierten (einschließlich 3000 holländischen und 2000 Berliner Juden) dennoch »mindestens 10–15 000 Arbeitskräfte anfallen«.[272]

Wie aber solche »Ausmusterungen« am Zielort verlaufen konnten, zeigen erhalten gebliebene Meldungen des Arbeitseinsatzleiters in Auschwitz, SS-Obersturmführer Schwartz, an das Wirtschafts-Verwaltungshauptamt über die Selektion u. a. der *Berliner jüdischen Rüstungsarbeiter.* Denn diese wurden am 27. Februar 1943 an ihren Arbeitsplätzen »schlagartig« verhaftet und

---

[271] Vgl. Himmlers Schreiben an Gestapo-Müller vom 11. Januar 1943 (Bundesarchiv). Im übrigen wurde diese unmittelbar darauf durchgeführte »Arbeitererfassungsaktion«, bei der man wahllos »die Leute von der Straße, aus den Kinos, aus Kirchen und Häusern« wegholte, von den Funktionären des Generalgouvernements gerade wegen ihrer Auswirkung auf die »Bandenlage« schärfstens kritisiert! Zugleich komplizierte sich diese auch durch die psychologische Auswirkung der Judenverfolgung auf die Polen. Vgl. Frank-Tagebuch, IMT, Bd. XXIX, S. 638 ff., 647, 670. M. Broszat, a. a. O., S. 109, 184.

[272] Müllers Fernschreiben an Himmler vom 16. Dezember 1942 (PS-1472), IMT, Bd. XXVII, S. 252 f. – Anscheinend sind nicht die (auch nach dem »Umlaufplan« der Generalbetriebsleitung Ost der Deutschen Reichsbahn vom 16. Januar 1943) vorgesehenen 10000, sondern (zwischen dem 20. Januar und 1. Februar 1943) nur 7001 Juden (und zwar fast ausschließlich im Alter von *nicht* über 60 Jahren) aus Theresienstadt nach Auschwitz deportiert worden. Das WVHA erkundigte sich merkwürdigerweise sogar nur nach dem Selektionsergebnis bei den bis 26. Januar 1943 deportierten 5000. – Den nochmaligen Vorschlag Kaltenbrunners selbst, 5000 über 60 Jahre alte Juden aus Th. zu deportieren, lehnte Himmler – offenbar aus Rücksichten der Tarnung – ab. Vgl. die Dokumente bei Adler, Theresienstadt, S. 54 ff., sowie: Die verheimlichte Wahrheit, S. 296. – Transporte aus Bialystok gingen zwischen dem 5. und 13. Februar nach Auschwitz (3) und Treblinka (5).

nun (mit ihren Angehörigen) ebenfalls deportiert[273]. Hatte doch Sauckel bereits am 26. November 1942 (gemäß dem von Hitler selbst erteilten Befehl[274]) den Präsidenten der Landesarbeitsämter angekündigt, daß »im Einvernehmen mit dem Chef der Sicherheitspolizei und des SD« (Kaltenbrunner) »nunmehr auch die noch in Arbeit eingesetzten Juden aus dem Reichsgebiet evakuiert« würden. Und zwar solle dies »Zug um Zug« mit ihrem Ersatz durch – Polen geschehen, »die aus dem Generalgouvernement ausgesiedelt werden« würden: Kaltenbrunner hatte Sauckel nämlich mitgeteilt, »daß voraussichtlich im Laufe des Monats November mit der Aussiedlung von Polen im Distrikt Lublin begonnen werde, um dort Raum für die Ansiedlung von Volksdeutschen zu schaffen«[275]! Lediglich den »sogenannten ›qualifizierten‹ jüdischen Arbeitskräften«, wie es hieß, war noch eine Galgenfrist gewährt: die »Anlernzeit« für den polnischen Ersatz, damit Produktionsausfälle »auf das äußerste Maß« beschränkt würden[276]. Am 26. März 1943 konnte Sauckel in einem weiteren Schreiben feststellen, daß »der Reichsführer-SS aus Gründen der Staatssicherheit [!] die bisher im freien Arbeitsverhältnis tätigen, nicht lagermäßig eingesetzten Juden Ende Februar von ihren Arbeitsplätzen abgezogen und einem geschlossenen Einsatz zugeführt oder zur Fortschaffung zusammengezogen« habe[277]. Und bereits am 8. März 1943 hatte Schwartz aus Auschwitz gemeldet:

»Transport aus Berlin, Eingang 5. 3. 43, Gesamtstärke 1128 Juden. Zum Arbeitseinsatz gelangten 389 Männer (Buna) und 96 Frauen. Sonderbehandelt [d. h. den Gaskammern zugeführt] wurden 151 Männer und 492 Frauen und Kinder. Transport aus Breslau, Eingang 5. 3. 43. Gesamtstärke 1405 Juden. Zum Arbeitseinsatz gelangten 406 Männer (Buna) und 190 Frauen. Sonderbehandelt wurden 125 Männer und 684 Frauen und Kinder.

Transport aus Berlin, Eingang 7. 3. 43. Gesamtstärke 690 ein-

[273] Größtenteils nach Auschwitz, relativ wenige nach Theresienstadt. Vgl. Scheffler, a. a. O., S. 69; Adler, Die verheimlichte Wahrheit, S. 307. – Vgl. Anm. 277!

[274] Nach dem Zeugnis Speers (s. oben, Anm. 177) »im September oder Oktober«.

[275] Zu dieser – übrigens am gleichen 26. November 1942 – im Kreise Zamosc beginnenden, auf die Schaffung eines ersten deutschen »Großsiedlungsgebiets« im Generalgouvernement gerichteten, überstürzten Zwangsevakuierung (mittels Massenverhaftung) von Tausenden polnischer Bauern, samt ihren Auswirkungen: M. Broszat, a. a. O., S. 185 ff.

[276] IMT, Bd. XXXVII, S. 495 f.

[277] Nürnbg. Dok. L-156 (Fotokopie im Institut für Zeitgeschichte, München). – »Um die Schlagartigkeit dieser Maßnahme nicht zu gefährden«, so fügte Sauckel hinzu, habe er »von einer vorherigen [näheren] Unterrichtung abgesehen und nur diejenigen Landesarbeitsämter in Kenntnis gesetzt, in deren Bezirken in größerer Zahl freie jüdische Arbeitskräfte eingesetzt waren«!

schließlich 25 Schutzhäftlingen. Zum Arbeitseinsatz gelangten 153 Männer und 25 Schutzhäftlinge (Buna) und 65 Frauen. Sonderbehandelt wurden 30 Männer und 417 Frauen und Kinder.«[278]

Noch im gleichen Monat März folgte die Liquidation des Ghettos von *Krakau* unter Verlegung eines größeren Teils seiner Insassen in das Arbeitslager Plaszow. Im Distrikt Galizien betrieb inzwischen Katzmann so »energisch die weitere Aussiedlung«, daß »mit Wirkung vom 23. Juni 1943 sämtliche Judenwohnbezirke aufgelöst werden konnten«. Als sich schließlich Widerstand gezeigt hatte, war er in der zweiten Junihälfte »in allen Teilen des Distrikts . . . gleichzeitig mit den schärfsten Mitteln eingeschritten« und namentlich bei der Räumung des Ghettos von *Lemberg* »von vornherein brutal« vorgegangen. Vom 10. November 1942 bis zum 27. Juni 1943 stieg nach Katzmanns Angabe die Zahl der in Galizien »ausgesiedelten« Juden von 254 989 auf 434 329. Noch gab es im Distrikt 21 Arbeitslager mit insgesamt 21 156 Juden; doch, wie Katzmann hinzufügte, wurden auch diese »noch laufend reduziert«[279]

Das war ganz im Sinne Himmlers, der immer wieder verlangte, daß die im Generalgouvernement »noch vorhandenen 300 000 bis 400 000 Juden« schnellstens »entfernt« würden und daß »an Juden nach dem Osten abgefahren« werde, »was überhaupt nur menschenmöglich« sei[280]. Im August 1943 wurden die Ghettos der beiden wichtigen Industriestädte *Sosnowiec* und *Bedzin* geräumt. Die Gesamtaktion, die damals Oberschlesien und den ihm eingegliederten Gebieten galt, führte infolge ihrer Rücksichtslosigkeit unter anderem dazu, daß von rund 2000 Einzelbauvorhaben für deutsche Umsiedler etwa 500 »sofort eingestellt« werden mußten, weil, wie der zuständige NS-Funktionär meldete, die Juden »ein Drittel des gesamten Arbeitseinsatzes« ausgemacht hatten[281]. Sogar zwei Werke, die am

[278] Dokumenty i Materialy z czasów okupacji niemieckiej w Polsce, Bd. I, hrsg. von N. Blumental im Auftrag der Zentralen Jüdischen Historischen Kommission. Lodz 1946, S. 110. – Am 20. Februar 1943 meldete Schwartz von insgesamt 5022 aus Theresienstadt im Januar »überstellten« Juden als »zum Arbeitseinsatz ausgesucht«: 920, als »gesondert untergebracht« (!): 4092; am 15. März von 964 Juden aus Berlin als »zum Arbeitseinsatz« gekommen: 365; als »gesondert untergebracht«: 599. Ebenda, S. 117.

[279] Katzmanns Bericht: IMT, Bd. XXXVII, S. 401, 405 ff.; Reitlinger, a. a. O., S. 309, 317 ff.

[280] Vgl. ›Faschismus, Getto, Massenmord‹, S. 355 f. (10. und 12. Mai 1943); Nürnbg. Dok. NO-5197 (Fotokopie im Institut für Zeitgeschichte, München).

[281] »Es werden dringend 500–600 Juden benötigt, wobei ich bemerke, daß es zweckmäßig erscheint, die bereits eingearbeiteten Juden wieder zuzuteilen . . . Die Juden sind derart lagermäßig untergebracht, daß sie in der Öffentlichkeit nicht in Erscheinung treten.« Fernschreiben des SS-Obersturmbannführers Brehm an den Höheren SS- und Polizeiführer Südost aus Kattowitz vom 21. August 1943. Nürnbg. Dok. NO-3083 (Fotokopie im Institut für Zeitgeschichte, München).

»Adolf-Hitler-Panzer[bau]programm« beteiligt waren, verloren von einem Tage zum anderen ihre 700 jüdischen Arbeitskräfte[282]. Die »Maßnahmen« richteten sich also auch gegen solche Juden, die zweifellos im »kriegswichtigsten« Interesse eingesetzt waren – wie Krüger in einer Sitzung mit Frank, Kaltenbrunner und General Hänicke Ende Mai sich ausdrückte – und die daher *in* den Rüstungsbetrieben hatten verbleiben sollen. Doch Himmler wollte grundsätzlich ja sogar der Abgabe von Juden *aus* den SS-Lagern zur *Tagesarbeit* in den Rüstungsbetrieben ein Ende machen. Selbst Krüger meinte, daß dieser Wunsch »im Endeffekt wohl nicht erfüllt werden könne«, da die jüdischen Spezialarbeiter sich eben »nicht ohne weiteres durch Polen ersetzen« ließen; er war daher General Schindler entgegengekommen und hatte »die physisch besten Kräfte, die sogenannten Makkabäer«, wie er bemerkte, den Rüstungsbetrieben einstweilen belassen – und er bat den anwesenden Kaltenbrunner, Himmler den Verzicht auf die Wegnahme dieser Arbeitskräfte nahezulegen![283] Indes verfügte am 30. August 1943 der SS- und Polizeiführer im Distrikt Krakau »in Durchführung einer Anordnung des Reichsführers-SS« und »im Einvernehmen mit der Rüstungsinspektion« (!) als »unwiderruflich«, daß künftig jüdische Arbeitskräfte »nur innerhalb der ZAL [Zwangsarbeitslager] des SS- und Polizeiführers Verwendung finden« dürften[284]. – In der zweiten Augusthälfte kam schließlich das (abgesehen von Lodz) letzte größere polnische Ghetto, *Bialystok*, an die Reihe, dessen Insassen zumeist den Weg nach Treblinka antraten. (Danach erst wurden die Ghettos im »Ostland« endgültig beseitigt: im September *Minsk* und *Wilna*, im November *Riga*, während *Kowno*, dezimiert wie alle anderen zuvor, noch bis Juli 1944 fortbestand[285].) Das Schicksal des Ghettos im »eingegliederten« *Lodz* blieb längere Zeit in der Schwebe. Im Juni 1943 hatte Himmler es zum Konzentrationslager machen, dann die Ghetto-Betriebe nach Lublin verlagern wollen. Doch nahm er auf Wunsch des Reichsstatthalters Greiser schließlich von beidem Abstand und *beließ* »Litzmannstadt« vorerst als Gaughetto des Reichsgaues Wartheland (das heißt der Zivilverwaltung). Es sollte »personell auf ein Mindestmaß verringert« werden[286], und

---

[282] Vgl. die Angaben und Belege bei Hilberg, a. a. O., S. 334.
[283] Zum vorstehenden vgl. das Protokoll der »Arbeitssitzung« in Krakau am 31. Mai 1943 nach IMT, Bd. XXIX, S. 670; zur Ergänzung: ›Faschismus, Getto, Massenmord‹, S. 451.
[284] Ebenda, S. 453.
[285] Vgl. Reitlinger, a. a. O., S. 317 ff.
[286] Zum vorstehenden: Nürnbg. Dok. NO-519 (Fotokopie im Institut für Zeitgeschichte, Mün-

tatsächlich nahm auf Greisers Vorschlag das »eingearbeitete« Sonderkommando Bothmann seine Tätigkeit in Chelmno 1944 in begrenztem Umfang noch einmal auf[287]. Im August (1944) wurde jedoch die große Mehrzahl der Insassen des Ghettos – zumeist in entkräftetem Zustand – nach Auschwitz verlegt.

Nicht erst bei den Verhandlungen über das Schicksal des Ghettos von Lodz hat die Absicht einer Verlagerung der Betriebe mit jüdischen Arbeitskräften samt der betrieblichen Ausrüstung in den Raum von Lublin eine Rolle gespielt. Das war bekanntlich weit mehr noch bei früheren Anordnungen Himmlers der Fall gewesen. Im Zusammenhang mit der von Globocnik geleiteten »Aktion Reinhard« *schienen* denn auch die im Generalgouvernement entstandenen, namentlich auf die Juden-Lager des Lubliner SS- und Polizeiführers gestützten SS-eigenen Industrievorhaben, die einer organisierten Ausbeutung aller noch arbeitsfähigen und deshalb von der sofortigen Vernichtung zurückgestellten Juden dienten, im Jahre 1943 mit Zustimmung Himmlers eine starke Erweiterung erfahren zu sollen. Am 12. März 1943 erfolgte zwecks Übernahme eines Teiles der schon aufgebauten und noch zu errichtenden Werke, namentlich im Distrikt Lublin, die Gründung einer SS-eigenen Gesellschaft, der »Osti« (Ostindustrie GmbH) mit Pohl als Aufsichtsratsvorsitzendem und Globocnik als Geschäftsführer. Am 21. Juni 1943 konnte dieser stolz melden, daß in den Arbeitslagern der SS (d. h. außer den Osti-Werken auch denjenigen, die von den aus Warschau überführten privaten Firmen gebildet worden waren, sowie denen, die Häftlinge an die Betriebe der Rüstungsinspektion abgaben) insgesamt »bereits 45 000 Menschen [sic!] eingesetzt« seien[288]. Auch solle sich »dieser Arbeiterstand in den nächsten Monaten noch bedeutend erhöhen«. Globocniks Vorschlag war nämlich, neben den Betrieben von Bialystok auch aus dem »noch in Diskussion« befindlichen Litzmannstadt »gut qualifizierte Arbeitskräfte und Maschinen« zur Fortführung der dortigen Produktion nach Lublin (Arbeitslager Poniatowa) zu

---

chen); z. T. gedruckt in: ›Faschismus, Getto, Massenmord‹, S. 369 ff. Gleichsam als »Gegenleistung« für Himmlers Zugeständnis meldete ihm Greiser im Juni 1944, daß der Reichsminister Speer auf Veranlassung der Rüstungsinspektion die Zahlen der im Ghetto in den einzelnen Fertigungen beschäftigten Personen angefordert habe, um sie Hitler vorzutragen, was auf eine »Durchkreuzung« seiner, Himmlers, Anordnungen (zur Räumung des Ghettos) hinauslaufe!

[287] S. oben, S. 336.

[288] Nürnbg. Dok. NO-485 (Fotokopie im Institut für Zeitgeschichte, München). In dem seinem Brief an Brandt beigefügten »Vermerk« über die »gemäß dem Wunsche des Reichsführers-SS aufzubauenden Arbeitslager zur Verwertung der jüdischen Arbeitskraft« schreibt Globocnik hingegen: »45 000 *Juden*«. (Vgl. zum ganzen: Enno Georg, a. a. O., S. 90 ff.)

verlagern – so daß »Litzmannstadt liquidiert werden könnte«, zumal »von den derzeit dort wohnenden 78 000 Juden« ja »nur ein Teil in der Kriegsproduktion« arbeite. Globocnik mußte allerdings gleichzeitig zugeben, daß die »Arbeitskapazität« seiner Lager keineswegs überall ausgenützt sei: »Die Wehrmachtdienststellen«, so klagte er, hielten ebenso wie einige zuständige Fachschaften des Reiches aus »gegensätzlicher Einstellung zur SS« oder privater »Gewinnsucht« unter fadenscheinigen Begründungen mit der Erteilung von Aufträgen zurück – während Litzmannstadt »mit Aufträgen in jüngster Zeit vollgepackt« werde, »um eine Umsiedlung zu verhindern«[289]! Es sollte jedoch ganz anders kommen, als Globocnik hoffte. Zunächst wurden am 7. September 1943 »die vorhandenen etwa 10 Arbeitslager des SS- und Polizeiführers im Distrikt Lublin . . . als Zweiglager des Konzentrationslagers Lublin vom SS-Wirtschafts-Verwaltungshauptamt übernommen«[290]; und zwar sollte dies in der Folge mit »allen im Generalgouvernement bestehenden Arbeitslagern« geschehen. Hierbei war bereits in Aussicht genommen, »Lager mit geringer Belegungsstärke und solche mit nicht kriegswichtiger oder siegentscheidender Fertigung aufzulösen«. Indes, weit hierüber hinausgehend, erfolgte sodann am 3. November 1943 eine »Aktion«, die nach dem Bericht des zweiten Geschäftsführers der Osti alle »bis dahin geleistete Auf- und Ausbauarbeit« mit einem Schlage »wertlos machte«. Nicht nur den früheren privaten Firmen Schultz u. Co. und Többens, sondern auch fast allen SS-Eigenbetrieben der Osti sowie der Deutschen Ausrüstungswerke (DAW) in Lublin und Lemberg wurden ohne vorherige Unterrichtung der Lagerführer ihre in der deutschen Kriegsindustrie (z. T. mit der Herstellung von Granatzündern!) beschäftigten jüdischen Arbeitskräfte entzogen: In vorbereiteten Gräben wurden am 3. November 1943 und an den folgenden Tagen bei Lublin mindestens 17 000, nach anderen Angaben *insgesamt* sogar über 40 000 Juden mit Maschinengewehren erschossen. Die »Aktion Reinhard«, die im Oktober 1943 unter Auflösung der drei Vernichtungslager des Generalgouvernements offiziell »abgeschlossen« worden war[291], hatte eine Fortsetzung in der »Aktion Erntefest« gefunden, deren Höhepunkt diese Massenerschießung bildete.

[289] Ebenda.
[290] Nürnbg. Dok. NO-599 (Fotokopie im Institut für Zeitgeschichte, München).
[291] Vgl. das Schreiben des inzwischen zum Höheren SS- und Polizeiführer Adriatisches Küstenland ernannten Globocnik an Himmler vom 4. November 1943: Nürnbg. Dok. NO-056 (Fotokopie im Institut für Zeitgeschichte, München).

Wohl gab es auch in der Folgezeit im Generalgouvernement noch eine Reihe größerer und kleinerer Lager, sowohl der SS als auch der Rüstungsinspektion, mit jüdischen Arbeitskräften[292]. Sogar in Ostpreußen und Oberschlesien waren in der Kriegsindustrie noch (im Frühjahr 1943) Zehntausende, in einem Krupp-Werk in Niederschlesien noch im Jahre 1944 Tausende von Juden beschäftigt[293]. Ja, es scheint vorgekommen zu sein, daß Juden aus Auschwitz abgezogen wurden, »um sie bei Rüstungsfertigungen im Reich einzusetzen«[294]. Und als die Rote Armee schließlich über die Weichsel vorstieß, wurden aus den polnischen Lagern noch Zehntausende von Juden nach Deutschland verschleppt – um hier zu einem großen Teil vom Strudel der Katastrophe des Dritten Reiches verschlungen zu werden, soweit sie nicht bereits der Anordnung des Befehlshabers der Sicherheitspolizei und des SD im Generalgouvernement zum Opfer gefallen waren, »bei überraschender Entwicklung der Lage« Gefängnisinsassen und Juden zu liquidieren und ihre Leichen zu beseitigen[295].

Kurz, der Plan einer Konzentrierung der restlichen Juden in ganz wenigen »Sammellagern« wurde niemals völlig realisiert. Dennoch hatte Himmler sein Gesamtziel in erschreckendem Ausmaß erreicht. So konnte er (im Grunde nur hinsichtlich des Zeitpunktes übertreibend) am 6. Oktober 1943 in Posen vor den Reichs- und Gauleitern der NSDAP »ganz offen« erklären:

> »Ich habe in den Etappengebieten große Judenghettos ausgeräumt. . . . Die Judenfrage in den von uns besetzten Gebieten wird bis Ende dieses Jahres erledigt sein. Es werden nur Restbestände von einzelnen Juden übrig bleiben, die untergeschlüpft sind. Die Frage der mit nichtjüdischen Teilen verheirateten Juden und die Frage der Halbjuden werden sinngemäß und vernünftig untersucht, entschieden und dann gelöst.«

Und mit der gleichen forcierten inneren Sicherheit glaubte er

[292] Unmittelbar vor der erwähnten Massenerschießung hatte General Schindler von Krüger sogar die Zusage erwirkt, aus SS-Arbeitslagern Juden für Rüstungsfirmen abgestellt zu erhalten. Er erhielt sie auch, aber statt der zugesagten 10000 nur 4000! Vgl. Hilberg, a. a. O., S. 342.
[293] Vgl. Nürnbg. Dok. NO-5193 (Fotokopie im Institut für Zeitgeschichte, München), sowie Hilberg, a. a. O., S. 288.
[294] Vgl. das Schreiben des Chefs des Amtes D II des WVHA an den Kommandanten des KL Auschwitz vom 7. September 1943: ›Faschismus, Getto, Massenmord‹, S. 365. – Die erfolgreichen Offensiven der Sowjets im Sommer 1943 führten östlich der Linie Pionki–Radom–Kielce zu weiteren Verlagerungen (aber auch Dezimierungen) der jüdischen Belegschaften. Vgl. auch Hilberg, a. a. O., S. 344.
[295] Befehl des SS-Oberführers Bierkamp vom 20. Juli 1944: IMT, Bd. XXXVII, S. 487 (Nürnbg. Dok. L-053).

selbst die größte Gewissensbelastung beschwichtigen zu können, welche der Mordbefehl für seine Vollstrecker mit sich brachte:

»Ich bitte Sie, das, was ich Ihnen in diesem Kreise sage, wirklich nur zu hören und nicht darüber zu sprechen. Es trat an uns die Frage heran: Wie ist es mit den Frauen und Kindern? – Ich habe mich entschlossen, auch hier eine ganz klare Lösung zu finden. Ich hielt mich nämlich nicht für berechtigt, die Männer auszurotten – sprich also: umzubringen oder umbringen zu lassen – und die Rächer in Gestalt der Kinder für unsere Söhne und Enkel groß werden zu lassen. Es mußte der schwere Entschluß gefaßt werden, dieses Volk von der Erde verschwinden zu lassen.«[296]

Die infernalische »Konsequenz« aber, mit der Hitler selbst die Judenvernichtung betrieben wissen wollte, dokumentiert eine Niederschrift Himmlers über seinen »Vortrag beim Führer am 19. Juni 1943 auf dem Obersalzberg«:

»Der Führer sprach auf meinen Vortrag in der Judenfrage hin aus, daß die Evakuierung der Juden trotz der dadurch in den nächsten 3 bis 4 Monaten noch entstehenden Unruhe radikal durchzuführen sei und durchgestanden werden müßte[297].«

Zu wiederholten Malen hatte Hitler inzwischen in öffentlicher Rede triumphierend die »Erfüllung« seiner »Prophezeiung« vom 30. Januar 1939 über das Schicksal der Juden verkündet, falls diese (!) einen neuen Weltkrieg anzetteln würden:

»Man hat mich immer als Prophet ausgelacht. Von denen, die damals lachten, lachen heute Unzählige nicht mehr, und die jetzt noch lachen, werden es vielleicht in einiger Zeit auch nicht mehr tun.« (8. November 1942.)

»Dieser Kampf wird deshalb auch nicht, wie man es beabsichtigt, mit der Vernichtung der arischen Menschheit, sondern mit der Ausrottung des Judentums in Europa sein Ende finden.« (24. Februar 1943.)[298]

Mehr und mehr war seit dem Sommer 1942 *Auschwitz* das Hauptziel der Deportation der europäischen Juden geworden.

---

[296] Den bezeichnenden Schluß der damaligen Ausführungen Himmlers zur Judenfrage (es sei wohl »besser, wir nehmen ... das Geheimnis mit in unser Grab« usw.): s. im Gutachten von Hans Buchheim, Befehl und Gehorsam. In: Anatomie des SS-Staates, Bd. I, S. 275 f. – (Mikrofilm im Institut für Zeitgeschichte, München, MA-309, 10151–10242.)

[297] Eigenhändig signierte Aufzeichnung Himmlers vom Juni 1943 (ohne Tagesdatum); Origina im Bundesarchiv, Koblenz.

[298] Vgl. Domarus, a. a. O., II, S. 1937, 1992. Die weiteren »einschlägigen« Äußerungen Hitlers im gleichen Sinne vom 30. Januar 1941 und 30. September 1942: a. a. O., S. 1663, 1920.

In makabrer Weise spiegelt sich das dortige Geschehen in dem Vorschlag wider, den ein Funktionär des SS-Wirtschafts-Verwaltungshauptamts zur Deckung des künftigen »Bedarfs an Häftlingsbekleidung« in den Konzentrationslagern am 15. August 1944 machte: »Dabei wäre beim Reichswirtschaftsministerium darauf hinzuweisen, daß bis heute *doch enorme Mengen an Lumpen* von den nicht brauchbaren Zivilsachen aus den *einzelnen Aktionen in Auschwitz* und anderen Lagern zur Verfügung des Reichswirtschaftsministeriums zur Ablieferung gelangten und noch weiterhin zur Ablieferung kommen.«[299] Noch vollzog sich ja mit der Vernichtung von Hunderttausenden ungarischer Juden die systematischste und umfassendste »Aktion« in jenem Lager, dessen Name zum Symbol des größten Massenmordes der Geschichte geworden ist.

[299] IMT, Bd. XXVII, S. 49 (Nürnbg. Dok. PS-1166). – Hervorhebungen vom Verfasser.

Personen- und Sachregister

Dokumente der Weltrevolution

Die nun sechs Bände umfassende Reihe enthält ein Tatsachenmaterial, das einzigartig ist und unentbehrlich für historisch, politisch, philosophisch und sozial Arbeitende. Gegenwart und Zukunft werden von den in diesen Werken aufgezeichneten Ideologien beeinflußt.

1 Die frühen Sozialisten

Herausgegeben von Frits Kool und Werner Krause. Einleitung: Peter Stadler. 686 Seiten. Leinen.

2 Arbeiterdemokratie oder Parteidiktatur

Herausgegeben von Frits Kool und Erwin Oberländer. Einleitung: Oskar Anweiler. 536 Seiten. Leinen.

3 Die Linke gegen die Parteiherrschaft

Herausgegeben und eingeleitet von Frits Kool. 640 Seiten. Leinen.

4 Der Anarchismus

Herausgegeben und eingeleitet von Erwin Oberländer. 480 Seiten. Leinen.

5 Die Technik der Macht

Herausgegeben von Helmut Dahm und Frits Kool. Einleitung: Nikolaus Lobkowicz. 525 Seiten. Leinen.

6 Religiöse Sozialisten

Herausgegeben und eingeleitet von Arnold Pfeiffer. 456 Seiten. Leinen.

Die Reihe wird fortgesetzt

Walter-Verlag